KB174002

계명인문역량강화사업단 한국학 우수 총서 ④

조선 성리학 논쟁의 분석적 탐구

―사단칠정론과 인심도심론―

이 저서는 2017학년도 대한민국 교육부와 한국연구재단의 재원으로 대학인문
역량강화사업(CORE)의 지원을 받아 수행된 연구임.

계명인문역량강화사업단 한국학 우수 총서 ④

조선 성리학 논쟁의 분석적 탐구

− 사단칠정론과 인심도심론−

유원기 지음

역락

들어가는 글

우리는 학문적으로 또는 일상에서 간혹 당혹스러운 질문을 받는 경우가 있다. "한국에도 철학이 있는가?" 이 질문은 처음에는 무척이나 당혹스럽게 들리며, 한편으로는 너무도 당연한 것을 묻는 질문에 순간적으로 모욕감을 느끼게 되기도 한다. 아마도 국내에서는 많은 사람들에게 한국철학이라는 용어는 물론이고 서양철학이나 중국철학 또는 인도철학 같은 용어가 익숙할 것이다. 하지만 우리가 다른 나라에 대해, 예를 들어 스위스에도 철학이 있는가, 케냐에도 철학이 있는가, 베트남에도 철학이 있는가 등의 질문을 하게 되면, 그런 문제에 대해 별로 생각해본 적이 없어서 즉시 답변하지 못하고 주저하게 될 것이다.

국내의 철학 전공자들 대부분은 주로 서양철학이나 동양철학(특히, 중국철학)이라는 것을 배우고, 또한 한국철학이나 일본철학이라는 것을 배우기도 한다. 하지만 외국에서 한국'철학'을 전공한 사람들은 거의 없다. 우리가 한국철학이라고 부르는 과목을 외국에서는 종교나 문화 또는 역사의 일부로서, 철학보다는 사상으로서 가르칠 뿐이다. 외국에서는 한국철학이라는 것이 교과목으로 인정되지 않고, 중국철학이나 일본철학이라는 것도 마찬가지이다.

"한국에도 철학이 있는가?" 또는 "한국철학이 있는가?"라는 질문은 우선 '철학'이 무엇인가에 대한 규정이나 정의를 요구하며, 또한 한국사상이 '철학'의 규정이나 정의에 들어맞는가에 대한 검토를 요구한다. 일상에서는 '철학'이란 용어가 인생철학이나 정치철학 또는 경영철학이라고 말하는 경우처럼 주로 하나의 '견해'나 '신념'을 의미하지만, 학문으로서의 '철학'은 특히 논리학을 적극적으로 활용하여 학설이나 이론의 일관성과 타당성을 검토하는 '서양철학'을 의미하고는 한다. 따라서 위 질문은 한국에 논리학적으로 검토되었던 일관적이고 타당한 학설이나 이론이 있는가라는 질문이며, 이 질문에 답변하기 위해서는 한국의 학설과 이론이 논리적으로 일관적이며 타당하다는 것을 보여야 한다.

이 책에서 필자는 다양한 한국사상 가운데 유교, 특히 조선시대의 성리학을 대상으로 하여,* 조선 성리학이 철학의 영역에 분명히 포함될 뿐만 아니라 더 나아가 오늘날 학문적으로도 지속적으로 논의될만한 충분한 가치를 갖는다는 결론을 제시한다. 『조선 성리학 논쟁의 분석적 탐구』라는 이 책의 제목은 중의적으로서, 그것은 "조선 성리학의 논쟁은 분석적으로 탐구하는 논쟁이었다."라는 의미와 "조선 성리학에 대해 분석적으로 탐구하겠다."라는 두 가지 의미를 모두 함축한다. 아래에서 우리는 조선 성리학의 논의 구조를 분석함으로써 그것이 사실상 분석적인 요소를 이미 갖추고 있는 학문이었음을 보일 것이다.[1]

---

* 주지하듯이, 중국 성리학은 고려 말기에 안향(安珦, 1243-1306)과 백이정(白頤正, 1247-1323) 등이 성리학 관련 서적을 도입 및 소개했고, 특히 이제현(李齊賢, 1287-1367)이 성리학의 수용과 발전에 중요한 역할을 함으로써 국내에 전파되었다고 알려져 있다. 이렇게 도입된 성리학은 특히 조선시대(1392-1897)의 500년 역사 가운데 특히 16세기에서 18세기까지 200여 년 동안 가장 활발하게 논의되었다. '성리학'은 성명(하늘에 의해 주어진 본성 또는 천명)과 의리(인간이 지켜야 할 도리)에 대해 탐구하는 학문을 의미하는 '성명의리지학(性命義理之學)'을 줄인 말로서, 리학(理學) · 도학(道學) · 신유학(新儒學) · 주자학(朱子學) · 정주학(程朱學) 등의 이름으로도 불린다. 중국의 왕조 중 하나인 북송(北宋, 960-1127)에서 활동했던 정호(程顥, 1032-1085)와 정이(程頤, 1033-1107) 형제를 비롯하여, 주돈이(周敦頤, 1017-1073), 장재(張載, 1020-1077), 소옹(邵雍, 1011-1077) 등이 태극(太極) · 무극(無極) · 리(理) · 기(氣) · 심(心) · 성(性) · 정(情) 등의 개념들을 도입하여 공자(기원전 551-479)와 맹자(기원전 372?-289?)의 유교 사상을 이론적으로 심화하여 다양한 학설들을 제시하였고, 이를 후대에 '주자(朱子)'라는 이름으로 추앙되는 남송(南宋, 1127-1279)의 주희(朱熹, 1130-1200)가 집대성한 것을 특히 주자학(朱子學)이라고도 부른다. '理(리)'를 특별히 강조하기 때문에 '理學(리학)'이라고 불렸던 주희의 주자학과 '心(심)'을 특별히 강조하기 때문에 '心學(심학)'이라고도 불렸던 육구연(陸九淵, 1139-1193)과 왕수인(王守仁, 1472-1528?)의 육왕학(陸王學)이 모두 성리학에 포함되지만, 조선의 성리학은 주자학

일반적으로 조선 성리학에 대한 국내 연구는 주로 성리학자들의 이론들을 요약하고 정리하거나 또는 서로 비교하는 방식을 취했던 반면에, 논리적 장치를 통해 현대적인 맥락에서 그 이론들을 평가하는 연구물은 거의 없었다. 이 책에서 필자는 16세기 조선 성리학의 대표적 논쟁들인 사단칠정논쟁과 인심도심논쟁에 대한 개념 분석과 논리 분석을 통해, 그 논쟁들이 지니는 철학적 의미와 가치를 평가한다.

이 책은 제1-4부로 이루어지며, 각 부는 다시 2-3개의 장으로 이루어진다. 제1부는 조선 성리학 연구의 현황을 살피고 그에 대한 분석적 탐구가 필요한 이유를 논의하며, 제2부는 16세기 조선 성리학의 대표적인 논쟁인 사단칠정논쟁과 인심도심논쟁을 예로 들어 그것들의 논리적 전개를 살피는 한편, 현대적인 관점에서 의미와 개념을 분석한다. 한편, 제3부는 성리학의 대표적이면서도 이해하기 어려운 개념들인 '리'와 '기' 개념을 이해하기 위해 한편으로는 상식적인 접근과 다른 한편으로는 서양철학적인 접근을 시도한다. 끝으로, 제4부는 사단칠정에 대한 논의를 위해 이황과 기대승이 주고받은 편지, 그리고 인심도심에 대한 논의를 위해 이이와 성혼이 주고받은 편지의 내용을 번역하고 분석한다.

각 장의 구체적인 내용은 다음과 같다. 먼저 제1장은 서론적인 논의로서, 이 책의 주제인 조선 성리학에 대한 분석적 탐구가 왜 필요한가를 살핀다. 16세기 조선 성리학은 물론이고 성리학 전반에 대한 국내 논문에서는, 성리학에 대한 학문적 논의와 보존이 필요한 이유로 그것이 '한국의 고유한 사상', 즉 '우리의 것'이기 때문이라는 주장이 간혹 제기된다. 심지

을 적극적으로 수용하는 한편 육왕학을 배제하는 성향을 보였기 때문에, 조선의 성리학은 주로 주자학이었다. 위 내용은 http://terms.naver.com/entry.nhn?docId= 575537&cid=46649& categoryId=46649와 http://terms.naver.com/entry.nhn?docId=1112540&cid=40942&categoryId= 31445 등 참조.

어 성리학이 철학이라고 주장하는 사람들조차 조선 성리학이 우리의 것이기 때문에 보존해야 한다고 주장하는 경우가 있다. 물론 우리의 고유한 것이나 전통적인 것을 단지 그런 이유에서 보존해야 하는 경우도 있으며, 역사적인 측면에서 한국의 전통사상을 보존하는 것도 나름대로 의미와 가치가 있을 것이다. 그런데 이런 주장은 자칫하면 내 것 또는 우리 것은 단지 그런 이유에서 소중하다는 잘못된 인식으로 이어질 수도 있으며, 무엇보다 철학적인 논의에서는 이런 이유를 수용하기 어렵다.

어떤 사상이 철학이라는 이유에서 보존한다는 것은 무엇보다도 그것이 현대적으로도 수용할 만한 타당성을 갖는다는 것이다. 사실 어떤 이론이 타당성을 갖는다면 그것은 억지로 보존하지 않아도 보존될 것이다. 이런 문제를 제기하는 이유는 조선 성리학에 대한 기존의 탐구가 객관적이고 보편적인 타당성을 검토하려는 비판적이고 분석적인 방식으로 진행되지 않고, 이기적이고 독단적인 방식으로 진행되어왔기 때문이다. 이 책의 접근방식은 종종 비판적이고 분석적이며, 특히 어떤 선입견을 갖고 판단하지 않고 전적으로 중립적인 입장에서 판단하기 위해 노력한다. 우리가 한국인이라는 이유에서 무조건 한국사상을 보존하려고 하는 것이 아니라 그것이 실제로 보존될 만한 타당성을 갖고 있는가를 검토한다는 것이다. 다시 말해서, 필자는 한국사상을 보존하자거나 폐기하자고 주장하지 않는다. 비판적이고 분석적으로 검토하여 그것이 불필요하다거나 부당하다는 결론이 나오면 폐기해야 할 것이고, 반면에 필요하고 타당하다는 결론이 나오면 당연히 보존해야 할 것이다. 보존과 폐기는 우리의 선택이 아니라 한국사상 자체의 성격에 의존한다는 것이다.

제2장과 제3장은 그런 평가의 사례들을 제시한다. 제2장은 먼저 고대 그리스 철학자인 아리스토텔레스의 철학적 태도에서 가장 중요하다고 판단되는 세 가지, 즉 사고의 개방성, 사고의 객관성, 개념의 명료성이 어떤 의

미를 갖는가를 보인다. 그런 뒤에 이 세 가지를 기준으로 해서 조선 성리학자들이 어떤 학문적 태도를 가졌는가를 살펴본다. 우리가 뒤에서 보겠지만, 우리는 조선 성리학자들의 학문적 태도에서 때로는 논리적인 성향을 발견하고, 또한 때로는 비논리적인 성향도 발견하게 된다. 서양 중세시대의 사상가들이 교회의 권위에 억눌려 옳은 것을 옳다고 말하지 못했던 것처럼, 조선 성리학의 그런 비논리적인 성향도 부분적으로는 시대상의 반영일 수도 있다. 하지만 그 와중에도 우리는 조선 성리학이 갖고 있는 논리적 성향의 싹을 발견할 수 있으며, 이것은 앞으로의 논의가 억지스럽게 논리성을 찾으려 하지 않아도 자연스럽게 찾을 수 있으리라는 가능성을 제시한다.

제3장은 이황과 이이에 대한 해방 이후의 연구 성과와 앞으로의 과제에 대해 논의한다. 놀랍게도 이황과 이이에 대한 해방 이후의 연구물은 대략 3,600여 건에 달한다. 그렇지만 연구물의 수가 많다고 해서 질적으로 그만큼 발전했다는 결론이 나오지는 않는다. 사실상 연구물의 수에 비해서는 이황과 이이에 대한 연구의 질적 수준이 크게 향상되었다고 보기는 어렵다. 3,600여 건의 연구물 가운데 그들의 사상에 대한 비판적이고 분석적인 검토를 통하여 문제점을 지적하고 새로운 대안을 제시하는 연구물은 거의 없으며, 대부분의 경우에 그들이 어떤 사상을 갖고 있었는가를 보고하는 보고서의 형식이거나 또는 심한 경우에는 기존의 연구물에 나왔던 내용을 거의 그대로 답습하는 형식의 글도 적지 않다. 이 장에서는 이황과 이이에 대한 연구를 수행하면서 제기되는 문제점들을 제시함으로써, 우리가 앞으로 어떤 방식의 연구를 해야 하는가에 대해 몇 가지 제안을 한다.

제4장과 제5장은 각각 사단칠정논쟁과 인심도심논쟁의 발단과 전개 과정을 보이고, 각 논쟁의 주요 논제들이 함축하고 있는 쟁점과 문제점을 파악하고 대안을 제시하는 방식으로 진행한다. 먼저 제4장에서는 사단칠정논

쟁에서 사단과 칠정을 리와 기로 설명하는 여섯 가지의 명제를 분석한다. 정지운이 처음 명제를 제시했고, 그 후로 이황은 기대승의 지적에 따라 자신의 명제를 네 번 수정했으며, 기대승이 최종적으로 한 가지 명제를 더 제안함으로써, 모두 여섯 가지의 명제가 제시된다. 우리는 이 명제들이 왜 제시되고 또한 왜 거부되는가를 밝히기 위해 노력할 것이다. 그런 뒤에 우리는 사단칠정논쟁의 각 명제에서 사용된 '발(發)' 개념에 대해 제시되는 세 가지 의미들을 분석하고, 이러한 의미들을 위에서 얻어진 여섯 가지 명제의 맥락에 적용함으로써 어떤 의미가 가장 적절한 것으로 보이는가를 평가한다. 결과적으로, 우리는 사단칠정논쟁의 '발' 개념이 모든 명제 속에서 일관적인 의미로 사용되지 않는다는 결론에 도달하게 될 것이다.

　다른 한편으로 우리는 이황과 기대승이 종종 사용하는 '소취이언(또는 소지이언)'과 '소종래'라는 용어를 각각 개념적인 표현과 사실적인 표현으로 구분한다. 이러한 구분을 통해, 논자는 이 글에서 이황이 '소취이언'의 입장을 받아들여 리와 기의 관계를 개념적인 관계로 이해하는 반면에, 기대승은 '소종래'의 입장을 받아들여 그것들의 관계를 사실적인 관계로 이해하고 있다고 주장한다. 그들이 이처럼 리와 기의 관계를 서로 다른 방식으로 이해하기 때문에, 그들은 끝내 서로 융화하지 못한다는 것이다. 제2장의 후반부에서는 사단과 칠정의 선함과 악함에 대해 논의한다. 기대승은 사단이 선하다고 말하는 동시에 사단의 부중절을 인정하는 것이 모순임을 스스로 인정한다. 그럼에도 불구하고 그가 결국 그런 모순된 태도를 취할 수밖에 없는 이유를 밝히고, 또한 이에 대한 이황과 기대승의 입장 차이를 구체적으로 제시한다.

　한편, 제5장은 인심과 도심에 관한 이이와 성혼의 논쟁에 초점을 맞춘다. 인심도심논쟁의 주된 쟁점들은 (a) 사단칠정논쟁에서 언급되었지만 자세히 다루어지지 않았던 인심과 도심의 관계에 대한 규정과 (b) 사단칠정논쟁에서 크게 주목받지 못했던 이황의 '리기호발설(理氣互發說)'에 대한 반론이다. 여기에서 우리는 심·성·정에 부여된 규정들이 이분법적 종개념들인 도심과 인심, 본연지성과 기질지성, 그리고 사단과 칠정에 동일한 방식으로 규정되는가를 먼저 논의한다. 또한 우리는 '심통성정'의 심·성·정이 구체적으로 종개념들 가운데 어떤 것을 가리키는가, 그리고 그것이 어떤 규정으로 인한 것인가를 살핀다. 그런 뒤에 우리는 이이가 제시하는 도심과 인심의 규정, 특히 인심의 선함과 악함을 인정하면서 그와 동시에 인심과 칠정의 동일성을 부정하는 것이 가능하지 않다는 점을 지적한 뒤 그에 대한 대안을 제시한다.

제6장은 '리'와 '기'에 대한 이이와 성혼의 견해를 살펴본다. 인심도심논쟁에서 이이와 성혼의 논의는 특히 이황의 '리기호발설'에 초점을 맞춘다. 사단칠정논쟁에서 이황은 '리기호발설'의 입장을 분명하게 제시하지만, 그 주장이 함축한다고 말해지는 리의 운동성 문제는 기대승과의 논쟁에서 그다지 심각한 문제로 대두되지 않는다. 기대승의 관심은 그것보다는 사단과 칠정을 어떤 방식으로 리와 기에 귀속시키는가 하는 문제에 있기 때문이다. 일반적으로 리의 운동성에 대한 논의가 사단칠정논쟁의 쟁점이었다고 알려져 있지만, 사실상 그 문제는 인심도심논쟁에 이르러 이이에 의해 본격적으로 다루어진다. 이이는 이황의 리기호발설이 리와 기에 모두 운동성을 부여하는 것이며, 이것은 리와 기를 시간적·공간적으로 분리시키는 것이라고 이해한다. 그러나 이것은 리와 기에 대한 일반적인 견해와 다르며, 따라서 그는 이황의 주장을 부정하기 위해 '기발리승일도설(氣發理乘一途說)'이란 독창적인 견해를 제시한다.

이 장에서는 이이가 이황의 '리기호발설'을 어떤 방식으로 이해하고 있으며, 또한 어떤 점에 대해 반론을 제기하는가를 자세히 살피고, 또한 그가 주장하는 '기발리승일도설'의 장점과 단점을 살핀다. 이이와 성혼은 도심과 인심의 관계가 사단과 칠정이나 본연지성과 기질지성의 관계에도 그대로 적용되는가, 그리고 이황의 '리기호발설'이 승인될 수 있는가에 대해 논의한다. 첫 번째 문제와 관련하여, 성혼은 도심과 인심은 물론이고 사단과 칠정도 '순리'와 '순기'의 관계를 갖는다고 주장하는 반면에, 이이는 도심과 인심이 '주리'와 '주기'의 관계를 갖지만 사단과 칠정은 그렇지 않다고 주장한다. 먼저 우리는 그들이 동일한 심성론적 요소들을 서로 다른 기준을 통해 규정하고 있음을 지적하고, 그 규정들이 각각 함축하는 의미와 차이점을 자세히 살펴본다. 두 번째 문제와 관련하여, 이이는 "사단은 리가 발함에 기가 따르고, 칠정은 기가 발함에 리가 탄다(四則理發而氣隨之, 七則氣發而理乘之)."는 '리기호발설'의 전반부를 거부하는 한편 후반부를 인정하는데, 우리는 그 이유를 규명해본다.

제7장은 사단칠정논쟁과 인심도심논쟁의 핵심적인 문제들이었던 '리기선후(理氣先後)'의 문제와 '리기호발(理氣互發)'의 문제에 대한 이황과 이이의 견해를 재조명한다. 이 장은 현대적인 관점, 특히 상식적인 관점에서 그 문제들에 대한 어떤 대안을 어떤 방식으로 제시할 수 있는가를 보여주는 시론적인 성격을 지닌다. '리기선후'의 문제에 대해서는 특히 리기의 선후 관계가 '사실적(또는 실제적) 선후'가 아니라 '논리적 선후'를 의미한다는 학자들의 해석에 대해 논의한다. 우리는 리기의 선후를 '사실적 선후'의 관계로 이해해서는 안 되는 이유를 밝히고, 그런 뒤에 '논리적 선후'라는 표현이 정확히 어떤 의미를 갖는가를 규명한다. 한편, '리기호발'의 문제에 대해, 우리는 상식적인 선에서 생각할 수 있는 현대과학과 서양 심리철학의 연구 성과를 토대로 하여, 이황의 '리기호발설'을 반대하면서 이이가 제시하는 '기발리승일도설'의 타당성을 평가한다.

제8장은 몇 가지 서양철학적 개념들을 통해 이이가 생각했던 리와 기의 성격과 상호관계를 명확히 설명하기 위해 노력한다. 여기에서는 서경덕의

기일원론과 비교함으로써 '리기지묘설'과 '리통기국설'의 의미를 명확히 규명해보려 시도하였다. 이를 통해 이이의 리기론이 최소한 서경덕의 기일원론과는 다르다는 점을 확인하고, 이로부터 이이의 견해를 제대로 해석하는 서양철학적 이론에 대한 탐구를 지속한다. 또한 '기발리승일도'라는 개념과 이황의 '리기호발'이라는 개념의 상관관계를 규명하고, 그 개념의 정확한 의미를 파악함으로써 이이의 리기론을 '부수현상론'으로 보아서는 안 되는 이유를 밝힌다. 이 장에서는 그의 이론을 속성이원론의 일종인 양면이론으로 볼 수 있는가를 검토하기도 한다.

끝으로 제9장은 지금까지의 논의를 정리하는 부분이다. 우리는 조선 성리학이 어떤 논리적 문제점(들)을 가지며, 그런 문제점이 제기되는 이유가 무엇이고, 또한 그것이 지닌 논리적 요소와 비논리적 요소가 무엇인가를 정리한다. 조선 성리학은 논리적인 측면에서는 이른바 태생적 한계라고 불릴 수 있는 약점을 지니고 있다. 즉, 시대적·사회적 학문 풍토로 인해 그것은 불가피하게 논리적 문제점을 갖는다. 하지만 이런 성향은 다른 시대나 사회에서도 흔히 발견되는 성향으로서 논리적 결함 자체가 심각한 문제는 아니며, 다만 그런 결함을 보완하려는 시도가 필요할 뿐이다. 이 책에서 우리는 개념의 명료화와 논변의 타당성에 대한 최소한의 수정과 보완을 통해 16세기의 조선 성리학이 현대에도 지속적으로 논의될 만한 가치를 지닐 뿐만 아니라, 마침내 객관성과 보편성을 확보한 철학적 담론으로 재구성될 수 있다는 사실을 발견하게 된다.

뒤이은 제10장과 제11장에서는 사단칠정론과 인심도심론을 담고 있는 편지들을 번역하고 내용별로 정리했다. 사단칠정논쟁의 자료는 이황과 기대승이 1559-1566년에 이르기까지 8년간 주고받은 편지이며, 인심도심논쟁의 자료는 이이와 성혼이 1572년 한 해 동안 주고받은 편지이다. 인심도심논쟁 자료 가운데 특히 성혼의 3, 7, 8, 9번째 편지들은 분실되어 전해지지 않는다. 번역은 <한국유학 삼대논쟁자료 수집·정리 및 역주단 사단칠정 논쟁연구팀(2008), 『퇴계·고봉, 율곡·우계 : 사단칠정논변』, 파주 : 한국학 술정보>를 토대로 했으며, 나름대로 엄밀하게 번역하기 위해 노력했지만 무엇보다 내용의 명료성을 우선했다. 안부를 주고받는 인사말이나 불필요 하다고 생각되는 부분은 생략했고 내용별로 구분하여 표제를 붙였다. 본래 이 자료는 편지 글을 내용별로 세분하고, 그에 대한 주석이나 부연설명을 덧붙이려고 의도했었으나 너무도 많은 시간이 소요되는 부담감으로 인해 이 책에서는 주석이나 해설이 없이 번역과 분류만을 시도했다.

제10장과 제11장은 이 책을 위해 새롭게 번역하고 정리하여 덧붙인 장 들이다. 그리고 이 책의 다른 부분들은 필자의 박사 학위 논문 <유원기 (2011), 『16세기 조선 성리학 논변의 분석적 검토-퇴·고의 사단칠정논 변과 우·율의 인심도심논변을 중심으로』, 박사 학위 논문, 서울 : 성균관 대학교>를 토대로 하여 집필되었으며, 제2장·제3장·제7장·제8장은 기 존에 발표한 학술 논문들을 일부 수정하여 전재하였다. 이 책에 포함된 학 술 논문들의 구체적인 서지 사항은 다음과 같다.

〈제2장 조선 성리학의 논리적 특성〉
유원기(2009), 「조선 성리학의 논리적 특성」, 『동서철학연구』 제53집, pp.45-68.

〈제3장 이황과 이이 연구의 현황과 과제〉
유원기(2013), 「퇴·율 사상 연구의 현황과 과제」, 『한국학논집』 제50집, pp.127-155.

〈제7장 리와 기의 상호관계〉
유원기(2006), 「율곡의 리기론에 대한 현대적 고찰」, 『철학논총』 제46집, pp.223-245.
유원기(2009), 『자연은 헛된 일을 하지 않는다 : 아리스토텔레스의 자연철학』, 파주 : 서
　　광사, pp.255-284.

유원기 외(2015), 『한국철학을 다시 만나다』, 서울 : 역락, pp.133-159.

〈제8장 리기론의 서양철학적 분석〉
유원기(2015), 「율곡 리기론의 서양철학적 조명」, 『율곡학연구』 제31집, pp.67-92.

한편, 박사 학위 논문에서 다루어졌던 몇 가지 내용들을 확장한 논의들은 아래와 같은 제목으로 여러 학술지에 게재되었다.

〈제4장, 1. '발' 개념의 분석〉
Yoo Weon-Ki (2012) "A Philosophical Analysis of the Concept "*Bal/Fa*" in the Four-Seven Debate Between T'oegye and Kobong," *Korea Journal* vol. 52 : 2, pp.92-111.

〈제4장, 3.1 '소취이언'과 '소종래'〉〈제4장, 3.2 '사단과 칠정의 선과 악'〉
유원기(2011), 「이황과 기대승의 사칠논변에 대한 분석적 검토－'소취이언(所就以言)'과 '소종래(所從來)'의 함의를 중심으로」, 『유교사상연구』 제44집, pp.129-156.

〈제4장, 3.2 '사단과 칠정의 선과 악'〉
Yoo, Weon-Ki (2016) "The Problem of Sadanpujungjŏl 四端不中節 in the Four-Seven Debate," *Philosophy East & West*, vol. 66. no.3, pp.805-917. (미국 University of Hawai'i at Manoa, 2014.10.08.-12 발표)

〈제5장, 2. 심·성·정의 이분법적 종개념〉
유원기(2011), 「율곡의 심성론에 대한 새로운 분석」, 『양명학』 제28집, pp.301-328.
Yoo, Weon-Ki (2012) "Is Yulgok's Theory of Mind Consistent?" *Acta Koreana*, vol. 15 : 1, pp.147-162. (대만 嘉南藥理科技大學, 2011.10.28 발표)

필자가 생각하기에, 이 책은 100퍼센트를 기준으로 할 때 아직도 30퍼센트 정도 부족한 성과물이다. 나머지 30퍼센트는 이 책의 논의들을 좀 더 유기적으로 연결시키고, 10장과 11장의 편지 글들을 좀 더 세밀하게 번역하고 분석하여 각 항목별로 주석이나 해설을 덧붙일 때 채워질 것이다. 모든 잘못을 시간 탓으로 돌리기에는 필자의 부족함이 너무도 크지만, 건강을 비롯하여 여러 가지 상황으로 인해 출판을 더 이상 미루기가 곤란한 상태이다. 그럼에도 이 책이 국내 학계의 논의 방식과 방향에 조금이나마 도움이 되기를 기대하며, 부족한 부분은 차후에라도 반드시 채워나갈 것이다.

글을 마치기 전에, 무엇보다도 이 책의 토대가 된 박사 학위 논문을 지도해주신 성균관대학교의 최영진 교수님께 감사함을 표하고 싶다. 최영진 교수님은 처음부터 유학을 공부하셨음에도 항상 한국철학에 대한 서양철학적 검토를 소망했던 분으로서, 한국철학에 대한 서양철학의 필요성을 말로만 주장하는 학자들이 대부분인 현실 속에서 실제로 그것을 허용하고 인정하는 국내 유일의 한국철학 전공자가 아닐까 한다. 필자의 어설픈 시도와 접근에도 불구하고 학위를 취득했을 때, "내가 하고 싶었으나 하지 못했던 것을 해줘서 고맙다!"는 말씀은 필자에게 커다란 부담이자 무한한 격려로 남아있다. 이 책으로 감사함을 충분히 표현할 수 없지만, 필자가 꾸준히 노력하고 있는 모습이 조금이나마 보였으면 한다. 물론 이 책의 내용에 어떤 오류가 있다면 그것은 전적으로 필자의 잘못이다. 독자들의 많은 질정과 격려가 있기를 기대한다.

2018년 2월 28일
계명대학교 영암관에서
유원기

차례

제1부

조선 성리학과 분석적 탐구

제1장 분석적 탐구의 필요성

공자, 노자, 주희 등이 중국의 사상가들이며, 또한 유교, 도교 등이 중국의 사상임은 분명하다. 그렇다면 그 사상가들을 철학자들이라고 부르고, 그 사상들을 철학 또는 철학적 이론들이라고 부를 수 있는가? 몇몇 논문을 통해 이런 문제를 고찰했던 디푸르트(Defoort)는 「중국 철학이라는 것이 있는가?」라는 논문에서 서구의 일부 학자들이 중국 사상을 철학의 범주에 포함시키길 주저한다고 말한다.[1] 그녀는 또 다른 논문에서 풍우란(馮友蘭, 1895-1990)과 호적(胡適, 1891-1962)을 비롯한 일부 중국학자들은 중국 사상이 '철학'이라 불리고, 또한 "세계 철학의 주된 두 가지 지류들 가운데 하나"가 되길 소망했지만,[2] "그 분야의 서구 전문가들 대부분은 중국의 고대 사상을 '철학'으로조차 간주하지 않았다."라고 말한다.[3] 그렇다면 서구 학자

---

1) Defoort(2001), pp.394-398. 이와 관련된 논의는 Defoort(2006), pp.625-660와 Yoo(2013), pp.177-197 참조.
2) 여기에서 중국 사상이 "세계 철학의 주된 두 가지 지류들 가운데 하나"가 되길 바랐다고 할 때, 다른 하나의 지류는 '서양철학'을 가리킨다. 다시 말해서, 중국 사상이 서양철학과 대등한 철학의 한 가지 지류가 될 수 있기를 기대했다는 것이다.

들이 중국 사상을 '철학'으로 보지 않으려 하는 이유는 도대체 무엇일까?[4]

　일부 서구 학자들은 '형식화된 논리적 체계'를 철학의 핵심적인 요소로 규정하면서, 동아시아 전통사상이 그런 논리적 체계를 결여하기 때문에 '철학'의 영역에 포함시킬 수 없다는 주장을 제기한다.[5] 중국사상이 철학이라는 무대의 끝자리라도 차지하기를 풍우란과 호적 등을 비롯한 많은 중국학자들이 소망할 때, 그들이 아무런 일도 하지 않고 단지 자신들의 소망이 이루어지기만을 무기력하게 기다렸던 것은 아니다. 그들은 중국의 고전들을 번역하고 비판적으로 검토하고 또한 타당성을 평가하는 작업을 지속적으로 수행하고 있었다.[6] 이러한 중국학자들의 지속적인 노력과는 달리, 국내에서는 한국 사상에 대한 비판적 검토나 타당성 평가가 충분히 이루어지고 있지 않다는 문제의식에서 이 책의 논의가 시작된다.[7]

---

3) Defoort(2006), p.625. 그녀는 특히 "1990년 11월에 죽음을 두 주 앞두고 마무리된『중국 철학사 개정판(New Edition of the History of Chinese Philosophy)』마지막 권의 마지막 쪽에서, 풍우란은 서구 철학자들이 고대 중국 사상을 주목할 만한 가치가 있는 것이라는 생각을 시작도 하지 않았다고 결론지었다. "중국의 전통 철학은 항상 중국학의 일부로 간주되었으며, 철학과는 아무런 관련이 없는 것으로 생각되었다.""고 적고 있다.

4) Defoort(2001, pp.394-398)에 의하면, 서구의 일부 학자들은 '철학'이라는 용어가 서구적인(Western) 용어이고 또한 서구적 원리(Western discipline)에만 배타적으로 적용될 수 있다고 생각하기 때문에, 중국 사상을 철학이라 부르길 거부한다고 말한다. 다른 논문에서, 그녀(각각 2001, p.393 ; 2006, p.627 참조)는 '서구적 우월주의(Western chauvinism)'나 또는 '인종 중심주의적 편견(ethnocentric bias)'이 그러한 배타성의 이유라고 생각한다. 하지만 필자는 중국 사상의 진리성이 검증만 된다면 그러한 우월주의와 편견은 상대적으로 쉽게 배제될 수 있으리라 믿는다. 따라서 필자는 서양 철학자들이 중국 사상을 철학이 아니라고 보는 이유가 그런 정서적인 요소들 때문이라기보다는 풍우란과 모트의 견해처럼 논리적 형식 또는 성격의 결여 때문이라고 생각한다(아래 2장 참조).

5) Defoort(2006, p.626)는 "칸트, 헤겔, 후설, 하이데거, 그리고 좀 더 최근에는 2001년 상해를 방문했던 자크 데리다가 고대 그리스 사상이 사실상 철학이 아니라고 주장했다. 예를 들어, 칸트는 "철학이 동양 전체에서 발견되지 않는다."고 말했다."라고 전한다.

6) 미국 내에서의 중국철학 연구 동향에 대해서는 이찬(2010), 특히 pp.59-77 ; 김영민(2005), pp.212-213 참조.

7) 미국에서 한국철학에 대한 연구 동향과 관련하여, 김영민(2005, p.209)은 2005년 현재 "미국에 존재하는 단 한군데의 철학과에서도 한국철학 전담교수가 없는 현실"을 지적하

이 책에서 우리는 16세기 조선 성리학의 대표적인 논쟁들인 사단칠정논쟁과 인심도심논쟁의 구체적인 내용과 논변의 구조를 분석적으로 탐구함으로써, 그 논쟁들이 현대에도 지속적으로 논의될 만한 어떤 철학사적 의미와 가치를 지니고 있는가를 고찰한다. 이러한 탐구와 고찰을 통해 우리는 그 논쟁들에 이른바 '비형식적인 논리'가 분명히 내재할 뿐만 아니라 그것들이 약간의 보완을 통해 형식화될 수 있으므로, 한국철학(특히, 조선 성리학)이 철학으로서의 자격을 갖추고 있을 뿐만 아니라 미래에 존속할 만한 가치를 갖고 있다는 결론에 도달한다.

우리가 이 책에서 다루는 사단칠정논쟁은 퇴계 이황(退溪 李滉, 1501-1570)과 고봉 기대승(高峯 奇大升, 1527-1572)이 사단과 칠정이라는 개념에 대해 1559년부터 1566년까지 8년간 지속했던 논의를 가리키며, 인심도심논쟁은 율곡 이이(栗谷 李珥, 1536-1584)와 우계 성혼(牛溪 成渾, 1535-1598)이 인심과 도심이라는 개념에 대해 1572년 한 해 동안 주고받았던 논의를 가리킨다.[8] 그들의 논의는 상당히 철학적인 깊이가 있었을 뿐만 아니라 체계적이고도 세련된 방식으로 진행되었던 것으로 보이는데, 그것이 그렇게 될 수 있었던 부분적인 이유는 그들의 논쟁들이 즉각적으로 질문과 답변을 주고받아야 하는 구두상의 논의가 아니라 편지 교환을 통한 논의였고, 따라서 주어진 문제에 대해 각자 깊이 있게 고찰할 시간을 충분히 가질 수 있었기 때

며, 그것은 "그들이 한국의 철학유산을 그들이 마주한 현재의 철학적 문제 해결에 중요한 도움이 된다고 인식하지 않고 있음을 의미한다."라고 지적한다. 또한 그(p.212)는 "분석철학의 테두리 안에 포섭되지 않는, 소위 말하는 "성인들의 발언"들로 이루어진 철학 전통들은, 많은 경우 "종교학"의 틀에서 연구된다."라고 전한다.

8) 이이와 성혼의 논의가 이황과 기대승의 사단칠정논쟁에서 미진하게 논의된 부분에 대한 비판적 고찰에서 출발했다는 점에서, 그것을 '사단칠정논쟁(사칠논쟁 또는 사칠논변)'이라는 이름으로 부르기도 한다(김기현, 2000a, p.8 등 참조). 그러나 그들의 논의는 실질적으로 사단과 칠정보다는 인심과 도심이라는 주제에 초점을 맞추기 때문에 그들의 논의를 인심도심논쟁이라는 독립적인 이름으로 부르는 것이 오히려 적절해 보인다.

문일 것이다. 사단칠정논쟁은 특히 정(情)의 영역에 속하는 사단과 칠정에, 그리고 인심도심논쟁은 심(心)의 영역에 속하는 도심과 인심에 초점을 맞추면서, 그것들의 개별적인 성격과 상호 관계를 리와 기라는 존재론적인 토대를 통해 일관적이고도 정합적으로 이해하고 설명하려는 시도였다고 할 수 있다.

중국에서는 주희가 사단과 칠정에 대해 "사단은 리가 발한 것이고, 칠정은 기가 발한 것이다."9)라고 단 한 번 진술했던 바 있으나, 그 개념들을 리와 기에 관련시켜 설명하는데 대해 별다른 관심을 갖지 않았다. 사실 조선에서도 사단과 칠정에 대해 그런 식으로 설명하는 경우가 간혹 있었지만, 기대승 이전까지는 그 설명이 어떤 논란의 여지를 갖는다는 점에 주목하고 문제를 제기했던 사람은 없었다.10) 하지만 기대승이 의문을 제기하고 이황이 그에 대한 답변을 하면서 비로소 시작되었던 그들의 논의는 성리학의 리기론(理氣論)과 심성론(心性論)에 대한 조선 성리학자들의 관심과 이해를 고양시켰다. 특히, 그들의 논의는 18세기에 이르러 인물성동이논쟁(人物性同異論爭)과 심설논쟁(心說論爭) 등에 이르는 중요한 다른 논쟁들을 촉발했을 뿐만 아니라 심지어 오늘날에 이르기까지 흥미롭고 중요한 학문적 탐구의 주제로서 많은 논란이 되고 있다.11) 무엇보다도 국내외의 많은 학

---

9) 『주자어류』 53:83, 四端是理之發, 七情是氣之發.

10) 사단칠정에 대한 이황 이전의 논의에 대해서는 배종호(1974), p.159 ; 김기현(1996), pp.10-11 ; 이기용(1997), pp.160-170 ; 이기용(2009), pp.357-362 ; 최영진(2009), pp.152-153 참조

11) 윤사순(2003), p.5 ; 황의동(1999), p.234. 특히, 윤사순은 이 논쟁들로 인해 "조선 성리학계는 처음으로 문제 중심의 학파(主理派 主氣派, 退溪學派 栗谷學派)가 생겼고, 心性論 분야의 성리학이 중국의 수준을 능가하게 되었다. 명실 공히 조선 성리학의 또 하나의 특징으로 자리 잡은 이론이 '四端七情에 대한 理氣論的 解釋'이다. 따라서 이는 조선 성리학의 특수성이 담지된 이론 중의 하나이다."라고 평가한다. 주리파 주기파의 분화에 대해서는 현상윤(1986), p.94 ; Jin(1987), pp.354-356. 현상윤은 "…… 후일 율곡이 고봉의 설을 응원함에 미쳐, 그 파문은 더욱 커졌다. 그리하여 조선 리학계는 퇴계, 율곡의 이

자들은 그러한 논의가 한국철학, 특히 조선 성리학의 독창성을 보여준다는 점에 동의하고 있다.[12]

심성론의 대표적인 개념들인 심(心)과 성(性)과 정(情)은 상위 개념으로서 각각 하위 개념들을 갖는다. 즉, 그것들은 유개념(類槪念)으로서 도심과 인심, 본연지성과 기질지성, 그리고 사단과 칠정을 각각 종개념(種槪念)들로 갖는다. 이 가운데서 사단칠정논쟁은 정(情)에 속하는 사단과 칠정을, 그리고 인심도심논쟁은 심(心)에 속하는 도심과 인심을 '리'와 '기'라는 개념들을 통해 설명하는 방식에 대한 논의였다.[13] 리와 기는 세상의 모든 사물들

대학파로 형성되고, 그 두 학파는 후일 당쟁의 영향을 받아, 남인은 퇴계의 리발기수설을 존봉하고 서인의 주류인 노론은 율곡의 기발리승설을 존봉하게 되어, 전자는 주로 영남학파가 되어 주리설을 주장하는 자가 많고, 후자는 주로 기호학파가 되어 주기설(엄정한 의미에서 보면 이것을 주리설이라고 호칭함이 불가하나, 그러나 영남학파들이 그렇게 뒤집어 씌워서 호칭한다)을 주장하는 자가 많게 되었다. 그리고 본즉 삼백년간 대립되어 있던 주리주기의 이대학파의 출발은 실로 퇴고 양현의 사칠논변에서 시작되었다 말할 수 있는 것이다."라고 말한다. '주리'와 '주기'란 개념을 통한 학파 구분의 문제점과 참고문헌은 최영진(1997), pp.31-53 ; 이종우(2004), pp.5-32 ; 특히 김기주(2005), pp.83-110 참조

12) 최영진(2009, p.129)은 "조선 성리학은 3차례 집단적이고 지속적인 논쟁을 통하여 형성되고 발전·심화되었다. 16세기의 '사단칠정논쟁', 18세기의 '호락논쟁', 19세기의 '심설논쟁'이 그것이다. 이 논쟁들을 통해서 새로운 이론이 창출되어 중국의 주자학과 구별되는 조선 성리학이 정립된 것이다. 이와 같은 대규모 논쟁은 중국이나 일본에서 찾아볼 수 없다."라고 말하며, 안은수(1999, p.282)는 "이황과 기대승의 논변이나 성혼과 이이의 논변으로 대표되는 16세기 학술계의 대논쟁이 그와 같은 한국 주자학의 성격을 결정짓는 역할을 해내었으며, 태생지인 중국에서도 찾아보기 어려운 것이며 세계사적으로도 특기할 수 있는 학술논의의 장이었다."라고 평가한 바 있다. 국내외의 한국인 학자들뿐만 아니라 중국인 학자들인 두유명(1982), p.29 ; Fu(1985), p.16 ; Jin(1987), p.357 등도 이 견해에 동의한다. 하지만 이기용(1997, pp.176-177)은 "사단칠정은 송대 이학에서 인간의 성정을 논하고 리기로 변별하는 것의 영향을 받아 …… (p.176)"라고 말하고, 또한 "사단과 칠정의 문제는 송대 이학 특히 주자가 인심도심을 해석하는 것에서 파생된 것으로 …… (p.177)"라고 말함으로써, 사단칠정논쟁과 인심도심논쟁이 조선 성리학 내부에서 야기된 자생적 논의가 아니라 중국의 영향을 받아 제기된 논의에 불과하다고 평가한다. 일제시대의 어용학자인 다카하시 도루(高橋亨)는 조선 침략을 정당화하기 위한 방편으로 조선 성리학의 독창성을 부정하는 왜곡된 해석을 제시했다는 견해는 윤사순(1993), pp.10-11 ; 김기주(2005), pp.92-99 등.

을 구성한다고 말해지며, 이런 점에서 우리는 그것들을 우주론적 구성 요소들(또는 원리들)이라고 부를 수 있다. 우주론적 구성 요소들을 통해 인간의 심성을 설명한다는 것은 우주와 인간의 연계성을 이해하고, 인간의 본질과 가치를 파악하며, 또한 인간이 살아야 할 바람직한 삶의 방향을 탐구하는 것이다. 성리학적 세계관에서 인간은 우주의 일부이며, 따라서 우주에 적용되는 것은 그대로 인간에게 적용된다. 우주의 이치인 천리(天理)는 우주가 따라야 할 법칙인 반면에, 사람에게 부여된 리가 성(性)이고 이러한 성이 실제로 발현된 것이 정(情)이다.14) 즉, 성은 기 안에 내재하는 리인 반면에, 정은 이러한 리가 기 안에서 발현된 것이다. 그러므로 인간의 심성을 이해하기 위해서는 성과 정의 근원이 되는 리와 기를 먼저 이해할 필요가 있다.15) 그리고 우리가 인간의 속성들 내지 성질들을 통칭한다고 말해지는 심·성·정의 구체적인 성격과 역할을 파악할 수 있다면, 인간이 추구해야 할 삶의 방향도 파악할 수 있을 것이다.16)

---

13) 사단칠정논쟁은 정(情)의 문제에 집중하고, 인심도심논쟁은 심(心)의 문제에 집중하지만, 이것들을 별개의 것들로 다루지 않고 종합적으로 다루어야 한다. 이와 관련한 논의는 이기용(1995), iv-v 참조.

14) 『중용』1장, 하늘이 명한 것이 성이다(天命之謂性) ; 『주자어류』5:1, 하늘은 곧 리이고, 명은 곧 성이며, 성은 곧 리이다(則天卽理也, 命卽性也, 性卽理也) ; 5:4, 하늘이 부여한 것은 명이 되고, 만물이 받은 것은 성이 된다(天所賦爲命, 物所受爲性).

15) <고봉 1> "…… 내[고봉] 생각에는 마땅히 먼저 리와 기 상에서 분명히 본 뒤에야 심·성·정·의가 모두 낙착되고[문제가 해결되고] 사단과 칠정을 변별하기 어렵지 않으리라고 생각한다(…… 然鄙意以爲當先於理氣上看得分明, 然後心性情意皆有著落, 而四端七情不難辨矣)" ; <율곡 2-1> "심·성·정에 대해 확실한 견해가 없는 것은 아마도 리와 기라는 두 글자에 대해 아직 명쾌하지 않은 바가 있기 때문이다(…… 而尙於心性情, 無的實之見者, 恐是於理氣二字, 有所未透故也)" ; 『율곡전서』권20 『성학집요』, 「論心性情」, 대체로 심과 성을 두 가지 작용이라 하고 사단과 칠정을 두 가지 정이라 하는 것은 모두 리와 기에 투철하지 못하기 때문이다(夫以心性爲二用, 四端七情爲二情者, 皆於理氣, 有所未透故也). 이러한 기대승과 이이의 견해를 이기용(1997, pp.158-159)은 "심성정에 대해서 완벽하게 이해한다면 이것을 통해서 이기까지 알 수 있다."라고 정반대로 잘못 기술하고 있다.

16) 조장연(2006, p.271)은 이것을 "인간과 만물을 포괄하고 있는 우주 삼라만상에 대한 구

성리학에서는 사물과 무관하게 독립적으로 존재하는 어떤 이치나 원리를 '리(理)'라는 이름으로 부르는 한편, 그것이 사물(엄밀하게 말해서, 물질) 속에 내재하게 되는 순간부터 그것을 '성(性)'이라 부른다. 그리고 이러한 '리'와 '성'은 순수하게 선한 성질만을 갖는 것으로 이해되는 반면에, 그것이 어떤 방식으로든 사물(즉, 물질)의 불완전함 때문에 제대로 실현되지 않게 되면 악의 성질도 갖는 것으로 이해된다. '성'은 아직 드러나지 않은 것을 가리키는 반면에, 그것이 사물 속에서 구체적인 방식으로 드러나면 '정'이라고 부른다. 다시 정리하자면, '성'은 발하지 않은 상태로서 선성만을 그대로 유지하는 것을 가리키지만, 그것이 발하여 정으로 드러나면서부터 선의 성질뿐만 아니라 악의 성질도 갖게 된다. 즉, 사람과 사물이 갖는 선한 성이 그대로 실현이 되면 정도 선한 정이 되지만, 선한 성이 제대로 실현이 되지 않으면 정은 악한 정으로 이해되는 것이다.

따라서 성리학적 논의에서는 인간의 본연적 속성인 선한 성을 어떻게 유지하고 회복하는가 하는 문제가 중요한 관심사로 대두된다. 즉, 심성론은 도덕성의 회복이나 인간 본성의 계발에 대한 탐구를 궁극적인 목적으로 하는데,[17) 여기에서 '심성'은 우리가 흔히 말하는 '마음'보다 훨씬 더 광범위한 영역을 가리킨다. 그것은 인간의 본질이 무엇인가를 규명하는 데 일차적으로 깊은 관심을 갖지만, 그것에 그치지 않고 인간이 지나온 과거를 이해하고 또한 다가올 미래의 삶에 지침을 제공하는 학문 분야이다. 심성론을 서양철학의 관점에서 보자면, 그것은 경험적으로 관찰되지 않는 인

성 원리를 이해하고, 그러한 모델을 바탕으로 인간의 심성구조에까지 통일적으로 적용시키려는 노력을 기울인 것"이라고 표현한다.

17) 성리학의 심성론은 (a) 마음의 존재론적 위상을 주로 리와 기라는 개념을 통해 논의하며, (b) 마음의 영역에 국한되지 않고 본성의 영역까지 폭넓게 다루고, 또한 (c) 마음과 감정은 물론이고 본성의 상태 또는 작용에 대해서도 선과 악이라는 도덕적인 가치를 부여한다는 특징을 갖는다.

간의 본질 등에 대해 논의한다는 점에서 형이상학으로 분류될 수 있으며, 좀 더 구체적으로는 인간이 무엇인가라는 문제를 포함한다는 점에서 그것은 철학적 인간학으로도 분류될 수 있다. 그뿐만 아니라 그것은 인간의 감각·지각·사고 등을 비롯한 다양한 심리적 요소들의 기능과 상호관계, 심리적 요소의 존재론적 기초, 심리적 요소와 물리적 요소의 상호작용 여부 등에 관한 심리철학적 문제들도 포함하며, 심지어는 인간이 어떤 행위를 해야 하고 어떤 행위를 해서는 안 되는가 등에 관한 윤리학적 문제들도 포함한다. 이처럼 성리학에서 심성론은 서양철학이 분류하는 어떤 한 가지 영역에 속하기보다는 다양한 영역들에 걸친 포괄적 성격을 갖고 있다.[18]

이미 언급했듯이, 국내 학자들은 16세기 심성론 발전에 초석이 되었던 사단칠정논쟁과 인심도심논쟁 자체에 대해서는 물론이고 그 논쟁들을 주도했던 성리학자들의 이론과 견해에 대해 많은 논의를 해왔다.[19] 그들은 우선적으로 논쟁의 핵심 논제와 가치를 이해하고 설명하기 위해 노력했지만, 다른 한편으로 그들은 또한 서양의 학문적 발전에 발맞추어 성리학적 이론을 보완하고 보존하기 위한 노력도 필요하다는 점에 동의한다.[20] 그런

---

18) 이동준(1997), pp.304-308 참조. 유교는 "어느 한정된 영역을 대상으로 하는 것이 아니라, 윤리·교육·정치·철학·예술 등 인간의 자기성찰 및 자아실현 그리고 역사적 사회적 현실의 문제들을 모두 포함하고 있다(이동준, 1997, p.304에서 재인용 ; 류승국 외, 『유학원론』, 서울 : 성균관대출판부, 1978, <머리말> 참조)."

19) 이기용(1997), pp.146-147 ; 이상호(2001), pp.193-200 ; 남지만(2009), p.1 각주 2 참조. 이들에 따르면, 이 논쟁에 관여한 네 명의 성리학자들 가운데 특히 이황과 이이에 관한 연구물만도 2,000여 편이 넘는다. 한편, 미국 하와이 대학교 한국학 연구소의 홈페이지(http://www.hawaii.edu/korea/biblio/rel_confucianism.html)에서 대략적인 한국학 관련 자료를 제공하고 있다. <Religion and Philosophy>의 <Confucianism>이라는 항목에는 1962-2008년까지 영어로 쓰인 240여 편의 성리학 관련 논문과 저술이 언급되고 있으며(<실학> 관련 자료는 별도의 항목으로 취급된다), 이 가운데 이황과 이이에 관련된 자료는 80여 편이며 여기에는 10여 편의 사단칠정논쟁 관련 자료가 포함된다. 남지만(2009, p.1)은 사단칠정에 관한 논의가 "세계 학계의 관심 대상이 되었다."라고 말하는데, 그에 대해 소수의 학자들이 관심을 보이기는 했지만 '세계 학계의 관심 대상'이라는 말은 지나치게 과장된 말로 보인다.

데 우리는 도대체 성리학을 보존하려 하는 이유가 무엇인가에 대한 질문을 제기해볼 필요가 있다. 즉, 그것은 객관적이고 보편적인 진리이기 때문에 보존해야 하는 것인가, 아니면 그것이 주관적이고 검증되지 않은 견해를 담고 있긴 하지만 그럼에도 어쨌든 인간의 삶에 보탬이 되기 때문에 그것을 보존해야 하는 것인가?[21]

물론 이황의 심성론이 시간적·공간적으로 보편적인 진리성을 포함한다면 그것에 대한 논의를 주저할 이유가 전혀 없으며, 당연히 그런 논의는 지속되어야 한다. 또한 그것이 보편적인 진리성을 포함하는가 또는 그렇지 않은가에 대해 분명하지 않은 경우에도 그것에 대한 논의는 여전히 가치가 있다. 왜냐하면 그것이 보편적인 진리인가 또는 그렇지 않은가에 대한 논의를 통해 우리는 그것을 진리의 대상으로 추구할 것인가 또는 그렇지

---

20) 윤사순(2001, 특히 p.144)은 이황의 성리학을 예로 들어 다음과 같이 기술한다. "…… 퇴계의 지식설은 객관적 지식의 추구 이상으로 정당한 행위 원리인 지혜를 탐구하는 것이었다. 방향감각을 잃은 첨단과학의 이름 밑에서, 또는 이윤획득의 타산 속에서, 객관적 지식만 추구하면서 주체적 지혜의 탐구정신이 갈수록 희박하여지는 것이 오늘날의 저급한 정신적 상황임을 상기하면 …… 사단 위주의 퇴계 심성설은 인간을 인간답게 하는 본성의 계발을 목적으로 한 이론이었다. 그런 점에서 그것을 퇴계 철학 같은 형이상학에 도전적인 현대 분석 철학, 인지 과학, 심리 철학이 간과하는 경향과 크게 대조적이다. 다시 말해 퇴계의 인성 탐구는 현대의 이러한 철학 등에서 결여하고 있는 측면의 보완을 위하여서도 계속 세련화 할 가치가 있는 것이지 폐기할 이론이 결코 아니다. 본성에 의하여 도덕을 수립하려는 의지와 발상 또는 날로 도덕이 괴멸하여가는 오늘날에 계승 발전시켜야 마땅한 철학적 유산이다." 또한 이광호(1993b, p.2)는 "유학은 자연계를 포함한 삼라만상에 대한 포괄적 종합적 근원적 이해의 성격이 강하며, 퇴계의 학문에는 이러한 성격이 더욱 뚜렷하다. 더구나 이러한 성격은 자연과 삶에 대한 객관적 탐구에 기초한 것이 아니라, 삶 자체에 대한 내면적 체험과 수양을 바탕으로 삼고 있기 때문에, 유학은 현대적인 학문방법으로 접근해서는 이해하기 어렵다."라고 말한다.

21) 예를 들어, 바다에서 조난을 당한 여객선의 선장이 구조되거나 생환할 가능성이 전혀 없다는 것을 알고 있다고 가정해보자. 그런 사실을 알게 되면 당장 공황 상태에 빠질 유약한 동료들과 승객들에게 진실을 말해줘야 하는가, 아니면 아직도 구조의 가능성이 있는 것처럼 거짓말을 해서 삶에 대한 희망을 갖게 해야 하는가? 이것은 '냉혹한 진리'를 선택할 것인가 또는 '바람직한 거짓'을 선택할 것인가라는 문제이다.

않은가를 판가름할 수 있기 때문이다. 하지만 만약 이황의 심성론이 거짓임에도 불구하고 인간의 삶에 보탬이 되는 경구적인 또는 교훈적인 요소를 담고 있다면, 그런 이유에서 그것은 지속적으로 논의될 가치를 갖는가? 그렇지 않을 것이다. 아무리 인간의 삶에 유익한 것이라 할지라도 그것이 거짓이라면, 그러한 인간의 삶은 결국 거짓된 삶이 될 것이기 때문이다.

사실상 성리학적 논변들을 현대적으로 재해석하여 그것들의 이론적인 결함이나 허점을 보완하고 발전시키는 방안을 모색해야 한다는 제안도 종종 있었지만, 지금까지 얻어진 가시적인 성과를 찾아보기는 쉽지 않다.[22] 대체로 현대 연구자들은 과거 성리학자들의 논변이나 이론을 요약하고 정리하거나 또는 그것들을 서로 비교하는 연구 방법을 많이 채택해왔다. 물론 과거의 학문과 이론을 제대로 이해하기 위해서는 그것을 있는 그대로 이해하려는 노력이 선행되어야 한다는 점에서 볼 때, 그런 연구 방법이 불필요하거나 잘못된 것은 분명히 아니다. 하지만 그것이 어떤 특정한 시기와 특정한 지역에서만 이해되고 수용되었던 과거의 유물이 아니라 시공간적으로 보편적인 학문으로 존속하기 위해서는 단순히 기존의 관점과 연구

---

22) 이동준(1997, p.600)은 "유학을 철학적으로 논의하되 그것은 한갓 특수철학에 머무를 수 없는 것이며, 보편과 특수를 동시에 고려하는 입장을 견지"하라고 조언하며, 많은 다른 학자들도 이런 맥락에서 다음과 같이 말한다. 예를 들어, 박종홍(1982, p.19)은 사단칠정론을 "현대철학적 견지에서 좀 더 철저히 연구 전개시킬 필요"가 있다는 의견을 제시한 바 있으며, 윤사순(1993, p.7)은 좀 더 구체적으로 "서양철학의 지식으로 한국 유학을 겸허하고 진지하게 철학적으로 이해하는 노력을 기울이지 않았다."라고 지적하면서 (p.7), "중요한 것은 서양철학에 대한 지식도 깊이 비판적으로 갖추면서, 이성적인 궁리의 방법을 통해 한국유학의 특징이 지닌 장단점을 이해하고 계승 발전시키려는 태도일 것이다."라고 제안한다(p.34). 한편, 이동희(1997, p.260)는 성혼과 관련하여 그가 "왜 퇴계설을 그렇게 해석하는가 하는 입장과 시각의 의미를 현대적으로 분석"해야 한다고 말한다. 이런 지적들은 많지만 한국철학의 논제들을 실제로 논리적인 측면에서 자세히 고찰하거나 또는 서양 철학적 관점에서 다룬 글들은 최영진(1981, pp.87-108), 김영건 (2005, pp.111-150), 유원기(2006a, pp.223-245 ; 2009b pp.45-68 ; 2015, pp.67-92) 등이 있지만 그 수는 많지 않다.

방법을 답습하는 데서 그치지 않고 객관적이고 보편적인 해석이나 해결책을 제시하고 모색하려는 노력이 필요하다. '객관적 지식'이란 어떤 개인의 선호도나 편견이 개입됨이 없이 모든 사람들에 의해 공정하고 중립적인 태도로 추구되는 지식을 의미한다. 이렇게 볼 때, 보편성과 객관성을 담보해주는 분석 도구를 통해 성리학적 이론을 고찰하는 것은 성리학이 객관적 지식으로서 존속하기 위한 최소한의 노력이라고 할 수 있다.

하지만 많은 학자들이 사단칠정논쟁과 인심도심논쟁을 성리학 이론 전반에 대한 현대적 검토와 평가가 필요하다는 점에는 동의하고 있음에도 불구하고, 국내외에서 그러한 분석적 탐구를 실제로 수행한 연구자나 연구 자체는 거의 없다. 아마도 그것은 심성론, 더 나아가 성리학이 전반적으로 논리만으로 설명될 수 없는 '그 무엇'을 담고 있다는 생각에서 비롯된 부담과 압박에서 비롯된 것일 수도 있다. 다시 말해서, 성리학이 논리만으로 설명될 수 없는 어떤 것을 갖고 있음에도 불구하고 논리만으로 그것을 해석하고 분석하려다 보면 놓치는 것이 있을 수밖에 없다는 것이다. 최영진은 이러한 부담과 압박을 다음과 같이 설명한다.

> 유학사상을 논리적 시각에서 검토한다는 작업은 그 자체로서 위험성을 내포한다. 유학을 포함한 넓은 의미의 중국철학이 주제로 삼고 있는 것은 실제적이고 도덕적인 문제들이었으며, 중국철학가들이 추구하는 궁극적 경지는 논리의 그물이 닿을 수 없는 차원이기 때문이다. …… 언표할 수 없는 것은 논리화할 수 없으며 사유할 수도 없다. 중국철학은 언표할 수 있는 세계를 넘어서는 것이다.[23]

---

23) 최영진(1981), p.87. 여기에서 필자는 글의 가독성을 높이기 위해 인용문에 사용되어 있는 한자를 임의적으로 한글로 바꾸었으며, 아래에 인용된 다른 인용문들에 대해서도 원저자들의 논문이나 저술에 대한 구체적이고 개별적인 언급 없이 한자를 한글로 대체할 것이다. 다만 한글로만 표기하는 것이 인용문의 내용을 명확하게 전달하지 못한다고 판단되는 경우에는 한자를 괄호 안에 넣고 한글을 병기할 것이다. 원저자들의 양해를 바

논리만으로 설명되지 않는 '그 무엇'이 있다는 진술은 어떤 면에서는 인간이 물질로만 설명되는 것은 아니라는 주장과 동일한 선상에 있다고 볼 수 있다. 인간이 전적으로 물질로 설명된다는 것이 물리·화학적 환원을 주장하는 것이라면, 인간의 모든 사고가 논리로 설명된다는 것은 논리적 환원을 주장하는 것이다. 반면에, 유학이 논리적으로 환원될 수 없는 어떤 요소를 갖는다는 주장은 그러한 논리적 환원을 부정하는 것이다.[24) 하지만 앞에서 보았듯이, 논리성을 배제한 어떤 이론도 엄격한 의미에서 '학문'으로 존속할 수 없다. 논리성을 승인한다는 것은 논변의 타당성을 평가하고 명제의 진위를 파악한다는 의미이며, 따라서 유학의 초논리성 또는 윤리성을 인정하더라도 유학이 학문으로서 유지되기 위해서는 논리성의 문제를 전적으로 배제할 수도 없고, 또한 그렇게 해서도 안 될 것이다.

　사단칠정논쟁과 인심도심논쟁을 계기로 하여 조선 성리학에서는 우주론적 개념들을 통해 심성론적 요소들을 설명하는 방법은 심성론의 문제들을 다루는 아주 일반적이고도 기초적인 방법이 되었다. 또한 이 논쟁들은 조선 성리학자들로 하여금 심성론에 관심을 갖게 만든 직접적인 계기였을 뿐만 아니라 조선 성리학 세계에 고유한 의미에서의 '논쟁'이라는 학문 탐구 방법, 즉 논의를 통해 새로운 이론이나 학설을 전개해나가는 학문 탐구 방법을 정초시킨 계기였다. 스승이 제자에게 강론을 펴는 식의 일방적인 가르침이 아니라 적절한 근거 위에서 자신들의 주장과 반론을 제시하면서 논의하는 학문 탐구의 방법은 위계질서를 중시하던 당시의 시대적 상황을

라다.

24) 이와 관련하여, 유정동(1975, p.58)은 다음과 같이 조언한다(최영진, 1981, p.88에서 재인용). "철학과 윤리, 논리와 사리의 일관된 전개는 언설을 빌리지 않을 수 없는 한 어느 쪽도 결함처가 따를 수밖에 없으나 철학적 조리로 인해서 윤리적 실천에 오만을 초래하는 폐단보다는 차라리 엄격하게 구분함으로써 논리체계에 불투라는 폐단이 있더라도 윤리적 기능이 강화됨은 바람직한 것으로 믿어진다."

고려할 때 분명히 획기적이라고 말할 정도로 새로운 일이었다. 우리가 논의하는 16세기의 논쟁자들이 이미 어느 정도는 고유한 의미에서의 학문탐구를 수행했다고 말할 수 있다. 즉, 그들이 학문에 임하는 태도가 바로 우리가 이 책에서 합리적 태도의 전형으로 제시하고 있는 분석적 태도였다고 볼 수도 있다는 것이다.

사단칠정논쟁과 인심도심논쟁에 대한 연구에서 우리의 역할은 한편으로 16세기의 학자들에게는 명확했으나 세월이 흐름에 따라 우리에게 불명료해진 용어나 개념의 의미를 다시금 명료하게 조명하고, 다른 한편으로 당시의 학자들에게는 분명하지 않았지만 논리적 형식과 과학적 수준이 발전함에 따라 우리에게 당연하고 분명해진 논점과 논변을 우리가 이해할 수 있는 언어로 재구성하는 것이다.[25] 다시 말해서, 우리의 역할은 16세기 조선 성리학의 철학성을 규명하고 보완하는 것이다. 즉, 논쟁들의 여러 쟁점들에 드러난 논리적 문제점들을 해결하기 위해 노력하고, 또한 그 논변들이 논리적 정당성을 확보하도록 구축하는 것이다. 이러한 논의 방법과 논의 과정을 통해, 무엇보다도 우리는 16세기를 대표하는 사단칠정논쟁과 인심도심논쟁이 국내 또는 동아시아에서만 승인된 특수한 이론이 아니라 세계 어디에서나 승인되는 보편적 이론으로 거듭나도록 재구성하기 위해 노력할 것이다.

위에서 보았듯이, 유학 일반 또는 성리학의 이론들은 논리적으로만 평가될 수 없는 요소들을 함축하며, 따라서 논리적 타당성만을 고려하고 분석적 탐구 방식만을 강조하는 것은 적절하지 않다는 주장들이 종종 제기된다. 여기에서 이런 주장들의 옳고 그름을 논의하기는 어렵다. 하지만 만약

---

25) 학계에서는 사단칠정'논쟁' 등의 '논쟁'이 종종 사단칠정'논변'과 같이 '논변'으로 불리기도 하지만, 필자는 그 단어들을 엄격하게 구분하여 사단칠정이나 인심도심 등에 대해 성리학자들이 주고받은 논의를 가리킬 때는 '논쟁'이라는 단어를 사용하는 한편, 논쟁의 '이론'이나 '쟁점'을 가리킬 때는 '논변'이라는 단어를 사용한다.

그 주장들을 승인한다 할지라도, 성리학이 고유한 의미에서의 '학문'으로서 성립되길 원한다면, 논리적 타당성의 평가는 최소한의 전제 조건이다. 성리학이 고유한 의미에서의 학문으로 성립된다는 것은 그것이 어느 한 지역에서만 수용되고 통용되는 지엽적이고 편협한 특수 철학이 아니라 전 세계에서 논의되고 고찰할 만한 가치가 있다고 인정되는 세계 철학 또는 보편 철학의 반열에 오른다는 것이다. 결국 이러한 노력은 16세기 조선 성리학의 논변들을 보편 철학의 담론 주제로 부각시키기 위한 토대를 구축하는 정지 작업이라고 할 수 있다. 이런 작업이 수행되었을 때, 풍우란이 중국철학에 대해 소망했지만 결국 이루지 못했던 것을 우리가 이루어낼 수 있을 것이다. 즉, 조선의 성리학이 마침내 객관성과 보편성을 확보한 '철학'이라는 이름으로 불리게 될 수 있으리라는 것이다. 그때 우리는 "한국에도 철학이 있는가?" 또는 "한국철학이 있는가?"라는 질문에 대하여 자신 있게 "그렇다!"라고 답변할 수 있을 것이다.

제2장 조선 성리학의 논리적 특성

　일반적으로 중국철학에는 형식 논리학적 요소가 결여되어 있다고 평가된다. 그러나 형식 논리학이 "진리가 진술될 수 있는 형식적 방법과 그러한 진술들의 정확성을 검증하는 수단"으로서, 진리의 탐구 과정에서 핵심적인 역할을 한다는 점을 고려할 때, 형식 논리학의 경시는 결국 진리 탐구의 경시를 함축하며, 따라서 형식 논리학을 경시하는 중국철학은 진리의 탐구와는 무관한 학문분야라는 결론이 내려질 수도 있다. 그러나 조선 성리학이 중국 성리학의 영향을 받았기 때문에 조선 성리학도 진리와 무관한 학문분야라는 단정적인 결론을 내리기 전에, 우리는 최소한 다음과 같은 세 가지 물음을 고찰할 필요가 있다. 첫째, 조선 성리학은 중국의 철학적 주제와 성향은 물론이고 그것의 학문적 방법론까지 그대로 차용했는가? 둘째, 형식 논리학이 진리를 파악하는 유일한 도구인가? 셋째, 중국철학과 조선 성리학에는 아무런 논리적 요소가 없는가? 만약 이 세 가지 질문에 대한 답변들이 모두 긍정적이라면, 조선 성리학도 진리의 탐구와 무관한 학문분야라는 결론이 나올 수밖에 없을 것이다. 과연 이 세 가지 물음에 대해 어떤 답변들이 제시될 수 있을 것인가를 살펴보자.

　풍우란과 모트는 서양철학과 중국철학의 차이점을 형식 논리학의 유무에서 찾는다. 그들은 중국철학사에도 논리학적 문제들에 관심을 가졌던 시기가 있긴 했다고 강조하면서,[26] 그럼에도 대체로 중국철학은 서양철학과는 달리 "진리가 진술될 수 있는 형식적 방법과 그러한 진술들의 정확성을 검증하는 수단"인 형식 논리를 결여하고 있다고 지적한다.[27] 그리고 그들은 중국인들이 형식 논리학을 경시했던 이유가 그것을 발전시킬 역량이 없었기 때문이 아니라 다만 논리학적 도구의 필요성을 느끼지 못했기 때문이라고 말한다.[28] 몽배원도 성리학의 특징을 그와 유사한 맥락에서 이해한다.

　　…… 성리학은 기본적으로 정감의 형태를 가진 도덕철학이지 이지적인
　　형태의 분석철학은 아니다. 그래서 이것은 정감이나 의지와 같은 주체의식

---

26) Fung(1952), p.3 ; 김용헌 옮김(1994), pp.128-129. Fung은 "논리학은 논증적 토론에 요구되지만, 중국철학의 대부분 학파들이 자신들의 주장들을 뒷받침하기 위한 논변들을 정립하기 위해 크게 노력하지 않았기 때문에, 명가 철학자들을 제외하고는 사고의 과정과 방법을 검토하는 데 관심을 가졌던 사람들이 거의 없었다. 그리고 불행하게도 이 학파는 다만 잠시 존재했을 뿐이다."라고 말하며, 모트도 묵가와 명가처럼 논리학적 문제들에 관심을 가졌던 학파들이 중국철학사에 있었으나 오래 지속되지 못했다는 점을 지적하고 있다.

27) 김용헌 옮김(1994), p.126 ; 전호근(1995), p.175. 전호근은 "주희는 현상 세계에 대한 객관적 해석을 끌어내려는 입장에서 리기의 동정을 규정했다기보다는 도덕적 가치를 중시하는 관점에서 리의 주재성을 강조했다고 할 수 있다. …… 여기서 우리는 주희 철학의 기본적 진리관이 논리적 진리보다는 규범적 가치를 우선시하고 있음을 알 수 있다. 객관 사물에 대한 끊임없는 관찰도 사실은 이와 같은 규범적 가치를 보편화시키기 위한 설득력 있는 수단을 제공하기 위해서 언급했던 것이다."라고 적고 있다.

28) Fung(1952), pp.1-2와 p.3 ; 김용헌 옮김(1994), p.129와 p.126. 특히, 류승국(2008, p.303 참조)은 "동양의 철학사상은 서양철학에 비하여 논리의 엄밀성이나, 추상적 개념을 규정하는데 힘쓰지 않고, 심법(心法) 및 행동의 순일성과 엄정성에 더욱 유의하였다."라고 말한다.

의 자아체험을 중시하지, 인식이성의 독립적인 발전을 중시하지는 않는다. 동시에 이것은 인생의 이상적인 경지와 정감의 자아초월을 추구하지, 객관 세계에 대한 이성적 인식이나 파악을 추구하지는 않는다. …… 이렇게 [성 리학은] 정감이라는 한쪽으로만 편향시켜 발전했기 때문에 이론적인 사유의 발전은 제한을 받았다.[29]

위에서 몽배원은 이성과 감성(정감), 분석철학과 도덕철학, 객관세계와 주 관세계 등을 대비시키고, 성리학을 주관적인 감성을 위주로 한 도덕철학으 로 특징짓는다. 사실 오늘날에도 '철학'이라는 용어에 대한 정의조차 명확 하지 않고,[30] 따라서 '철학'과 '철학자'의 역할에 대해서도 많은 논란의 여 지가 있다. 하지만 철학이 우주 전체의 근원을 탐구하는 자연철학이든 또 는 개인의 행위 근거를 탐구하는 도덕철학이든 또는 다른 어떤 종류의 철 학분야이든, 또는 그것의 주제가 무엇이든, 옳지 않은 것을 추구한다면 거 짓된 결론에 도달하게 될 것이고, 그런 결론은 우리의 지식이나 삶의 방향 에 아무런 도움이 되지 않으리라는 것은 분명하다. 따라서 진리의 탐구는 중대한 일이며, 또한 사실상 그것은 철학의 주된 임무이다. 이와 같은 진리 의 탐구 과정에서 형식 논리학은 핵심적인 역할을 한다.[31] 즉, 형식 논리 학은 진리를 탐구하는 데 반드시 필요한 도구이며, 따라서 그것을 경시한

---

29) 홍원식 外 옮김(2008), p.538.

30) Solomon(1997), pp.12-13 ; 황준연(1995), pp.27-31 참조 특히, Solomon은 "철학의 주된 업무가 정의(definition)를 제시하는 일"이라고 생각한 "많은 철학자들은 그런 정의를 찾 으려는 시도에서 점점 더 정교해지는 논리학과 언어학이라는 도구들의 장점을 취해왔 다."라고 말한다. 정의를 찾는다는 것은 "A는 무엇인가?"에 대한 답변을 찾는 것이며, 따라서 그것은 진리를 탐구한다는 것과 동일한 의미로 이해할 수 있다. 다른 한편으로, 그는 "다른 철학자들은 철학이 도덕이나 종교에 더 가까우며, 그것의 목적이 우리의 삶 에 의미를 부여하는 것이고 또한 '바람직한 삶'으로 향하는 '올바른 길'로 이끄는 것이 라고 주장"도 있다고 말하는데, 이런 견해에서는 철학의 역할이 반드시 진리를 탐구하 기 위한 것은 아니라는 주장도 가능하다.

31) 박영태 옮김(1997), pp.30-31.

다는 것은 결국 진리의 탐구를 경시한다는 것이고, 결론적으로 형식 논리학을 경시하는 중국철학은 진리의 탐구와는 무관하거나 또는 최소한 진리의 탐구를 경시하는 학문 분야라는 결론이 내려질 수도 있을 것이다.

그렇다면 중국 성리학의 영향을 받은 조선 성리학의 경우는 어떠한가? 만약 조선 성리학이 중국의 철학적 주제와 방법론을 그대로 차용했다면, 그 또한 중국철학과 마찬가지로 '진리'를 탐구하는 학문이 아니라는 결론에 도달할 수밖에 없다. 그러나 이런 결론을 내리기 전에 우리는 최소한 다음과 같은 세 가지 질문들에 답변할 필요가 있다. 첫째, 조선 성리학이 중국의 철학적 주제와 성향을 수용했을 뿐만 아니라 형식 논리학을 경시한 중국의 학문적 방법론까지 그대로 차용했는가? 이 질문에 답하기 위해서는 중국철학과 조선 성리학의 학문적 방법론이 각각 무엇인가를 비교 검토해야 한다.[32] 둘째, 진리를 파악하기 위한 도구인 형식 논리학이 발전되지 않았다는 사실은 중국철학과 조선 성리학의 탐구대상이 '진리'가 아니라는 결론으로 이끌어지는가? 이 질문에 답하기 위해서는 형식 논리학이 진리를 탐구하는 유일한 도구인가를 밝혀야 한다. 만약 그것이 유일한 도구가 아니라면, 진리를 탐구하는 다른 어떤 도구가 채택되고 있는가에 대한 답변도 제시될 필요가 있다. 셋째, 중국철학과 조선 성리학에서 형식 논리학이 발견되지 않는다는 사실은 그 안에 아무런 논리가 없다는 결론으로 이끌어지는가? 이 질문에 답하기 위해서는 논리학을 그 자체로서 다루고 형식화하지 않은 철학에는 아무런 논리적인 요소가 없음을 보여야 한다.

이 글에서 나는 조선 성리학에서 중국 성리학과는 다른 독창적인 면모를 갖추고 있다고 말해지는 논쟁들인 사단칠정논쟁과 인물성동이논쟁의 몇 가지 특징들을 살펴봄으로써 세 번째 질문에 대한 답변을 시도한다. 나

---

32) 황준연(1995), pp.37-38 참조. 그는 "중국 철학의 특색 중 방법론적 내용은 율곡 철학의 경우에도 그대로 적용된다."라고 말한다.

의 핵심 전제는 문자화된 성문법만이 법이 아니라 문자화되지 않은 불문법도 법이듯이, 조선 성리학에서 형식화된 논리학에 대한 논의가 없었다고 해서 그것이 비논리적이라고 규정할 수는 없다는 것이다. 이런 맥락에서, 나는 먼저 서양 논리학의 시조로 일컬어지는 아리스토텔레스가 어떤 논리적 태도를 가졌는가를 살피고, 그를 토대로 하여 조선 성리학의 두 논쟁에 각각 어떤 비논리적 요소와 논리적 요소가 있는가를 검토한 뒤,[33] 결론적으로 그러한 비논리적 요소를 극복하는 방안을 제안해볼 것이다.

1. 아리스토텔레스의 논리적 태도

아리스토텔레스는 후대에 '오르가논(Organon)', 즉 '도구(instument)'라고 불리는 일련의 논리학 저술들을 집필했다.[34] 이 저술들은 그가 분류하는 이론적·실천적·생산적 학문처럼 그 자체의 대상을 갖는 것이 아니며,[35] 다만 다른 학문분야에서 진리를 탐구하기 위해 사용하는 '도구'의 역할을 한다.[36] 그는 이러한 도구를 사용하는 훈련을 해야 하는데 그 이유는 a) 논란되는 주제에 대한 논의를 쉽게 진행하고, b) 우연히 만난 사람들과의 토론에서 그들의 부당한 근거를 쉽게 파악하여 수정하며, 또한 c) 철학적 논의에서 진리와 오류를 쉽게 구분하도록 돕기 때문이라고 말한다.[37] 좀 더 구

---

33) 여기에서 나는 각 논쟁의 논리적 특성에 대한 자세하고 구체적인 분석보다는 몇 가지 사례만을 제시하면서 문제점을 지적하는 개괄적인 방식으로 진행한다.

34) Ross(1949), p.20 각주 5에 따르면, '오르가논'이라는 명칭은 서기 200년경에 생존했던 아프로디시아스의 알렉산드로스(Alexander of Aphrodisias)에 붙인 것이다. '오르가논'이라고 불리는 아리스토텔레스의 논리학적 저술들에는 『범주론』, 『설명에 관하여(또는 명제론)』, 『분석론 전서』, 『분석론 후서』, 『변증론』, 『소피스트식 논박법』이 포함된다.

35) 아리스토텔레스, 『형이상학』 1025b 19-1026a 32.

36) Barnes(1982), pp.26-27 참조

체적인 역할은 다음과 같이 설명할 수 있을 것이다.

아리스토텔레스 이래로 '형식 논리학'은 철학의 분야에서 중심적인 부분
으로 인식되어 왔다. …… 형식 논리학의 1차적 관심은, 논증의 주제와는
무관하게 논증의 형식적 타당성을 결정할 수 있는 규칙들, 법칙들, 방법들을
만드는 것이다. 이러한 목적을 실현하기 위해 논리학은 건전한 논증으로부
터 불건전한 논증을 구별할 수 있는 다양한 유형의 논증들의 모형이나 형식
적 구조를 연구한다. …… 형식 논리학은 논증의 전제들과 결론들 간의 형
식적인 연관 관계를 연구한다.[38]

여기에서 뮤니츠가 말하는 "논증의 주제와는 무관하게"는 우리의 감정
이나 필요에 의해 달라지는 것이 아니라 그런 것과 무관하게 진리를 탐구
한다는 의미이며, 또한 "건전한 논증으로부터 불건전한 논증을 구별"은 궁
극적인 진리에 도달하는 데 부적절한 논증을 선별적으로 제거한다는 의미
이다.[39] 결국 형식 논리학은 진리를 탐구하는 과정에서 전제나 결론으로
제시된 진술들 또는 명제들의 상호 관계를 검토하여, 형식적으로 타당한
규칙을 기술하는 학문분야를 지칭한다고 볼 수 있다. 2,400년 전에 생존했
던 아리스토텔레스(기원전 384-322)가 현대에 통용되는 모든 완벽한 논리규
칙들을 제시했던 것은 아니지만,[40] 그의 논리학적 논의는 우리의 철학을
되돌아볼 만한 가치를 지닌다. 여기에서는 그가 고찰했던 논리적 형식보다
는 진리를 탐구함에 있어 그가 취했던 몇 가지 기본적인 논리적 태도를 살
펴볼 것이다.

---

37) 아리스토텔레스, 『변증론』 101a 26-37.
38) 박영태 옮김(1997), pp.30-31.
39) 이재훈·곽강제 옮김(1999), pp.29-49.
40) 아리스토텔레스의 논리학에 대한 개론적인 설명은 소흥렬(1979), pp.16-18, pp.90-96,
    pp.153-160 ; 김영정·선후환 옮김(1995), pp.331-350 참조.

1) 사고의 개방성[41]

아리스토텔레스는 철학이 진리에 대한 앎이라고 말하며, 사물의 "왜?"에 대해 알기 전에는 그 사물에 대해 안다고 할 수 없다고 말한다.[42] 그가 말하는 "왜?"는 어떤 사물이 왜 현재 그러저러한 방식으로 존재하거나 또는 변화하는가를 묻는 것이고, 그에 대한 답변은 그 사물의 원리 또는 원인을 파악함으로써 답변될 수 있다는 것이다. 그는 '우리에게 더 분명하고 더 잘 알려지는 것'으로부터 '본성적으로 더 분명하고 더 잘 알려지는 것'으로 탐구해나갈 것을 제안하는데, 전자는 경험적으로 관찰되는 개별적인 사물 또는 사건을 지칭하고, 후자는 추론을 통해 파악되는 보편적인 사물의 원리를 지칭한다.[43]

아리스토텔레스는 이처럼 경험적인 관찰들을 통해 보편적인 원리를 도출하는 귀납법을 제안하면서도, "귀납에 의해 얻어진 일반화가 최초의 관찰에 관한 명제들을 다시 연역하기 위한 전제로 사용"되는 연역법도 소개한다.[44] 연역법의 대표적인 사례는 삼단논법으로서, "모든 사람들은 죽는다."라는 대전제와 "소크라테스는 사람이다."라는 소전제로부터 "따라서 소크라테스는 죽는다."라는 결론을 도출해내는 방식이다. 즉, "'모든 사람들'에 대한 보편적인 원리로부터 '소크라테스'라는 개별적인 사례에 대한 주장을 도출"하는 것이다.[45] 사실상 그는 진리 탐구에 있어서 귀납법과 연

---

41) 이와 관련된 자세한 내용은 유원기(2009d), pp.43-53 참조

42) 아리스토텔레스, 『형이상학』 993b 20-30. 비교 : 아리스토텔레스, 『자연학』 184a 10-b 14.

43) 아리스토텔레스, 『분석론 후서』 71b 33-72a 6.

44) 정병훈·최종덕 옮김(1999), p.17. 한편, 아리스토텔레스는 『형이상학』 1005b 19-31에서 공리로부터 출발하여 결론을 도출하는 연역법의 중요성도 강조하며, "동일한 속성이 동일한 시기와 동일한 측면에서 동일한 사물에 귀속될 수는 없다."는 모순율과 "동일한 사람이 동일한 것을 믿는 동시에 믿지 않는 것은 불가능하다."는 배중율 등의 공리 등을 소개한다. 배중율은 A는 B인 동시에 B가 아닐 수 없다는 주장, "A는 B이거나 또는 B가 아니다."라는 주장을 말한다(Ross(1949), p.43 각주 2 참조).

역법을 반복적으로 채용한다. 즉, 그는 경험적인 사실들을 토대로 보편적인 원리를 도출하고, 그렇게 도출된 원리를 다시 경험적인 사실들에 적용해서 수정할 필요가 있다고 판단되는 내용을 수정한다. 이처럼 아리스토텔레스는 귀납법과 연역법을 반복적으로 사용함으로써 어떤 한 가지 사실이나 원리를 고집스럽게 유지하기보다 진리에 다가가는 데 필요한 것은 기꺼이 수용하는 개방적인 사고방식을 갖고 있다.

2) 사고의 객관성

무엇보다도 아리스토텔레스의 논리적 태도는 자신과 친밀한 사람들의 이론이라 할지라도 틀린 부분이 있으면 그들과의 친분을 고려하기보다는 진리를 우선시해야 한다는 그의 발언에서 찾아볼 수 있다. 그는 철학자가 가져야 할 태도에 대해 다음과 같이 말한다.

> 형상들이 우리의 동료들에 의해 소개되었다는 사실로 인해 그런 탐구가 곤란하겠지만, 아마도 우리는 보편적인 선을 살펴보고, 그것이 무슨 의미인가를 철저하게 논의하는 것이 나을 것이다. 우리들은 철학자들이므로 진리를 보존하기 위해서는 우리에게 가까운 것일지라도 [진리가 아닌 것은] 파괴하는 것이 더 낫고, 사실상 [그렇게 하는 것이] 우리의 의무라고 생각될 것이다. 왜냐하면 둘 모두 소중하지만, 경건함은 우리의 친구들보다는 진리를 존중할 것을 요구하기 때문이다.[46]

여기에서 아리스토텔레스는 자신이 20여 년 동안 가르침을 받았던 스승인 플라톤은 물론이고 그 세월동안 동고동락했던 아카데미아의 동료들을

---

45) 유원기(2009d), p.50.
46) 아리스토텔레스, 『니코마코스 윤리학』 1096a 13-16.

염두에 두고 있다. 그들은 물질로 이루어지고 따라서 변화하는 현실세계에 서는 시공간적으로 보편성을 지녀야 하는 진리를 파악할 수 없으며, 진리 는 비물질적이고 따라서 불변하는 이상세계에 존재한다고 생각한다. 더 나 아가 그는 가장 완벽하고 선한 것이 이상세계에 존재한다고 말한다. 하지 만 아리스토텔레스는 우리가 살아가는 곳은 현실세계이지 이상세계가 아 니기 때문에, 이상세계에 아무리 좋고 선한 것이 존재한다고 할지라도 우 리의 삶에 아무런 도움이 되지 않는다는 점에서 스승의 견해에 반론을 제 기한다.47) 그는 철학을 진리에 대한 지식으로 규정하고,48) 철학자의 임무 를 모든 사물에 대해 가장 확실한 원리인 진리를 파악하는 것이라고 말한 다.49) 그렇기 때문에 진리를 파악함에 있어서는 스승의 권위, 사적인 친분, 또는 편견 등에 사로잡혀서는 안 된다는 것이다.

주어진 문제를 다룸에 있어서, 대체로 아리스토텔레스는 a) 먼저 선배 철학자들의 논의를 자세히 검토하고 분석하고, b) 그들의 가설이나 주장이 지닌 장점과 단점을 각각 지적한 뒤에, c) 자신의 대안 또는 결론을 제시하 는 방식으로 진행한다.50) 예를 들어, 그는 『영혼에 관하여』 1권 2장에서

---

47) 아리스토텔레스, 『니코마코스 윤리학』 1096b 32 이하에서, 아리스토텔레스는 "…… 관 념과 관련해서도 마찬가지이다. 비록 선(善)한 것들에 보편적으로 서술되거나 또는 분 리되어 독립적으로 존재할 수 있는 어떤 하나의 선이 있다고 할지라도, 그것이 사람에 의해 성취되거나 획득될 수 있는 것이 아님은 분명하다. 그러나 지금 우리는 획득할 수 있는 어떤 것을 추구하고 있다. …… 모든 기술의 전문가들이 알지 못하고 또한 심지어 추구하지도 않는다는 것은 큰 도움이 되지 않기 때문이다. 또한 이러한 '선 그 자체'를 안다고 해서 직조공이나 목수가 어떻게 그 자신의 기술에 이득을 보게 될 것인지 또는 관념 자체를 본 사람이 그럼으로써 어떻게 더 나은 의사가 될 것인지를 알기도 어렵 다."라고 말한다.
48) 아리스토텔레스, 『형이상학』 993b 20.
49) 아리스토텔레스, 『형이상학』 1005b 9-17.
50) 이러한 태도는 아리스토텔레스의 『자연학』 1권 2-4장, 『생성과 소멸에 관하여』 1권 1-2 장, 『영혼에 관하여』 1권 2장과 5장, 『형이상학』 1권 3-10장과 4권 5장 등을 비롯한 그 의 저술 여러 곳에서 쉽게 찾아볼 수 있다.

탈레스, 디오게네스, 데모크리토스, 아낙사고라스, 플라톤 등의 선배 철학
자들이 영혼을 어떤 방식으로 이해하고 말했는가를 중립적인 입장에서 열
거하며, 3-5장에서는 영혼이 공간적 크기나 부피를 갖는다거나 또는 운동
을 할 수 있다고 주장하는 데모크리토스와 플라톤 등의 주장이 어떤 문제
점을 야기하는가를 보이면서 반론을 제기하고, 최종적으로 그 저술의 나머
지 부분에서는 아리스토텔레스의 견해가 제시된다. 대부분의 저술들 속에
서, 그는 이처럼 선배 철학자들의 견해를 비판적으로 검토하며, 부적절하
다고 판단되는 내용은 반박하고, 적절하다고 판단되는 내용은 수용하는 방
식으로 논의를 진행한다. 그는 이러한 논의 전개 방식의 중요성을 다음과
같이 정리한다.

> …… 원리에 관해서 고찰할 때에는 우리 [자신들의] 논의의 결론과 전제
> 들로부터만 고찰할 것이 아니라, 원리에 대해서 [다른] 사람들이 이야기하는
> 것들로부터도 고찰해야 한다. 참된 논의라면 현존하는 모든 것들과 부합하
> 겠지만, 거짓된 논의라면 진실된 것과 금방 어긋날 것이기 때문이다.[51]

어떤 주제에 대해 논의하는 사람은 자기 자신의 입장만을 고려하지 말
고 다른 사람의 의견도 반드시 경청하는 개방적인 태도를 갖는 동시에, 진
리에 부합되는 결론을 도출하려는 객관적인 태도를 가져야 한다고 조언한
다. 진리는 어떤 사람의 의견을 받아들이거나 또는 받아들이지 않는 방법
으로 밝혀지는 것이 아니라 적절한 검증을 통해서 밝혀지는 것이기 때문
이다.

---

51) 아리스토텔레스, 『니코마코스 윤리학』 1098b 9-12. 여기에서 아리스토텔레스는 진리가
   무엇인가 하는 문제는 경험을 통해 검증될 수 있으리라고 말하지만, 그가 단순히 경험에
   만 의존하지 않는다는 점은 이미 언급했던 바 있으므로, 더 자세한 논의는 하지 않는다.

3) 개념의 명료화

명칭 그대로 분석(analysis)을 함축하는 20세기 영국과 미국의 한 조류인 분석철학(analytical philosophy)은 "종종 상호 교환되어 사용"되는 논리 분석, 개념 분석, 언어 분석,[52] 즉 논증의 타당성 분석, 일상 언어에서의 의미 분석, 그리고 사고의 과정 분석에 초점을 맞춘다. 사실상 분석철학은 무엇보다 개념 분석을 강조하며, 특히 개념의 '명료화(clarity)' 작업을 통해 오랫동안 논란되었던 철학적 문제들 가운데 거짓된(pseudo) 문제들은 제거하고 진정한 문제들을 보다 명료하게 만들겠다는 의지를 갖고 있다. 이와 관련하여, 찰턴이 "'개념 분석'이란 문구는 새롭지만 그것이 적용되는 것은 철학 그 자체만큼이나 오래 되었으며, 또한 분석 철학자들은 그것이 철학적 주제들을 다룸에 있어서 유일하게 만족스러운 방법이라고 믿고 있다."라고 말할 때, 그는 아리스토텔레스를 염두에 두고 있다.[53]

아리스토텔레스는 후대에 <철학용어 사전(philosophical lexicon)>이라고도 불리는 『형이상학』 5(Δ)권에서 '원인', '존재', '필연', '우연' 등을 비롯한 30여 개의 용어들이 자신의 시대와 그 이전에 일상에서 어떤 의미들을 담고 있었는가를 상세히 설명한다. 비록 그가 이처럼 다양한 의미들을 소개하면서도 정작 자기 자신이 어떤 용어를 어떤 의미로 사용하고 있는가를 밝히지 않아 그의 용어들에 대한 논란이 종종 제기되긴 하지만, 그럼에도 불구하고 이 설명을 통해 우리는 당시에 함축적으로 사용되던 용어들의 의미와 쓰임새를 이해하는 데 큰 도움을 받고 있다.

용어의 정확한 의미를 밝히려는 아리스토텔레스의 노력은 그의 다른 저술들에서도 빈번하게 나타난다. 예를 들어, 그는 『자연학』에서 변화의 실

---

52) Charlton(1991), p.5.
53) Charlton(1991), p.6.

재를 부정했던 파르메니데스와 멜리소스에 반박하기 위해 '하나(一者)'의
다양한 의미들을 분석한다.[54]

> …… '하나' 그 자체는 '존재'와 마찬가지로 다양한 방식으로 사용되며,
> 따라서 우리는 우주가 하나라고 말해질 때 그 단어가 어떤 방식으로 사용되
> 는가를 고찰해야 한다. (a) 우리는 지속되는 것이 하나이다 또는 (b) 분할할
> 수 없는 것이 하나이다 또는 (c) 독한 술과 약한 술처럼 그것들의 본질에 대
> 한 설명이 하나이자 동일할 때, 사물들이 하나라고 말해진다고 말한다. (a1)
> 만약 그들의 하나가 지속되는 것이라는 의미에서 하나라면, 그것은 다수이
> 다. 왜냐하면 지속되는 것은 무한히 분할할 수 있기 때문이다. …… (b1) 만
> 약 그들의 하나가 분할할 수 없는 것으로서 하나라면, 그 어떤 것도 양이나
> 질을 갖지 못할 것이고, 따라서 존재하는 것이 멜리소스의 말처럼 무한하지
> 않거나 또는 파르메니데스의 말처럼 실제로 제한될 것이다. 왜냐하면 제한
> 하는 것은 분할할 수 없을지라도, 제한되는 것은 그렇지 않기 때문이다.
> …… (c1) 그러나 만약 모든 사물들이 '의복'과 '예복'처럼 동일한 정의를 갖
> 는다는 의미에서 하나라면, 그것들이 헤라클레이토스의 이론을 유지하는 것
> 으로 나타날 것이다. 왜냐하면 좋은 것과 나쁜 것, 그리고 좋은 것과 좋지
> 않은 것이 동일한 것이 될 것이며, 따라서 동일한 것이 좋은 동시에 나쁠 것
> 이고 또한 사람인 동시에 말이 될 것이기 때문이다. 사실상 그들의 견해는
> 모든 사물들이 하나라는 것이 아니라 그것들이 아무 것도 아니라는 것이
> 다.[55] (알파벳은 편의를 위해 필자가 첨가한 것이다.)

(a)-(c)는 어떤 것이 '하나'라고 말해지는 다양한 경우들을 언급하고,
(a1)-(c1)은 그것들 각각이 왜 문제가 되는가를 밝히며, 그런 뒤에 더 나아
가 "왜냐하면 ……"이란 표현을 통해 그 구체적인 이유를 다시 부연 설명
하는 방식으로, 그 모든 의미들이 사실상 '하나'라고 말해질 수 없다는 결

---

54) 아리스토텔레스, 『자연학』 185a 8-12.
55) 아리스토텔레스, 『자연학』 185b 6-25.

론을 도출해낸다. 여기에서 우리는 아리스토텔레스의 개념 분석이 더할 나위 없이 치밀한 방식으로 진행되고 있음을 쉽게 알 수 있다. 그는 선배 철학자들이 하나의 용어가 다양한 의미로 사용되고 있음을 제대로 이해하지 못하고 느슨하게 사용함으로써 오류를 범하고 있으며, 따라서 용어들을 명료한 방식으로 사용하라고 제안하고 있다.[56] 이러한 아리스토텔레스의 태도는 학문 탐구에서 우리가 따를 만한 바람직한 방향을 제시해준다고 볼 수 있다. 이제 그에게서 발견되는 개방성, 객관성, 그리고 명료화라는 세 가지 논리적 태도를 토대로 하여, 조선 성리학의 특징을 살펴보자.

2. 조선 성리학의 비논리적 요소

전호근은 조선 초기 성리학이 "엄밀한 학문적 체계나 독자적인 성격을 갖추지 못하고 정치적 입장을 표명하는 수단으로서 기능하는 데 그쳤다."[57]라고 평가하며, 이애희는 조선 후기 성리학에서 다루어진 사단칠정론이나 인물성동이논쟁이 외세 침략으로 인한 사회적 혼란을 치유하고 정권을 유지하기 위한 질서 확립의 차원에서 전개되었다고 말한다.[58] 이처럼 정치·사회·경제 등의 필요에서 추구되었다는 점을 고려할 때, 조선 성리학의 논의와 이론이 순수한 철학적 관심에서 진리 탐구를 위한 것이 아니라 필요

---

56) 이런 맥락에서 볼 때, 아리스토텔레스의 주장은 많은 철학적 문제들이 불명확한 용어 사용으로 인해 제기되었으므로 사고를 혼란시키는 개념과 용어의 의미를 명확히 함으로써 그런 문제들이 해소될 수 있다는 20세기 분석철학의 한 조류인 논리 실증주의의 입장과도 일맥상통한다.

57) 전호근(1995), p.151.

58) 이애희(2004), p.30, pp.59-60, p.62, p.80, p.82, p.170 등. 성리학의 역사적 배경과 기능에 대해서는 유초하(1994), pp.72-79 참조.

에 의한 것이며, 결과적으로 사회적 여건 등에 따라 조작 또는 왜곡되었을
가능성을 배제하기 어렵다.59)

　사실상 이러한 가능성은 많은 조선 성리학자들이 사상적 태두인 주희의
견해나 이론을 객관적인 진리로 간주하면서, 그에 대한 어떤 문제점을 지적
하거나 또는 반론을 제기하는 것을 금기시했다는 점에서 유추할 수 있다.60)

　　조선조의 성리학은 리기론의 대립이 학문적 융섭을 통하여 이원적 대립의
　　극복을 통한 학문의 발전이 승(勝)함보다, 오히려 감정의 대립으로 이탈하여
　　당쟁의 근원이 되기도 하였다. 당시의 정치인들은 모두가 유학자들이었기 때
　　문에 유학과 정치는 떨어질 수 없었다. …… 학설이 감정의 대립으로 발전하
　　고, 또한 주자의 사상을 옳게 이해했는가 아니했는가 하는 면만을 너무 드러
　　내, …… 그 초점과 증명의 척도는 오로지 주자 일인에게만 매달려 있었다.61)

　주희가 모든 판단의 기준이 되는 성향은 결국 성리학만을 정통적인 학

---

59) 강영안에 따르면, 사실상 국내에서 철학의 이런 성향은 20세기 초반에도 달라지지 않았
　　다. 그는 서양철학 수입 초기의 한반도 철학도들에게 있어서 "철학은 그들에게는 단순
　　한 지적 호기심의 대상이 아니라 현실 파악과 현실 변혁을 위한 지적, 사상적 수단이었
　　다. 당시의 현실은 단순한 지적 호기심으로 철학 연구에 빠져 있기에는 너무나 급박하
　　고 비참했다."라고 말한다(2002, p.35).
60) 이동희(2004b, pp.10-11)는 조선시대에 주희 성리학의 수용 이유를 "신분제 사회와 과거
　　제도 때문"이라고 말하면서도 정확히 어떤 연관성이 있는가를 밝히지 않는 반면에, 송
　　석구(1985, p.355)는 "조선조는 …… 신유학인 성리학을 정치이념으로 채용하고 원래
　　유교의 윤리 도덕관의 등급제·신분제를 합리화하고 왕권을 절대 신성시하였다."라고
　　그 이유를 설명한다. 또한 김태년(2007, p.344)도 "조선 시대에 정치적 권력을 뒷받침해
　　준 것은 학문적 권위였다. …… 그리고 바로 이 권위는 '도통'을 통해 획득된다. 유학자
　　에게 도통은 "유학의 참 정신이 전해 내려온 큰 흐름"이며 ……"라고 말한다.
61) 송석구(1985), p.36. 그는 p.35에서 "주자의 학설을 어떻게 이해하느냐 하는 면에서 학문
　　의 논쟁이 전개되었다. …… 심지어 이러한 학문적 논쟁은 그 후 당파에까지 적용되어
　　혼란을 야기하였던 것은 오히려 학문의 발전을 저해하고, 학문의 실용성이 정치적 향방
　　에 의하여 채색되었음은 바람직스럽지 못한 것이다. 물론 조선조의 시대적 방향이 그러
　　했다 하더라도 적어도 주자를 초극하려는 노력이 있지 않았음은 섭섭한 일이었다."라고
　　평가한다.

문으로 승인하고, 그 외의 학문은 이단으로 배척하는 결과로 이어졌다.[62] 서양의 중세시대에 교회의 권위에 벗어나는 이론이나 사상을 허용하지 않고 단죄했듯이, 조선시대의 성리학자들도 정통과 이단을 구분함으로써 주자학의 근본 취지에 어긋나는 주장들을 거부하고 또한 심지어 정치적인 맥락에서 단죄했던 것이 사실이다. 이것은 폐쇄적이고 독단적이며 또한 주관적인 태도이다. 이런 상황 하에서 자유롭고 창의적인 논의란 애초에 가능하지 않으며, 학문적 논의란 다만 현실을 합리화하고 정당화하는 수단으로 전락하게 되고, 결과적으로 진리를 그 자체로서 탐구하기를 기대할 수 없으리라는 것은 자명하다.

사실상 우리는 조선 성리학의 대표적인 논쟁들 가운데 하나인 인물성동이논쟁을 이끌었던 이간과 한원진에게서도 권위에 호소하는 폐쇄적인 태도를 쉽게 찾아볼 수 있다. 예를 들어, 이간은 주희의 "정론이 이미 있는데, 어찌 감히 다시 논의할 수 있겠는가?"[63]라는 말로 논의의 여지를 배제한다. 그런 뒤에 그는 "이 말의 근거로 삼을 수 있는 선현의 말이 있는가?"[64] 등의 말을 통해 선배 학자들이 말한 근거가 없이는 받아들일 수 없다는 입장을 취하면서, "주자가 했던 이 말이 이미 명백한데, 지금 선생님께서는 어떤 이유에서 단정적으로 기질지성이라고 하는가?"라는 말로 주희의 주장과 어긋나는 주장을 받아들일 수 없음을 분명히 한다.[65] 한편, 한원진도

---

62) 이단을 비판하는 이유에 대해, 김태년(2007, p.359)은 한원진의 경우를 예로 들어 그에게 "양명학 등의 이단을 비판하는 것이 중요했던 이유는 바로 명의 멸망이 양명학에 의한 것이라 생각했기 때문"으로 보고 있다(pp.346-347과 pp.357-358도 참조).

63) 『외암유고』 권7-1, 「與崔成仲」(己丑), 但朱子果以當然之理, 爲沖漠無眹, 則是已有定論, 何敢復容議爲.

64) 『외암유고』 권5-1, 「上遂庵先生」(癸巳), 柬謹問, 此有前言之可據耶, 伏乞下示. 비교 : 『외암유고』 권7-12, 「答韓德昭別紙」(壬辰), 此則柬參考前言, 而於盛諭不敢苟同者也.

65) 『외암유고』 권5-2, 「上遂庵先生」(癸巳), 謹問, 朱子曰, 天命之性, 是極本窮源之性. 又曰, 是專言理, 若兼言氣, 便說率性之道不去. 朱子此言, 已自煥爛明白. 今先生何故, 斷然以爲氣質之性歟.

"성현이 이야기를 한 것은 본래 사람들을 깨우치기 위한 것이지 세상을 속이기 위한 것이 아니다."[66]라면서 선배 학자들의 이야기를 거부하지 말고 순수하게 받아들이라고 조언하며, 또한 자사(子思)의 주장이 옳다는 사실은 주희가 평생에 걸쳐 그것을 해석하려 했던 점을 미루어볼 때 알 수 있다고 말하면서 주희에 대한 무한한 신뢰를 보내기도 한다.[67]

이간과 한원진 이외에도, 조선 성리학의 오랜 역사에서 주희의 이론적 권위에 의존했던 인물들을 찾는 것은 결코 어렵지 않다. 예를 들어, 황의동은 이이가 결국에 가서는 다른 성리학자들과 마찬가지로 주희의 이론을 적극적으로 계승하고 옹호하는 입장에서 벗어나지 못했다고 평가하는 한편,[68] 전호근은 이황이 기대승을 "극도로 경계"했던 이유는 그의 논지가 "주희를 그르다고 했던 인물"인 나흠순의 것과 동일하다고 생각했기 때문이라고 말함으로써, 이황이 주희를 옹호하는 입장에 있었다고 주장한다.[69] 이와 유사하게, 이현중은 이이와 이황이 모두 "주자의 이론을 부연하여 자세하게 논한" 성리학자들이었다고 생각한다.[70] 한편, 전호근은 "주자학의 리기와 사단칠정을 개념적 차원에서 더욱 정확하게 이해했던 것은 분명 기대승이다. …… 주자학의 기본 명제인 리기의 불가분리성을 만족시켰을

---

66) 『남당집』 권8-15, 「崔成仲別紙」(己丑至月), 聖賢之立言著說, 本欲曉人而非欲罔世也.

67) 『남당집』 권8-18, 「崔成仲別紙」(辛卯四月), 然則子思之書, 將誣天誇聖之甚矣, 朱子安用平生精力解其說哉 물론 이러한 신뢰는 근거 없는 신뢰이다. 백 번을 틀린 주장을 했던 사람이 옳은 주장을 할 수도 있고, 반대로 백 번을 옳은 주장을 했던 사람이 틀린 주장을 할 수도 있기 때문이다. 자사의 옳고 그름에 대한 판단은 그의 이론 자체의 타당성 평가를 통해 밝혀지는 것이지, 권위 있는 다른 사람(즉, 주희)의 견해에 근거해서 밝혀질 수 있는 것이 아니다.

68) 황의동(1998), pp.29-31.

69) 전호근(1995), p.172. 이동희(1999, p.125)도 이황이 "평생 주자 이외의 어떠한 학설이나 이단도 용납하지 않았던" 인물로 평가한다. 나흠순의 주희 비판에 대해서는 권인호(1995), pp.184-185.

70) 이현중(1998), p.161.

뿐만 아니라, 사단과 칠정의 범주에 대한 분석도 주희의 심성론 체계와 일치하기 때문이다. 따라서 주자학 전체를 포괄하는 논리적 구조에 좀 더 근접했다고 평가할 수 있다."라고 말함으로써, 이황과 더불어 사단칠정논쟁을 이끌었던 기대승도 주자학의 범주에서 벗어나지 못했음을 지적한다.[71]

주희가 탁월한 철학자였다고 해서, 아무런 논의 없이 그의 권위에 의존하는 조선 성리학자들의 태도는 형식 논리학에서 비형식적 오류, 특히 심리적 오류로 분류되는 기본적인 논리적 오류들 가운데 하나이다. 오류로부터 출발하여 진리에 도달하는 것이 전혀 불가능한 것은 아니겠지만, 권위에 대한 적절한 평가가 없이 의존했다면 그것은 적절한 진리 탐구의 방법으로 간주될 수 없다. 다시 말해서, 조선 성리학은 출발점에서부터 심각한 논리적 문제점을 갖고 있으며, 주희의 이론적 타당성에 대한 평가를 하지 않고 그 안에 안주하면서 어떤 새로운 이론을 제시하는 방법으로는 객관성이 확보되지 않는다. 종종 "한국 성리학은 송대의 성리학보다 선진 유학의 본래 정신에 더 가깝게 접근하였다."[72]라거나 또는 "조선 후기 절충파의 경우 철학적 사변의 심화라고 할 만큼 …… 주자학의 철학적 해석에도 공헌하였다."[73]라고 평가되지만, 주희 철학과의 유사성을 강조하는 이런 평가는 객관적인 진리를 추구하는 철학의 관점에서 볼 때 아무런 자랑거리가 되지 않는다.

한편, 조선 성리학에서 개념들이 종종 다의적으로 사용된다는 점이 또 하나의 문제점으로 지적될 수 있다. 이와 관련하여, 한 서양철학 전공자는 조선 성리학이 "현대적이고 보편적인 철학적 의미와 가치"를 갖기 위해서는 우선적으로 성리학의 개념들을 친숙한 일상 언어로 번역하여 개념을

---

71) 전호근(1995), p.176.
72) 이현중(1998), p.169. 위 각주 27에 인용된 전호근(1995, p.175)의 글 참조.
73) 이동희(2004b), p.32.

명료화하는 것이 필요하다고 주장하기도 한다.74) 그는 리(理)와 기(氣) 개념
을 예로 들어 a) 리기 개념을 통해 사단칠정을 설명하려는 시도에서 사단
과 칠정의 대조가 이성과 감성(또는 도덕과 감정)인지 아니면 도덕적 감정과
비도덕적 감정의 대조인지 명확하지 않고, b) 리기 개념이 각각 이상과 현
실 또는 이념과 현실의 의미로 사용되는 경우도 있으나, 그것이 어느 경우
인지 구분하는 것이 항상 가능하지는 않으며, c) 리는 형이상자이며 원리나
법칙을 지칭하는 반면에, 기는 형이하자이며 재료나 사물을 지칭하는 경우
도 있고, 또한 d) 리 개념을 소당연과 소이연의 일치로 이해하는 퇴계의 경
우와 같이 윤리적 필연성(당위성)과 인과적 필연성, 또는 이성적 법칙과 자
연적 법칙을 구분하지 않고 사용하는 경우도 있으므로, 이 개념들이 정확
히 어떤 의미로 사용되는가를 파악하기가 어렵다고 말한다.

　리와 기 이외에도 심(心), 성(性), 정(情), 체(體), 용(用), 도(道), 기(器) 등을
비롯한 성리학의 많은 주요 용어들이 종종 다의적으로 또는 불명료하게
사용되며,75) 따라서 그런 용어들의 의미를 명확하게 해야 한다는 지적에는
설득력이 있다. 물론 문맥을 통해 의미를 파악할 수 있다면 별다른 문제가
없겠지만, 그렇지 않은 경우에는 정확히 무슨 주장이 어떤 근거에서 제기
되고 있는가를 이해하기 어렵다는 것은 분명하다. 이러한 어려움은 그런
용어들이 사용된 문장에서 더 악화된다. 예를 들어, 단순히 리와 기가 "서
로 섞이지도 않고(不相雜) 또한 서로 떨어지지도 않는다(不相離)."라는 성리

---

74) 김영건(2005), p.113 ; 개념적인 혼란을 야기하는 사례들에 대한 지적과 대안은 pp.118-130
　　참조. 한편, 이상호(2001, p.212)는 개념 명료화를 위해서는 "조선 성리학에 대한 기본적
　　이해에서 이른바 주리・주기 관념을 버려야 한다."면서, 그 이유에 대해서 "조선 성리
　　학 연구에서 주리・주기 관념은 조선 성리학 전체뿐만 아니라 개별 사상에 대해서도
　　편견과 선입견을 조장"했기 때문이라고 말한다. 그러나 주리・주기는 리와 기 가운데
　　어떤 쪽에 주안점을 두는가에 대한 분류의 문제이지 개념 명료화의 문제와는 직접적인
　　관계가 없는 것으로 보인다.
75) 비교 : 김문용(2001), p.36.

학적 이론을 이해하기란 결코 쉽지 않다. 차라리 (김영건이 함축하듯이) "존재적인 측면에서는 서로 떨어지지 않지만 개념적인 측면에서는 서로 섞이지 않는다."라고 말하거나,76) 또는 (아리스토텔레스가 주장하듯이) "현실적으로는 분리되지 않지만 사고에서는 분리시켜 생각할 수 있다."라는 식으로 말한다면,77) 그 의미를 파악하기가 좀 더 수월해진다. 하지만 조선 성리학의 논의는 이런 식의 논의 전개나 글쓰기 방식을 채택하지 않고 있으며, 결과적으로 개념적인 혼란의 여지가 남아있다.

　지금까지 조선 성리학이 지니고 있는 비개방성(즉, 폐쇄성)과 비객관성, 그리고 개념의 불명료성에 대해 간략하게 살펴보았다. 엄밀한 의미에서 '논리적 사고'는 사고의 개방성이나 객관성 또는 단순한 개념 명료화에 관한 것이 아니라 얼마나 타당한 근거로부터 결론을 도출했는가 하는 논리적 형식이나 규칙에 관한 것이다. 그러나 우리가 여기에서 사고의 개방성이나 객관성 또는 단순한 개념 명료화 등에 초점을 맞추는 것은 기본적인 논리적 요소들을 찾으려는 시도이다. 형식 논리학에서는 내용보다 형식을 중시하지만, 논의되는 내용이 명료하지 않고는 형식을 파악할 수 없다는 점에서, 특히 개념 명료화는 논리적 형식이나 규칙을 논의하기 위한 전제 조건이라고 할 수 있다. 이런 맥락에서, 김영건은 "도대체 '한국철학'을 전공하지 않는 철학자에게 이황이나 이이가 지닌 철학적 의미와 가치가 잘 이해되지 않은 연유가 무엇이고, 그러한 징후들을 어떻게 극복할 수 있는가" 하는 질문을 통해,78) 종종 미리 정해놓은 암호를 알고 있는 사람들 사이에서만 통용되는 이론처럼 보이는 성리학적 논의를 이해 가능한 이론으로 만들기 위한 첫걸음으로 개념 명료화를 제안하고 있다.

---

76) 김영건(2005), p.121.
77) 비교 : 아리스토텔레스, 『영혼에 관하여』 403a 25-403b 19.
78) 김영건(2005), p.113.

3. 조선 성리학의 논리적 요소

조선 성리학에서 논리적 형식이나 규칙 자체를 다루려는 시도가 분명히 없었고, 더구나 그것의 논의는 대체로 주희의 사고체계 내에 머물면서 그의 이론을 심층 분석하는 선에서 그치고 있다는 점을 고려할 때, 그것은 논리적 측면에서 태생적 한계성을 지니고 있다고 말할 수 있다. 그렇다면 조선 성리학은 아무런 논리적 요소를 갖지 못한 이론이며, 결과적으로 진리를 탐구한다는 고유한 의미에서의 철학으로 성립될 가능성은 전혀 없는가? 여기에서 우리는 조선 성리학에 대해 최소한 두 가지 전제를 상정해볼 수 있다. 첫째, 어쩌면 그들에게는 너무나 자명해서 쉽게 이해할 수 있었고 또한 그들 사이에서 어려움 없이 서로 소통이 되던 용어와 내용이 오랜 세월을 거치면서 난해한 것으로 변모되었을 가능성도 배제할 수 없다. 만약 그렇다면, 과거의 이론을 현대에 이해되고 적용될 수 있는 이론으로 만드는 것은 우리들의 과제로 남게 된다. 한편, 형식화된 논리가 없다고 해서, 비형식화된 논리도 없다는 결론은 따르지 않는다. 즉, 논리적 형식이나 규칙 자체에 대한 논의를 하지 않았다고 해서, '논리적 요소'가 전혀 없으리라고 단정할 수는 없다는 것이다.

송항룡은 성과 정에 대해 치밀하게 분석했다는 점을 들어 조선 성리학에도 "논리적 사고의 바탕"이 있었다고 말하지만,[79] 그의 주장을 수용할 만한 구체적인 근거를 제시하지 않는다. 오히려 우리는 이이에게서 논리적 태도의 단서를 발견하게 된다.

성현의 말씀에 과연 미진한 데가 있다. [성현은] 다만 태극이 음양을 낳는다고 말하였을 뿐, 음양이 본래부터 있고 [사물들이] 처음 생겼던 때가 있지

---

79) 송항룡(1987), p.267.

않다는 말을 하지 않았기 때문이다. 따라서 문자 그대로 해석하는 사람은 기가 아직 생기지 않았을 때는 다만 리만 있을 뿐이라고 말한다. [그러나] 이것은 진실로 하나의 잘못이다.[80]

  만약 주자가 정말로 리와 기가 서로 발용하고 각각 나오는 것이라고 했다면, 주자 또한 틀린 것이다. 어찌 주자라고 하겠는가?[81]

위 인용문들은 주희가 아무리 성리학의 태두라 할지라도 옳지 않은 주장을 한다면 마땅히 반박해야 한다는 이이의 당당한 태도를 보이고 있다. 이처럼 적절한 근거를 제시하면서 선배 학자들에 반론을 제기하려는 학문적 태도는 권위나 편견에 사로잡히지 않는 객관적인 태도로 볼 수 있다. 한편, 황준연과 황의동은 이이가 불교, 노자와 장자의 사상, 육상산과 왕양명의 양명학 등처럼 이단으로 취급되던 다른 학문에 대해서도 개방적인 태도를 가졌던 인물이라고 말한다.[82] 이처럼 이이에게서 우리는 논리적 태도의 몇 가지 단서를 발견할 수 있다. 그밖에도 조선의 여러 성리학자들이 최소한 부분적으로는 논리적이라 간주될 만한 태도를 갖고 있었다고 평가되며,[83] 그 가운데 16세기의 사단칠정논쟁은 특별히 주목할 만한 가치를

---

80) 『율곡전서』권9,「答朴和叔」, 聖賢之說 果有未盡處. 以但言太極生兩儀 而不言陰陽本有 非有始生之時故也. 是故緣文生解者 乃曰氣之未生也. 只有理而已. 此固一病也.

81) <율곡 4-2-장서-2>, 若朱子眞以爲理氣互有發用相對各出, 則是朱子亦誤也. 何以爲朱子乎.

82) 황준연(1995), pp.51-58 ; 황의동(1998), pp.32-36.

83) 이동희(2004b, pp.19-20)는 "조선 후기 학계에서도 비록 주자학 사유 범위이기는 하지만 퇴율사상을 면밀히 검토하면서 매우 객관적 입장에서 리기론을 전개한 참신한 학자들이 있었다. 이들은 인물성논쟁 시기의 학자들임에도 거기에 몰입하여 관념적 동어반복을 하지 않고 퇴율사상을 새로운 시각으로 해석하였다. 소론계 학자들과 농암학파 학자들이 그들이다."라고 말하지만, 이런 발언은 a) 주자학 사유 범위 내에 있었다는 것은 그들이 주자학을 유일한 학문으로 인정했다는 것인가, b) 관념적 동어반복을 하지 않았다는 것은 그들이 새로운 용어나 개념을 사용했다는 것인가, c) 새로운 시각을 가졌다는 것은 그들이 주자학을 탈피했다는 것인가, d) 객관적 입장을 취했다는 것은 그들이 주희의 이론 자체의 타당성을 객관적으로 평가하고 그것이 부당할 경우에는 과감히 포기

갖고 있다.

아래에서 좀 더 자세하게 보겠지만, 사단칠정논쟁은 정지운(秋巒 鄭之雲, 1509-1561)이 자신의 『천명도』를 작성하면서 "사단은 리에서 발하고, 칠정은 기에서 발한다(四端發於理, 七情發於氣)."[84]라고 적어 넣었는데, 이황이 이 문구를 "사단은 리의 발이고 칠정은 기의 발이다(四端理之發, 七情氣之發)."로 수정했고, 이런 사실을 접하게 된 기대승(1527-1572)이 그 수정 문안의 적절성 또는 타당성에 대해 문제를 제기하면서 1559년에서 1566년까지 8년 동안 지속되었던 논의를 가리킨다.

이황은 사단(측은·수오·사양·시비의 마음)과 칠정(기쁨·노여움·슬픔·슬픔·즐거움·사랑·미움·욕심)이 서로 다른 성격을 가진 별개의 정(情)으로 구분하는 한편, 그것들이 각각 리(理)와 기(氣)에서 유래한다고 생각한다. 하지만 기대승은 사단이 정(情)인 한에 있어서 칠정의 일부에 불과하고 또한 리와 기는 분리될 수 없으므로 그것들이 모두 리와 기에서 유래한다고 말해야 한다는 반론을 제기한다. 이황은 기대승의 반론을 수용하여 "사단의 발은 순수한 리이므로 선하지 않음이 없고, 칠정의 발은 [리와] 기를 겸한 것이므로 선과 악이 있다."[85]라는 말로 수정하고, 결국에는 "사단은 리가 발함에 기가 따르고, 칠정은 기가 발함에 리가 탄다(四則理發而氣隨之 七則氣發而理

할 준비마저 했었다는 것인가 등에 대한 부가적인 궁금증을 야기한다. 이 주장의 타당성에 대한 자세한 논의 및 평가는 다른 기회에 시도되겠지만, 최소한 c)와 d)는 a)에 의해 거부되며, 또한 소론계 학자들과 농암학파 학자들이 이황과 이이의 이론을 절충했다는 이동희의 발언에 따르면 b)의 가능성도 아주 적다. 결과적으로 그들의 이론이 "객관적 분석의 결과(p.20)"라는 평가는 여러 가지 측면에서 근거가 없으며, 최소한 자세한 검토가 이루어질 때까지 유보될 필요가 있다. 한편, 김태년(2007, p.361)은 윤휴(1617-1680)와 박세당(1629-1703) 등이 "주희의 정론과 다른 이론을 내놓기 시작함으로써 '주자 독존'의 학문 체제가 흔들리기 시작했다."라고 말하지만 구체적인 전거가 제공되지 않은 이 주장도 액면 그대로 받아들이기 어렵다.

84) 이 말은 <퇴계 2-2>, <고봉 2-8-3>, <퇴계 3-본문 10> 등에 언급되어 있다.

85) <퇴계 1>, 四端之發純理故無不善, 七情之發兼氣故有善惡.

乘之)."라고 다시 수정한다.

이들은 사단과 칠정의 존재론적 근원에 대해 논의하면서도 서로 다른 논의 목적과 접근 방식을 갖고 있다. 사실상 이황은 "인간에게는 선한 본성이 있다." 또는 "그 본성의 발현에 의하여 인간은 참다운 인간이 될 수 있다."[86]라는 도덕적 신념을 정당화하려 했고, 그 과정에서 일반적으로 실체를 갖지 않는(또는 비물리적인) 것으로 이해되는 리의 발현을 주장하는 무리수를 두게 되었다. 그러나 도덕적 신념이 "아무리 중요하다고 할지라도 형이상자인 리를 발로 서술하는 데에서 야기되는 논리적인 문제점"[87]이 허용될 수는 없다. 반면에, 기대승은 리와 기가 서로로부터 분리되어 독립적으로 존재할 수 없다는 존재론적 토대를 유지하면서, 순수하게 이론적인 맥락에서 문제를 지적하고 해결하려는 객관적인 태도를 보여주고 있다.[88] 무엇보다도 58세의 원로학자이자 고위관직을 두루 거쳤던 인물이었던 이황이 32세의 신진학자에 불과한 기대승이 제기한 문제를 같이 논의한 것은 물론이고 자신의 오류를 기꺼이 인정하고 또한 수정하는 개방적인 태도를 보여주고 있으며, 이것은 학문의 기초가 되는 논리적 태도임에 분명하다.

한편, 이러한 논리적 태도는 18세기에 이른바 인물성동이논쟁, 즉 인간의 본성이 동물의 본성이나 또는 다른 사물의 본성과 동일한가에 대해 논의하는 곳에서도 발견된다. 18세기에 이르러 권상하(1641-1721)의 문인들인 이간(1677-1727)과 한원진(1682-1751)은 "사람의 본성과 사람 이외의 모든 사물의 본성이 같은가 또는 다른가?"에 대한 논의를 10여 년간 지속했고, 이렇게 시작된 논의는 19세기 후반에 이르기까지 200여 년간 지속되었다. 이

---

86) 윤사순(1996), p.582.
87) 최영진(2005), p.80.
88) 유원기(2002), pp.47-48.

논의는 주희가 『중용장구』에서는 사람의 본성과 사물의 본성이 동일하다고만 언급했으나, 『맹자집주』에서는 기의 측면에서는 동일하지만 리의 측면에서는 다르다고 말하는 반면에, 『대학혹문』에서는 기의 측면에서는 다르지만 리의 측면에서는 동일하다고 말한다. 김형찬은 주희의 이러한 비일관적인 견해가 리와 성 개념의 다의적인 함의로 인해 야기되었다고 지적한다.[89]

이 문제를 해결하기 위해, 이간은 '모든 사물들의 본성이 동일하다는 동론(同論)'을 주장하는 반면에, 한원진은 '사람의 본성, 동물의 본성, 그리고 다른 사물들의 본성이 각각 다르다는 이론(異論)'을 주장한다. 그 근거로서 전자는 사람과 사물의 리와 기가 동일하기 때문에 모두 오상(仁義禮智信)을 갖는다는 점을 제시하고, 후자는 사람과 사물의 리는 동일하지만 기질에는 차이가 있기 때문에 가장 온전한 기질을 가진 사람만이 오상을 가지며 다른 사물들은 오상을 부분적으로 갖거나 또는 전혀 갖지 못한다는 점을 제시한다.[90]

사실상 인물성동이의 문제는 주희가 리와 성 등을 다의적으로 사용했던 개념상의 혼란으로 인해 제기되었고, 따라서 이것을 해결하기 위해서는 당연히 개념의 명료화 작업이 선행되어야 한다. 김형찬은 이와 관련하여 다음과 같이 말한다.

[인물성동이논쟁의 의의는] …… 성(性) 개념의 다의성, 특히 주희가 사용하는 성 개념의 혼란을 정리했다는 것이다. 사단칠정논쟁을 거치면서 조선

---

89) 김형찬(1995), pp.207-210.
90) 문석윤(2002), 특히, pp.204-205. 그는 이들의 논의가 "인간과 동물의 본성에 관한 탐구"라는 "인상은 완전히 엉뚱한 것은 아니라고 하더라도 상당히 허구적"이며, 사실상 "그들 사이의 논변의 초점은 인간과 동물 사이의 같고 다름의 문제"가 아니라 오히려 "동물도 오상을 가지고 있다고 볼 수 있느냐 하는 문제"에 있었다고 주장한다(pp.198-200).

성리학의 이론적 깊이는 이미 중국을 능가하였다. 우주와의 관련 속에서 인간의 심·성·정을 정밀히 탐구해왔던 이들은 성 개념의 다의성에 주의를 돌리지 않을 수 없었다. 이는 인간 심성의 긍정적 능력을 고양하여 성리학적 이상 국가를 실현하고자 했던 조선 성리학자들에게는 필연적인 과제였다. 그리하여 인성과 물성에 대해 논구하면서 주희의 개념 사용에 대한 검토 작업이 요구되었고, 그 과정에서 [한원진의] 『주자언론동이고(朱子言論同異考)』라는 부산물도 낳을 수 있었다.[91]

이간과 한원진의 인물성동이논쟁에 대한 논의가 그 이후로도 200년 이상 지속되었음을 고려한다면, 그들이 성 개념의 혼란을 정리했다는 주장은 논란의 여지가 있다. 이간과 한원진의 '본성' 개념이 하나로 통합되지 못하고 서로 다른 의미를 유지하는 것으로 논의가 중단되었다고 평가하는 것이 오히려 더 적절할 것이다.[92] 하지만 그들은 사람과 사물이 모두 오상을 갖는 경우의 문제점, 이이의 "리는 통하고, 기는 국한된다(理通氣局)."라는 주장의 이중적인 의미, (한원진의) 성에 대해 말할 때 리가 기를 초월한 것으로 말하거나 기질로 인한 것으로 말하거나 또는 기질을 섞어서 말하는 경우가 있다는 분석, 리를 기와 별개로 지칭하거나 또는 기와 결합된 것으로 지칭하는 경우가 있다는 본연지성과 기질지성에 대한 논의 등을 통해,[93] 리와 성 개념에 대한 명확한 규정을 제시하려고 노력했고, 또한 후대의 논의에 깊이를 더해주는 계기가 되었다는 점에서 의의를 찾을 수 있을 것이다.

91) 김형찬(1995), p.223.
92) 문석윤(2002), p.206.
93) 김형찬(1995), pp.207-221.

4. 조선 성리학 연구의 과제

지금까지 우리는 조선 성리학자들이 사용했던 논리적 형식의 타당성을 구체적인 내용 분석을 토대로 하여 평가하기보다는 그들의 학문적 태도를 다소 개괄적으로 검토함으로써 그 안에서 어떤 논리적 요소가 발견되는가를 탐구했다. 그들의 근본적인 목적이 주희 철학의 체제를 유지하는 한편, 당시의 혼란한 사회에 질서를 부여할 수 있는 이론적 토대를 제공하려는 것이었다는 큰 테두리에서 볼 때, 그러한 권위와 현실적인 목적에 영향을 받고 있다는 사실 자체가 비논리적이라고 평가될 수도 있다. 하지만 우리는 그들의 학문적 논의에서 그들이 전적으로 독단적이지만은 않았음을 보여주는 몇 가지 태도를 발견할 수 있었다. 논리적 사고와 개념적 분석은 학문 탐구의 기본적인 요소이며, 또한 그것을 현대적인 관점에서 평가하기 위한 선행 작업이다.

과거의 사상이 현대적인 논의만큼 엄밀하지 못하다는 이유만으로 논의할 가치가 전혀 없는 것으로 치부하는 것은 '목욕물을 버리면서 목욕을 하고 있던 어린아이까지 버리는 오류'를 범하는 것이다. 하지만 옳지 않음을 알고 있으면서도, 우리 조상들의 것이기 때문에 보존하려고만 하는 것은 또 다른 종류의 오류이다. 2+2=4가 옳음을 밝히는 일도 중요하지만, 2+2=5가 옳지 않음을 밝히는 일도 그만큼이나 중요하다. 과거의 이론이 옳다는 것을 밝히는 일뿐만 아니라 옳지 않다는 것을 밝히는 일도 그만큼 중요하다는 것이다. 버릴 것은 버리고 취할 것은 취하는 것이 합리적임은 모두가 알고 있을 것이다. 그러나 이것은 말처럼 그리 쉽지는 않다. 자존심과 같은 감정을 버리기란 결코 쉽지 않기 때문이다. 그러나 우리는 보편적인 철학을 원하는가, 아니면 편협하고 독단적이지만 그럼에도 우리의 자존심을 위해 버리지 않는 철학을 원하는가? 편협하고 독단적인 철학은 이미 철학이 아니며, 또한 그것이 어떤 경우든 오래 지속되지 못하리라는 것은 분명하다.

어떤 경우든, 조선 성리학자들의 비논리성이나 불명료성을 비난할 필요는 없다. 그들이 현재의 우리만큼 논리적인 사고체계를 갖추지 못했고, 개념의 명료성에 대해 관심을 갖지 않았다는 것은 분명하지만, 그런 결함은 시대적인 상황일 뿐 그들의 죄로 치부될 수는 없기 때문이다. 이제 모든 과제는 우리의 것으로 남아있다. 예를 들어, 리기 개념의 다의성이 문제가 된다면, 그 개념이 어떤 맥락에서 어떤 의미로 사용되고 있는가를 밝히는 개념 명료화 작업을 하면 된다. 또한 개념적인 분류가 명확하지 않다면, 무엇이 문제가 되는가를 파악하고, 어떤 식의 개념적 분류를 해서 그런 문제점을 해결할 수 있는가를 탐구하면 된다. 성리학의 이론이 지닌 논리적인 허점이 발견된다면, 그것을 보완할 수 있는 방법을 우리가 제공하면 된다.

그러나 이러한 노력만으로는 충분하지 않다. 현대의 성리학 연구는 과거 성리학자들의 이론을 이해하려는 노력에 그치고 있지 '현대'라는 시대와 맥락에서 수용될 만한 이론으로 수정하거나 변용하려는 노력은 많지 않다. 성리학의 이론이 현실과 상충된다면, 그것이 어떤 점에서 이론이 적용되지 않으며, 또한 그런 불일치를 어떻게 설명할 수 있는가 또는 그런 불일치가 발생한 이유가 무엇인가를 탐구해야 한다. 그리고 세밀한 분석과 평가 결과 현대적인 관점에서 승인될 수 없는 점이 있다면, 그것을 지적하고 현대에 받아들여질 수 있도록 수정하거나, 또는 그것이 어떤 방식으로든 수용될 여지가 없다면, 과감하게 포기할 수도 있어야 한다. 무엇보다도 "현대는 부당한 이론이나 신념이 통용될 수 있는 독단주의(dogmatism) 시대가 아니다. 더구나 학문적인 논의에서, 이론적인 타당성을 입증할 수 없는 것을 무작정 옳다고 주장한다고 해서 받아들여지는 시대가 아니다. 근거가 제시되지 않거나 또는 입증되지 않은 신념은 가설로서 한동안 유지될 수 있다 하더라도, 그것의 근거를 제시하고 입증하려는 노력이 계속되지 않으면 그것이 오래 존속할 수 없다."라는 것이다.[94]

과거의 사상적 논의에 대한 탐색은 과거를 이해하기 위한 도구라는 점에서 분명히 필요하지만, 고대의 유물을 감상하는 것처럼 과거의 이론을 있는 그대로 이해하는 것만으로는 충분하지 않다는 것은 아마도 현대인들의 공통된 사고일 것이다. 현대인들이 요구하는 것은 "그래서 어떻다는 것인가?"라는 질문에 대한 답변일 것이다. 이런 점에서 볼 때, 과거의 이론이 어떤 식으로 현대에 수용되고, 적용되고, 또한 공헌할 수 있는가를 밝히는 것도 우리에게 남겨진 또 하나의 중요한 과제라고 할 수 있을 것이다.

---

94) 유원기(2006a), p.242.

제3장 이황과 이이 연구의 현황과 과제*

한국철학을 대표하는 세 가지 영역인 유교·불교·도교 가운데, 특히 유교 분야에서 학자들은 기존의 연구 성과와 현황에 대해 많은 관심을 보여왔다. 그들은 대체로 일제 강점기로부터 최근에 이르기까지 출간된 유학 연구물들을 시대별로 분류하고 정리함으로써, ① 성리학 전반에 대한 연구, ② 개별적인 인물에 대한 연구, ③ 개별적인 학파에 대한 연구, ④ 남북한의 유학 연구, ⑤ 해외의 유학 연구 등의 현황을 검토해왔다.[95] 사실

---

* 이 장은 <한국철학문화연구소 제1회 정기학술발표회>(2012.07.07, 성균관대학교)에서 처음 발표되었고, 『한국학논집』(2013, 제50집, pp.127-155)에 「퇴·율 사상 연구의 현황과 과제」란 제목으로 수정 게재된 글을 다시 수정 보완한 것이다. 이 글에서는 2012년 7월에서 2016년 7월까지의 연구물 통계숫자를 재정리하여 추가하였다.

95) 몇 가지 예를 들어보면 다음과 같다. ① 박상리(2004), 최영성(2000), 홍정근·박학래(2008) ; ② 개별적인 인물에 대한 연구 동향 : 이황에 대해서는 금장태(1990), 김광순(2004), 김낙진(2008), 김종석(1995), 박홍식(1999), 송정숙(2009), 유권종(2008), 윤사순 편저(2002), 윤사순(1993, 2002), 그리고 이이에 대해서는 이동희(2003), 장숙필(2004), 황의동(2002a, 2002c) ; ③ 학파에 대한 연구 동향 : 이동희(2004a), 장숙필(2004) ; ④ 남북한의 연구 동향 비교 : 류인희·임원빈·이기용(1999), 리기용(2002), 신동호(1989), ⑤ 해외 연구 동향 : 김광순(2004), 류인희·안종수·리기용(1999), 지준호(2006).

이러한 결과물은 통계적 자료에 근거하여 엄밀한 방식으로 기술되었으므로, 그들의 결과물을 도외시하고 새롭게 그러한 조사를 한다는 것은 다만 시간 낭비에 불과한 것처럼 보인다. 이런 상황에서 우리가 할 일은 시간이 경과함에 따라 새롭게 산출되는 최근의 연구 성과를 그 결과물에 덧붙이는 것일 뿐이다.

한편, 이처럼 연구 성과를 조사해서 덧붙이는 일은 기계적이고 단순한 일인 반면에, 정작 어렵고도 중요한 문제는 이런 조사를 통해 미래의 나아갈 방향을 설정하는 일이다. 사실상 특정한 인물이나 학파 또는 사조에 대한 기존의 연구 성과와 동향을 살피는 근본적인 목적은 기존 연구의 장단점을 파악하고, 그를 통해 기존 연구에서 결여되었거나 또는 미흡하게 다루어진 부분을 보완할 수 있게끔 미래의 연구 방향을 설정하기 위한 것이다. 그런 이유에서 기존의 연구 성과를 검토하는 많은 학자들은 '전망' 또는 '과제' 등의 단어를 제목에 사용함으로써, 자신들이 기존의 성과를 검토하는 데서 그치지 않고 장차 나아갈 방향에 대해서도 제안을 해보겠다는 의도를 명시적으로 제시하고 있는 경우가 많다.[96] 게다가 그런 단어를 직접 사용하지 않는 학자들도 궁극적으로는 기존 연구의 문제점을 파악함으로써 미래에 좀 더 바람직한 연구 방향과 연구 태도를 확립하겠다는 의도를 담고 있다.[97]

여기에서 우리가 주목할 점은 학자들이 미래의 연구 과제라고 지적하는 사항들이 수십 년 전이나 오늘날이나 큰 차이가 없어 보인다는 점이다. 이 말은 결국 많은 학자들이 기존 연구의 문제점을 자각하고는 있지만 그런

---

96) 예를 들어, 금장태(1990), 이기용(2002), 윤사순(1993), 지준호(2006) 등은 '전망'이란 단어를 사용하고, 김낙진(2008), 송정숙(2009), 유권종(2008), 이동희(2004a), 장숙필(2004) 등은 '과제'라는 단어를 사용한다.

97) 예 : 최영성(2000), 황의동(2002a) 등.

문제점을 개선하기 위한 노력을 적절하게 기울이지 못하고 있다는 의미로 이해할 수 있다. 그렇다면 기존 연구의 문제점은 무엇이고, 또한 그 문제점을 개선 또는 해결하기 위해서는 무엇을 어떻게 해야 하는가?

위의 질문에 답하기 위해, 아래에서 우리는 이황과 이이에 대한 최근의 연구 성과를 중심으로 하여 다음과 같은 세 가지 단계를 거칠 필요가 있다. 첫째, 우리는 그들에 대한 기존의 연구 성과를 조사한 논문들을 토대로 그간의 연구 현황을 검토하고, 그 논문들에 포함되지 않는 최근 수년간의 추가적인 성과를 더해 해방 이후부터 2016년 7월에 이르는 연구 성과에 대해 대략적이나마 산술적인 통계를 정리해볼 필요가 있다. 둘째, 우리는 그 보고서들에서 제안되는 미래의 성리학적 연구의 방향 또는 과제가 무엇인가를 자세히 살피고 그 제안들의 허실에 대해 간략하게 논의할 필요가 있다. 그리고 셋째, 오늘날 이황과 이이의 사상을 연구함에 있어서 우리가 받아들일 만한 연구 방법이 무엇인가를 고찰할 필요가 있다.

1. 이황과 이이 연구의 현황

1) 이황 연구의 현황[98]

먼저 이황 연구의 전개 양상을 대략 살펴보면 다음과 같다.[99] 이황의 사

---

98) 이황 사상 연구의 현황과 과제에 대한 자료들에 대해서는 이 책의 <참고문헌>과 송정숙(2009, pp.49-50)을 볼 것.

99) 윤사순(2002, p.220)은 "① 광복 이전, ② 광복부터 60년대까지, ③ 70년대, ④ 80년대, ⑤ 90년대"로 시기를 구분한다. 반면에, 김종석(1995, pp.108-111)은 이황 철학의 연구 시기를 "퇴계학의 계몽기(1900-1945) · 철학적 기초 연구기(1946-1969) · 철학적 정체성 확인기(1970-1989) · 연구 방법론 모색기(1990년 이후)로 구분"하며, "구체적인 문제의식을 가지고 논의를 시작한 것은 1990년 이후"라고 말한다. 한편, 금장태(1990)는 퇴계

상을 소개하는 개론적인 글은 이미 1920년대에도 발표되었으며, 그 후에는 (이황의 교육사상에 대한 글을 썼던) 박종홍이나 (이황이 일본 성리학의 뿌리임을 인정했던) 일본인 마쓰다의 글처럼 다소 전문적인 글도 간혹 나타났다.[100] 하지만 본격적으로 이황의 사상에 대한 학술적인 논의가 나타났던 것은 1950년대 후반으로서 이때부터 석사 학위 논문이 발표되었고,[101] 1970년대에 접어들면서는 박사 학위 논문이 발표되었다.[102] 특히, 1970년대에는 퇴계학을 주제로 하는 국제학술대회가 국내외에서 개최되어 많은 해외학자들도 참여하기 시작했고, 1980년대에는 거의 매년 개최되었던 반면, 1990년대 이후로는 해외 연구 인력의 한계로 그 개최 횟수가 다소 줄어들기도 했다.[103] 한편, 1990년대 이후로는 이황에 대한 전문 학술도서와

학 이해의 맹아기(1900-1945) · 퇴계학 연구의 성장기(1946-1971) · 퇴계학 연구의 발전기(1972-1990)으로 구분하는데, 1970년이 아니라 1972년을 발전기의 시작으로 구분한 것은 아마도 그 해에 '퇴계선생 4백주기 기념사업회'에서 『퇴계학연구(退溪學硏究)』라는 논문집을 발간함으로써 "'퇴계학(退溪學)'이라는 명칭이 공식적으로 성립"되었기 때문인 것으로 보인다.

100) 윤사순(2002), p.221.

101) 이 시기에 발표된 석사학위논문으로는 "정종복의 「이퇴계선생 연구」(성균관대 대학원, 1958), 이규진의 「이기설의 연구」(전북대 대학원, 1960), 윤사순의 「퇴계 이황의 리기론-그의 사칠리기해석(四七理氣解釋)을 중심으로」(고려대 대학원, 1964), 장찬익의 「퇴계의 교육 사상에 대한 연구」(성균관대 대학원, 1965), 김용걸의 「퇴계의 경(敬)사상에 대한 연구」(성균관대 대학원, 1966)"가 있다(윤사순, 2002, p.224). 윤사순은 1960년대부터 석사학위논문이 나왔다고 말하지만, 그가 스스로 언급하듯이 정종복의 석사학위논문이 이미 1958년에 발표되었다. 한편, 박상리(2004, p.85와 p.105)와 윤사순(2002, p.224와 p.232)은 1960년대에 일어났던 '전통사상에 대한 주체 의식'을 강조했던 분위기가 이황에 대한 관심을 깊어지게 만들었던 계기였다고 지적한다.

102) 1970년대의 박사 학위 논문으로는 중국인 차이마오쑹(채무송)의 『퇴율철학의 비교 연구』(성균관대 대학원, 1972), 윤사순의 『퇴계의 가치관에 관한 연구』(고려대 대학원, 1975), 유정동의 『퇴계 철학사상 연구』(성균관대 대학원, 1975), 최승호의 『퇴계철학의 연구』(동아대 대학원, 1975), 그리고 정순목의 『퇴계 교학사상 연구』(중앙대 대학원, 1979) 등이 있다. 이와 관련해서는 윤사순(2002), p.225 참조.

103) 윤사순(2002), pp.225-228. 1976년에 개최되었던 최초의 국제학술대회에 대한 자세한 내용은 박상리(2004), p.106 각주 49 ; 그리고 1976-2003년에 이르는 국제학술대회의 개요는 김광순(2004), pp.27-28 참조.

교양도서를 비롯하여 많은 수의 석·박사 학위논문도 양산되었다.

경북대학교 퇴계연구소에서 발간된 『퇴계학 연구논총』의 조사결과를 토대로, 윤사순은 해방 이후로부터 1995년에 이르기까지 "퇴계학 전문 연구서가 100여 권이었고, 석·박사 학위 논문이 50여 편, 개별 연구 논문이 1천여 편에 이르렀으며, 국제 학술회의에서 영문으로 발표된 논문만도 200여 편에 이른다."라고 말한다.[104] 한편, 송정숙은 그보다 약 14년 뒤인 2009년 7월까지를 기준으로 하여 "석·박사 학위 논문은 277건, 단행본은 약 200종, 학술지 게재 논문은 1,600여 건 정도로 조사되었다."라고 밝힌다.[105] 석·박사 학위 논문 277건에는 석사 학위 논문 220편과 박사 학위 논문 57편이 포함된다. "석사 학위 논문은 1958년의 1편으로 시작하여 1960년대에 4편, 1970년대에 7편, 1980년대에 44편, 1990년대에 75편, 2000년대에 89편"이며, "박사 학위 논문은 1970년대에 6편으로 시작하여 1980년대에 4편, 1990년대에 23편, 2000년대에 25편"이다.[106]

그리고 송정숙이 2009년 7월까지 조사했으므로, 필자는 인터넷(네이버 전문정보, 한국학술정보)을 통해 2009년 8월부터 2016년 7월 현재까지 7년 동안 이황의 사상을 주제로 삼았던 연구물을 조사했는데, 석사 학위 논문은 39편, 박사 학위 논문은 27편, 그리고 학술지 게재 논문은 306편이 넘는 것으로 나타났다.[107] 송정숙의 통계에 이러한 조사결과를 더하면, 해방이후 2016년 7월 현재 이황의 학문에 관련된 석사 학위 논문은 259편, 박사 학위 논문은 84편, 그리고 일반 학술지 게재 논문은 1,940편에 달한다.[108] 물

---

104) 윤사순(2002), p.231.
105) 송정숙(2009), p.47.
106) 송정숙(2009), pp.53-54.
107) 연구물의 통계 산출에 힘써준 박사과정의 김혁 조교와 김수정 조교에게 감사의 말을 전한다.
108) 최영성(2000, p.205)은 "박사학위의 '경쟁적인 남발'로 인한 질적 저하는 앞으로 학계

론 이 자료들은 철학을 비롯하여 문학·역사학·교육학·정치학·체육학 등의 다양한 분야에 대한 연구 성과를 모두 포함한다.

사실상 송정숙의 자료에 따르면, 해방 이후로부터 1994년까지 발표된 이황 관련 석사 학위 논문만도 이미 90편이고 박사 학위 논문은 21편으로서, 석·박사 학위 논문의 수는 모두 111편에 달한다.[109] 그런데 이것은 1995년까지 발표된 '석·박사 학위 논문이 50여 편'이라는 『퇴계학 연구논총』의 조사결과와는 큰 차이를 보인다. 단지 이런 차이점만을 보더라도 기존의 연구 성과를 탐색함에 있어 조사의 타당성과 정확성에 대한 의문이 제기될 수 있다. 이런 맥락에서, 송정숙은 (a) 도서관의 서지목록 자체가 정확하지 않은 경우, (b) 학위 논문의 발행년도가 실제 학위를 취득한 년도가 아니라 학위 청구 논문 제출년도로 표기된 경우, (c) 원문 데이터베이스가 구축되지 않은 경우, (d) 학위 논문이 소장되어 있지 않은 경우 등으로 인해, 이황에 대한 연구현황을 살피는 일에 많은 어려움이 있었다고 밝히고 있다.[110] 하지만 이것들이 어려움의 전부는 아니다. 왜냐하면 이런 모든 어려움들이 모두 해소된다 할지라도, 어떤 논문이 이황에 대한 연구물인가 아닌가를 정확하게 판가름하려면 관련 저작물을 꼼꼼하게 모두 읽어야 하는데, 이런 일은 결코 쉽지 않기 때문이다.

물론 대부분의 경우에 이황과 관련된 논문이라면 제목이나 주제어에

의 큰 두통거리로 남게 될 전망이다"라고 진단하지만, 다수의 박사학위 수여자가 나온다고 해서 반드시 질적 저하를 함축하지는 않는다. 그가 '경쟁적인 남발'이라고 간주하는 이유가 무엇인지는 분명하지 않다. 한편, 이동희(2004a, p.453)는 이황에 관한 논문들의 수는 많지만 내용이나 주제가 "중복되는 논문이 많고, 또 학회 발표 요지(프러시딩) 수준의 논문"도 많다는 점을 연구의 문제점으로 지적한다.

109) 송정숙(2009), p.52. 박홍식(1999, p.7 각주 1)은 윤사순과 동일한 자료를 토대로 하고 있음에도 해방이후부터 1997년까지 발표된 석·박사학위논문이 120여 편이라고 말하는데, 박홍식과 송정숙의 자료에 의하면 윤사순이 학위논문의 숫자를 잘못 말하고 있다.

110) 송정숙(2009), pp.71-72.

'이황'이나 '퇴계'라는 명칭이 언급되어 있기 때문에, 그에 관한 논문을 찾는 것 자체가 어렵지는 않다. 하지만 그런 명칭이 언급되더라도 이황만을 다룬 논문이 아닌 경우에는 그에 대해 어느 정도의 지면을 할애한 논문을 이황 관련 논문으로 인정할 것인가 등의 물음은 여전히 제기될 수 있다. 이처럼 다양한 어려움들이 이황과 관련해서만 제기되는 것은 아니며, 어떤 특정한 주제에 대한 저작물의 수를 정확하게 헤아리는 것은 결코 쉽지 않은 일이다. 하지만 이황에 대한 저작물들의 수가 다른 것들보다 훨씬 많기 때문에 어려움이 배가된다. 이런 어려움들은 이황만큼이나 논문의 주제로 선호되는 이이의 경우에도 동일하게 적용되리라는 것은 쉽게 추측할 수 있다.

2) 이이 연구의 현황

이황의 경우와 마찬가지로, 이이에 대한 단편적이고 비전문적인 글들도 1920년대부터 발견되지만, 최초의 학술 저서는 1960년에 김경탁이 지은 『율곡의 연구』(한국연구원)라고 말해진다.[111] 1999년까지의 연구 성과를 검토한 황의동에 의하면, 이이의 학문에 관련된 석사 학위 논문은 "60년대에 3편, 70년대에 15편, 80년대에 79편, 90년대에 80편"을 포함하여 모두 177편이고, 박사 학위 논문은 "70년대에 3편, 80년대에 8편, 90년대에 18편"을 포함하여 모두 29편이며, 비전문적인 글과 학술지 게재 논문을 포함하면 1999년까지 대략 551편의 논문이 발표되었는데, "연대별로는 20년대가 3편, 30년대가 5편, 40년대가 3편, 50년대가 6편, 60년대가 17편, 70년대가 88편, 80년대가 192편, 90년대가 237편으로 나타나 있다."[112]

---

111) 장숙필(2004), p.484 ; 황의동(2002a), p.253.
112) 황의동(2002a), pp.256-261. 차이마오쑹(蔡茂松)의 『退栗哲學의 比較研究』(성균관대 대

필자가 파악한 바에 따르면, 2001년부터 2016년 7월에 이르기까지 이이 관련 석사 학위 논문은 117편, 박사 학위 논문은 21편, 학술지 게재 논문은 387편 가량 된다. 따라서 해방 이후 2016년 현재까지 출간된 연구물은 석사 학위 논문이 294편, 박사 학위 논문이 50편, 학술지 게재 논문이 938편에 달한다. 이황과 이이에 대한 연구 성과를 양적으로 비교해보면, 석사 학위 논문은 (이황−이이順) 259-294편, 박사 학위 논문은 84-50편, 학술지 게재 논문은 1,940-938편으로, 조사 결과에 대한 다소의 오차 범위를 인정하더라도 이황에 대한 연구 결과물이 훨씬 더 많은 것은 분명하다. 이동희는 율곡과 관련하여 "많은 논문을 일정하게 논평하면서 정리하는 소위 '평론적 정리 작업'이 뒤따라야" 하리라고 제안하는데,[113] 그런 작업이 필요하다는 점은 분명하지만 그렇게 하기 위해서는 먼저 적절한 기준을 설정하고 그에 따라 논문들을 선정하는 과정이 선행되어야 할 것이다.

이황과 이이에 대한 연구 성과를 살펴볼 때 드러나는 두드러진 차이점은 전자와 관련해서는 국제학술대회 등이 개최되고 외국학자들도 발표에 참여하면서 활발하게 운영되고 있는 반면에, 후자와 관련해서는 비록 국제학술대회가 몇 차례 개최되긴 했지만 이황의 경우처럼 체계적이고 공식화된 형태로 운영되고 있지 않다는 점이다. 김광순은 퇴계학에 대한 국외의 연구 동향을 말하는 자리에서 "이 가운데 일본의 경우가 가장 활발하여 논

학원, 1972)라는 제목의 논문은 이황과 이이를 비교한 것이며, 순수하게 이이의 사상만을 다룬 최초의 박사학위논문은 송석구의 『栗谷의 哲學思想研究』(동국대 대학원, 1980)이다.

113) 홍정근·박학래(2008)의 논문이 이런 작업의 한 가지 사례이다. 그들은 2005년 11월부터 2006년 10월까지 등재지와 등재후보지에 게재된 논문들 가운데 일부를 평가단을 통해 선정한 뒤, 그렇게 선정된 논문들을 '시기−학파−주제별로 분류'하고 정리한다. 하지만 이 글에서는 그들이 굳이 그 시기를 선택한 이유는 무엇인가, 그리고 '시기−학파−주제별로 분류'하긴 했지만 각 주제 하에서 서로 연결되지 않는 다수 논문들의 내용을 요약 및 소개하는 것이 어떤 도움이 되는가에 대한 설명이 필요하다.

문만도 200여 편에 이르고, 대만의 경우는 퇴계학을 연구하는 학자가 40여 명, 관련 논문은 70여 편에 달한다. 홍콩의 경우는 …… 퇴계학 관련학자가 4명 정도 있다. 중국의 경우는 …… 국제퇴계학 발표대회에 발표된 논문만 110여 편이다. 구미제국의 경우 …… 학자들이 참가하여 100여 편의 논문이 나왔음을 밝혔다"고 말하면서, 2003년까지 개최된 국제학술대회가 18차례나 되고 발표된 논문도 576편이나 된다고 덧붙인다.[114] 이런 통계적 수치를 근거로 김광순은 "퇴계학 연구는 우리나라는 물론 국제적인 관심사가 되고 있음을 알 수 있다"고 결론짓는다.[115]

한 논문에서, 황의동은 어떤 이유에서 세계화를 해야 하는가, 그리고 어떤 식으로 해야 하는가 등에 대해서는 아무런 설명이 없이, 율곡학이 세계화되어야 한다는 점을 여러 차례에 걸쳐 강조한다.[116] 이와 관련하여, 그는 다른 논문에서 "외국인에 의한 율곡학 연구는 아직도 많은 보완의 여지를 안고 있다. 양적으로도 적고 지역적으로도 중국, 일본에 치우쳐" 있다고 지적하고, 따라서 율곡학의 세계화를 위해서는 "미국, 유럽 지역의 연구 활성화를 도모해야 하겠다"는 의견을 제시한다.[117] 위에 언급했듯이, 퇴계학과 관련하여 국제학술대회에서 발표된 논문은 2003년 현재 576편이나 된다. 여기에는 국내 학자들이 동일한 학술대회에서 국어나 외국어로 발표한 논문도 포함된 것으로 보이는데, 정확한 숫자를 파악하기는 어렵긴 하지만 어쨌든 퇴계학과 관련하여 외국 학자가 쓰고 발표한 논문이 수백 편이 넘는 것은 분명하다. 반면에, 2002년 현재 율곡학과 관련하여 발표된 논문들은 모두 46편에 불과한 것으로 나타나며, 또한 이 논문들을 집필한 26명의 외국인 학자들 가

---

114) 김광순(2004), pp.12-29와 pp.44-45.
115) 김광순(2004), p.45.
116) 황의동(2002a), pp.264-265.
117) 황의동(2002c), pp.62-63.

운데 일본인과 중국인 학자가 22명에 달한다.[118] 비록 양적 결과의 비교에서 도출되는 결론이지만, 율곡학에 대한 국제적 관심이나 성과가 전반적으로 퇴계학에 대한 관심이나 성과보다 훨씬 더 미진해 보이는 것은 분명하다.

퇴계에 대한 연구물 2,283건과 율곡에 대한 연구물 1,282건을 포함하면, 그들에 대한 연구물의 수는 대략 총 3,565건에 달한다. 이미 언급했듯이, 이것은 대략적인 통계 수치이며, 사실상 이처럼 많은 자료들을 모두 탐독하고 전반적인 질적 수준을 판단한다는 것은 거의 불가능하다. 양적으로만 고려하자면 이제 그들에 대한 연구는 더 이상 새로운 견해가 나오길 기대하기 어려울 정도로 많은 연구가 이루어졌다고 볼 수 있다. 이미 오래 전에 양적 향상보다는 질적 향상의 방안을 모색했어야 했고, 만약 아직도 그러한 질적인 향상이 이루어지지 않았다면 지금부터라도 질적인 향상을 이루기 위해 노력해야만 할 것이다. 이미 언급했듯이, 어떤 특정한 인물 등에 대한 연구 동향이나 현황을 살피는 궁극적인 목적은 과거를 반성하고 미래를 조망하려는 것이다. 이제 몇몇 학자들이 주목하는 기존 연구의 미진한 점이 무엇이고, 또한 그들이 어떤 개선안이나 과제가 요구된다고 생각하는가를 살펴보자.

2. 이황과 이이 연구의 과제

1) 이황 연구의 과제

유교에 대한 전반적인 연구현황과 과제를 살피는 논문에서, 최영성은 한국유학 연구의 문제점으로 인물중심의 연구, 경학연구의 부진, 문중유학의

---

118) 황의동(2002c), p.62.

폐단을 지적한다.[119] 첫 번째 문제점은 인물중심의 연구가 "연구자들의 편의적인 연구태도와 역사의식의 부족 등에서 그 원인을 찾을 수 있는데, 이러한 편향성은 연구의 불균형을 초래하고 평가의 공정성을 상실할 염려가 많다"는 것이다. 물론 특정 인물이나 시기에 대한 연구에만 지나치게 몰두하는 것이 역사적인 맥락을 고려한 폭넓은 인물군이나 시기에 대해 연구하는 것보다 좁다는 표현은 가능하겠지만, 그렇다고 해서 그것을 연구자들의 편의적 태도와 역사의식의 부족 때문이라고 보는 것은 지나친 폄하일 것이다. 두 번째 문제점으로서, 최영성은 "경학사상에 대한 실증적인 연구가 경시되고" 있다는 점에 대해 우려를 표하고, 그 이유가 "유학을 철학적으로 탐구하려는 연구경향의 강세에" 밀렸기 때문이라고 지적한다. 물론 철학사상을 다룸에 있어서 경학 또는 원전을 우선시해야 한다는 것은 분명히 옳은 말이지만, 그렇다고 해서 철학적으로 탐구하려는 연구경향이 문제가 된다고 말하는 것은 설득력이 없다. 철학은 객관성을 추구하는 학문이며, 따라서 철학적인 탐구가 문제가 된다는 말은 객관적 학문 탐구가 문제가 된다는 말과 동일하기 때문이다. 다시 말해서, 철학적인 탐구를 부정한다는 것은 그 자신이 주장하는 "객관성과 공정성" 확보의 필요성을 부정하는 것과 마찬가지라는 것이다. 그러므로 철학적인 탐구가 문제가 된다는 것은 부적절한 지적으로 보인다. 최영성이 지적하는 한국유학의 세 번째 문제점은 문중유학의 폐단인데, 이것은 특정 인물을 연구함에 있어 문중의 경제적 지원을 받다보니 "객관성과 공정성"을 잃는 경우가 있다는 지적이다. 즉, 경제적 지원을 한 문중의 "어느 한 선유를 높이기 위해 다른 선유를 깎아 내리는 일이 적지 않게" 발생했다는 것이다. 이 지적은 상당히 중요한 의미를 지닌다. 잘 알려져 있듯이, 조선시대의 성리학자들이 기존의

---

119) 최영성(2000), pp.243-247.

주자학적 사상 체계에서 벗어나는 주장을 하는 경우 이단으로 취급받던 상황에서 개인의 "객관성과 공정성"을 잃는 경우가 있었고, 결과적으로 옳더라도 옳다고 말할 수 없고, 그르더라도 그르다고 말할 수 없는 경우가 있었다. 이와 마찬가지로, 오늘날에도 어느 문중의 지원을 받은 학술대회에서, 자유롭게 발표하지 못하고 또한 자유롭게 반론을 제기하지 못하는 비전문적이고 비학술적인 상황이 발생할 가능성이 있다. 이런 태도가 "지양되어야 할 사안"이라는 점에는 이견이 없을 것이다.[120]

하지만 이처럼 한국유학의 문제점들로 지적되는 인물중심의 연구, 경학연구의 부진, 그리고 문중유학의 폐단 가운데 그 어떤 것도 이황에 대한 연구에서는 문제점으로 지적되지 않을 것이다. 이황에 대한 연구가 인물중심의 연구임에는 틀림이 없지만 그럼에도 시대적이고 역사적인 맥락을 결코 무시하지 않으며, 또한 학자들이 이황의 사상을 다룸에 있어 그의 원전을 무시하거나 경시하지 않기 때문에, 그런 문제점들이 이황의 경우에 별다른 문제가 되지 않으리라는 것이다. 더구나 이황에 대한 연구는

---

120) 완전한 객관성이 보장된다면 가장 바람직하겠지만, 만약 그렇지 않더라도 최소한 서구 르네상스 시대에 많은 학자들이 취했던 "이중 진리"의 태도, 즉 제한적으로나마 객관성을 보장하려는 노력이 필요할 것이다. 르네상스 시대 "당시에는 철학과 종교가 아직 완전히 분리되지 않았으며, 따라서 종교적 교리와 위배되는 철학적 주장을 액면 그대로 제시한다는 것은 교회의 권위에 대한 도전으로 간주되었고 또한 오래지 않아 종교적인 단죄를 당할 위험을 자초하는 것이었다. 이러한 사회적 분위기 하에서, 종교적 교리와 상충되거나 위배되는 철학적인 주장을 할 수 있는 유일한 방법은 "이중진리(double truth)"라는 원리를 사용하는 것이었다. 이 원리는 철학적으로 참인 원리가 종교적으로는 거짓이라고 말하거나 또는 철학적으로 거짓된 원리가 종교적으로 참이라고 말하는 것으로서, 결국 이것은 동일한 명제가 참인 동시에 거짓이라는 논리적 모순을 담고 있는 것처럼 보인다. "그러나 이러한 이중진리"가 진정으로 모순율을 부정하는 것은 아니었다. 그것은 단지 …… 하나의 진리 안에 신념을 감추는 방패였다. 이 방패 뒤에서 철학적인 진리는 최상의 기독교적 신념들을 부정할 수 있었던 것이다(유원기, 2006b, pp.143-144 참조)." 이러한 서구 르네상스 시대의 "이중 진리"는 종교적 테두리를 벗어난 주장을 하는 것이 거의 불가능했던 교조주의적 사회 분위기 하에서도 교리와 상충하는 이론을 주장할 수 있고, 또한 그것이 부분적으로나마 허용될 수 있는 매력과 기교를 담고 있다.

어떤 한 분야나 지역으로 국한되어 연구되는 것이 아니라 국내외적으로 광범위하고도 포괄적으로 연구되고 있으므로, 학술대회를 이황의 문중에서 지원한다고 해서 학자들이 이황에 비상식적으로 우호적이거나 편향적인 태도를 보이지는 않을 것이므로, 그 또한 아무런 문제가 되지는 않을 것으로 보인다.[121]

한편, 금장태는 이황에 대한 연구에 있어서 학자들이 지향해야 할 과제에 대해 다음과 같은 몇 가지 사항들을 제시한다.[122] 첫째, 그는 이황에 관한 논문들이 이황 자신의 사상에 대한 연구에 집중됨으로써 "퇴계학의 사상사적 전개와 변천에 관한 폭넓은 인식이 결핍"되고 있으므로 퇴계학을 좀 더 거시적인 관점에서 다루어야 한다고 지적한다.[123] 둘째, 그는 이황의 사상에서 빈번하게 사용되는 다양한 용어들의 개념 규명을 명확하게 해야 한다고 지적한다. 중요한 몇 가지 용어들에 대해 규정하는 선에서 그치지 말고 좀 더 많은 용어들에 대해 규정하도록 노력해야 한다는 것이다. 셋째, 금장태는 이황의 사상을 성리학이나 수양론 등으로 한정하지 말고 지금까지 많이 연구되지 않은 정치사상이나 예학 등에 대한 연구로 확대할 것을 제안한다. 넷째, 그는 "현대적 서구철학의 분야도 퇴계학 연구에 지속적으로 도입할 필요가 있다. 해석학·분석철학 등의 방법과 종교철학·예술철학의 영역들이 퇴계철학연구에 도입될 필요가 있다."라고 말한다. 이

---

121) 이동희(2004a, p.479)는 이황에 대한 연구와 관련하여 그것이 "후손의 문중 사업으로 그를 현창한 데서 연구가 촉진되었지만, 70년대 정부의 문화 진흥책과 그 후의 정부의 지속적 지원으로 국제학술대회가 자주 열림으로써 연구가 활성화되고, 점차 한국학의 대표 브랜드가 되었다."라고 적고 있다.

122) 금장태(1990), pp.21-23.

123) 이것은 한국유학에서 지나치게 인물 중심적인 성향이 문제라는 최영성의 견해와 비슷한 지적으로 보인다. 필자가 보기에는 특정한 인물의 사상에 대해 폭넓게 접근하는 것이 유용한 경우도 있겠지만, 반드시 필요한 것 같지는 않다. 이것은 다만 권장 사항 정도로 간주해도 좋을 것이다.

것은 서양철학의 방법론을 퇴계학 연구에 도입하자는 제안으로 보인다.

　이와 같이 금장태는 우리가 새롭게 추구해야 할 네 가지 사항들이 무엇인가를 보인 뒤, 이황에 대한 연구에서 갖추어야 할 기본적인 세 가지 태도를 새롭게 제안한다. 첫째는 선현의 사상을 무조건 숭배하거나 우상시하지 말고 그에 대해 객관적이고 비판적인 인식을 가져야 한다는 것이고, 둘째는 현실로부터 동떨어지지 않고 밀착해야 한다는 것이며, 셋째는 이황의 저술을 일상 언어로 옮겨 대중적으로 확산해야 한다는 것이다. 금장태가 제시한 일곱 가지 지적사항은 대체로 상식적인 또는 일반적인 조언들이다. 이에 덧붙여, 박홍식은 "퇴계 연구에 있어 현재 절실하게 요청되는 분야가 다름 아닌 퇴계성리학의 독자성 문제이다. 퇴계성리학의 독자성 문제는 퇴계 성리학에만 아니라 조선 성리학 전반에 관련을 맺고 있다."라고 말함으로써, 이황의 성리학이 주자학에서 벗어난 독자성을 갖는가에 대한 연구의 필요성을 강조한다.[124] 퇴계학 연구에 대한 이런 지적사항들에 대한 구체적인 논의는 잠시 뒤로 미루고, 기존의 이이 사상 연구에서 드러나는 문제점과 앞으로의 과제는 무엇인가를 먼저 살펴보자.

2) 이이 연구의 과제

　이이에 대한 연구물의 수가 이황의 경우에 비해 상대적으로 적긴 하지만 다른 개별적인 성리학자들에 대한 연구물에 비한다면 결코 적은 수가 아니다. 황의동은 율곡학이 세계화 시대에 있어서 "경쟁력 있는 국학의 하

---

124) 박홍식(1999), p.8. 이황 철학의 정체성 또는 독자성의 문제에 대해서는 김종석(1995), pp.111-117 참조. 윤사순(2001, pp.125-132)은 이황의 리동설(理動說)·리발설(理發說)·리도설(理到說)을 "독창성이 농후한 이론"이라고 표현한다. 하지만 그보다 먼저 발표된 글에서 김종석(1995, 특히 p.113 각주 36 참조)은 그런 견해에 대한 반론을 이미 소개한 바 있다. 이황의 세 가지 이론에 대한 논의는 최영진(2005), pp.75-89 ; 박홍식(1999), p.16 각주 22 참조.

나"라고 규정하고, "세계적인 학문으로서의 율곡학"이 되기 위해 다음과 같은 노력을 기울일 것을 제안한다.[125] 첫째, 그는 "율곡학이 조선 유학에서 차지하는 위상이나 성리학 및 실학적 영향을 고려"하는 "체계적이고 종합적인 연구"가 필요하다고 말한다. 둘째, 그는 "무엇이 율곡 성리학의 독창성인지를 분명히 정리하는 작업"의 필요성을 역설한다. 셋째, 그는 이이가 도교·불교·양명학·기학 등에 어떤 태도를 취하고 있으며, 또한 그것들이 율곡학에 어떤 영향을 미쳤는가를 포괄적으로 검토할 것을 제안한다. 넷째, 그는 율곡학을 서양철학과 비교할 것을 제안한다. 다섯째, 그는 "정치학, 경제학, 사회학, 행정학, 법학, 군사학, 언론학, 사회복지학, 교육학 등 다양한 영역"을 포함하는 율곡학을 현대적으로 해석하는 작업이 필요하다고 말한다. 여섯째, 그는 율곡학의 자료와 논문 등에 대한 영역 작업이 필요하다고 주장한다.

황의동이 제시하는 첫 번째와 두 번째, 그리고 네 번째와 여섯 번째 제안은 이른바 '세계화'를 위해 반드시 필요한 전제조건들로 보인다. 첫 번째와 두 번째 제안은 율곡학이 어떤 독창성이나 중요성을 갖는가를 질문하는 것으로서, 사실상 거의 동일한 의미로 이해된다. 또한 네 번째와 여섯 번째 제안은 결국 율곡학을 외국에서도 수용되도록 만들기 위해 필요한 사항들이라는 점에서 그것들 또한 동일한 의미로 볼 수 있을 것이다. 이러한 맥락에서, 황의동은 "율곡학의 세계화라는 측면에서 서양 사상과의 비교 연구가 활성화되어야" 한다고 말한다.[126] 이와 비슷하게, 이동희도 이이의 이론과 관련하여 "현대철학적 해석이 좀 더 필요하다. 비교 연구는 서양철학과의 비교뿐만 아니라 중국성리학이나 주자학과의 비교 연구, 조선조 성리학사 내에서의 학자들 간의 비교 연구 등도 바람직하다. 비교 연

---

125) 황의동(2002a), pp.265-266.
126) 황의동(2002a), p.264.

구가 아니더라도 현대 철학적 문제 제기나 논리 전개도 필요한데, 이것은 동시에 한국 철학의 세계화를 위한 기초 작업이기도 하다"라는 의견을 제시하고 있다.127) 이처럼 황의동과 이동희는 율곡학의 세계화를 위해서는 그것을 서구 사상과 비교하는 일이 중요하다는 입장인데, 우리는 그것이 단순한 비교 작업을 의미하는 것이 아니라 이이에 대한 논의가 해외에서도 수용되도록 만드는 요소들을 발견해내는 작업의 중요성을 의미하는 것으로 이해할 수 있을 것이다.

한편, 장숙필은 이이에 대한 연구가 담고 있는 몇 가지 문제점을 지적한다.128) 첫째, 그는 "연구자의 텍스트에 대한 이해부족"을 지적한다. 그가 의미하는 것은 특정 인물의 배경지식에 대한 포괄적 이해가 필요하다는 것이다. 둘째, 그는 "편향적이고 부분적인 연구태도"를 문제점으로 지적한다. 여기에서 그가 말하려는 점이 명확하지는 않은데, 그는 '실천'을 개인적인 실천과 사회적인 실천으로 구분하면서 두 가지 모두를 전체적이고 유기적으로 조망해야 한다고 주장하는 것으로 보인다. 셋째, 그는 "유사한 연구의 반복현상"을 지적하면서 그 이유로서 이이에 대한 피상적인 이해를 제시한다. 그는 이이의 교육사상에 대한 연구현황을 예로 들면서 그런 현상이 발생하는 것은 연구자들이 이이의 리기 심성론과 같은 근본적인 철학 이론을 이해하고 또한 그와 연결된 수양 이론이나 경세의 실천적 측면까지 이해하려는 노력이 결여되어 있기 때문이라고 간주한다. 이것은 첫 번째 사항과 밀접하게 연결된 지적으로서, 결국 율곡학에 대한 포괄적 또는 총체적인 이해가 필요하다는 점을 지적하는 것이다. 끝으로, 장숙필은 이이에 대한 연구가 현재를 살아가는 우리에게 어떤 의미를 줘야 한다고 말한다. 그는 율곡학에 대한 논의가 단지 구시대의 유물을 감상하는 미적

---

127) 이동희(2003), p.9.
128) 장숙필(2004), pp.495-497.

인 가치가 아니라 보편적 진리로서의 가치를 지니기를 희망하는 것으로 보인다. 하지만 그러한 가치는 발견되는 것이지 만들어내는 것이 아니라는 점을 기억할 필요가 있다. 율곡학 속에 들어있지 않는 가치를 억지로 만들어내는 것이 아니라 이미 들어있는 가치를 단지 발견해내는 작업이 필요하다는 것이다.

　기존의 연구가 여전히 이이에 대해 포괄적이고 깊이 있게 연구하지 못했기 때문에 그런 점에 초점을 맞춰야 한다는 장숙필의 주장에 대해 이동희나 황의동도 기꺼이 동의할 것이다. 그들은 율곡학 자체에 대한 깊이 있는 이해를 한국철학의 세계화를 이루기 위한 방법들 가운데 하나로 제안하고 있기 때문이다. 더 나아가 그들은 한국철학의 세계화를 위해 서양철학과 비교하는 작업이 필요하다는 점을 강조하지만, 정확히 서양철학의 어떤 점을 어떤 식으로 한국철학에 적용하고 또한 비교해야 하는가에 대한 구체적인 이야기는 해주지 않는다. 이 문제는 이 장의 후반부에서 다시 자세하게 논의하도록 하고, 먼저 이황과 이이에 대해 학자들이 제시한 과제들의 공통점과 차이점을 살펴보자.

3. 이황과 이이 연구의 문제점

　조선시대를 대표하는 성리학자들인 이황과 이이에 대한 연구물은 해방 이후 오늘날에 이르기까지 모두 3,600여 건에 달하는 엄청난 성과가 있었지만, 그럼에도 불구하고 아직도 해결되지 않은 문제점들이 남아있다는 사실 자체가 놀라울 정도이다. 일부 학자들이 지적하는 이황과 이이에 대한 기존 연구의 문제점들에는 공통점도 있고 차이점도 있다.

첫째, 그들에 대한 기존의 연구 성과에서 지적되는 공통적인 문제점으로 그들의 사상적 독자성 또는 독창성을 밝히는 연구가 성공적이지 못하다는 점이 거론된다. 리의 운동성을 함축하는 것으로 이해되는 리발설·리도설·리동설 등의 이론이 이황의 독창적인 견해로 알려져 있지만 그에 대한 논의도 충분하지 않으며, 더구나 이황의 독창성을 지나치게 강조하다 보니 그러한 주장이 타당한가에 대해서는 거의 논의된 바가 없다. 다시 말해서, 아무리 독창적인 이론을 가졌더라도 그 이론이 타당하지 않으면 사실상 그 이론을 폐기될 수밖에 없는 것이며, 이런 맥락에서 보자면 독창성과 타당성은 함께 고찰되어야 하는 항목들이라고 할 수 있다. 황의동은 이이의 독창성에 대해서도 체계적인 연구가 미흡한 실정이라고 말한다. 사실상 만약 이이의 이론이 주희의 성리학적 체계에서 조금도 벗어나지 않는다면, 우리가 이이의 이론을 굳이 독립적으로 연구하고 논의할 필요가 없을 것이다. 어떤 특정 인물에 대한 연구 결과 어떤 독창적인 요소가 있다는 결론이 내려진다면, 그에 대한 연구는 충분한 가치를 갖는다는 것이다. 그 반대의 경우에는 더 이상 연구의 가치조차 갖지 못하리라는 것은 너무도 분명하다. 따라서 이황과 이이의 사상이 어떤 독창성을 갖는가를 파악하는 것은 무엇보다도 선행되어야 할 연구주제이다.

둘째, 일부 학자들은 이황과 이이에 대한 기존 연구의 또 다른 공통적인 문제점으로서 그들의 사상에 대한 현대철학적 또는 서양철학적 평가가 이루어진 경우가 많지 않다는 점을 지적한다. 이와 달리, 금장태는 "새로운 시대의 철학적 언어와 방법을 통한 퇴계철학의 이해를 위해 해석학, 철학적 인간학, 실존철학, 과정철학, 유물론 등의 서양철학체계로서 재해석하는 연구가 시도되고 있다"고 말하고, 또한 "서양의 현대철학 유파로서가 아니라, 토마스 아퀴나스·칸트·헤겔·하이데거·화이트헤드 등 특정한 서양철학자의 철학이론과 삶의 자세를 퇴계의 철학과 생애에 비교하는 연구는

퇴계학의 이해를 풍성하게 하는 데 크게 기여하고 있다."라고 말하면서
도,129) 자신의 말을 뒷받침할 만한 참고문헌을 전혀 제공해주지 않고 있다.
그의 말에 따르면 비교철학적 접근이 상당히 많이 시도되었던 것처럼 들
리지만, 사실상 그런 시도 자체가 그리 많지 않으므로 그의 말에 동의하기
는 어렵다.130) 그 밖에 이황과 이이에 대한 앞으로의 연구에 대해 학자들
이 제안하는 부가적인 내용들은 대체로 상식적이다. 즉, 원전을 충분히 이
해함으로써 깊이 있고도 포괄적인 연구를 수행해야 하며, 또한 객관적인
태도를 유지해야 한다는 것이다.

한편, 이이에 대한 기존의 연구에서는 문제가 되지만 이황에 대한 연구
에서는 문제가 되지 않는 유일한 항목은 바로 세계화 또는 국제화의 문제
이다. 이미 보았듯이, 이황의 사상에 대해서는 국제학술대회가 여러 차례
개최되고 많은 해외 학자들이 참석해 외국어로 논문을 발표했던 반면에,
이이의 사상과 관련된 국제학술대회의 개최나 또는 해외 학자들의 논문
발표가 그리 많지 않았다는 점이 가장 큰 차이점이다. 따라서 이런 문제점
을 개선하기 위해서는 율곡학과 관련된 국제학술대회를 체계적이고도 지
속적으로 개최하고, 관련 자료들을 외국어로 번역하는 노력이 선행되어야
한다. 이런 일은 책임을 맡은 사람이 오랜 기간에 걸쳐 지속할 끈기를 필

---

129) 금장태(1990), p.15.

130) 이런 종류의 자료로는 다음과 같은 것들이 있다. 윤성범의 「율곡사상의 현대적 해석」
(사상계, 1963) ; 전두하의 「Heidegger 후기의 존재와 율곡의 우주론에 있어서의 이기(理
氣)와의 비교」(철학연구, 1967) ; 김형효의 「율곡과 메를로 뽕띠와의 연구」(유교학논총,
1972) ; 윤성범의 「성학과 신학의 비교연구—특히 율곡과 바르트를 중심하여」(한국학
보, 1976) ; 김용선의 「이율곡과 브루너의 교육관 비교연구」(교육연구, 1979) ; 하영석
의 「퇴계의 성리학과 칸트철학의 비교연구」(한국의철학, 1984) ; 전두하의 「李退溪 및
헤에겔 哲學에 있어서의 辨證法的 思考方式의 同異鮎」(한국학논총, 1988) ; 이민태의 「栗
谷과 Max Scheler의 人間論 比較」(공주교대논총, 1990) ; 목영해의 『퇴계와 칸트 도덕관
의 교육론적 탐색』(부산대 대학원, 1990) ; 유원기의 「율곡의 리기론에 대한 현대적 고
찰」(철학논총, 2006), 「율곡 리기론의 서양철학적 조명」(율곡학연구, 2015) 등.

요로 하며, 또한 무엇보다도 충분한 재정적 지원이 뒷받침되어야 한다. 그
러나 퇴계학이든 율곡학이든 국제적으로 수용되기 위해서는 그것들이 나
름대로의 독자적인 이론을 갖고 있으며, 또한 그러한 이론이 설득력을 갖
고 있음을 보여야 한다. 이미 언급했듯이, 만약 이황이나 이이의 이론이 주
희의 아류에 불과한 것으로 밝혀진다면, 그들의 이론을 굳이 재정적인 지
원을 하면서까지 외국어로 번역하고 소개할 필요가 없을 것이기 때문이다.

4. 이황과 이이 연구의 방법

여기에서 우리는 한국철학 전공자들이 말하는 서양철학적인 해석이나
평가라는 것이 정확히 무엇을 함축하는가, 그리고 그런 작업이 과연 바람
직한 것인가를 먼저 살펴볼 필요가 있다. 서양철학적인 해석이나 평가는
양쪽 철학에서 사용되는 이론과 개념의 공통점과 차이점을 드러낸 뒤에야
비로소 가능할 것이다. 무엇보다도 우리는 양쪽 철학의 이론과 개념을 단
순히 비교하는 선에서 그쳐서는 안 되며, 비교를 통해 어떤 철학이 더 타
당한가를 평가하는 선까지 진행해볼 필요가 있다. 물론 연구자는 어떤 한
쪽을 옹호하거나 배척하려는 편견을 가져서는 안 되고 전적으로 중립적인
태도를 가져야 한다. 또한 간혹 연구물에서 발견되듯이, 서양철학의 개념
들을 제대로 파악하지 못하면서 사용해서는 안 될 것이며, 또한 이론이나
개념이나 인물에 대한 자세한 설명을 하지 않고서 마치 모두가 아는 듯이
간단한 언급만 하고 넘어가는 일도 마땅히 지양되어야 할 것이다.[131]

---

131) 유원기(2011), p.10 각주 27 참조 : "안재호 옮김(1997), p.242 ; 정병석 옮김(2001),
    pp.17-118 ; 홍원식 外 옮김(2008), p.51 등은 동서철학을 비교하여 발언하고 있다. 이
    러한 비교철학적인 설명이 난해한 이론을 이해하는 데 도움이 되기도 하지만, 상세한

그런데 과연 이런 비교철학적 작업을 반드시 수행해야 하는 것일까? 최영성에 의하면, 동양철학적 이론들을 서양철학적 관점에서 해석하려는 시도는 이미 한 번 실패했었던 전력을 갖고 있다. 그는 1960년대와 1970년대 초반까지 배종호(1919-1990)를 비롯한 일군의 "동양철학자들이 서양철학의 틀에 맞추어 한국철학, 특히 성리학을 연구하는 경향이 다분하였으며, 존재론·인식론·가치론과 같은 개념들이 논문 제목에 자주 등장했던 것이 사실"이라고 지적하고, 1970년대 중반 이후로 동양철학계에서는 "종래 서양철학의 방법론으로 동양철학을 연구해왔던 데 대한 철학계 내부의 자성의 목소리를 반영"함으로써 독자적인 "동양철학의 연구방법론"을 모색하기 시작했다고 말한다.[132] 즉, 서양철학적 도식이나 틀을 통한 동양철학 또는 한국철학의 분석은 그것의 본래적인 모습을 모두 드러내주질 못하며, 따라서 그러한 본래적인 모습을 파악하려면 새롭고도 독자적인 한국철학만의 연구방법이 필요하다는 것이다.[133]

그렇지만 여전히 많은 학자들은 현대철학 또는 서양철학적 방법론을 통해 한국철학의 보편성을 확보해야 한다는 주장을 제시한다.[134] 이미 1980

논의 없이 철학자의 이름이나 그와 관련된 몇 가지 개념만을 제시하는 것은 아무런 도움이 되지 않는다. 예를 들어, 몽배원은 "기는 재료이며 어떠한 규정도 없지만 사물의 성질은 리에 의해 결정된다는 점은 형상과 질료를 말한 아리스토텔레스의 사상과 흡사하다."라고 말하지만, 이 주장에 대한 부가적인 설명을 하지 않는다. 이와 마찬가지로, 모종삼(정병석 옮김, 2001, pp.17-118)도 유가철학을 아리스토텔레스의 개념들인 질료, 형상, 부동의 원동자, 네 가지 원인 등을 차용 또는 비교하여 논의하지만, 자세한 이론적 논의나 방향이 없이 스쳐 지나면서 잠시 언급하는 선에서 그치고 있다. 결과적으로, 몽배원과 모종삼 등의 이러한 비교철학적 발언은 유가철학을 이해하는 데는 물론이고 아리스토텔레스를 이해하는 데도 전혀 도움이 되지 않는다."

132) 최영성(2000), p.194와 p.200.

133) 비교 : 윤용남(2005), pp.285-286. 그는 성리학이 "서양철학처럼 추상(抽象)과 사상(捨象)을 통한 개념화를 시도하지 않으므로" 서양철학적 방법론이나 관점에서 그것을 이해하려고 시도하는 것은 적절하지 않다는 입장을 보인다.

134) 비교 : 이동준(1997), p.600. 그는 "유학을 철학적으로 논의하되 그것은 한갓 특수철학에 머무를 수 없는 것이며, 보편과 특수를 동시에 고려하는 입장을 견지"해야 한다고

년대에 박종홍은 사단칠정론과 같은 성리학적 논의를 "현대철학적 견지에서 좀 더 철저히 연구 전개시킬 필요"가 있다고 주장한 바 있으며,[135] 1990년대에 윤사순은 그동안 "서양철학의 지식으로 한국 유학을 겸허하고 진지하게 철학적으로 이해하는 노력을 기울이지 않았다"는 좀 더 구체적인 문제점을 지적하면서, 현 시점에서 "중요한 것은 서양철학에 대한 지식도 깊이 비판적으로 갖추면서, 이성적인 궁리의 방법을 통해 한국유학의 특징이 지닌 장단점을 이해하고 계승 발전시키려는 태도"라는 의견을 제시한 바 있다.[136] 또한 2000년대에도 장숙필은 "율곡의 연구에서 그의 시공적인 한계와 시공을 초월하는 가치와 의미를 잘 밝혀냄으로써 오늘날에도 살아있는 철학"으로 만들어야 한다고 주장한다.[137] 학자들의 이런 태도는 이른바 한국철학의 고유한 연구방법만으로는 한국철학이 세계화될 수 없다는 견해에서 비롯된다. 이러한 견해를 가진 학자들은 한국철학을 체계화하기 위해 서양철학적 연구방법이 필요하다는 점에 동의하지만, 실제로 한국철학의 논제들을 서양철학적 관점에서 분석한다는 것은 결코 쉬운 일이 아니다. 하지만 여러 가지 문제점들이 예측됨에도 불구하고 서양철학적 관점에서의 분석과 판단이 한국철학을 위해 시도해볼 만한 가치를 갖는다는 점에 동의한다면, 우리는 최소한 그러한 시도를 수용할 만한 객관적인 또는 중립적인 태도를 견지하는 데서 출발해야 할 것이다.

　사실상 일부 동양철학 전공자들은 서양철학적 방식에 대한 편견과 반감을 갖는 것처럼 보인다. 아마도 그것은 최영성이 지적하듯이 서양철학에 대한 뿌리 깊은 편견이나 열등감 때문일 수도 있고,[138] 또는 서양철학적

　　주장한다.
135) 박종홍(1982), p.19.
136) 윤사순(1993), p.7과 p.34.
137) 장숙필(2004), pp.496-497.
138) 최영성(2000), p.201.

방식을 실제로 도입하여 한국철학에 적용한 뒤에 얻어진 불만족스러움 때문일 수도 있다. 서양철학에 대한 어떤 거부감 때문에, 그것을 하나의 방법론으로 수용하고 싶지 않다면 굳이 그것을 수용할 필요는 없다. 즉, 한국철학의 이론을 분석하고 체계화함에 있어서 굳이 서양철학적 방식이란 것을 도입해야 하는 것은 아니다. 우리에게 정작 필요한 것은 상식적인 선에서의 접근방법이다.

한국철학을 체계화하는 데 상식적이면서도 필수적인 방법들은 여러 가지가 있겠지만, 우리는 다음과 같은 두 가지 방법들을 먼저 생각해볼 수 있을 것이다.[139] 첫 번째는 개념의 명료화이다. 과거 사상가들이 사용하는 언어나 표현이 오늘날에도 아무런 어려움 없이 이해된다면, 우리가 이런 문제에 대해 논의할 필요도 없고 이른바 개념적인 명료화를 하기 위해 노력할 필요도 없을 것이다. 그러나 성리학의 많은 주요 용어들이 종종 다의적으로 사용되거나 또는 불명료하게 사용되는 경우가 많으며, 결과적으로 우리는 종종 성리학적 논의를 이해하는 데 어려움을 겪는다.[140] 무엇보다도 인간의 학문이란 글과 말을 통해 논의되고 발전되는데, 그런 논의와 발전을 위해서는 개념의 명료화, 서로 쉽게 이해할 수 있는 용어와 표현의 사용이 절실히 요구된다는 것은 분명하다. 시대와 환경이 달라지면서 과거에 널리 이해되던 용어들이 사용되지 않는 경우도 있고, 또한 현재까지 사용된다 하더라도 새로운 의미를 갖는 경우가 있으므로, 과거의 어떤 이론을 제대로 이해하기 위해서는 개념의 의미를 명확히 밝히는 작업이 선행되어야 한다. 즉, 논의에 사용되는 낱말들은 물론이고 그런 낱말들로 구성된 명제들의 의미를 명료화하려는 노력이 필요하다는 것이다.[141]

---

139) 유원기(2009), pp.48-57 참조.
140) 이동희(1988), p.417 ; 김기현(1992), pp.50-51.
141) 비교 : 김영건(2005), p.123.

두 번째로, 우리는 오늘날 국내의 성리학 연구자들이 과거의 이론들에 대한 타당성을 평가하려는 시도에 큰 관심을 보이지 않는다는 점에 주목할 필요가 있다. 사실상 국내의 성리학 연구자들의 연구물에서는 과거의 성리학자들이 어떤 주장을 하고 어떤 이론을 정립했는가를 밝히려는 노력은 쉽게 찾아볼 수 있지만, 그런 주장과 이론이 현대에도 수용될 만한 타당한 것인가를 평가하려는 노력은 거의 찾아볼 수 없다. 타당성을 평가한다는 것은 명제들의 내용과는 관계없이 전제와 결론의 관계만을 살핀다는 의미를 담고 있다. 무엇보다도 어떤 논변이 타당하다는 것은 시간과 공간을 넘어선다는 것을 의미하며, 시간과 공간이 달라진다고 해서 그에 따라 달라지는 것이 아니다. 즉, 타당한 이론이란 어느 한 순간에서만 유효한 것이 아니라 과거와 현재와 미래에 이르기까지 항상 유효하며, 또한 어떤 한 지역에서만 유효한 것이 아니라 모든 지역에서 유효한 것이다.

여러 차례 강조되었듯이, '2+2'에 대한 동양과 서양의 답이 다르지 않으며, 이처럼 동양과 서양의 진리가 다르지 않다면, 동양학문과 서양학문의 궁극적 목적도 다르지 않다고 볼 수 있다. 성리학 이론이 개념 명료화를 통해 많은 사람들에게 이해되고 그럼으로써 그것의 타당성을 평가하게 된다면, 그것이 모든 시간과 모든 공간에서 유효한 이론인가를 평가할 수 있을 것이다. 결론적으로, 개념 명료화와 타당성 평가와 같은 조건들은 한국철학을 서양철학화하기 위해 필요한 서양철학의 전제조건들이 아니라 그것이 유효한 이론인가를 단순히 평가하는 최소한의 도구에 불과한 것이다.

이황과 이이의 사상이 국내 성리학 분야에서 가장 많이 다루어진 영역임은 분명하지만, 이러한 수적인 우수성이 연구 성과의 만족도를 그대로 반영한다고 볼 수는 없다는 것이 학자들의 일반적인 견해이다. 이황과 이이와 관련하여 그처럼 많은 연구물이 양산되었음에도 불구하고, 학자들은 그들에 대한 연구에서 여전히 남아있는 문제점들을 지적한다. 그들이 이황과 이이에 대해 지적하는 문제점들을 비교해보면, 이황의 사상에 대한 국제화는 대체로 많이 이루어진 반면에, 이이의 경우는 그렇지 않다는 것이 가장 특징적인 차이점으로 나타난다. 이것은 아마도 시간과 관심과 재정적 지원이 요구되는 문제일 것이다. 그런 조건들이 충족된다면, 이이에 관한 연구의 국제화도 오래지 않아 이루어질 것이다. 그러나 다른 문제점들에 비한다면 국제화의 문제는 오히려 부차적인 또는 이차적인 문제처럼 보인다.

학자들이 이황과 이이 연구의 문제점들로 지적하는 대부분은 그들에게 공통적으로 적용된다. 그 가운데 특히 '그들의 사상적 독창성을 명확하게 밝혀내지 못하고 있다는 점'과 '그들의 사상에 대한 현대철학적 평가가 적절하게 이루어지지 못하고 있다는 점'이 무엇보다도 시급하게 보완되어야 하는 과제로 간주된다. 순서를 정한다면, 아마도 그들의 사상에 대한 현대철학적 평가가 먼저 이루어진 뒤에야 그것의 독창성 여부를 밝혀낼 수 있게 될 것이고, 그것이 독창적 가치를 지닌다는 것이 밝혀진 뒤에야 그것을 국제화하려는 노력이 요구될 것이다.

위에서 말했던 이른바 '현대철학적 평가'라는 표현은 사실상 하나의 논변을 상식적인 선에서 이해 가능한 논변으로 구성해야 한다는 것으로 이해해도 좋을 것이다. 이러한 논변으로 구성하기 위해 필요한 최소 조건으로 이 글에서 제시한 개념 명료화와 타당성 평가는 대체로 다음과 같은 의미를 갖는다. 첫째, 논의에 사용되는 개념들의 의미를 자세하고도 명료하게 밝히는 개념 분석 또는 개념 명료화는 결국 다소 난해한 용어들과 개념들로 이루어진 성리학적 논변을 우리가 현대의 일상에서 사용하는 일상 언어로 표현해보겠다는 의도를 담고 있다. 물론 모든 용어들과 개념들을 그렇게 풀어 설명하는 것이 가능하지는 않지만 많은 부분에서 그런 시도를 한다. 둘째, 논변을 구성하는 전제와 결론의 관계가 타당한가, 즉 전제가 참이라면 결론은 반드시 참인가를 평가하는 것이다. 이것은 어떤 주장이 적절한 근거로부터 도출되는가를 평가하려는 의도를 담고 있다.

논변의 내용이 이해하기 어려우니 쉽게 설명해달라는 요청, 그리고 논변의 전제와 결론의 관계가 타당한지를 밝혀달라는 요청은 결코 무리한 요청으로 들리지 않는다. 여기에서 주장하는 것은 한국철학의 체계화를 위해 최소한 개념 명료화와 타당성 평가가 필요하다는 것이지 단지 그것들만으로 충분하다는 것은 아니다. 이를 통해, 우리는 마침내 성리학이 학문으로서 존속될 가치가 있는 것인가 또는 없는 것인가를 판단하고, 또한 그런 판단의 결과에 따라 얻게 되는 것과 잃게 되는 것이 무엇인가를 파악할 기회를 갖게 될 것이다.142)

---

142) 이 장을 논문으로 투고했을 때, 한 심사위원이 전체적인 연구현황의 "다양한 경향성들을 나누고, 그것들이 가지고 있는 특징들과 연구의 진척도 등을 몇몇 중심 연구들을 중심으로 분석하며 언급해준다면 더 좋은 논문이 될 수 있을 것"이라고 조언한 바 있다. 필자가 이해하기로, 이것은 본문에서 이황과 이이 연구와 관련된 자료들을 직접 분석하는 방식으로 논의하지 않고 연구 성과의 통계 수치만을 제시한 것에 대한 지적으로 이해된다. 이 지적처럼 학자들의 견해를 심층적으로 또는 실증적으로 분석하는 것이 어느 단계에서 분명히 필요하겠지만, 실제로 그런 분석을 한 다른 연구물들이 이미 있으며 무엇보다도 그것은 현재 우리의 연구 방법이나 주제와는 다른 별개의 연구를 요구하는 것으로서 적절한 지적은 아니다.

제2부
사단칠정논쟁과 인심도심논쟁

제4장 이황과 기대승의 사단칠정논쟁

철학적 논변은 다른 사람에게 특정한 어떤 관점이나 이론을 설득하기 위해 의견을 교환하는 것이며, 이러한 논변에서 가장 중요한 것은 상대방이 납득할 만한 근거 위에서 자신의 주장을 제시하는 것이다. 다시 말해서, 어떤 주장을 제시하려는 사람은 자신의 주장을 입증해야 하는 증명의 부담(burden of proof)을 진다는 것이다.[143] 이런 점을 고려할 때, 16세기 성리학자들의 사단칠정논쟁과 인심도심논쟁은 그런 증명의 부담을 철저하게 자각하고 실천에 옮겼던 전형적인 사례라고 말해도 지나치지 않은 것으로 보인다. 그들은 자신들의 주장을 뒷받침하는 근거, 특히 자신들이 제공할 수 있는 최선의 논거를 제공하기 위해 끊임없이 노력하고 있기 때문이다.

주희의 심성론이 인간 본성의 근거를 설명하기 위한 시도였던 반면에, 이황과 기대승의 사단칠정논쟁은 그러한 본성이 발현된 이후에 인간이 살아가야 하는 삶의 방향을 제시하려는 시도였다고 말할 수 있다. 특히, 이황

---

143) 김광수(1990), pp.42-46.

은 인간이 선한 본성을 가지므로 그러한 본성을 제대로 실현하게 되면 참다운 인간이 될 수 있다는 자신의 믿음을 입증하는 데 초점을 맞추는 반면에,[144] 기대승은 기(氣)를 떠난 리(理)도 없고 리를 떠난 기도 없다는 존재론적인 사고를 입증하는 데 초점을 맞춘다. 이런 맥락에서 기대승은 사단(四端)이 리의 발이므로 항상 선하고 칠정(七情)은 기의 발이므로 선할 수도 있고 악할 수도 있다는 이황의 주장이 리와 기의 관계는 물론이고 사단과 칠정의 관계마저도 분리시킨다는 이유를 들어 반대한다.[145] 사단과 칠정의 근거를 각각 리와 기로 본다는 것은 사단과 칠정을 본질적으로 서로 다른 범주에 속하는 별개의 정들로 분리시키는 것으로 볼 수 있기 때문이다. 이에 반해 기대승은 사단이 칠정의 일부에 불과하다는 입장을 취한다.[146]

　사단과 칠정의 발출 근거를 밝히려는 소종래(所從來)의 문제는 중국에서는 물론이고, 이황과 기대승의 논변이 있기 전까지는 국내에서도 크게 논란이 되지 않았다. 하지만 그것은 상당히 중요한 함축성을 갖는 문제였다. 본문에서 우리는 먼저 다양한 문맥 속에서의 '발' 개념을 살펴봄으로써, 다른 학자들의 주장과는 달리 '리'와 '기'에 공통되거나 또는 모든 '리'의 경

---

144) 윤사순(1996), p.582.

145) 처음에는 이황과 기대승 사이에서 벌어졌던 개인적이고 사소한 논의처럼 보였던 논쟁이 마침내 성리학계 전체에 걸쳐 엄청난 영향을 미쳤다는 점에서 그들의 논변은 가히 나비효과를 창출했다고 할 수 있다. 사단칠정논쟁은 수년 뒤에 벌어졌던 이이와 성혼의 인심도심논쟁은 물론이고 당시에 영남학파와 기호학파라는 두 개의 주요 학파를 형성하는 주요 계기가 되었으며, 또한 18세기에 남당 한원진(南塘 韓元震, 1682-1751)과 외암 이간(巍巖 李柬, 1677-1727) 사이에 촉발되었던 인성과 물성의 동이(同異)에 관한 호락논변의 계기가 되기도 했다.

146) <고봉 1-2-사단칠정설 2>, 사람의 심이 미발한 것은 성이고 이발한 것은 정이다. 성은 선하지 않음이 없지만 정은 선하거나 악하며, 이것이 진실로 그러한 이치이다. 다만 자사와 맹자가 나아가 말한 바가 같지 않기 때문에 사단과 칠정의 구분이 있는 것이고 칠정 밖에 다시 사단이 있는 것이 아니다(蓋人心未發則謂之性, 已發則謂之情, 而性則無不善, 情則有善惡, 此乃固然之理也. 但子思孟子所就以言之者不同, 故有四端七情之別耳, 非七情之外復有四端也). 이에 대한 부가적인 설명은 김용헌(1992), pp.129-133 참조

우나 모든 '기'의 경우에 공통된 '발'의 번역어를 찾기 어렵다는 결론에 도달한다. 즉, '발'의 의미는 문맥 속에서 다양한 의미를 가지며, 어떤 특정한 경우에 항상 공통된 의미로 해석하는 것은 가능하지 않다는 것이다.

일반적으로, 사단칠정논쟁에서 이황과 기대승의 대립은 결국 사단과 칠정의 발출 근거 또는 소종래에 관한 견해 차이에 기인하며, 특히 사단을 '리발(理發)'로 규정하는 이황에 대해 기대승이 반론을 제기한다고 평가된다. 그러나 사실상 그들은 '리발'의 문제에는 크게 관심이 없었던 것으로 나타난다. 더구나 그들의 의견 대립은 소종래에 대한 견해가 아니라 리와 기의 관계에 대한 견해의 차이로 인한 것이었다. 이와 관련하여, 아래에서 우리는 그들이 사용하는 '소취이언(所就而言 또는 所就以言)' 또는 '소지이언(所指而言)' 등의 표현과 '소종래'라는 표현의 의미를 명확하게 구분한다. 이황과 기대승은 그 표현들이 함축하는 의미를 엄격하게 구분하지 않고 사용한다. 하지만 우리는 '소취이언'이 리와 기가 현실에서 실제로 분리된다는 것이 아니라 다만 개념적으로 구분된다는 것을 함축하는 반면에, '소종래'는 리와 기가 실제로 분리된다는 것을 함축한다고 규정한다. 이렇게 규정할 때, 우리는 이황과 기대승이 리와 기에 대해 서로 유사한 견해를 갖고 있음에도 불구하고 상반된 주장을 전개하는 이유를 좀 더 분명하게 파악할 수 있다. 그들은 끝까지 자신의 입장을 철회하거나 양보하지 않으며, 따라서 그들의 의견은 하나로 조율되지 못한다. 이러한 논의를 마친 뒤에, 우리는 사단칠정논쟁의 실질적인 관심의 주제인 사단과 칠정의 포함 관계에 대해 살펴볼 것이다. 끝으로, 우리는 사단이 순선(純善)하지만은 않다는 의미를 함축하는 '사단의 부중절(不中節)'에 대한 진술을 중심으로 사단과 칠정의 선악에 관련된 이황과 기대승의 논의를 검토한다.

1. 사단칠정논쟁의 발단과 전개

사단칠정논쟁은 정지운이 사단과 칠정을 각각 리와 기에 연결시킨 데 대한 문제 제기에서 제기되었다. 필자가 보기에는 이황이 기대승의 의견을 수렴하여 정지운의 최초 명제를 최소한 네 차례 수정하고, 최종적으로 기대승이 자신의 의견을 담은 명제를 하나 제시했다. 따라서 사단칠정논쟁에서 제시되는 '(사단과 칠정의 근원을 각각 리와 기로 나누어 귀속시키는) 리기분속'과 관련된 명제의 수는 최소한 여섯 개가 된다. 지금까지 학계에서는 이처럼 수정된 명제의 수와 구체적인 내용, 그리고 수정하게 된 이유 등에 대한 논의가 시도되거나 검토된 적은 없었다. 그러나 이황과 기대승의 견해를 명확히 밝히기 위해서는 그런 문제들에 대해 논의할 필요가 있다. 사단칠정논쟁이 발생한 계기를 먼저 설명하고 밝히고, 그런 뒤에 사단칠정과 리기의 상호관계에 대한 여섯 가지 명제들을 살펴보자.

잘 알려져 있듯이, 조선시대 대표적인 논쟁 가운데 하나인 사단칠정논쟁의 씨앗은 추만 정지운(秋巒 鄭之雲, 1509-1561)에 의해 뿌려졌다. 그는 인간의 본성과 감정 등이 우주의 원리와 어떻게 연결되는가를 보여주는 유학의 가르침에 대해 간단한 설명을 덧붙인 그림인 「천명도(天命圖)」를 그렸다. 그런 뒤에 그는 주변의 많은 학자들에게 그것의 정확성에 대해 문의하던 중 마침내 이황에게도 의견을 묻게 되었다. 이에 대해 이황은 정지운이 「천명도(天命圖)」에 언급한 (P1) "사단발어리, 칠정발어기."[147]란 문구

---

147) <퇴계 2-2>, <고봉 2-8-3>, <퇴계 3-본문 10>, (P1) 四端發於理, 七情發於氣. 이 명제가 처음 언급된 시기에 대해서는 한국유학 삼대논쟁자료 수집 · 정리 및 역주단 사단칠정논쟁연구팀(2008), pp.100-102 각주 25-26 참조. 정지운이 『천명도설』의 서언 부분에서 자기 아버지의 스승들인 김안국(1478-1543)과 김종국(1485-1541)이 도설에 대한 조언을 주길 기대했지만 그들이 갑자기 타계함으로써 그 기대가 충족될 수 없었다고 말한 점을 고려할 때, (P1)이 1537년 이전에 언급되었을 가능성이 크며, 이황이 (P2)를 언급한 것은 상당히 오랜 뒤였을 것이다.

를 (P2) "사단리지발, 칠정기지발."148)로 수정할 것을 제안했다. 그런 뒤 정
지운은 다른 기회에 기대승에게도 이에 대한 의견을 청하게 되었고, 기대
승은 "그림과 설명에 오류가 많으니 올바른 주장이 될 수 없다."라고 평가
했다.149) 이 말을 전해들은 이황이 1559년(기미년) 1월 5일에 기대승에게 한
통의 편지를 보내면서 사단칠정논쟁이 비로소 시작된다.

> ⋯⋯ 사단과 칠정에 대해 논의한 내용을 친구들로부터 전해 들었다. 내
> 생각에도 일찍이 나 자신이 그렇게 말하였던 것이 적절하지 않다고 염려했
> 는데, 비판을 받고는 거칠고 잘못됨을 더욱 깨닫게 되어 "사단의 발은 순수
> 한 리이므로 선하지 않음이 없고, 칠정의 발은 기를 겸하므로 선함과 악함
> 이 있다."로 즉시 고쳤다. 이렇게 말하면 문제가 없을지 모르겠다.150)

이 편지에서 이황은 (P1)과 (P2)에 대해 언급하지 않고, (P3) "사단지발순
리, 고무불선, 칠정지발겸기, 고유선악."151)이라는 새로운 내용을 언급한다.
따라서 우리는 다음과 같은 세 개의 진술을 갖게 된다.

> (P1) 정지운의 최초 명제 (1537년) : 사단은 리에서 발하고, 칠정은 기에서
>   발한다.
> (P2) 이황의 1차 수정 (1553년) : 사단은 리의 발이고, 칠정은 기의 발이다.
> (P3) 이황의 2차 수정 (1559년) : 사단의 발은 순수한 리이므로 선하지 않
>   음이 없고, 칠정의 발은 기를 겸하므로 선함과 악함이 있다.

---

148) 비교 : <퇴계 2-10>, (P2) 四端理之發, 七情氣之發.
149) 『국역 고봉집 3』, 「兩先生四七理氣往復書上篇」, 「辨錄」, 圖與說多有差誤. 恐不得爲正論也.
150) <퇴계 1>, 又因士友間, 傳聞所論四端七情之說, 鄙意於此亦嘗自病其下語之未穩, 逮得砭
     駁, 益知疎繆, 卽改之云, 四端之發純理, 故無不善, 七情之發兼氣, 故有善惡. 未知如此下語
     無病否.
151) <퇴계 1>, (P3) 四端之發純理 故無不善, 七情之發兼氣 故有善惡.

(P1)은 정지운이 자신의 「천명도」에서 처음 제시했던 명제이고, (P2)는 이황이 (P1)의 수정안으로 제시했던 명제이며, (P3)은 이황이 기대승에게 보내는 편지에 적어 넣었던 명제이다. (P1)와 (P2)의 차이점은 "리에서 발한다(發於理)"와 "기에서 발한다(發於氣)"란 표현을 각각 '리의 발(理之發)'과 '기의 발(氣之發)', 즉 "리가 발한다"와 "기가 발한다"라는 표현으로 바꾼 것이다. 한편, (P3)의 앞 구절에 언급된 '순수한(純)'은 사단의 발함이 오직 '리'의 발함이며, 뒷 구절의 '겸한다(兼)'는 칠정의 발함이 '기와 리의 합'이라는 의미를 담고 있다.152) 즉, 여기에서 이황은 '사단'과 '리'를 동일시하고, '칠정'과 '기와 리의 합'을 동일시하고 있으며, 전자의 경우는 선함만을 함축하는 반면에 후자의 경우는 선함과 악함을 모두 함축한다.

그런데 이황이 (P1)을 (P2)로 수정하고, 그것을 다시 (P3)으로 수정해서 제시한 이유는 무엇인가? 그것들 사이에는 어떤 의미상의 차이가 있는가? 지금까지 많은 학자들이 이황과 기대승의 사단칠정논쟁에 대해 논의해왔지만, 이런 점에 관심을 갖거나 또는 그 의미 변화를 명확하게 밝힌 경우는 찾아보기 어렵다. 그러나 그처럼 수정한 이유가 무엇인가를 살피는 것이 논변을 이해하기 위한 선행 과제임은 분명하다. 우리는 그 단서를 이황

---

152) 뒤에서 다시 언급되겠지만, 명제들 속에서 '발'의 주체가 종종 달라진다. 예를 들어, (P1)과 (P3)에서 '발'의 주체는 각각 사단과 칠정이지만, (P2)와 뒤에서 보게 될 (P5)에서 '발'의 주체는 사단과 칠정이 아니라 리와 기이다. 이황과 기대승은 그런 문제에 대해 무관심하지만, 그것들 사이에는 분명히 의미상의 차이가 있다. (P1)은 사단의 발이 리에서 유래한다는 의미로 볼 수 있고, (P2)는 리의 발이 사단인 반면에, (P3)은 사단의 발이 리라는 것이다. 성리학적 체계에서, 리가 발해서 사단이 된다고는 할 수 있지만, 사단이 발해서 리가 된다고는 할 수 없으므로, 엄밀하게 보자면 (P2)는 옳지만 (P3)은 옳지 않다. 또한 사단의 발이 리에서 유래한다는 (P1)의 의미는 명확하지 않지만, 아마도 사단이 발하는 것은 기질 속의 리(따라서 성)에서 유래한다는 것은 성이 발해서 정이 된다는 '성발위정(性發爲情)'으로 이해할 수 있을 것이다. 이미 언급했듯이, 이황과 기대승은 그런 의미상의 차이에 주목하지 않는다. 하지만 우리가 '발'의 의미를 이해하려면 주체가 무엇인가에 대해 주목할 필요가 있다(아래 '발' 개념의 의미에 대한 논의 참조).

에게 보내는 <고봉 1-2-사단칠정설 3>에서 찾아볼 수 있다.

(i) "사단은 리에서 발하므로 선하지 않음이 없고, 칠정은 기에서 발하므로 선과 악이 있다."라고 한다면, 이것은 리와 기를 두 가지로 구분하는 것이다. 또한 이것은 칠정이 성에서 나오지 않고 사단은 기를 타지 않는다는 말이 된다. …… 그리고 (ii) "사단의 발은 순수한 리이므로 선하지 않음이 없고, 칠정의 발은 기를 겸하므로 선과 악함 있다."라고 고쳐 말하는 것은 (i)보다 낫긴 하지만 역시 옳지 않다.[153]

(i)은 "사단발어리이무불선, 칠정발어기이유선악."으로서, 앞 구절의 '이무불선'과 뒷 구절에 '이유선악'이 덧붙여져 있는 점을 제외하고는 정지운의 최초 명제인 (P1) "사단발어리, 칠정발어기."와 동일하다. 기대승은 위 인용문에서 (i)을 옳지 않다고 말하는 세 가지 이유를 제시하고 있다. 첫째는 '리와 기를 두 가지로 구분'해서는 안 된다는 점이고, 둘째는 '칠정이 성에서 나오지 않는다'고 말해서는 안 된다는 점이며, 셋째는 '사단은 기를 타지 않는다'고 말해서는 안 된다는 점이다.

첫째 이유는 (P1)을 말하는 것은 마치 리와 기를 마치 서로 분리되어 존재하는 것처럼 다루는 것이므로 적절하지 않다는 지적이다. 둘째 이유는 사단과 칠정은 모두 정이며, 따라서 사단이든 칠정이든 모두 성에서 (그리고 성은 사물 안에 내재한 리이므로 결국은 리에서) 나온다고 말해야 한다는 지적이다. 그리고 셋째 이유는 리와 기가 서로 분리되어 독립적으로 존재할 수 없으므로, 사단의 발함을 말할 때는 리(理)만 전제하는 것이 아니라 기(氣)도 반드시 전제해야 한다는 지적이다. 이런 맥락에서 보자면, 기대

---

153) <고봉 1-2-사단칠정설 3>, 今若以謂四端發於理而無不善, 七情發於氣而有善惡, 是理與氣判而爲兩物也, 是七情不出於性, 而四端不乘於氣也. …… 若又以四端之發純理, 故無不善, 七情之發兼氣, 故有善惡者而改之, 則雖似稍勝於前説, 而愚意亦恐未安.

승은 칠정을 말할 때도 단지 기에서 발한다고만 말하는 것이 아니라 반드시 리도 전제해야 한다는 네 번째 이유를 제시해야 하지만 그 점에는 주목하지 않고 있다. 다시 정리하자면, 기대승은 다음과 같은 네 가지 이유에서 (P1)을 거부하는 것으로 볼 수 있다.

① 사단이 리에서 나오고 칠정이 기에서 나온다고 말함으로써 리와 기가 마치 분리되어 존재하는 것처럼 다룬다.
② 사단과 칠정이 모두 성(리)에서 나오는데, 칠정이 기에서만 나오는 것처럼 말한다.
③ 리와 기는 서로 분리되지 않으므로 사단을 말할 때 반드시 기를 전제해야 하는데 그렇게 하지 않는다.
④ ③과 동일한 이유에서, 칠정을 말할 때도 반드시 리를 전제해야 하는데 그렇게 하지 않는다.154)

　기대승은 여기에서 선함이나 악함의 문제에는 아무런 관심이 없는 것으로 보인다. 즉, 그가 지적하는 것은 (P1) 자체이지 그에 덧붙여진 '무불선(無不善, 선하지 않음이 없다)'이나 '유선악(有善惡, 선함과 악함이 있다)'에 대한 것이 아니다. 한편, (ii)는 (P3)과 동일한 문장으로서, 기대승이 (ii)가 (i)보다 낫지만 역시 옳지 않다고 말하는 것은 결국 (P3)이 (P1)보다 낫긴 하지만 그럼에도 역시 옳지 않다고 말하는 것이다. 기대승이 (i)에 대해 논의할 때 사단과 리의 관계, 그리고 칠정과 기의 관계만 언급하며 리의 선함이나 기의 선함과 악함에 대해서는 아무런 관심을 보이지 않았던 것과 마찬가지로, (ii)에서도 "사단지발순리, 칠정지발겸기."가 옳은가 또는 그렇지 않은가에 대해 고찰하는 것이지 '무불선'과 '유선악'에 대해서는 무관심하다.155) 그

---

154) 위에서도 밝혔듯이, 이것은 기대승 자신이 밝힌 이유가 아니라 우리가 추론한 이유이다.
155) 기대승은 이황에게 두 번째 편지를 보낸 뒤에야 자신이 문제를 제기했던 이황의 명제

러므로 (P3)은 다음과 같이 다시 쓸 수 있다.

> (P3-1) 사단의 발은 순수한 리이고, 칠정의 발은 기를 겸한다.

위 인용문에서 기대승은 (P1)과 (P3-1)을 모두 거부하며, (P1)을 거부하는 이유는 위에 언급된 ①-④인 반면에, (P3-1)을 거부하는 이유는 <사칠 2서 (기대승)>에서 찾아볼 수 있다.

> ⑤ 이것은 진실로 순일한 천리가 발한 것이지만, 칠정의 밖에서 나올 수 는 없으니, 칠정 가운데서 발하여 중절한 것의 싹이다. 그러므로 사단 과 칠정을 대비하여 거론하고 서로 말하여 '순리'와 '겸기'라고 할 수 는 없다.156)

기대승에 따르면, 칠정 가운데 절도에 맞는 것 또는 중절한 것이 사단이 다. 다시 말해서, 사단은 칠정의 일부, 즉 칠정 가운데 선한 것들을 지칭한 다. 그런데 사단이 순수한 리만의 발함인 반면에 칠정이 리와 기의 발함이 라고 구분해서 말하는 것은 마치 사단의 근원과 칠정의 근원이 서로 다르 다고 말하는 것이 된다. 그렇기 때문에 기대승은 그렇게 구분해서 말하는 것에 반대하고 있다. '사단이 칠정의 일부'라는 이러한 기대승의 주장은 이 황의 견해와 다르며, 두 사람 사이에서 지속적인 논란의 핵심이 된다(아래 참조).

에는 '무불선'과 '유선악'이란 표현이 없었음을 깨닫는다. <사칠 4서(기대승)> p.234 에서, 기대승은 "…… 지금 다시 그것[『천명도』]을 검토해보니 "사단은 리에서 발하 고, 칠정은 기에서 발한다."라는 두 구절만 있고 "선하지 않음이 없다"라거나 "선함과 악함이 있다."라는 등의 말은 없었다(…… 今而再檢之, 則只有四端發於理, 七情發於氣二 句, 而無不善有善惡等語則無之)."라고 말한다.

156) <고봉 1-2-사단칠정설 4>, 此固純是天理所發, 然非能出於七情之外也, 乃七情中發而中節 者之苗脈也. 然則以四端七情對擧互言, 而謂之純理兼氣可乎.

한편, 위에 인용했던 <고봉 1서>에서 기대승은 자신이 왜 (P2)를 거부했는가에 대한 이유를 언급하지 않는다. 이황은 정지운이 말한 (P1)을 "순리(순수한 리)와 겸기(기를 겸한 리)로 수정"했다고 말하는데, 이것은 우리가 일반적으로 알고 있듯이 그가 (P1)을 (P2)로 수정했던 것이 아니라 이미 (P3)으로 수정했음을 의미한다.

> 예전에 정생[정지운]이 도[천명도]를 만들면서 사단은 리에서 발하고 칠정은 기에서 발한다고 했는데, [나는 그것이] 분별이 지나치게 심해 논쟁의 단서가 될 것을 염려했다. 그러므로 아래에서 순리와 겸기 등으로 수정했지만, 그 말이 문제가 없다고 생각했던 것은 아니다.157)

이처럼 논의의 초반부에 이황과 기대승은 자신들이 각각 옹호하거나 반박하는 명제가 정확히 어떤 것인지를 기억하지 못했던 것으로 보인다. 그러다가 그들이 함께 출발점으로 승인했던 명제가 바로 (P3)이었다. 그들의 논의가 이 명제에 초점을 맞추고 있기 때문이다.

이황은 기대승에게 보내는 첫 번째 편지에서 자신이 (P3)에 사용한 표현들이 적절한가를 질문하고, 이에 대해 기대승은 부정적으로 답변한다. (P3)을 다시 인용해보자.

> (P3) 이황의 2차 수정 (1559년) : 사단의 발은 순수한 리이므로 선하지 않음이 없고, 칠정의 발은 기를 겸하므로 선함과 악함이 있다.

(P3)에는 최소한 여섯 가지 고려할 만한 논점들이 있다.

---

157) <퇴계 2-2>, 往年鄭生之作圖也, 有四端發於理, 七情發於氣之說, 愚意亦恐其分別太甚, 或致爭端. 故改下純善兼氣等語, 蓋欲相資以講明, 非謂其言之無疵也.

(P3-a) 사단의 발은 순수한 리이다.
(P3-b) 칠정의 발은 리와 기를 겸한다.
(P3-c) 사단은 항상 선하다.
(P3-d) 칠정은 선하거나 악하다.
(P3-e) 사단은 칠정에 속하지 않는다.
(P3-f) 사단은 칠정 가운데 선한 감정을 지칭한다.

이황과 기대승은 (P3-d)에 대해서는 별다른 이견을 보이지 않지만, 기대승이 사단도 악해질 수 있음을 함축하는 사단의 부중절을 주장하면서 (P3-c)에 대해서는 이황과 다른 견해를 제시한다. 한편, 그들은 칠정의 발함과 관련하여 리와 기를 모두 전제하는 (P3-b)에 만족스러워 한다. 발에 대한 우리의 개념 분석에 따르면, (P3-a)의 사단은 리만의 발함이므로, 그것은 기와 동떨어져 홀로 존재하는 어떤 근원을 함축하는 듯이 보인다. 기대승은 (P3-a)가 리의 독립적인 존재를 함축한다고 여기기 때문에 전혀 만족스러워 하지 않는다. 앞에서 그는 이황의 명제 (P2)가 사단과 칠정뿐만 아니라 리와 기를 분리시킨다는 이유에서 거부했었다. 그것은 다음과 같은 두 가지 명제를 함축한다는 것이다.

(P2-a) 사단은 리만의 발이므로 기와는 무관하다.
(P2-b) 칠정은 기만의 발이므로 리와는 무관하다.

어떤 의미에서 보자면, (P3)은 약간 발전한 것이다. 왜냐하면 (P3-b)는 리만을 전제하는 것이 아니라 리와 기의 합을 전제함으로써 (P2-b)라는 함축성을 제거하기 때문이다. 그렇지만 (P3-a)는 또 다시 기대승에 의해 거부된다. 왜냐하면 그는 그것이 (P2-a)와 동일한 의미를 담고 있다고 생각하기 때문이다. 즉, (P3-a)는 여전히 리와 기의 분리 가능성을 함축할 뿐만 아니라 사단과 칠정의 분리 가능성 (P3-e)도 함축하기 때문이다. 이황은 (P3-e) 를 지지하는데, 이것은 기대승이 수용하는 (P3-f)와 당연히 양립할 수 없다.

사단칠정논쟁은 처음에 기대승이 이황의 명제 (P2)가 리와 기를 분리시 킨다고 보았던 데서 시작되었고, 그는 그런 분리성을 함축하는 어떤 가능 성도 남기지 않으려 한다. 그럼에도 불구하고 필자는 대체로 이황에게 동 의한다. 예를 들어, 우리는 1, 2, 3, 4 등의 숫자를 말할 때 그렇듯이 리만 을 떼어내서 말할 수 있기 때문이다. 즉, 우리가 1, 2, 3, 4 등의 숫자를 말 할 때, 우리는 하나의 물건이나 두 개의 물건 등을 말하는 것이 아니라 그 숫자들을 추상적으로 말하는 것이다. 사실상 우리는 리와 기를 서로로부터 분리시켜 이야기해서는 안 될 이유를 찾기 어렵다. 또한 그렇게 추상화시 켜 말하거나 사고하는 것이 분명히 가능하다. 물론 기대승은 이것을 이해 하지만, 그럼에도 그는 만약 그것들이 둘로 분개시켜 말하는 것이 널리 수 용되면, 그것들이 실제로 분리될 수 있는 것들이라고 생각하는 사람들이 있을 수도 있다는 점을 염려한다.[158] 따라서 그는 그런 일말의 가능성조차 없애기 위해 노력하고 있는 것이다.

리와 기 개념은 선진시대부터 언급되기는 했지만, 그 개념들이 상대적인 개념들로 논의된 것은 "성리학이 형성된 이후"로서,[159] 장재(1020-1077)와 정이(1033-1107)에 의해 철학의 주요 개념으로 등장했고, 주회에 의해 체계 적으로 정립되었다.[160] 대체로 주회는 만물이 '리(理)'와 '기(氣)'로 구성된다 고 주장하면서도,[161] 만물이 있기 전에는 '리'가 '기'보다 먼저 존재했었다

---

158) <사칠 4서(기대승)> pp.188-190, 만약 후학들이 그것을 보고 이미 정해진 도형을 가리 켜 리와 기를 둘로 나누어 구별하여 논한다면, 그것이 사람들을 그릇되게 하는 것이 이미 너무 심하지 않겠는가(若後學見之, 指其已定之形, 而分理與氣二者, 別而論之, 則其 爲悞人, 不亦旣甚矣乎).

159) 홍원식 外 옮김(2008), pp.28-29.

160) 홍원식 外 옮김(2008), p.22, p.47 ; 임헌규(1999), pp.432-433.

는 '리선기후(理先氣後)'를 말하기 때문에,[162] 어느 것이 그의 진정한 입장인 가에 대한 논란이 있다. 그러나 그는 "천하에는 리가 없는 기도 없고, 또한 기가 없는 리도 없다."거나 "사람은 리와 기가 합해져서만 생겨난다."라고 말하며,[163] 따라서 만물이 생성된 이후의 사람과 사물이 모두 리와 기로 구성된다는 것이 그의 견해라고 단정해도 무리가 없을 것이다. 그러나 이 황은 주희에게서 보이듯이 실질적인 분리 가능성을 의미하는 것이 아니라 추상적인 또는 개념적인 분리 가능성을 반복적으로 강조하고 있으나, 기대 승은 그것을 실질적인 분리 가능성으로만 보고 있는 것이다.

자신의 명제들이 기대승의 지속적인 비판을 받아왔음에도 불구하고, 이 황은 사단칠정논쟁을 진행하는 과정에서 리와 기가 서로 분리되어 독립적 으로 존재할 수 있는 실체들이라고 단 한 번도 말하지 않았다는 점에 주목 할 필요가 있다.[164] 그는 단지 리와 기가 현실에서는 분명히 서로 분리되 지 않지만, 대화상에서는 그것들을 분리시켜 말할 수 있다고 말할 뿐이다. 이 주장을 하는 과정에서, 그는 사단에서는 리 이외의 어떤 것을 함축하고, 칠정에서는 기 이외의 어떤 것을 함축하는 (P4)를 언급한다. 아마도 여기에

---

161) 『주자어류』 1:6, 천하에는 리가 없는 기도 없고, 또한 기가 없는 리도 없다(天下未有無 理之氣, 亦未有無氣之理) ; 1:9, 리가 있으면 기가 있다(有是理便有是氣) ; 1:10 리는 기 에서 떨어진 적이 없다(理未嘗離乎氣) ; 1:11, [리와 기는] 본래 선후를 말할 수 없다(此 本無先後之可言) 등.

162) 『주자어류』 1:2, 천지가 아직 생겨나기 이전에 분명히 리가 먼저 있었다(未有天地之先, 畢竟也只是理) ; 1:11, 그러나 반드시 그 근원을 알고자 한다면, 리가 먼저 있었다고 말 해야 한다(然必慾推其所從來, 則須說先有是理) ; 1:14, 요약해서 말하면, 리가 먼저 있다. 다만 오늘 리가 있고, 내일 기가 있다고 말할 수는 없지만, 반드시 선후는 있다(要之, 也先有理. 只不可說是今日有是理, 名日却有是氣, 也須有先後) 등. '리선기후'의 문제는 안 재호 옮김(1997), pp.239-244 ; 이종란 外 옮김(2002), pp.48-63에서 자세히 설명되며, 이것을 '시간적 선후'가 아닌 '논리적 선후'로 해석하는 것과 관련된 문제점과 해결책 은 아래 제7장에서 논의된다.

163) 『주자어류』 4:41, 人之所以生, 理與氣合而已.

164) 비교 : Jin(1987), p.351.

서 말해지는 '어떤 것'은 사단의 경우에는 기를, 그리고 칠정의 경우에는 리를 의미할 것이다. 다시 말해서, 리를 위주로 한다는 것은 기도 존재한다는 것이고, 기를 위주로 한다는 것은 리도 존재한다는 것이다. 따라서 두 가지 경우에 모두 리와 기가 존재한다고 볼 수 있다.

또 다시 기대승은 이 주장에 불만을 표시한다. 이제 그는 칠정의 경우에 대해 반대한다. 그는 '주(主)'라는 단어를 사용하는 것이 칠정의 경우에 여전히 기만이 있는 듯한 인상을 준다고 말한다.[165] 기대승이 지속적으로 반론을 제기하는 것이 지나치게 고집스러운 태도로 보일 수도 있으나, 그럼에도 이것은 이해할 만하다. 왜냐하면 위에서 보았듯이 그는 조금이라도 오해의 소지를 남기지 않으려고 하기 때문이다. 이황이 제안하는 또 다른 하나의 명제 (P4)는 다음 글에서 얻어진다.

사단의 발을 맹자는 심이라고 하였으니 심은 사실상 리와 기를 합한 것이다. 그러나 리를 주로 가리켜 말한 것은 어째서인가? 그것은 인·의·예·지의 성이 순수하게 내부에 있고, 그 네 가지[사단]가 단서이기 때문이다. 주자는 칠정의 발에 마땅히 그렇게 해야 할 법칙[166]이 있다고 하였으니 리가

---

165) <사칠 3서(이황)> pp.164-165 (아래 인용문 참조) ; <사칠 4서(기대승)> pp.186-187과 pp.196-197.

166) '마땅히 그렇게 해야 할 법칙'은 '당연지칙(當然之則)'을 옮긴 것으로서, 주희는 '리'를 '소이연지고(所以然之故)'인 동시에 '소당연지칙(所當然之則)'으로 이해한다. '소이연'은 물리적 법칙성(사물의 운동 법칙)을 의미하며, '소당연'은 도덕적 당위성(인간의 행동 법칙)을 의미하는 것으로 이해된다. 즉, 주희의 리는 경험적 사실에 대한 기술이 아니라 미리 정해져 있는 법칙을 지칭한다. 법칙이란 사물이 생성(출생)된 이후에 그 운동 방식을 관찰함으로써 기술된 것이 아니라 사물들에 앞서 이미 정해져 있는 것으로 간주된다. 즉, 사물이 존재하기 이전에 이미 이러저러한 방식으로 운동할 수밖에 없도록 규정되어 있는 것이다. 안재호 옮김(1997), pp.239-241 ; 홍원식 外 옮김(2008), pp.48-49 ; 김영식(2005), pp.57-79 등의 학자들은 '리'가 자연법칙이자 도덕법칙이고, '기'가 사물을 구성하는 물리적 요소라고 이해한다. 진래는 "리학의 입장에서 '리'가 이처럼 두 의미로 분석될지라도 그 두 의미는 본질적으로 통일적인 것이다. 즉 도덕 원칙이란 사실상 우주의 보편 법칙이 인류 사회에 특별히 표현될 것일 뿐이다."라고 말함으로써, '리'를 '우

없는 것이 아니다. 그러나 가리켜 말한 것이 기에 있는 것은 어째서인가? 그
것은 외부의 사물에 감응해서 먼저 움직이는 것이 형기이고, 그 일곱 가지
[칠정]가 싹이기 때문이다.167)

여기에서 제안되고 있는 것을 이황의 새로운 명제로 볼 수 있는가에 대
한 논란의 여지는 있을 수 있으나, 최소한 기대승은 새로운 명제라고 생각
했던 것 같다. 이 명제는 그가 종종 언급하는 '주리(主理)'와 '주기(主氣)'라
는 개념과 밀접한 관계에 있다. 사단과 칠정의 소종래(所從來)를 각각 리와
기로 분속하는 것은 부적절하다는 기대승의 계속된 지적에 대해, 이황은
자신의 입장이 리와 기의 실질적인 분리를 말하는 것이 아니라 개념적인
구분을 말하고 있다는 점을 강조한다. 위 인용문은 다음의 명제를 통해 그
런 그의 입장을 보여주고 있다.

> (P4) 이황의 3차 수정 (1559년) : 사단의 발에서는 리가 주이며, 칠정의 발
> 에서는 기가 주이다.168)

문자 그대로 '리가 주(主理)'라는 것은 '리를 위주로 한다'는 의미이고,

주의 보편 법칙'으로도 표현한다. 그리고 몽배원은 '리'가 '법칙, 본질 원인, 동력, 목적
등'이고, '기'가 '천지만물을 구성하는 물질적 재료'로서 '감성적 물질 존재의 범주'에
속한다고 말하지만, '리'에 대한 자신의 규정을 자세히 설명하지는 않는다.

167) <퇴계 2-5>, 四端之發, 孟子旣謂之心, 則心固理氣之合也. 然而所指而言者, 則主於理, 何
也. 仁義禮智之性, 粹然在中, 而四者其端緒也. 七情之發, 朱子謂本有當然之則, 則非無理也.
然而所指而言者則在乎氣, 何也. 外物之來, 易感而先動者莫如形氣, 而七者其苗脈也.

168) 이 명제에 주목한 푸웨이선(Fu, 1985, p.19)은 관련된 문구로서 (P4) "四端之發主於理,
七情之發主於氣."를 적고 있지만, 이것은 이황 자신의 문구가 아니라 위에 인용한 <퇴
계 2-5>에서 추론되는 문구이며(四端之發 …… 主於理, 七情之發 …… 在乎氣 ……),
더구나 그곳에는 '주어기(主於氣)' 대신에 '재호기(在乎氣)'가 언급되고 있다. 한편, 이
문구와 관련된 기대승의 글은 '발'이란 단어를 언급하지 않는다는 점에서 명제 (P4)와
다르다(四端主於理, 七情主於氣 ……)(<고봉 2-1-3> 참조).

'기가 주(主氣)'라는 것은 '기를 위주로 한다'는 의미이다. 그리고 리를 위주로 한다는 것은 사단의 발에서 리는 물론이고 기도 어떤 일정한 역할을 하고 있지만 그럼에도 리의 측면만을 고려하겠다는 것이다. 이와 마찬가지로 기를 위주로 한다는 것은 칠정의 발에서 기는 물론이고 리도 어떤 일정한 역할을 하지만 그럼에도 기의 측면만을 고려하겠다는 것이다.[169] 이처럼 '주리'는 리만을 의미하는 것이 아니며 또한 '주기'도 기만을 의미하는 것이 아니다. 따라서 이황은 (P4)에서 개념적인 구분을 하고 있을 뿐이지 리와 기의 실질적인 분리를 주장하는 것은 아니다. 이와 마찬가지로 기대승이 제기하는 문제도 리와 기의 실질적인 분리에 대한 것이 아니다. 기대승은 사단이 칠정 속의 선한 부분을 가리킨다고 생각하며, 따라서 그것을 리에 분속시킬 수 있다고 생각한다. 하지만 그는 칠정을 기에 분속시키는 것은 반대하고 있다. 즉, 그는 사단이 리의 발이라는 것은 인정하면서, 칠정이 기만의 발이 아니라 '리와 기의 발'이라고 주장한다.

> 그러나 이른바 칠정은 기와 관련된 것 같지만 리가 또한 스스로 그 안에 있으며, 발하여 중절한 것은 천명의 성이요 본연의 체니 맹자가 이른바 사단과 내용은 같으면서 이름은 다른 것이다. 따라서 이전에 내가 칠정 밖에 다시 사단이 있는 것이 아니라고 했던 것이 바로 이것 때문이다. 또한 사단과 칠정이 애초부터 두 가지 뜻이 있는 것이 아니라는 것도 이것을 말함이다. 이로 말한다면 사단이 리를 주로 하고, 칠정이 기를 주로 한다는 말은 그 대강은 같을 지라도 곡절이 같지 않은 바가 있다.[170]

---

169) 이종우(2004, p.9)는 다카하시 도루가 "리기불리(理氣不離)를 주기(主氣)론이라 하고 부잡(不雜)을 주리(主理)론이라고 칭하였다."라고 말한다. 다카하시의 이러한 주리(主理)와 주기(主氣)의 구분은 이황의 의도와 관련이 없어 보인다. 이황은 다만 사단과 칠정의 속성, 특히 선한 속성과 악한 속성의 성격을 규정하기 위해서는 속성의 근거를 리에 두는가 또는 기에 두는가 하는 문제에 관심을 가졌으며, 실질적인 리기의 분리 가능성이나 혼합 가능성을 염두에 둔 것은 아니기 때문이다.

170) <고봉 1-2-사단칠정설 2>, 然而所謂七情者, 雖若涉乎氣者, 而理亦自在其中, 其發而中節

위 인용문의 끝부분에 나타난 '곡절이 같지 않다'는 표현의 의미는 다음 설명에서 추측해볼 수 있다.

> 이른바 사단이 리의 발이라는 것은 리만을 가리켜 말한 것이고, 이른바 칠정이 기의 발이라는 것은 리와 기를 겸해서 말한 것이다. 리의 발이라는 이 말은 진실로 바꿀 수 없지만, 이 기의 발이라는 말은 기만을 가리킨 것이 아니며, 이것이 이른바 곡절이 없을 수 없다는 것이다.171)

기대승은 '리의 발'과 '기의 발', 그리고 '주리'와 '주기'라는 표현에 모두 곡절이 있다고 생각한다. 그 곡절이란 다름이 아니라 '리의 발'과 '주리'는 리만을 지칭하는 것이지만, '기의 발'과 '주기'는 모두 기만을 지칭하는 것이 아니라 '리와 기의 합'을 지칭한다는 것이다. 따라서 기대승에게 있어서 '리의 발'과 '주리'는 받아들일 수 있는 적절한 표현이지만, '기의 발'과 '주기'는 받아들일 수 없는 표현이다. 이에 대해 이황은 '주리'와 '주기'라는 표현을 사용하게 된 의도를 밝히면서, 사단과 칠정에 대한 자신의 명제를 다시 한 번 수정한다.

> 사단의 발에 진실로 기가 없는 것은 아니다. …… 대개 섞어 말하면 칠정이 리와 기를 겸한 것임은 명백하다. 만약 칠정을 사단과 상대하여 각각 나누어 말한다면, 칠정이 기에 대한 것은 사단이 리에 대한 것과 같다. …… 그 주된 바에 따라 나누어 귀속시킬 수 있다. …… 사단이 사물에 감응하여 움직이는 것은 칠정과 다르지 않다. 다만 사단은 리가 발함에 기가 따르고, 칠정은 기가 발함에 리가 타는 것일 뿐이다.172)

者, 乃天命之性, 本然之體, 而與孟子所謂四端者, 同實而異名者也. …… 是故愚之前說, 以爲非七情之外復有四端者, 正爲此也. 又以爲四端七情, 初非有二義者, 亦謂此也. 由是言之, 以四端主於理, 七情主於氣而云云者, 其大綱雖同, 而曲折亦有所不同者也.

171) <고봉 2-1-2>, 所謂四端, 是理之發者, 專指理言, 所謂七情, 是氣之發者, 以理與氣雜而言之者也. 而是理之發云者, 固不可易, 是氣之發云者, 非專指氣也, 此所謂不能無曲折者也.

이황은 사단과 칠정이 모두 리와 기의 발함이며, 또한 그것들이 모두 외부 사물에 감응하여 작용하는 정(情)이라는 공통점을 갖는다고 말한다. 위에서 보았듯이, 기대승은 사단을 '리의 발'로 이해하고 칠정을 '리와 기의 합'임을 주장하는 반면에, 이황은 오히려 사단과 칠정이 모두 '리와 기의 합'임을 주장한다. 하지만 이황은 우리가 리와 기를 섞어 말하거나 또는 나누어 말할 수 있는데, 나누어 말할 때는 어떤 것을 위주로 말하는가에 따라 리를 위주로 말할 수도 있고 기를 위주로 말할 수도 있다고 강조한다.

> 대체로 리가 발함에 기가 따른다는 것은 리를 위주로 하여 말하였을 뿐이고, 리가 기의 외부에 있음을 일컬은 것이 아니니 사단이 이것이다. 기가 발함에 리가 탄다는 것은 기를 위주로 하여 말하였을 뿐이고, 기가 리의 외부에 있음을 일컬은 것이 아니니 칠정이 이것이다.[173]

위 인용문에서 이황은 (P4)를 대신한 새로운 명제 (P5)를 제시하지만 자신의 견해를 철회하거나 수정한 것이 결코 아니며, 다만 '주리'와 '주기'라는 용어를 새롭게 표현하고 있는 것에 불과하다는 점을 분명하게 보여주고 있다.[174] 정지운의 최초 명제 (P1)은 물론이고 이황의 (P2)에서 (P4)에 이르는 명제들은 모두 사단을 오직 리에만 분속시키고 칠정을 오직 기에만 분속시킨 것으로 나타난다.

그러나 그는 사단과 칠정이 모두 리와 기의 합임에도 불구하고 '주리'와

---

172) <퇴계 3-3-본문 5>, 四端之發, 固曰非無氣. …… 蓋渾淪而言, 則七情兼理氣, 不待多言而明矣. 若以七情對四端, 而各以其分言之, 七情之於氣, 猶四端之於理也. 其發各有血脈, 其名皆有所指, 故可隨其所主而分屬之耳. …… 且四端感物而動, 固不異於七情, 但四則理發而氣隨之, 七則氣發而理乘之耳.

173) <퇴계 3-3-본문 14>, 大抵有理發而氣隨之者, 則可主理而言耳, 非謂理外於氣. 四端是也 ; 有氣發而理乘之者, 則可主氣而言耳, 非謂氣外於理, 七情是也.

174) Fu(1985, p.21)도 (P5)를 (P4)에 대한 "단순히 또 다른 하나의—아마도 더 명료한—표현 방법"으로 보고 있다. 비교 : 김기현(1992), p.50과 p.66.

'주기'로 설명하다보니 그렇게 보이는 것일 뿐이라고 역설한다. 이를 위해, 그는 사단이 오직 리에만 분속되고 칠정이 오직 기에만 분속되는 것은 결코 아니라고 여러 차례에 걸쳐 강조한다. 그러나 기대승은 이황의 부가적인 설명을 전혀 수용하지 않고 다만 (P1)에서 (P4)까지를 거의 비슷한 이유를 들어 모두 거부했다. 기대승은 이황이 어떤 명제를 제시하든 근본적으로는 사단을 오직 리에 분속시키고 또한 칠정을 오직 기에 분속시키는 것으로 '보여서는 안 된다'는 이유에서 그를 거부하는 것이다. 이황은 이제 자신의 네 번째이자 마지막 명제 (P5)에서는 리와 기가 어떤 식으로든 사단과 칠정의 발함에 관여하고 있음을 명시적으로 드러내 보인다.

> (P5) 이황의 4차 수정(1560년) : 사단은 리가 발함에 기가 따르고, 칠정은 기가 발함에 리가 탄다.175)

　이것은 사단과 칠정이 리와 기의 합에서 발한 것임을 명시적으로 드러내 보이는 이황 자신의 마지막 제안이다. 그는 리와 기를 분리시키고 있다는 기대승의 지속적인 비판을 약화시킴과 동시에 사단에 특권적인 가치를 계속 부여하려는 다소 기교적인 방법을 사용한다. 그의 방법은 한편으로 리 개념을 통해 사단의 선성(純善無惡)을 설명하고, 다른 한편으로 기 개념을 통해 칠정의 선함과 악함(有善有惡)을 설명하는 방법이다. 이 명제가 이황으로 하여금 리와 기를 분리시킨다는 비난을 어느 정도는 피하도록 해준다. 하지만 그 명제가 사단이 칠정으로부터 분리될 수 있다는 인상을 완전히 배제하지는 못하기 때문에, 기대승은 (P5)에 만족하지 못한다.
　언젠가부터 기대승에게는 사단과 칠정의 존재론적 토대가 리이든 기이든 또는 리와 기의 합이든 아무런 문제가 되지 않는 듯이 보인다. 그가 관

---

175) <퇴계 3-3-본문 5>, (P5) 四則理發而氣隨之, 七則氣發而理乘之.

심을 갖는 문제는 감정을 유발함에 있어서 리와 기가 공동으로 어떤 역할
을 하는가, 그리고 그 자신이 그런 사실을 명시적으로 보이고 있는가 하는
문제이다. 이황은 기대승의 요구조건들에 맞추기 위해 최선을 다해 노력하
고 있다. 하지만 기대승은 조금이라도 리와 기의 분리 가능성을 함축한다
고 판단되는 이황의 어떤 표현도 결코 수용하지 않는다.

우리는 기대승이 지금까지 이황의 명제들을 듣기만 하고 그에 대한 의
견들을 제시했을 뿐, 자기 자신의 명제를 제시한 적이 없었음을 알고 있다.
그렇지만 마침내 그는 자신의 명제를 다음과 같이 제시한다.

> 사단은 리가 발함에 기가 따르고, 칠정은 기가 발함에 리가 탄다는 두 구
> 절도 매우 정밀하지만, 내 생각에 이 두 가지 의미는 칠정이 [리와 기를] 겸
> 해서 갖고 사단이 단지 리가 발한 곳의 한 부분에 지나지 않는다고 여겨진
> 다. 그러므로 나는 이 두 구절을 "정의 발함은 때로는 리가 움직임에 기가
> 갖추어지는 것이고, 때로는 기가 감응함에 리가 타는 것이다."라고 고치고
> 싶은데, 이 말이 어떠한지 모르겠다.176)

기대승은 (P5)가 (P3)이나 (P4)와 마찬가지로 사단과 칠정을 순리와 겸기
로 대비시키고 있다고 지적하면서, 자기 자신의 명제 (P6)을 조심스럽게 제
안한다.

> (P6) 기대승의 마지막 명제(1561년) : 정의 발함은 때로는 리가 움직임에
>   기가 갖추어지는 것이고, 때로는 기가 감응함에 리가 타는 것이다.177)

---

176) <고봉 3-3-조열 5-2>, 且四則理發而氣隨之, 七則氣發而理乘之. 兩句亦甚精密, 然鄙意以
    爲此二箇意思, 七情則兼有, 而四端則只有理發一邊爾. 抑此兩句, 大升欲改之曰, 情之發也,
    或理動而氣俱, 或氣感而理乘. 如此下語, 未知於先生意如何. 앞에 인용된 <퇴계 3-3-본문
    5>도 참조
177) <고봉 3-3-조열 5-2>, (P6) 情之發也, 或理動而氣俱, 或氣感而理乘

기대승의 명제가 상당히 중요한 함축성을 갖고 있음에도 불구하고, 그것의 중요성이 잘 주목되지 않아 왔다. 여기에서 가장 중요한 점은 사단과 칠정을 분리하여 다루었던 이황의 명제들과 달리, 기대승은 그 두 가지를 하나로 표현하는 '정(情)'이라는 포괄적인 또는 총체적인 용어를 사용한다는 것이다. 그가 리를 기로부터 분리시키지 않으려는 이유들 가운데 하나는 그런 리기의 이분법을 수용하게 되는 경우 사단과 칠정의 분리성 또한 인정해야 하기 때문이다. 사단과 칠정에 대해 이황이 제시했던 기존의 표현들과는 달리 기대승이 제시한 표현 속의 '정'이란 용어는 모든 감정들을 포괄하면서 그것들을 전체로서 다루는 용어이기 때문에, 어느 한 종류의 감정에 대한 규정은 당연히 다른 종류의 감정들에 대해서도 적용될 수 있다.

기대승은 (P1)에서 (P5)로 진행하는 동안 리와 기의 역할을 점점 더 구체적으로 규정하는 방식으로 나아가고 있었음에도 불구하고 만족하지 못했다. 따라서 그는 리와 기를 명시적으로 전제하는 (P6)을 제시함으로써 자기 자신이 이황으로부터 그토록 오랫동안 듣길 기대했던 명제를 스스로 제시한 것으로 볼 수 있다.[178] 하지만 이황과 기대승의 논변은 여기에서 갑자기 중단된다. 이황은 보내지지 않은 자신의 편지 속에서 (P6)과 관련된 이야기를 정리하지만, 그에 대한 자신의 의견을 덧붙이지 않는다.[179] 따라서 그가 기대승의 명제 (P6)에 대해 정확히 어떤 생각을 했는가를 알기는 어렵다. 하지만 그가 그 명제에 동의하지 않으리라는 것은 분명하다. 왜냐하면 이황은 사단과 칠정을 구분할 만한 특징을 제시하고 그에 따라 그것들을 각각 묘사하기 위해 노력하는 반면에, 기대승의 명제는 그것들을 구분할 만한 특징을 제시하지 못하기 때문이다. 즉, 기대승은 사단과 칠정을 개

---

178) (P2)와 (P5)는 각각 이황의 첫 번째 해석과 두 번째 해석이라고 불린다. 이황은 별다른 부연 설명 없이 (P4)를 제시한다.
179) 한국유학 삼대논쟁자료 수집·정리 및 역주단 사단칠정논쟁연구팀(2008), pp.363-364.

별적으로 규정하지 않고 통합적으로 규정한다는 것이다.[180] 이와 반대로, 이황이 기대승을 만족시키려면, 그는 리나 기 가운데 하나가 어떤 지배적인 역할을 한다고 주장하길 포기하고 그것들에 동등한 역할이나 기능을 부여해야만 한다. 이처럼 이황은 사단과 칠정을 개별적으로 규정하길 원하는 반면에 기대승은 그것들을 통합적으로 규정하길 원하기 때문에, 그들의 견해는 서로 타협하기 어려운 평행선상에 놓여 있다.

　기대승은 자신의 마지막 명제가 이황이 제안한 어떤 명제들과도 화해될 수 없으리라는 점을 이미 자각하고 있었을 것이다. 그리고 이황도 기대승의 의견을 수용하지 않았을 것이다. 왜냐하면 비록 표현 방식은 달랐지만, 이황은 이미 자신의 첫 번째 해석인 (P2)를 제시할 때부터 리와 기가 서로 분리되지 않는다는 기대승의 의견에 동의하고 있었기 때문이다. 그가 여러 차례에 걸쳐 명제의 표현을 수정했다는 사실은 그가 표현상 다소 부주의했음을 의미할 뿐, 그가 "리와 기는 실재에서는 분리될 수 없지만, 사고나 대화에서는 분리될 수 있다."는 본래적인 자신의 입장을 바꾸었다는 것을

---

180) 사실상 (P6) "정의 발함은 때로는 리가 움직임에 기가 갖추어지는 것이고, 때로는 기가 감응함에 리가 타는 것이다."라는 명제는 (a) 하나의 동일한 정이 '리가 움직임에 기가 갖추어지는 것'이거나 또는 '때로는 기가 감응함에 리가 타는 것'이라는 의미와 (b) 어떤 정은 '리가 움직임에 기가 갖추어지는 것'이고, 다른 어떤 정은 '기가 감응함에 리가 타는 것'이라는 의미로 해석될 수 있다. 즉, (a)는 사단과 칠정의 구분 없이 한 가지 정에 대한 설명이고, (b)는 두 가지 정에 대한 설명이라는 것이다. 명제 (P6)의 내용 자체만을 고려하면 (a)로 해석된다. 하지만 한문 문장의 일반적인 글쓰기 형태를 고려하면 (b)로 해석할 여지가 있다. 즉, (b)의 해석 근거는 (P1)에서 (P5)에 이르는 명제들이 모두 전반부에는 사단에 대해 기술하고 후반부에는 칠정에 대해 기술하고 있으며, 따라서 명제 (P6)은 "<u>사단의 발함</u>은 리가 움직임에 기가 갖추어지는 것이고, <u>칠정의 발함</u>은 기가 감응함에 리가 타는 것이다."라는 의미로 해석된다는 것이다. 본문에서 필자는 (P6)을 (a)로 이해한다. 왜냐하면 기대승은 이황의 최종 명제 (P5)를 반박하는 대안으로 (P6)를 제시하는 반면에, 만약 우리가 (P6)를 (b)의 의미로 해석하는 경우에는 (P6)과 (P5)의 의미상 차이를 발견하기가 어렵기 때문이다. 즉, (b)로 해석된 (P6)은 (P5)와 별다른 차이가 없게 되며, 따라서 그것을 (P5)의 대안으로 제시할 수 없게 된다는 것이다. 하지만, 아래에서 보듯이, 명제 (P6)을 (a)로 해석하는 경우에도, 그 명제에서 언급된 '정'이 두 가지의 정을 가리킨다고 볼 수도 있다.

의미하지는 않는다.181)

지금까지 우리가 살펴본 바에 의하면, 기대승이 '정'이라는 총체적인 용어를 사용하는 마지막 명제 (P6)을 제시한 이유는 이황의 마지막 명제 (P5)가 여전히 리와 기를 분리시키는 듯한 인상을 준다고 생각했기 때문이다. 하지만 그처럼 포괄적인 용어를 사용할지라도 "때로는 리가 움직임에 기가 갖추어지는 것이고, 때로는 기가 감응함에 리가 타는 것이다."라는 표현에서 특히 '때때로(或)'라는 단어는 경우에 따라 다를 수 있음을 함축하며, 따라서 마치 정을 두 가지 종류로 나누는 듯한 인상을 준다는 반론이 가능하다. 다시 말해서, 기대승은 (P5)가 사단과 칠정을 분리시킨다고 비난했지만, (P6) 또한 두 가지 종류의 정을 분리시킨다는 것이다. 결과적으로, 기대승의 명제 (P6)이 이황의 명제 (P5)보다 더 발전되었다고 보기는 어렵다.

2. '발' 개념의 분석

이제 '발'이란 단어가 갖는다고 말해지는 다양한 의미들을 먼저 분석하고, 그런 뒤에 그것들을 사단칠정논쟁에서 언급된 몇 가지 명제들의 문맥에 적용하여 그 의미들의 적합성과 함축성을 검토해보자. 이 방법은 완전히 새로운 것은 아니며, 중국인 학자 푸웨이쉰(傅偉勳, Charles Wei-hsun Fu)이 1985년의 한 논문에서 이 방법을 사용한 적이 있다.182) 그는 이황과 기대

---

181) 비교 : 특히 <사칠 5서(이황)> pp.252-256. 이것이 리와 기는 '서로 섞일 수 없다는 불상잡(不相雜)'과 '서로 분리될 수 없다는 불상리(不相離)'에 대한 주희의 이론을 해석하는 한 가지 방법이 될 수도 있을 것이다. 이런 이유에서 두유명(1982, p.25)은 "兩者는 개념적으로는 구분할 수 있으나 현상세계 속에서는 결코 분리될 수 없다."라고 말한다.
182) Fu(1985), pp.16-24, 특히 pp.19-22 참조.

승 사이에서 수정되어 제시된 명제들을 다섯 가지로 정리하고, 그 명제들에 '발원(發源, issue)'과 '발현(發顯, manifest)'이라는 두 가지 의미를 적용한다. 그런 뒤에 그는 '발원'이 사단칠정논쟁에서 사용된 '발'에 대한 보편적인 번역어라고 주장하기에 이른다. 하지만 여기에서는 '발'의 의미를 세 가지로 분류하는 최근의 논문들을 검토하고, 그 의미들을 위에서 탐구했던 여섯 가지 명제들에 적용해보자. 푸웨이선의 주장과는 달리, 우리는 그 명제들에 공통적으로 적용될 수 있는 보편적인 번역어가 없다는 결론에 도달할 것이다. 이제 이에 대한 자세한 내용을 살펴보자.

사단칠정논쟁에서 중요한 역할을 하는 '발'이란 단어는 다양한 의미의 동사나 명사로 번역되어 왔다. 사단칠정논쟁에서 그 단어는 "A는 B에서 발한다", 또는 "A는 B의 발이다", 또는 "A의 발은 B이다"의 형태로 나타난다. 학자들은 '발'의 의미에 대해 의견을 달리 한다. 예를 들어, 푸웨이선은 그것을 대체로 '발현'으로 번역하지만 한 가지 경우에 대해서만 '발원'으로 번역하며, 정상봉은 그것을 '발현'과 '발동(發動)'의 의미로 이해하며, 남지만은 그 세 가지 의미들이 모두 가능하다고 생각한다. 한편, 윤사순은 처음에는 남지만처럼 세 가지 의미를 제시하지만 나중에는 정상봉처럼 두 가지 의미로 축소시킨다.183)

'발'의 의미에 대한 이 세 가지 후보들 가운데서 '발원'과 '발현'의 의미 차이는 즉각적으로 명백한 듯이 보인다. 즉, 전자는 기원이나 원천의 의미를 담고 있으며, 후자는 드러냄의 의미를 담고 있다. 그 세 가지 후보들에 대한 자세한 내용을 살펴보자. 첫째, 'A가 B에서 발원한다'고 말할 때, 우

---

183) Fu(1985), pp.16-24 ; 정상봉(2003), pp.207-223 ; 남지만(2007), pp.8-15 ; 윤사순(1985), pp.37-38. '발'에 대한 영어 번역은 학자들에 따라 다르다. 예를 들어, Jin(1987, p.351 이하)은 '유출(또는 방사)'의 의미를 갖는 'emanate'로 옮기고, Chung(1995, p.70 이하) '발현'의 의미를 갖는 'manifest'로 옮기며, 또한 Kalton(1994)과 Tu(1978, p.33)와 Tan(2006, p.160 이하) '발원'의 의미를 갖는 'issue'로 옮기고 있다.

리는 'A가 B로부터 나온다'는 것을 의미한다. 이런 의미에서, B는 근원이
나 재료로 이해된다. 둘째, 'A가 B에서 발현된다'고 말할 때, 우리는 'B가
A를 드러내준다'는 것을 의미한다. B는 A를 내부에 담고 있는 매체이다.
하지만 담고 있다는 의미를 그 표현에 부과하는 것이 틀리지는 않지만, 여
기에서 '발'은 어떤 것을 담고 있다는 의미보다 드러낸다는 의미로 이해해
야 된다.[184) 셋째, 남지만은 '발'이라는 단어가 일부의 경우에는 '발동'으로
번역되어야 한다고 주장한다. 하지만 뒤에서 리기의 비분리성을 강조할 때,
그는 자신이 사용하는 '발동'을 '외부 대상에 의해 감정이나 지각이 야기
되거나 또는 유발된다'는 의미로 이해하는 듯이 보인다.[185)

앞에서 언급했듯이, 윤사순은 '발'의 세 가지 의미를 염두에 두고 있는
데,[186) 그는 정상봉과 마찬가지로 (i) 리의 경우 '발'의 정적인 의미와 (ii)
기의 경우 동적인 의미를 구분하면서, (iii) 리와 기가 합한 경우의 세 번째

---

184) Fu(1985), p.19를 볼 것. 그는 '발'을 "A가 B를 통해 스스로를 발현한다."로 이해하는
반면에, 필자는 그것을 "A는 B 안에서 스스로를 발현한다."로 옮긴다. Fu는 A가 다른
어떤 주체를 전제함이 없이 스스로를 드러낼 수 있다고 생각하는 듯이 보이는 반면에,
필자는 A가 드러나는 주체인 B를 명시적으로 보인다는 차이점이 있다. 다시 말해서,
Fu가 언급한 B는 A를 발현하도록 돕는 '도구'의 역할을 하는 반면에, 필자가 언급한
B는 A가 드러내주는 '주체' 또는 '담지체'의 역할을 한다.

185) 사단칠정논쟁의 주된 논의는 감정을 리와 기를 통해 설명하는 것이므로, 감정을 표현
하는 경우에 '발'은 '발동(發動)'보다 '유발(誘發)'로 옮기는 것이 더 적절할 것이다. 한
편, 남지만은 (a) A가 B를 유발하는 경우(A's activating B)와 (b) A가 B로서 유발되는
경우(A's being activated as B)를 구분하지 않는다. 그러나 (a)에서의 A와 B는 행위주체
가 행위객체에게 영향을 미치는 두 대상들을 지칭하는 반면에, (b)에서의 A와 B는 하
나의 동일한 대상을 가리키는 것으로 볼 수 있으므로, (a)와 (b)는 서로 다른 의미를 함
축한다. 다시 말해서, (a)는 외적 대상에 의해 감정이 야기되는 경우이며, (b)는 스스로
운동하는 경우라는 것이다.

186) 윤사순(1985), p.37. "…… 이때 특히 리발 기발의 이해가 있게 되는 것은 심의 용(用)
인 정의 근본 구조가 「리와 기의 합」이라는 전제에 기인한다. 따라서 순전히 의미상
으로만 말할 경우라면, 리발과 기발의 뜻은 반드시 서로 같다고 볼 수 없다. 기의 경
우는 실제적 작위의 의미로서의 발동·발출을 뜻하겠지만, 리의 경우는 실제적인 작
위의 의미가 아닌 (즉, 기에 의한) 일종의 발현·현현을 뜻하는 것으로 보아야 한다."

의미를 언급한다. 이에 대해, 그는 "발용(發用)은 실제 현상에 대한 설명이 아니고, 의미상의 설명일 뿐이다."라고 말하고, 곧이어 "리의 발은 리가 직접 발출(發出)하는 뜻이 아니라 기에 의한 현현(顯現)과 같은 뜻에 지나지 않는다."라고 말함으로써 (i)과 (iii)을 연결시킨다.[187] 일반적으로 리의 발출이란 항상 기 속에서 리가 발현하는 것으로 이해되므로 그는 그것들을 동일하다고 결론짓는다. 이제 (i)은 기 안에서 스스로를 발현하는 정적인 리로 이해되며, 따라서 결과적으로 윤사순은 발의 의미를 두 가지로 생각하는 것이 된다.

　이처럼 윤사순과 정상봉은 리의 발과 기의 발이 서로 다른 기능을 한다고 주장한다. 즉, 그들은 리의 경우와 기의 경우에 '발'이 서로 다른 의미로 이해되며, 리의 경우에는 항상 '발현'의 의미를 갖는 반면에 기의 경우에는 항상 '발원'의 의미를 갖는 것이다. 이와 달리, 푸웨이션과 남지만은 리에서의 '발'의 의미와 기에서의 '발'의 의미를 구분하지 않고, 리와 기의 경우에 모두 발현이나 발원이라는 하나의 공통된 번역어를 적용할 수 있다고 생각한다. 하지만 이황과 기대승의 사단칠정논쟁과 관련하여, 필자는 그들의 입장들을 모두 반대한다. 왜냐하면 아래에서 보듯이, '발'이 사용된 한 가지 명제에서는 그 세 가지 번역어들이 모두 가능하지만, 대부분의 다른 명제들에서는 한 가지 번역어만이 가능하기 때문이다. 다시 말해서, 리의 경우와 기의 경우에 공통된 번역어도 없고, 또한 리의 경우에만 항상 공통되거나 또는 기의 경우에만 항상 공통된 번역어도 없으며, 따라서 '발'의 의미는 각각의 경우에 문맥을 고려해서 판단할 수밖에 없다는 것이다.

　사단칠정논쟁에서 사단칠정과 리기의 상호관계에 대한 명제들은 여섯 가지로 정리될 수 있음을 위에서 보았다. 그 명제들의 문맥에서 '발' 개념

---

187) 윤사순(1985), p.38.

의 세 가지 번역어들 가운데 어떤 번역어가 가장 적합한 의미로 사용되는 가, 그리고 그 여섯 가지 명제들 모두에 공통된 하나의 번역어가 있을 수 있는가를 살펴보자. 그 명제들을 다시 한 번 살펴보면 다음과 같다.

(P1) 사단은 리에서 **발원/발현/발동**하고, 칠정은 기에서 **발원/발현/발동**한다.

(P2) 사단은 리의 **발원/발현/발동**이고, 칠정은 기의 **발원/발현/발동**이다.

(P3) 사단의 **발원/발현/발동**은 순수한 리이므로 선하지 않음이 없고, 칠정의 **발원/발현/발동**은 기를 겸하므로 선함과 악함이 있다.

(P4) 사단의 **발원/발현/발동**에서는 리가 주이며, 칠정의 **발원/발현/발동**에서는 기가 주이다.

(P5) 사단은 리가 **발원/발현/발동**함에 기가 따르고, 칠정은 기의 **발원/발현/발동**함에 리가 탄다.

(P6) 정의 **발원/발현/발동**은 때로는 리가 움직임에 기가 갖추어지는 것이고, 때로는 기가 감응함에 리가 타는 것이다.

위의 굵은 글자들은 다음과 같은 함축성을 지닌 세 가지 가능한 번역어들을 가리킨다. 첫째, A가 B에서 기원하려면, A는 그것이 나오는 근원이나 재료로서 B를 필요로 한다.[188] 둘째, A가 B 안에 발현하려면, A는 B를 그것이 발현하는 매개체로 요구한다. 셋째, A가 B에 의해 발동되려면, A는 B를 외부의 행위주체로서 요구한다. 여기에서 우리는 명제들 (P1)-(P5)의 경우에 각 명제의 전반부와 후반부, 즉 사단과 관련된 '발'과 칠정과 관련된 '발'의 경우를 구분해야 하며, (P6)에서는 사단과 칠정의 구분이 없고 오히려 그것들을 통칭하는 '정'이라는 단어를 사용되므로 이것은 그 명제의 전반부와 후반부의 구분 없이 한 가지 경우만 살피면 된다.

---

188) '발현'이라는 전통적인 번역은 두 가지 의미를 갖고 있는 것으로 보인다. 첫째는 A가 (스스로를 발현하기 위해서, 그것은 스스로를 제외한 다른 어떤 것도 필요로 하지 않는다는 의미이며, 둘째는 A가 B로부터 발현되기 위해서, 그것은 B라는 근원을 필요로 한다는 의미이다. 두 번째 의미는 필자가 말하려고 하는 '발원'의 의미를 갖는다.

이런 의미들을 염두에 두고, 먼저 각 명제의 왼쪽 부분은 사단 또는 리와 관련된 경우의 '발' 개념을 '발원'으로 해석해보자. 우리가 (P2)와 (P5)의 왼쪽 부분에서 이 번역어의 적합성을 살펴볼 때, 우리는 즉각적으로 그것들이 적합하지 않다는 것을 알 수 있다. 왜냐하면 사단이 리의 근원이 아니라 오히려 그 반대이기 때문이다. 나머지 네 개의 명제들은 대체적으로 의미가 통한다. 비록 (P1)과 (P3)은 리가 사단의 단일한 근원임을 함축하지만, 그것들은 서로 분리될 수 없는 리와 기를 분리시키고 있다는 이유에서 각각 이황과 기대승에 의해 거부된다. 또한 이황은 (P3)을 거부하는 기대승의 비판을 수용하여 그것을 (P4)로 다시 수정한다. 이것은 기대승과 이황이 (P3)의 '발'이 '발원'의 의미로 읽으면서 그것을 거부하고 있는 것으로 볼 수 있다. 다시 말해서, (P3)과 (P4)가 모두 기대승에 의해 거부되었다는 것은 그 명제들이 분명히 리와 기를 극명하게 분리시키는 어떤 의미들을 담고 있어야 한다. 한편, (P4)의 양쪽 문장에 들어 있는 '주(主)'는 리나 기 이외의 다른 무엇이 있음을 함축하는 반면에, (P6)은 정의 발원에서 리와 기가 각각 그것들 나름대로 어떤 역할을 하고 있음을 명확하게 보여준다. 따라서 기가 없이는 리가 있을 수 없고 리가 없이는 기가 있을 수 없다는 주희의 원리, 즉 리와 기는 서로로부터 분리되어 독립적으로 존재할 수 없다는 원리가 (P4)에서는 함축적으로 드러나는 한편, (P6)에서는 명시적으로 드러난다.

'발'의 번역어로서 두 번째 후보는 발현이다. 푸웨이선은 (P1)-(P5)의 발이 모두 '발현'으로 이해되어야 한다고 주장한다.[189] 그는 (P1)에서 "⋯⋯를 통해 스스로를 드러낸다(manifest themselves in terms of)"라는 문구를 채택하고, 사단이 어떤 식으로든 리를 반영한다고 이해한다. 리의 선성이 사단의

---

189) Fu(1985), pp.19-21. 그는 (P1)에서의 발을 '발원(issue)'으로 번역할 수도 있다고 말한다.

선성으로 실현되기 때문에 이것은 유학에서 의미가 통하는 말이지만, 그가 사용하는 '⋯⋯을 통해(in terms of)'라는 표현은 한문 원전에서 발견되지 않는다. 더구나 "사단은 리의 발현이다."의 의미를 담고 있는 명제들인 (P2)와 (P5)를 어떻게 "사단의 발현은 리이다."의 의미를 담고 있는 명제들인 (P3)과 (P4)와 화해시킬 수 있을지 분명하지 않다. 이 명제들을 화해시켜야 하는 이유는 그것들이 서로 다른 의미를 담고 있기 때문이다. 전자의 경우는 발현의 주체가 리인 반면에, 후자의 경우는 발현의 주체가 사단이므로, 두 가지 경우에 발현의 주체가 서로 다르다. 앞에서 보았듯이, 이황이나 기대승은 그러한 차이점에 전혀 주목하지 않기 때문에, 주체가 다르다는 사실이 그들에게는 아무런 문제가 되지 않을 것이다. 하지만 명제의 내용을 이해하려는 우리에게는 그것들이 함축하는 정확한 의미를 파악하는 것이 중요한 문제이다.[190]

푸웨이선은 (P1)과 (P2)를 동일시하고 또한 (P3)과 (P4)를 동일시한다.[191] 하지만 위 분석에 따르면 (P1)과 (P2)의 의미는 다르다. 왜냐하면 (P1)은 발함의 주체가 사단인 반면에, (P2)는 발함의 주체가 리이기 때문이다. 더구나 (P3)이나 (P4)와 관련하여, 푸웨이선은 "사단의 발함이 리이다."라고 말하는 것에 아무런 문제가 없다고 생각하는 듯이 보이지만, 이미 보았듯이 '리의 발함이 사단'인 경우에 발함의 주체는 리인 반면에 '사단의 발함이 리'인 경우에 발함의 주체는 사단이다. 리를 발함의 주체로 명시하는 (P2)와 달리, 사단을 발함의 주체로 본다는 점에서 (P1), (P3), 그리고 (P4)는 모

---

190) (P1)은 "사단이 리에서 발현된다."라는 의미이지만, (P2)-(P5)의 모든 명제들에 공통되면서도 타당한 의미를 부여하려면 그것들을 모두 "리가 사단으로 발현된다."로 해석해야 할 것이다. 그러나 이 해석은 다소 임의적이고 실제로 이황과 기대승이 그렇게 이해했는가에 대해서는 논의의 여지가 있다. 따라서 우리는 그 명제들을 그렇게 공통된 의미로 해석하지 않고 주어진 명제 그대로 의미가 통하지 않는 경우에는 의미가 통하지 않는 것으로 취급한다.

191) Fu(1985), p.20.

두 동일한 범주에 속한다. 하지만 주희에게 있어서, 사단이 리를 반영하므로, 리가 사단으로 발현되는 것이지 사단이 리로 발현되는 것이 아니다. 그렇기 때문에 (P1), (P3), 그리고 (P4)에서 '발'을 발현으로 이해하는 것은 적절하지 않은 것으로 보인다. 반대로 (P2), (P5), 그리고 (P6)은 의미가 통한다. 그러나 그것들은 사단 또는 칠정이 각각 리가 발현하거나 기가 발현하는 것인가, 또는 리와 기의 합이 발현하는 것인가라는 문제를 남긴다. 리와 기가 분리되지 않는다는 주희의 원리는 (P2)와 관련하여 다시 한 번 논란이 될 수 있다. 왜냐하면 그것은 리의 독립적 존재를 함축하는 리 자체의 발현을 말하고 있기 때문이다. 그렇기 때문에 기대승은 (P2)를 거부했고, 또한 이황도 (P2)를 (P3)으로 수정했다고 볼 수 있다.

이제 '발'을 '발동'의 의미로 번역하는 세 번째 경우를 살펴보자. 이 번역은 어떤 면에서 편견에서 비롯된 것처럼 보일 수도 있다. 왜냐하면 그것은 처음부터 우리로 하여금 이황을 물리적 기와 비물리적 리라는 두 가지 실체들을 인정하는 이원론자로 보게끔 이끌기 때문이다. 그럼에도 불구하고 비물리적 리의 존재가 인정되는 한에 있어서, 그 번역어는 모든 경우의 '발'에 적용된다. 하지만 이것은 위의 경우와 마찬가지로 논란의 여지가 있다.

사단이 리에 의해 발동된다는 (P1)의 표현, 사단이 리의 발동이라는 (P2)의 표현, 리가 사단 속에서 발동된다는 (P4)의 표현, 리와 기가 사단으로 발동된다는 (P5)의 표현, 감정의 발동 속에서 리 또는 기의 역할을 말하는 (P6)은 의미가 통한다. 하지만 그 모든 명제들은 또 다시 감정의 발동이나 존재 방식과 관련된 리의 존재론적 지위에 관해 빈번하게 제기되는 질문을 야기한다. 반대로 (P3)은 주희에게 받아들여지지 않는데, 왜냐하면 그는 리의 발동이 사단이라고 믿는 것이지 사단의 발동이 리라고 믿는 것은 아니기 때문이다.

여기에서 우리는 우리가 모든 경우에 적용되는 단일한 번역어를 찾아야 하는지 또는 개별적인 경우에 적합한 다양한 번역어들을 찾아야 하는지에 대해 질문해야 한다. 사실상 발현을 하나의 공통된 번역어라고 주장했던 푸웨이션과 달리, 모든 경우에 적용되는 단일한 번역어를 찾는다는 것은 가능하지 않은 것으로 보인다. 그리고 만약 우리가 옳다면, 우리는 각각의 개별적인 경우에 가장 좋은 번역어를 찾아야 한다. '발원'은 (P1), (P3), (P4), 그리고 (P6)에 적합하고, '발현'은 (P2), (P5), 그리고 (P6)에 적합하며, '발동'이라는 번역어는 (P3)을 제외한 모든 명제들에 적합하다. 사실상 (P6) 에서는 세 가지 의미들이 모두 가능한 번역어들이며, 그 가운데 어떤 것이 가장 좋은 번역어인가를 단정하기는 어렵다. 또한 위에서 말했듯이, 이 명제의 주어는 사단과 칠정을 통칭하는 '정'으로 본다면, 명제의 전반부와 후반부의 구분이 없게 되며, 이 경우에는 (P6)에 대해 더 이상 논의할 필요가 없다.

이제 각 명제의 후반부, 즉 칠정 또는 기와 관련된 '발'의 번역어를 살펴보자. 먼저 '발'의 의미를 '발원'으로 볼 수 있는 경우는 (P1), (P3), (P4), 그리고 (P6)이다. 칠정은 기를 근거 또는 원천으로 삼음으로써 발생할 수 있으므로 (P1)과 (P3), 그리고 (P4)에 적합한 반면에, (P2)와 (P5)는 칠정을 기의 근원으로 말하고 있으므로 '발원'의 의미가 적합하지 않은 것으로 보인다. 두 번째로서 '발현'의 의미는 칠정이 발현되는 기로 이해되는 (P1)과 기가 발현함으로써 칠정으로 나타난다고 이해되는 (P2)와 (P5)에 적합하다. 반면에, (P3)에서는 칠정이 발현함으로써 기로 나타난다고 읽히므로 부적합하며, (P4)에서는 발현된 칠정 속에서 기가 지배적이라는 말이 정확히 무슨 의미인지 불분명하므로 부적합한 것으로 간주할 수 있을 것이다. 세 번째 의미인 '발동'은 (P1), (P2), (P4), 그리고 (P5)에서 적합한 의미로 보인다. 칠정이 기에서 발동된다는 (P1)은 적합한 의미이고, 칠정이 기의 발동이라는 (P2)와 (P5)도 적합해 보인다. 또한 기가 칠정을 유발하는 데 주된 역할을 한다는 의미를 담고 있는 (P4)도 적합하다. '발' 개념을 사단과 칠정과 관련하여 언급하는 위 명제들에 적합한 번역어들을 다시 나열해보면 다음과 같다.[192]

① 사단의 경우
    − 발원의 의미 : P1, P3, P4, P6
    − 발현의 의미 : P2, P5, P6
    − 발동의 의미 : P1, P2, P4, P5, P6

② 칠정의 경우
    − 발원의 의미 : P1, P3, P4, P6
    − 발현의 의미 : P1, P2, P5, P6
    − 발동의 의미 : P1, P2, P4, P5, P6

기대승의 명제인 (P6)의 경우에는 '발'의 세 가지 의미가 모두 적합한 것으로 보이며, 이처럼 그 명제 안에서 '발'이 다의적으로 사용된다는 것이 함축하는 바는 결국 어떤 의미로 그것이 사용되었는가를 알기가 어려우며 문맥을 통해 파악할 수밖에 없다는 것이다. ①과 ②를 각 명제에 적용하면 다음과 같다.

(P1)의 사단은 발원・발동의 의미가 적합하고, 칠정은 발원・발현・발동의 의미가 모두 적합하다.
(P2)의 사단은 발현・발동의 의미가 적합하고, 칠정도 발현・발동의 의미가 적합하다.
(P3)의 사단은 발원의 의미만 적합하고, 칠정도 발원의 의미만 적합하다.

---

192) 위에서 말했듯이, 기대승의 명제인 (P6)에서는 사단과 칠정을 통칭하는 '정'이란 단어를 사용하므로, 비록 우리가 칠정의 경우를 살피지 않았더라도 사단의 경우와 동일하게 적용된다.

(P4)의. 사단은 발원·발동의 의미가 적합하고, 칠정도 발원·발동의 의미가 적합하다.

(P5)의 사단은 발현·발동의 의미가 적합하고, 칠정도 발현·발동의 의미가 적합하다.

(P6)의 정은 사단과 칠정을 모두 포함하며, 발원·발현·발동의 의미가 모두 적합하다.

한편, 윤사순과 정상봉이 앞에서 제안했던 내용, 즉 이황이 (a) 리의 경우에는 발을 발현이라는 정적인 의미로 간주하고 (b) 기의 경우에는 발동이라는 동적인 의미로 간주했다는 내용을 간략하게 살펴보자. 이황이 비운동성이라는 비물리적 특성을 비물리적인 리에, 그리고 운동성이라는 물리적 특성을 물리적인 기에 부여한다는 식으로 그의 견해를 해석하는 것은 발의 번역과 관련된 모든 논란들을 쉽게 해소시키는 쉬운 방법이다.193) 그러나 만약 이황이 리의 경우에 발 개념이 정적인 의미를 갖는다고 생각했더라면, 그가 기대승의 비평에 따라 자신의 주장을 수정할 필요가 없었으리라는 간단한 이유에서 그것을 옳다고 보기 어렵다. 따라서 그가 서로 다른 문맥 속의 동일한 단어에 서로 다른 의미들을 부여한다고 믿기 어렵다. 더구나 그가 모든 문맥 속의 동일한 단어에 하나의 동일한 의미를 부여하고 있다고 말하는 것도 옳지 않다. 왜냐하면 위에서 보았듯이, 모든 명제들에 적합한 하나의 보편적 번역어를 찾는 것은 적절하지 않기 때문이다.

지금까지의 논의를 통해, 우리는 여섯 가지 명제들에 모두 적용되는 발의 보편적인 번역어를 찾지 못한다는 결론에 도달하게 되었다. 무엇보다도 발의 의미를 다양한 명제들의 문맥 속에서 분석하고 검토하는 푸웨이선의 방법은 분명히 사단칠정논쟁에서 시도해볼 만한 방법이다. 이것은 개념들을 분석하고 각 분석의 함축성을 보기 위해 그것들을 보다 넓은 문맥 속에

---

193) 비교 : 손영식(2004), pp.37-38.

적용하는 방법이다. 따라서 이런 방식으로 사단칠정논쟁을 보다 넓은 문맥 속에서 보려면, 우리는 그 논변의 전제들과 결론들의 타당성과 그것들에 대한 다양한 해석들을 모두 분석하고, 그 결과들을 전반적인 성리학 체계 속에서 조망해야만 한다. 어떤 논의가 합리적인 한에 있어서 그것은 학문적 고려 가치가 있을 것이다. 이황과 기대승의 논변에서 그들은 뒷받침할 증거를 갖고서 자신들의 주장들을 제시하며, 이것은 그들이 어느 정도 합리적인 태도를 가졌다는 것을 분명히 보여준다. 윤사순은 우리가 유학의 틀 안에서 논변을 검토하는 데 머물지 말고 그 틀에 기초한 작은 문제들은 물론이고 그 틀 자체를 심리철학이나 분석철학 등의 현대 철학적 견지에서 검토하려고 노력해야 한다고 제안한다.[194] 사실상 사단칠정논쟁에 대해 그처럼 포괄적인 학문적 검토가 이루어진 적은 없었으며, 좀 더 객관적이고 체계적인 논의 체계를 갖춘 것으로 승인된 현대 철학의 방법론을 사단칠정논쟁에 적용하는 것은 그 논변이 앞으로도 고려될 만한 가치가 있는가를 말하기 위해 필요한 최소한의 과정이다.

3. 사단칠정논쟁의 주요 문제

사단칠정논쟁은 사단이 리발(理發)이고 칠정이 기발(氣發)이라는 이황의 주장에 대해 기대승이 의문을 제기하면서 시작되었다. 따라서 그들이 우선적인 논제로 삼았던 것은 (a) 사단과 칠정을 리와 기 개념으로 그렇게 설명하는 것이 과연 적절한가 하는 문제였다. 이에 대해, 이황은 지속적으로 사단과 칠정이 '나아가 말하는 바(所就以言)' 또는 '가리켜 말하는 바(所指而言)'

---

194) 윤사순(2001), pp.119-120와 pp.141-144.

의 다름을 주장하는 반면에, 기대승은 그의 주장을 그것들의 소종래가 다르다는 뜻으로 이해함으로써 거부한다. 그러므로 이들의 입장이 정확히 어떤 것인가를 자세히 살펴볼 필요가 있다. 그리고 이러한 소종래의 문제는 사단과 칠정의 상호관계와 성격을 규정하는 문제로 이어져 (b) 사단은 칠정의 일부인가 아닌가에 대한 문제와 (c) 사단은 항상 선한가에 대한 문제로 구체화된다.[195] 아래에서 우리는 이 세 가지 문제들에 대한 이황과 기대승의 논변을 분석하고 그들 가운데 누구의 입장이 타당한가를 평가한다.

1) '소취이언'과 '소종래'

성(性)은 아직 발하지 않은 것(未發)이고, 정(情)은 이미 발한 것(已發)이다.[196] 사단과 칠정은 모두 성이 발한 정(情)이므로 이발(已發)이다. 사단과 칠정이 리와 기의 합인 심(心)에서 발생하는 정(情)이라는 것은 성리학의 기본 전제이다. 그런데 이황의 최초 명제 (P2) "사단은 리의 발이고, 칠정은 기의 발이다."는 사단이 오직 리만의 발이며 칠정이 오직 기만의 발이라는 주장을 담고 있는 것으로 읽을 수도 있다. 그렇기 때문에 기대승은 이 명제가 성리학의 기본 전제를 위배한다고 지적하고 있다. 다시 말해서, 이 명제는 "사단은 기와 무관하고 칠정은 리와 무관하다."는 주장처럼 보인다는 것이다. 사실상 이 지적은 옳다. 다른 어떤 부가적인 설명이 없이 위 명제를 보면 그의 말처럼 사단은 리에만 관련되고 칠정은 기에만 관련되는 듯이 보이기 때문이다.

그러나 기대승이 새롭게 수정된 이황의 명제 (P3) "사단의 발은 순수한

---

195) 이해영(1988), p.2.
196) 여기에서 이미 발했음을 의미하는 '已發'은 '이발'로, 그리고 리의 발함을 의미하는 '理發'은 '리발'로 일관되게 표기한다.

리이므로 선하지 않음이 없고, 칠정의 발은 기를 겸하므로 선함과 악함이 있다."를 거부하는 이유는 (P2)를 거부했던 이유와는 다르다.

> 대개 성이 막 발할 때 기가 작용하지 않아 본연의 선이 그대로 이루어진 것이 바로 맹자가 말하는 사단이란 것이다. 이것은 진실로 순일한 천리가 발한 것이지만, 칠정의 밖에서 나올 수는 없으니, 칠정 가운데서 발하여 중절한 것의 싹이다. 그러므로 사단과 칠정을 대비하여 거론하고 서로 말하여 '순리'와 '겸기'라고 할 수는 없다. 인심과 도심을 논한다면 혹 이렇게 말할 수 있겠지만, 사단과 칠정은 아마도 이렇게 말할 수 없을 것이다. 왜냐하면 칠정은 인심으로 볼 수 없기 때문이다.[197]

기대승은 (P3)을 거부하는 두 가지 근거를 제시한다. 첫째, (P3)은 '순리'와 '겸기'를 대비시킴으로써 사단과 칠정을 별개의 정들로 취급하지만, 사실상 사단은 칠정의 일부이므로 그렇게 대비시켜 말해서는 안 된다. 둘째, 도심과 인심의 관계를 순리와 겸기의 관계로 설명할 수 있지만, 칠정은 인심과 다르므로 사단과 칠정의 관계를 그렇게 설명해서는 안 된다. 여기에서 기대승이 '순리'와 '겸기'로 대비해서는 안 된다고 주장하는 이유는 분명하지 않다.[198] 특히, 첫 번째 이유를 왜 거부하는지 이해하기 어렵다. 칠

---

197) <고봉 1-2-사단칠정설 4>, 蓋性之乍發, 氣不用事, 本然之善得以直遂者, 正孟子所謂四端者也. 此固純是天理所發, 然非能出於七情之外也, 乃七情中發而中節者之苗脈也. 然則以四端七情對擧互言, 而謂之純理兼氣可乎. 論人心道心則或可如此說, 若四端七情則恐不得如此說. 蓋七情不可專以人心觀也.

198) 위 인용문의 "인심과 도심은 그렇게 말할 수 있지만, 사단과 칠정은 그렇게 말할 수는 없다(論人心道心則或可如此說, 若四端七情則恐不得如此說)."에서, 도심과 인심에 대해서는 '그렇게 말할 수 있는(可如此說)' 반면에 사단과 칠정에 대해서는 '그렇게 말할 수 없는(不得如此說)' 것이 무엇인가, 즉 '차설(此說)'이 무엇을 가리키는가에 대해 두 가지 해석이 가능하다. 본문에서 필자는 그것이 '순리'와 '겸기'로 대비할 수 있거나 없다는 의미로 이해한 반면에, 그것을 '대거호언(대비하여 거론하고 서로 말)'할 수 있거나 없다는 의미로 이해할 여지도 있다. 하지만 후자로 이해하는 경우에는 무엇을 대비하여 거론하는가에 대한 '대비의 대상 또는 기준'이 불분명하며, 문맥상에서 살펴본다면 결

정이 리와 기의 합이고 사단은 그 가운데 리의 측면만을 지칭한다. 그러므로 겸기인 칠정이 순리인 사단을 포함한다고 설명하고 '겸기'와 '순리'를 대비시킴으로써 자신의 입지를 강화시킬 수 있음에도 불구하고, 그가 왜 그런 대비를 거부하는지 이해하기 어렵다는 것이다. 한편, 둘째 이유의 옳고 그름을 파악하기 위해서는 도심과 인심의 관계를 먼저 파악해야 하는데, 이황과 기대승의 논변 속에서는 그와 관련된 논의를 전혀 찾아볼 수 없다.199) 결론적으로, (P3)을 거부하는 기대승의 이유는 상당히 설득력이 없다. 그럼에도 그의 주장은 명료하다. 사단은 칠정의 일부이며, 칠정 이외의 다른 어떤 정이 아니라는 것이다.

기쁨·노여움·슬픔·두려움·사랑·미움·욕구를 가리키는 『예기』의 일곱 가지 정이나 기쁨·노여움·사랑·즐거움을 가리키는 『중용』의 네 가지 정은 모두 사람의 감정을 통칭한다고 말해진다.200) 그런데 정에는 사단과 칠정이라는 것이 있고, 칠정이 모든 정을 통칭하는 것이라면, 사단은

국 그 대비는 '순리'와 '겸기'의 대비로 귀착될 것이다.

199) 성혼이 바로 이 부분을 언급하면서 이이에게 의문을 제기함으로써 인심과 도심에 관한 논변의 발단이 된다.

200) 주지하듯이, 『맹자』에서 사람은 인(仁)·의(義)·예(禮)·지(智)로 대표되는 성(性)을 갖고 있는데, 이런 사실을 각각 보여주는 단서들이 측은지심(惻隱之心)·수오지심(羞惡之心)·사양지심(辭讓之心)·시비지심(是非之心)이라고 말해진다. 맹자는 이것들을 심(心)이라 부르지만, 주희는 이것들을 정(情)이라고 규정한다. 이것들이 네 가지의 단서라는 점에서 사단(四端)이라 불린다. 한편, 『예기(禮記)』, 「예운」에는 "사람의 정이란 무엇인가? 그것은 기쁨(喜)·노여움(勞)·슬픔(哀)·두려움(懼)·사랑(愛)·미움(惡)·욕구(欲)이니 이 일곱 가지는 배우지 않고도 할 수 있다(何謂人情 喜怒愛懼愛惡欲 七者弗學而能)."라고 하는데, 여기에 언급된 일곱 가지 정을 칠정(七情)이라 부른다. 일반적으로 칠정은 개별적인 일곱 가지 종류의 정을 지칭하는 것이 아니라 사람이 지닌 모든 감정을 통칭한다고 말해진다(김용헌, 1992, p.129 ; 전호근, 1995, p.152). 한편, 『중용』 1장에서 "희로애락이 아직 발하지 않은 것은 중이라 하고, 발하여 모두 절도에 맞는 것을 화라고 한다. 중이란 천하의 큰 큰본이요, 화란 천하의 공통된 도이다."라는 구절에는 기쁨(喜)·노여움(怒)·사랑(愛)·즐거움(樂)이라는 네 가지 종류의 정이 언급되는데, 이 네 가지 정(情)도 사람이 지닌 모든 감정들을 통칭한다고 말해진다.

당연히 칠정에 포함되어야 한다. 기대승은 바로 이러한 성리학의 기본 전제를 그대로 받아들이고 있다. 이런 맥락에서, 그는 자사가 말한 『중용』의 네 가지 정은 모든 정을 가리키며, 맹자가 말한 『맹자』의 사단은 그 가운데 일부를 가리키므로, '나아가 말한 바(所就以言)'가 같지 않을 뿐이지 칠정 이외에 사단이라는 또 다른 종류의 정이 있는 것은 아니라고 주장한다.201) 즉, 그는 여기에서 '소취이언'이란 표현을 통해 '정'을 언급함에 있어서 전체를 말하는 경우도 있고 부분을 말하는 경우도 있음을 지적한다.

이황은 기대승의 이 표현을 상당히 고무적인 표현으로 받아들이지만,202) 그는 '나아가 말한 바(所就以言)'라는 표현보다는 그와 비슷한 의미를 가진 '가리켜 말한 바(所指而言)' 또는 '가리킨 바(所指)'라는 표현을 더 많이 사용한다. 그러나 그의 용법은 기대승의 용법과는 다르다. 기대승은 칠정과 사단이 각각 전체와 부분임을 설명하기 위해 그 표현을 사용하는 반면에, 이황은 칠정과 사단이 서로 대립된다고 주장하기 위해 사용하기 때문이다.

기대승은 이것을 인설(因說)과 대설(對說)의 차이로 이해한다.203) '인설'은 '인잉(因仍) 관계', 즉 생물의 외연이 동물의 외연보다 넓기 때문에 생물이 동물을 포함한다고 말하는 경우처럼 하나의 개념이 다른 하나의 개념을

---

201) <고봉 1-2-사단칠정설 1>, 자사는 희·로·애·락이 발하지 않은 것이 중이고, 발하여 절도에 맞는 것을 화라고 말하였고, 맹자는 측은·수오·사양·시비의 마음이 각각 인·의·예·지의 단서라고 말하였다. …… 자사는 전체를 말한 것이고, 맹자는 부분을 말한 것이다(子思曰, 喜怒哀樂之未發, 謂之中, 發而皆中節, 謂之和. 孟子曰, 惻隱之心 仁之端也, 羞惡之心 義之端也, 辭讓之心 禮之端也, 是非之心 智之端也. …… 子思之言, 所謂道其全者, 而孟子之論, 所謂剔撥出來者也).

202) <퇴계 2-3>와 <고봉 2-3-1>. 사단은 정이고 칠정도 똑같이 정인데 사단과 칠정이라는 다른 이름이 있는 이유는 무엇인가? 보내온 편지에서 이른바 나아가 말한 바가 같지 않다는 것이 바로 이것이다(夫四端情也, 七情亦情也, 均是情也, 何以有四七之異名耶. 來喻所謂所就以言之者不同, 是也).

203) <고봉 3-3-조열 3-3> 참조. 대개 대설이란 왼쪽과 오른쪽처럼 대비하여 말하는 것이고, 인설이란 위와 아래처럼 이어 말하는 것이다(盖對說者, 如說左右, 便是對待底, 因說者, 如說上下, 便是因仍底).

포함하는 관계를 함축하는 반면에, '대설'이 개념들의 '대대(對待) 관계', 즉 남자와 여자를 비교하는 경우처럼 서로 동등한 가치나 외연을 갖는 두 가지 개념들을 대조하거나 대비하는 관계를 함축한다.[204] 기대승은 이황이 사단과 칠정을 각각 리의 발과 기의 발로 간주함으로써 그것들을 대대 관계로 보는 것은 옳지 않다는 입장이다. 그러나 사실상 이황에 대한 이런 비난은 적절하지 않은 것으로 보인다. 왜냐하면 그는 리와 기가 실제로 현실에서 분리된다고 주장하는 것이 아니라 사단과 칠정의 성격을 고려할 때 그런 식의 개념적인 설명이 가능하다고 주장하는 것이기 때문이다.

사실상 리와 기의 관계에 대한 이황과 기대승의 견해는 크게 차이가 없어 보인다. 이황은 "리와 기는 서로 떨어지지 않으며, 칠정은 리와 기를 겸하였다."[205]와 "사단에 기가 없는 것이 아니고 칠정에 리가 없는 것이 아니다."[206]라는 일반적인 견해를 따른다. 따라서 그는 "성과 정을 전체적으로 말하자면 리 없는 기가 없고 또한 기 없는 리도 없으며, 사단을 말하자면 심은 리와 기의 합이고, 칠정을 말하자면 리가 없는 것이 아니다."[207]라

---

204) 최영진·안유경(2008, p.8)은 '대설'과 '인설'을 각각 '대립적 구조'와 '통합적 구조'로 표현하는데, 여기에서 '통합적 구조'는 내가 규정하는 것처럼 '포함'의 의미를 함축하는 것으로 보인다. 한편, 이상은(1973, p.28)은 인설을 설명하는 '인잉(乃因)'을 '그대로 따른다' 또는 '순종한다'로 풀이하며, 한 걸음 더 나아가 한자경(2005, p.173 각주 5와 p.174)은 그것을 '광의의 因果'이며 '포함' 또는 '포괄'의 의미도 갖는 것으로 해석한다. 한자경이 말하는 '인과'의 의미가 명확하지 않고, 또한 그녀가 제시하는 '엄마가 아이를 잉태하는 경우'와 '종자가 나무로 성장하는 경우'라는 두 가지 사례들은 서로 다른 관계를 갖는다. 즉, 전자는 A라는 실체와 B라는 실체의 '실체−실체 관계'인 반면에, 후자는 A라는 한 가지 실체가 B라는 상태에서 C라는 상태로 변화하는 '상태−상태' 또는 '속성−속성'의 관계이다. 그렇기 때문에 그것들은 '인과 관계를 두 가지 사건 간의 관계로 규정하는' 흄(D. Hume) 이후의 철학적 '인과' 개념으로 보기는 어렵다 (유원기, 2005b, pp.318-322 참조).

205) <퇴계 3-3-본문 2>와 아래 각주 465 참조

206) <퇴계 3-3-본문 1>, 사단에 기가 없지 않지만 [사단을] 리의 발함이라 말하고, 칠정에 리가 없지 않지만 [칠정을] 기의 발함이라 말한 것이다(四端非無氣, 而但云理之發, 七情非無理, 而但云氣之發, 其義亦猶是也).

고 말한다. 이처럼 리와 기가 합한 경우에만 사단과 칠정의 발함이 가능하다는 점에 대해서는 기대승도 동의한다.[208] 하지만 기대승은 그렇기 때문에 사단과 칠정을 나누어 각각 리와 기에 귀속시켜서는 안 된다고 생각하는 반면에, 이황은 그럼에도 불구하고 나누어 귀속시키는 것이 잘못은 아니라고 생각한다. 이황은 기대승이 "사단과 칠정은 모두 리와 기를 겸하므로 실제로는 같지만 이름은 다르기 때문에 리와 기에 나누어 귀속시켜서는 안 된다고 여긴 것 같다."라고 평가한다. 하지만 이황은 "다름 가운데서 같음이 있음을 볼 수 있기 때문에 [리와 기] 두 가지를 섞어 말하는 경우가 많으며, [또한] 같음 가운데서 다름이 있음을 알 수 있기 때문에 두 가지로 나아가 말하려면 본래 리를 주로 하고 기를 주로 하는 다름이 있으니 나누어 귀속시키는 것이 어찌 가능하지 않은가?"라고 반문한다.[209] 이것은 이황이 말하듯이 출발점은 같으나 종착점이 다른 것으로서,[210] 이황과 기대승의 견해는 바로 여기에서 갈라진다. 하지만 분명한 것은 그들은 결코 리와 기를 서로로부터 독립하여 존재할 수 있는 실체로 생각하지는 않았

---

207) 비교 : <퇴계 2-5> 사단의 발함을 맹자는 마음이라고 하였으니 마음은 사실상 리와 기를 합한 것이다(四端之發, 孟子旣謂之心, 則心固理氣之合也).

208) <고봉 1-2-사단칠정설 6>, 리는 기의 주재이고 기는 리의 재료라는 점에서 리와 기를 구분할 수는 있으나 사물에서는 섞여 있어 나눌 수 없다. 리는 약하고 기는 강하며, 리는 조짐이 없고 기는 자취가 있으므로 유행하고 발현하는 사이에 지나칠 수도 있고 미치지 못할 수 있다. 그렇기 때문에 칠정의 발함이 때로는 선하고 때로는 악하기도 해서 성의 본체가 온전하지 못한 경우가 있다. 선한 것은 천명의 본연이고, 악한 것은 기품이 지나치거나 미치지 못하기 때문이다. 그러므로 사단과 칠정은 애초에 두 가지 뜻이 있는 것이 아니다(夫理 氣之主宰也, 氣 理之材料也, 二者固有分矣, 而其在事物也, 則固混淪而不可分開, 但理弱氣强, 理無眹而氣有跡, 故其流行發見之際, 不能無過不及之差. 此所以七情之發, 或善或惡, 而性之本體, 或有所不能全也. 然其善者乃天命之本然, 惡者乃氣禀之過不及也, 則所謂四端七情者, 初非有二義也).

209) 公意以謂四端七情, 皆兼理氣, 同實異名, 不可以分屬理氣. 滉意以謂就異中而見其有同, 故二者固多有渾淪言之, 就同中而知其有異, 則二者所就而言, 本自有主理主氣之不同, 分屬何不可之有. <퇴계 3-본문 2> 참조

210) 然其所見始同而終異者無他. <퇴계 3-본문 2>와 아래 각주 465 참조

으며, 단지 나누어 볼 수 있는가 또는 그렇지 않은가에 대한 의견 대립이
있었을 뿐이다.

지금까지 살펴본 내용을 토대로 하여, 우리는 이황이 일종의 이원론자라
는 주장을 간략하게나마 살펴볼 필요가 있다. 일부 주석가들은 그의 사단
칠정논쟁이 이원론적이라 규정하고 그를 이원론자라고 부른다.211) 그러나
만약 우리가 기대승에게 보낸 그의 편지들만을 고려한다면, 그는 결코 이
원론자가 아니었다. 편지 속에서 그는 리가 리로부터 독립되거나 분리되어
존재한다고 결코 주장하지 않으며, 반대로 그것들의 비분리성을 인정한다.
한편으로는 이황이 비물리적인 리에 감정을 발동하는 활동이나 힘과 같은
어떤 물리적 특징들을 간혹 부과한다는 것도 부정할 수 없다. 이러한 이중
적 발언으로 인해, 그를 명시적인 일원론자인 동시에 암묵적인 이원론자라
고 말할 수도 있을 것이다. 캘튼(Kalton)이 이황의 입장을 "일원론적 이원론
(monistic dualism)" 또는 "이원론적 일원론(dualistic monism)"이라 규정하는 것은
아마도 이런 이유 때문일 것이다.212) 하지만 이러한 캘튼의 규정은 하나도
아니고 둘도 아니라는 납득하기 어려운 의미를 담고 있다.

분명한 것은 리와 기의 상호관계에 관심을 가진 사람이라면 일원론자이
거나 이원론자일 수 있을 뿐이지 일원론자인 동시에 이원론자일 수는 없
다는 것이다. 다시 말해서, 두 가지 종류의 실체들,213) 즉 비물리적 실체와
물리적 실체를 인정한다면 이원론자인 반면에, 한 가지 실체의 존재만을
인정한다면 일원론자이다. 비록 사단과 칠정의 기원에 대한 이황의 설명이

---

211) Chung(1995), pp.63-64 ; Tan(2006), pp.155-183. 예를 들어, Chung(p.64)은 "퇴계는 구
    체적인 사물들과 현상들에서 리와 기가 서로 분리될 수 없다는 정주의 이론을 잘 알
    고 있었다. 그러나 그는 리와 기가 각각 '존재 그 자체'라는 또 다른 근본적인 사항을
    경시하지 말라고 강조하려고 한다."라고 말한다.
212) Kalton(1994), xxxii와 xxxv.
213) 데카르트의 '실체' 개념은 다른 것에 의존함이 없이 독립적으로 존재 가능한 것으로
    규정된다.

때때로 이원론적인 함축성을 갖는다 할지라도, 이것이 그를 이원론자로 만들지는 않는다. 다시 말해서, 데카르트적 이원론자(Cartesian dualist) 또는 실체 이원론자(substance dualist)는 비물리적인 영혼이 물리적인 신체에서 분리되어 독립적으로 존재한다고 믿는 사람을 말한다. 그런데 만약 누군가가 이와는 반대로 리와 기가 서로로부터 분리되어 존재할 수 있는 두 가지의 독립적 실체들임을 부정하고 그것들의 비분리성을 믿는 한에 있어서, 그는 일원론자 가운데서도 특히 실체 일원론자(substance monist)일 수밖에 없다. 이런 맥락에서 보자면, 어떤 사람이 각각 리가 비물리적인 것이며 기가 물리적인 것이라고 규정하면서도, 그것들이 두 가지의 서로 다른 실체들임을 부정하며 그와 동시에 비물리적인 리의 역동적인 활동성을 주장한다고 가정해보자. 만약 그렇다면, 그는 리와 기에 대해 비일관적인 태도를 지닌 것에 불과하며, 그를 일원론자인 동시에 이원론자로 부를 수는 없다.

> '리일원론'이거나 '기일원론'이라야 논리적으로 타당한 개념이 될 것이지만 역사상 '리일원론'은 존재하지 않았다. '기일원론'은 소위 '기철학'에 해당하는 개념이라고 할 수 있겠는데 율곡학파의 철학은 결코 '기철학'이 아니다. 흔히 율곡학파의 철학을 두고 '주기론(主氣論)'이라고 하지만 율곡학파에서도 '주리론(主理論)'이라 불리는 퇴계학파와 마찬가지로 리의 주재성을 강조한다는 점에서 "리 중심의 철학" 즉 성리학적 입장을 벗어나지 않는다.[214]

성리학에서는 만물을 리와 기라는 두 가지 구성요소로 구성되었다고 설명하며, 이러한 두 가지 구성요소들의 실체성(즉, 독립적 존재 가능성)을 모두 인정하는 이론은 이원론이며, 만약 리와 기 가운데 하나만이 실체성을 갖는 반면에 다른 하나는 실체성을 갖지 않는다고 주장하는 이론은 분명히 일원론이다. 최소한 이황은 리의 실체성을 주장하지 않으므로 그의 이론은

---

214) 조호현(2001), p.250.

일원론임에 분명하다. 이 정도는 분명하지만, 그럼에도 불구하고 그의 이론이 리일원론인지 또는 기일원론인지 결정하기는 여전히 어렵다. 왜냐하면 기의 실재성과 실체성을 모두 인정하는 이론은 결코 리일원론일 수는 없으며, 따라서 남는 것은 기일원론인데 성리학적 이론에서는 일반적으로 리의 실체성은 부정하면서도 리의 실재성은 인정하기 때문이다. 그러나 단지 이런 이유에서 그런 결정이 어려운 것은 아니다.

사실상 '리의 실재성'이란 것이 리가 기로 이루어진 사물의 어떤 법칙이나 원리로 실재한다는 의미라면, 우리는 리의 실재성을 부정하지 않고도 그 이론을 '기일원론'이라 부를 수 있을 것이다. 하지만 이렇게 해석하기 어려운 이유는 성리학자들이 리의 실재성을 그런 의미로 이해하기를 거부하고 리가 기를 어떤 방식으로든 실제로 '주재'하고 '통제'한다는 의미에서의 실재성으로 이해하려고 하기 때문이다. 아마도 이런 난관을 탈피하는 가장 간단한 방법은 이런 종류의 성리학적 이론을 이원론이나 일원론이란 용어로 규정하기를 포기하는 것이다. 하지만 이 방법은 간단할 수는 있으나, 이만큼의 노력을 기울이고 더 이상의 규정이 어렵다고 회피하는 것은 정당한 태도가 아닐 것이다. 물론 기로부터 독립되어 존재할 수 있는 실체가 아님에도 불구하고 그것을 주재하고 통제하는 리라는 것이 도대체 무엇을 가리키는가를 경험적으로(또는 현실적으로) 밝힐 수 있다면 문제는 쉽게 해결될 것이다. 하지만 그런 것에 대한 관찰이 경험적으로 불가능하다고 할지라도 최소한 논리적으로 불가능하지는 않은 것으로 보인다. 즉, 리의 존재를 인정한다고 해서 모순을 범하는 것 같지는 않다는 것이다.[215] 만약 리와 기 가운데 기의 실체성은 인정하면서 리의 실체성이 부정된다면, 그것은 기일원론이라고 부르는 것이 옳다. 그러나 만약 리 없는 기가

---

215) '논리적 가능성'의 의미에 대해서는 이재훈·곽강제 옮김(1997), pp.290-300 참조.

부정되고 그와 동시에 기 없는 리도 부정된다면 그것은 어쨌든 일원론임에는 분명하다. 그렇지만 리나 기 가운데 하나를 강조하여 리일원론이나 기일원론이라고 부를 수는 없다.

2) 사단과 칠정의 선과 악

사단칠정논쟁과 관련해서는 특히 리발(理發)에 대한 이황의 견해가 많은 논란거리가 되어 왔다. 하지만 최영진은 사단과 칠정을 각각 리와 기로 분속하는 근본적인 이유가 사단과 칠정을 규정하기 위한 것이지 리발에 대한 우선적인 관심이 있었던 것은 아니었다고 지적한다. 사실상 이 지적은 기존의 이해와는 달리 상당히 중요한 논점의 전환을 시사한다.

> 주지하는 바와 같이, 퇴/고 논변의 핵심은 '사단을 리의 발현으로 규정할 수 있는가'라는 점에 있다. 그러나 논변 당시, 퇴계에게 리 자체가 능동적으로 발한다는 의식이 명료했던 것 같지는 않다. 그 당시 퇴계에게 중요한 것은 리가 아니라 사단이었다. 사단의 순수선성(純粹善性)을 이론적 근거 지우는 일이 퇴계의 과제였다. 리발설은 리의 속성을 설명하기 위한 것이 아니라 사단의 형이상학적 근거를 확립하기 위하여 제시된 명제였다. 사단과 칠정의 질적인 구분을 짓기 위하여 리기로 분속하여 말한 것이며, 그 근거를 리와 기로 각각 배속시킨 것이다. 즉, 사단의 순수선(純粹善)의 논거를 절대적인 리로서의 성(性)에 정초시키기 위하여 사단을 리발로 설명한 것이다.216)

---

216) 최영진(2005a), p.173. 이런 견해에 많은 학자들이 동의하고 있다. 예를 들어, 이종성 (2009, pp.281-282)도 "······ 퇴계에게 있어서 리의 가치는 궁극적으로 인간이 금수로 타락하지 않도록 하는 데 있다. 퇴계가 '리발'을 강조한 것은 결국 인간의 본래성을 회복하여, 타락하지 않고 선의지를 발휘할 수 있게 하는 것이라 하겠다."라고 말하며, 윤사순(1993, p.24 ; 2003, p.5)도 "······ 사칠론이 지니는 의의가 간과되어서는 아니 될 것이다. 이황의 해석에서 가장 큰 난점으로 대두된 것이 「사단에 대한 리발」이었으므로, 이 점에서부터 그 의의가 잡힌다. 이황 등이 정주의 「성즉리」의 사고를 계승하였음을 고려하면, 실제적인 리발까지 끝내 주장한 이면에는 사단과 관련된 본성(仁

이황이 사단과 칠정을 나누어 리와 기에 분속시킬 때, 그는 결코 사단이나 칠정이 현실적으로 또는 경험적으로 분리된다고 생각했던 것이 아니라 개념적으로 또는 이론적으로 분리된다고 생각했다. 그렇기 때문에 리의 발이나 기의 발 등의 표현이 이황에게는 큰 문제가 되질 않았고, 그가 그런 표현 자체에 대해 심각하게 고민하지 않았다는 것은 특히 그가 '소취이언'이나 '소지이언'이란 단어를 빈번하게 사용하면서 자신의 입장을 보이려고 하는 데서 잘 드러나고 있다. 이황이 개념적으로나마 리와 기를 분리시키려고 노력하는 이유는 위 인용문에서 지적되듯이 사단의 선성을 확보하기 위함이었다.

기대승은 사단에 대해 몇 가지 주장을 제시한다. 먼저 그는 사단이 칠정의 일부라고 말한다.[217] 즉, 사단과 칠정은 두 가지 정이 아니라 하나의 정이다.[218] 이것은 맹자 이래로 성리학에서 일반적으로 수용되던 규정으로서, 이황도 사단이 칠정의 일부라는 점에는 동의한다.[219] 하지만 그는 여전히 리와 기라는 용어를 통해 그것들에 대한 '소취이언'이 다르다고 주장하며, 그 결과 그의 '소취이언'을 '소종래'로 간주하는 기대승은 그런 식의 구분이 결국 사단과 칠정을 실질적으로 분리시키는 것으로 보인다는 것이다.

義禮智)의 자발을 믿고, 그것을 강조하려는 의도가 있었음을 알게 된다. ······ 사단에 대한 리발의 주장은 확실히 성선설류의 본성 신뢰의 표출이고, 사람들로 하여금 본성의 본유를 깨달아 그것을 발현토록 함으로써 도덕적으로 타락하지 않게 하려는 것이다."라고 말한다. 한편, 김낙진(2007, pp.164-166)은 리(理)의 작위성(作爲性)을 함축하는 것으로 이해되는 리기호발설(理氣互發說)에 처음 주목한 것은 일본인 학자 다카하시 도루였고, 그 후 배종호 등을 비롯한 많은 학자들도 이런 견해를 따랐다고 말한다.

217) <고봉 1-2-사단칠정설 2>과 <고봉 2-1-3>, 칠정 밖에 다시 사단이 있는 것은 아니다(非七情之外復有四端也).

218) <고봉 1-2-사단칠정설 6>, 사단과 칠정은 애초에 두 가지 뜻이 있는 것이 아니다(四端七情者, 初非有二義也).

219) <퇴계 3-3-본문 9>, 비록 칠정 밖에 다시 사단이 있는 것은 아니지만 ······(故雖不可謂七情之外復有四端 ······).

대개 사단과 칠정을 대비하여 거론하고 서로 말하며, 그림에 게시하여 때로는 [사단에는] 선하지 않음이 없다고 하고 때로는 [칠정에는] 선과 악이 있다고 하면, 사람들이 그것을 보면 마치 두 가지 정이 있는 것처럼 의심할 것이고, 비록 정이 두 가지라고 의심하지 않더라도, 역시 그 정에는 두 가지의 선이 있어서 하나는 리에서 발하고 하나는 기에서 발한다고 의심할 것이므로 아직도 마땅치 않다고 하는 것이다.[220]

기대승은 사단이 리의 발이므로 순선(純善)하고, 칠정은 기의 발이므로 선하거나 악하다고 말하는 경우, 사단의 선과 칠정의 선이 하나의 동일한 선임을 설명하는 것이 어렵다고 지적하고 있다. 기대승은 사단이 칠정 가운데 선한 것을 가리킨다고 주장하는 동시에 사단에도 중절(中節)과 부중절(不中節)이 가능하다고 주장한다.

주희에 따르면, '리'는 '우주에 내재한 보편적인 법칙'이며, 이러한 리가 '사람 또는 사물에 내재한 특수한(또는 개별적인) 법칙'을 성(性)이라고 부른다.[221] 즉, 성은 '마땅히 해야만 하는 일'이다.[222] 성리학에서 리는 선(善)의 근원으로서, 어떤 영향도 받지 않고 아직 드러나지 않은 것을 가리킨다. 이러한 성이 정으로 드러날 때 지나치거나 부족한 경우(부중절의 경우)에는 악이 되고, 적절한 경우(중절의 경우)에는 선이 된다. 사단과 칠정은 모두 정에 속하므로, 모두 중절할 수도 있고 부중절할 수도 있다는 결론이 나온다. 그러나 사단에도 부중절이 가능하다는 이러한 주장은 맹자의 성선설을 받아

---

220) <고봉 2-2-2>, 盖以四端七情, 對擧互言, 而揭之於圖, 或謂之無不善, 或謂之有善惡, 則人之見之也, 疑若有兩情, 且雖不疑於兩情, 而亦疑其情中有二善, 一發於理, 一發於氣者, 爲未當也.

221) 『주자어류』 4:49와 4:50, 성은 리이다(性卽理也) ; 『주자어류』 4:43과 4:45, 성은 다만 리일 뿐이다(性只是理) ; 4:39, 정자가 성은 리라고 말한 것이 가장 좋다(程子 性卽理也 此說最好) 등. 참조 : 『주자어류』, 5:12, 성은 수많은 리이며, 흩어져서 성이 된다(性是許多理, 散在處爲性).

222) 『주자어류』 4:40, 성은 마땅히 해야 하는 것이다(性便是合當做底) ; 5:3, 성은 맡은 일과 같다(性猶職事) ; 5:9, 성은 마땅히 해야 하는 것이다(性是合當底).

들이던 많은 사람들에게 충격적으로 보인다. 왜냐하면 사단은 사람의 선성(善性)을 담보하는 것으로 이해되었던 반면에, 사단에도 악이 가능함을 함축하는 부중절은 맹자의 성선설 자체를 부정하기 때문이다. 기대승은 사단이 순선이라고 주장하는 동시에 부중절도 가능하다고 주장하는 것이 모순임을 스스로 인정한다.

> 무릇 사단의 정이 리에서 발하여 선하지 않음이 없다는 것은 본래 맹자가 가리킨 바에 의해 말한 것이다. 만약 넓게 정에 나아가 세밀하게 논한다면, 사단의 발에도 부중절이 있으니 진실로 모두 선하다고 말할 수는 없다. 보통 사람들 같은 경우에 때로는 마땅히 부끄럽고 미워해서 안 될 것에 부끄러워하고 미워하며, 또한 마땅히 옳고 그름을 따지지 않아야 할 것에 옳고 그름을 따진다. 대개 리가 기 내부에 있다가 기를 타고 발할 때, 리는 약하고 기는 강하므로 리가 기를 통제하지 못하면, 그 유행하는 사이에 진실로 마땅히 이와 같은 것이 있으니 어찌 정에 선하지 않음이 없다고 할 수 있으며 또한 어찌 사단에 선하지 않음이 있다고 할 수 있겠는가? …… 이전에 내[고봉]가 모든 사단은 선하다고 진술하고, 이제 다시 사단의 발에 부중절이 있다고 하니, 그 말이 스스로 서로 모순되니 선생[퇴계]은 괴이하게 여길 것이다. 그러나 이를 궁구해서 말하면, 이런 이치도 있어서 스스로 하나의 설이 됨을 방해하지 않는다.[223]

여기에서 기대승은 사단이 순선하다는 이황의 이론을 반대하며, 그렇게 함으로써 사단이 리의 발이고 칠정은 겸기의 발함(즉, 리와 기의 합에서 발함)이라는 그의 2차 수정 명제인 (P3)을 부정한다. 위에서 언급되었듯이, 순선

---

223) <고봉 2-10-7>, 夫以四端之情爲發於理, 而無不善者, 本因孟子所指而言之也. 若泛就情上細論之, 則四端之發, 亦有不中節者, 固不可皆謂之善也. 有如尋常人, 或有羞惡其所不當羞惡者, 亦有是非其所不當是非者. 蓋理在氣中, 乘氣以發見, 理弱氣强, 管攝他不得, 其流行之際, 固宜有如此者, 烏可以爲情無有不善, 又烏可以爲四端無不善耶 …… 然大升從來所陳, 改以四端爲理爲善, 而今又以爲四端之發, 亦有不中節者, 其語自相矛盾, 想先生更以爲怪也. 然若究而言之, 則亦不妨有是理, 而自爲一說也.

함은 리의 속성이며, 따라서 만약 사단이 칠정 가운데 순선한 것을 지칭한
다면 사단이 리의 발임을 인정하는 것이 된다. 한편, 기질의 경우에는 그것
이 중절하는가 또는 부중절하는가에 따라 선과 악이 각각 결정된다. 그러
므로 기대승이 사단에 중절과 부중절, 즉 선과 악을 모두 인정한다는 것은
사단을 리의 발로만 설명할 수 없으며, 기의 측면도 반드시 언급해야만 하
는 것이다. 다시 말해서, 그는 칠정에 대해 이미 리와 기를 겸하고 선악이
있다고 규정했지만, 이제 사단에 대해서도 동일하게 규정함으로써 사단과
칠정이 모두 하나의 정에 속한다고 주장하며, 무엇보다도 사단을 설명함에
있어서 리는 물론이고 기도 반드시 언급해야 한다는 것이다.

> 내 생각에 사단과 칠정은 심에서 나오지 않는 것이 없고, 심은 곧 리와 기
> 의 합이니, 정은 진실로 리와 기를 겸한 것이다. 따로 하나의 정이 있어 단
> 지 리에서만 나오고 기를 겸하지 않는 것은 아니다.[224]

기대승의 이런 견해를 이황이 부정하지는 않을 것이다. 다시 말해서, 이
황도 사단과 칠정의 경우에 모두 리가 없는 기는 없고 기가 없는 리는 없
다는 주희의 기본 원리를 부정하지는 않을 것이다. 그는 다만 그럼에도 불
구하고 주가 되는 것을 통해 설명할 수 있다는 입장이고, '주가 된다'는 것
은 사단이나 칠정의 특징적인 성격을 규정해주는 개념을 언급하겠다는 것
이다. 순선은 리의 속성이므로, 사단이 순선이라고 한다면, 당연히 그것을
설명하기 위해 리 개념을 언급하는 것은 지극히 자연스럽다.

여기에서 우리는 이황이 기대승에게 보내는 첫 편지에서 언급한 명제는
(P3)임에도 불구하고, 기대승의 논의가 대체로 (P2)에 집중되고 있다는 점

---

224) <고봉 2-5-3>, 愚謂四端七情, 無非出於心者, 而心乃理氣之合, 則情固兼理氣也. 非別有一
情, 但出於理, 而不兼乎氣也.

에 유념할 필요가 있다. 즉, 이황은 (P2)에서 사단은 리의 발이고 칠정은 기의 발이라고 진술함으로써 리와 기를 분리시켰지만, 이미 (P3)에서는 사단이 리의 발이란 진술은 유지하면서 칠정은 기의 발이란 말 대신에 '리와 기의 합'을 함축하는 겸기의 발을 언급하고 있다는 것이다. 그러나 기대승은 단지 첫 번째 편지에서만 명제 (P3)이 명제 (P2)보다는 다소 낮지만 여전히 문제의 소지를 갖고 있다고 언급했고, 나머지 편지들에서는 대체로 (P2)를 논의 대상으로 삼고 있다.

이황은 사단을 리의 발로 보고 칠정을 기의 발로 봄으로써 (개념적으로나마) 리와 기를 분리시켰고, 결과적으로 사단을 칠정에 포함시킬 수 없게 되면서 사단과 칠정 또는 사단의 선과 칠정의 선이 별개의 정이거나 또는 별개의 선이 아님을 설명해야 하는 부담감을 갖게 되었다는 것이 기대승의 지적이다. 그러나 앞에서 반복하여 지적했듯이, 비록 이황이 리의 발과 기의 발을 주장하지만, 그것이 각각 리가 없는 기나 기가 없는 리를 주장하는 것이 아니며, 더구나 그는 실질적인 분리를 주장하는 것이 아니라 개념적인 구분이 가능하다고 말할 뿐이다. 한편, 기대승 자신은 칠정의 경우에는 물론이고 사단의 경우에도 선과 악을 허용함으로써 사단과 칠정의 구분을 모호하게 만들었다. 만약 사단과 칠정이 모두 리와 기의 합이라면, 사단과 칠정의 구분은 더 이상 아무런 의미가 없는 것처럼 보인다.225) 발한 정 가운데 중절한 것은 선이고 부중절한 것은 악이지만, 그것은 더 이상 사단이나 칠정이라는 이름으로 불리는 것이 아니라 다만 정(情)이라고 불릴 것이기 때문이다.

이황의 입장에서는 기대승이 문제를 제기하는 이유는 충분히 납득할 수 있었을 것이다. 사단과 칠정을 설명하면서 리와 기를 완전히 분리된 것으

---

225) 성태용(1995), p.147.

로 간주한다는 것은 단순히 성리학의 기본 원리를 위배하는 것만이 아니라 더 나아가 그것에 기초한 많은 이론들과 신념들을 모두 부정하거나 또는 새롭게 정초해야 하는 심각한 문제를 야기한다. 기대승의 이런 지적은 사실상 심각하고도 중요한 지적임에 틀림없으며, 이황은 이에 쉽게 동의할 수 있을 것이다. 하지만 그는 이황이 실제로 그런 중대한 문제를 야기하고 있다고 지적하며, 그런 잘못을 저질렀음을 인정하고 이론과 주장을 수정해야 한다고 주장하고 있다. 이런 비판에 대해 이황이 할 수 있는 일은 그리 많지 않았던 것으로 보인다. 왜냐하면 그 자신은 결코 리와 기의 실체성에 대한 일반적인 주자학적 이해에서 벗어나질 않았으며, 사단과 칠정을 리의 발과 기의 발로 각각 설명하고는 있지만 그것이 현실상에서의 리와 기의 분리를 함축하지는 않기 때문이다. 그가 의도했던 것은 단지 사단과 칠정의 성격을 설명하기 위해서는 그런 방식의 표현이 필요하다는 개념적인 구분이지 현실에서 분리된다는 존재론적인 분리가 아니었기 때문이다. 지금까지 살펴본 사단칠정논쟁의 핵심은 사단과 칠정에 대한 규정의 문제였으며, 일반적으로 알려진 것처럼 리가 발하는가 또는 발할 수 있는가에 대한 '리발'의 문제가 핵심은 아니었던 것으로 보인다. '리발'의 문제가 심각하고도 본격적으로 다루어진 것은 오히려 인심도심논쟁에서였다. 이제 인심도심논쟁이 어떻게 전개되었으며, 그 안에서 어떤 내용이 논의되었는가를 살펴보자.

제5장 이이와 성혼의 인심도심논쟁

사단칠정논쟁은 사단과 칠정을 리와 기에 어떻게 분속하는가에 대한 논의였던 반면에, 인심도심논쟁은 인심과 도심을 리와 기에 어떻게 분속하는가에 대한 논의였다. 좀 더 정확하게 말하자면, 이이와 성혼의 인심도심논쟁은 도심과 인심을 리와 기에 분속하는 것과 동일한 방식으로 사단과 칠정을 분속할 수 있는가에 대한 논의였다. 이이와 성혼은 '리기호발설'을 이황의 최종적인 규정으로 간주하며, 따라서 그들은 그 규정이 타당한가에 대한 논의와 그 규정이 도심과 인심의 경우에도 적용되는가에 대한 논의에 집중한다.226)

아래에서 우리는 사단칠정과 인심도심의 상호관계에 대한 기대승, 성혼, 그리고 이이의 견해를 중심으로 하여 인심도심논쟁의 논점과 전개 과정을

---

226) 이러한 의도는 특히 성혼의 편지에 잘 드러나 있다. <우계 2-1>, "내[우계]가 묻는 이유는 사단·칠정의 의미나 뜻이 인심·도심의 의미나 뜻과 같은지 다른지를 파악함으로써, 리와 기가 호발한다[서로 발한다]는 이론이 과연 적절한가를 알고 싶기 때문이다(渾之發問, 乃欲知四七之與人心道心意味旨意之同不同, 以爲理氣互發之論, 果合於此否也)."

먼저 살핀다. 기대승은 도심과 인심을 '순리'와 '겸기'의 대비 관계로, 성혼은 '순리'와 '순기'의 대비 관계로, 그리고 이이는 '주리'와 '주기'의 대비 관계로 이해한다. 여기에서는 이러한 대비 관계들이 각각 함축하는 의미가 무엇이며, 어떤 차이점이 있는가를 탐구한다.

한편, 우리는 심·성·정에 대한 일반적인 규정이 그것들의 종개념인 도심과 인심·본연지성과 기질지성·사단과 칠정에 일관되게 적용되는가를 살펴본다. 이와 관련하여, 우리는 도심과 인심에 대해 이이가 제시하는 몇 가지 규정들이 일관적이지 않음을 밝히고 그에 대한 보완책을 제시한다. 그런 뒤에 우리는 이황의 '리기호발설'을 지지하는 성혼의 견해에 반대하는 이이가 '기발리승일도설(氣發理乘一途說)'을 제시하는 이유를 검토한다. 이이는 "사단은 리가 발함에 기가 따르고, 칠정은 기가 발함에 리가 탄다(四則理發而氣隨之, 七則氣發而理乘之)."는 이황의 명제 (P5)의 전반부는 거부하지만 후반부는 인정한다. 즉, 그는 "리가 발함에 기가 따른다."는 전반부의 내용이 시간적인 선후와 공간적인 이합을 함축한다는 이유에서 거부하지만, "기가 발함에 리가 탄다."는 후반부에 대해서는 별다른 이유를 제시하지 않으면서 수용한다. 우리는 이이의 이러한 견해를 어떻게 이해할 것인가, 그리고 그것이 어떤 문제를 함축하는가를 논의한다.

1. 인심도심논쟁의 발단과 전개

이황과 기대승의 사단칠정논쟁이 종결되고, 4년 뒤인 1570년에는 이황이 사망하고 다시 2년 뒤인 1572년에는 기대승이 비교적 젊은 나이에 사망한다. 그런데 기대승이 사망한 바로 그 해에, 성혼은 이이에게 이황의 사단칠정론에 대한 의견을 묻는 편지를 보냈는데, 이것이 사단칠정논쟁의 두 번째 라운드인 인심도심논쟁의 발단이 되었다. 이이와 성혼은 각각 9차례씩 편지를 교환한 것으로 알려져 있는데, 이이의 편지들은 모두 전해지는 반면에 성혼의 편지들 가운데 3, 7, 8, 9서는 분실되어 전해지지 않는다. 하지만 분실된 편지의 내용들 가운데 일부가 이이의 편지에서 언급되고 있으므로 제한적이나마 그들의 논변이 지닌 연속성을 찾아볼 수 있다. 이제 그들의 논변이 어떤 진행 과정을 거치는가를 살펴보자.

이황은 10가지의 학설과 그림을 모아 『성학십도(聖學十圖)』의 「심통성정도(心統性情圖)」를 만들고 그림에 대한 설명을 덧붙였는데,[227] 성혼은 그 내용을 다음과 같이 정리한다.

> 지금 『성학십도』의 「심성정도」를 보니 퇴계 노인이 이론을 세우면서 중간의 한 부분에 말하기를 "(a) <u>사단의 정은 리가 발함에 기가 따르는 것으로서 스스로 전적으로 선하며 악이 없다.</u> 리가 발하였으나 이루어지지 않고 기에 의해 가려지면 선하지 않게 된다. (b) <u>일곱 가지 정은 기가 발함에 리가 타는 것으로</u> 이 또한 선하지 않음이 없다. 만약 기가 발하여 절도에 맞지 않고 그 리를 없애게 되면 버려져서 악이 된다."라고 주장하였다. 이것을 궁구해보면, 리와 기가 발하는 것이 애당초 모두 선하지 않음이 없지만, 기가 절도에 맞지 않게 되어 악으로 흐를 수 있음을 말하는 것이다.[228] (알파벳과 밑줄은 필자의 것이다.)

---

227) 이황이 『성학십도』를 만든 이유에 대해서는 이광호 옮김(2001), pp.117-118을 볼 것. 그리고 「심통성정도」에 대해서는 이광호(1993b), pp.44-52 ; 이광호 옮김(2001), pp.73-80과 pp.131-135 참조

228) <우계 1-1>, 今看十圖心性情圖, 退翁立論, 則中間一端曰 (a) 四端之情, 理發而氣隨之, 自純善無惡. 必理發未遂而揜於氣, 然後流爲不善. (b) 七者之情, 氣發而理乘之, 亦無有不善. 若氣發不中而滅其理, 則放而爲惡云. 究此義論, 以理氣之發當初皆無不善, 而氣之不中, 乃流於惡云矣.

사단의 선이 기가 방해하지 않을 때 드러나고, 칠정의 선이 기가 절도에 맞을 때 드러난다는 말은 각각 기가 방해하거나 또는 기가 절도에 맞지 않는 경우가 있다는 것을 함축한다. 성혼은 여기에서 사단과 칠정이 모두 선할 수도 있고 악할 수도 있다는 기대승의 입장을 수용한다. 한편, 위 인용문의 (a)와 (b)는 이황이 자신의 논변에서 최종적으로 제시했던 4차 수정 명제인 (P5) "사단은 리가 발함에 기가 따르고, 칠정은 기가 발함에 리가 탄다."를 가리킨다. 하지만 같은 편지의 뒷부분에서 성혼은 이황의 명제에 대체로 동의하는 한편, (a)의 "기가 따른다(氣隨之)"와 (b)의 "리가 탄다(理乘之)"는 서술어는 오히려 논지를 흐리게 만드는 불필요한 표현이라고 말한다.

> …… 지금 사단과 칠정에 대한 그림을 그려 리가 발한다거나 기가 발한다고 말하는 것이 어찌 옳지 않겠는가? 리와 기의 호발은 천하의 정해진 이치이니 퇴계의 견해 역시 정당하다. 그러나 기가 따른다거나 리가 탄다고 말하는 것은 바로 그 자체로 끌어들이는 것이 너무 길어 명분과 이치를 잃었다. 내[우계] 생각으로는 사단과 칠정을 서로 대비시켜 "사단은 리에서 발하고, 칠정은 기에서 발한다."라고 할 수는 있지만, 성과 정에 대한 그림에서 분리시켜 그리는 것은 안 된다.[229]

성혼이 언급하는 것처럼 "기가 따른다"와 "리가 탄다" 등의 수식 어구가 붙은 이황의 명제는 (P5)이다. 그리고 이 명제에서 그러한 부가적인 수식 어구들을 제거하면, 이황의 최초 명제 (P2)가 남는다. 하지만 성혼이 여기에서 논의의 대상으로 제시하는 명제는 이황의 명제 (P2)가 아니라 정지운의 명제 (P1)이라는 점에 주의를 기울일 필요가 있다.[230] 사실상 이황이 정

---

229) <우계 1-2-별지 2>, …… 則今爲四端七情之圖, 而曰 發於理. 發於氣. 有何不可乎. 理與氣之互發, 乃爲天下之定理, 而退翁所見亦自正當耶. 然氣隨之理乘之之說, 正自拖引太長, 似失於名理也. 愚意以爲四七對擧而言, 則謂之四發於理, 七發於氣, 可也, 爲性情之圖, 則不當分開.

지운의 명제 (P1)에 언급된 "리에서 발한다(發於理)"와 "기에서 발한다(發於氣)"를 (P2)에서 각각 "리의 발이다(理之發)"와 "기의 발이다(氣之發)"로 수정했던 이유는 그가 "에서(於)"와 "의(之)"라는 두 가지 조사들이 의미상 어떤 차이점을 갖는다는 점을 염두에 두었기 때문이라는 것은 분명하다. 하지만 성혼은 그런 차이점을 고려하지 않는 것으로 보인다. 이것은 이이의 경우에도 마찬가지이다. 사단과 칠정을 리와 기로 설명한 주희의 문장에는 각각 "리지발(理之發)"과 "기지발(氣之發)"로 표현되고 있지만, 이이는 그것들을 "발어리(發於理)"와 발어기(發於氣)"로 적고 있다.[231] 다시 말해서, 이이와 성혼은 모두 그 두 가지 표현들의 의미상 차이점에 별다른 의미를 부여하지 않는다는 것이다.

이처럼 성혼은 (P1)과 (P2)를 구분하지 않는 한편, 그는 그 명제들 속에서 사단과 칠정이 각각 리발과 기발로 설명되고 있다는 점을 인정하고 있다. 일찍이 기대승은 그 명제들이 사단과 칠정은 물론이고 리와 기의 분리 가능성도 함축한다는 점에서 이황에게 지속적으로 문제를 제기했고, 그러한 그의 지적에 따라 이황은 자신의 명제를 몇 차례 수정했다. 하지만 이제 성혼은 오히려 (P5)를 불필요한 군더더기 표현이 붙은 것으로 간주하면서, 이황이 수정하기 이전 명제인 정지운의 최초 명제 (P1)이나 또는 기대승으로 하여금 문제를 제기하게 만들었던 이황의 명제 (P2)로 돌아갈 것을 제안하고 있다. 다시 말해서, 성혼은 사단이 '리의 발'이고 칠정이 '기의 발'이라고 주장하는 또는 리와 기가 각각 발한다고 주장하는 '리기호발설

---

230) 앞에서 보았듯이, 정지운의 최초 명제는 (P1) "사단은 리에서 발하고, 칠정은 기에서 발한다(四端發於理, 七情發於氣)."이고, 이황의 1차 수정 명제는 (P2) "사단은 리의 발이고, 칠정은 기의 발이다(四端理之發, 七情氣之發)."이다.

231) 『주자어류』53:83, 사단은 리의 발이고, 칠정은 기의 발이다(四端是理之發, 七情是氣之發) ; <율곡 1-4>, 주희가 이른바 리에서 발하고 기에서 발한다고 한 것은 ……(朱子所謂發於理發於氣者 ……) ; <율곡 2-12>, 리에서 발하고 기에서 발한다는 주희의 이론은 ……(朱子發於理發於氣之說 ……).

(理氣互發說)'을 이황의 정설 또는 최종적인 규정으로 간주하고 있다.[232] 그런데 그가 이렇게 생각하는 이유는 도심과 인심의 경우에 리와 기의 대비가 가능하듯이 사단과 칠정의 경우에도 그런 대비가 가능하다고 믿기 때문이다. 그는 이이에게 보내는 두 번째 편지의 끝부분에서 다음과 같이 말한다.

> 고봉의 「사단칠정설」에 "인심과 도심을 논한다면 혹 이렇게 말할 수 있겠지만, 사단과 칠정은 아마도 이렇게 말할 수 없을 것이다."라고 했는데, 나는 인심과 도심을 논함에 이렇게 말할 수 있다면, 사단과 칠정을 논함에도 이렇게 말할 수 있다고 생각한다. 어찌하여 그렇게 말할 수 없겠는가?[233]

이미 앞에서도 언급했던 것처럼,[234] 성혼이 기대승과는 반대로 인심과 도심에 대한 '어떤 것'이 사단과 칠정에 대해서도 적용될 수 있다는 입장을 취하고 있음은 분명하지만, 그의 편지에서는 '어떤 것'이 구체적으로 무엇을 지칭하는 것인지 파악되지 않는다. 위 인용문에 언급된 기대승의 「사단칠정설」은 그가 이황에게 보내는 첫 번째 편지인 <고봉1서>의 일부이다. 성혼이 인용하는 기대승의 진술(아래 밑줄 친 부분)을 그 전후의 내용과 함께 읽으면 다음과 같다.

> ······ [이것이] 바로 맹자가 말하는 사단이란 것이다. 이것은 진실로 순일한 천리가 발한 것이지만, 칠정의 밖에서 나올 수는 없으니, 칠정 가운데서 발하여 중절한 것의 싹이다. 그러므로 사단과 칠정을 대비하여 거론하고 서

---

232) <우계 1-2-별지 2>, "리와 기의 호발은 천하의 정해진 이치이니 퇴계의 견해 역시 정당하다(理與氣之互發, 乃爲天下之定理, 而退翁所見亦自正當耶?"

233) <우계 2-4>, 高峯四七說曰, 論人心道心, 則或可如此說, 若四端七情, 則恐不得如此說. 愚意以爲論人心道心, 可如此說, 則論四端七情, 亦可如此說也. 如何而不得如此說耶.

234) '어떤 것'이 무엇을 지칭하는가에 대한 논의는 각주 198 참조

로 말하여 '순리'와 '겸기'라고 할 수는 없다. 인심과 도심을 논한다면 혹 이렇게 말할 수 있겠지만, 사단과 칠정은 아마도 이렇게 말할 수 없을 것이다. 왜냐하면 칠정은 인심으로 볼 수 없기 때문이다.235) (밑줄은 필자의 것이다.)

기대승의 이 글은 ① "사단은 진실로 순일한 천리가 발한 것이다", ② "사단은 칠정 가운데 선한 것들이다(즉, 사단은 칠정의 일부이다)", ③ "사단과 칠정을 대비하여 [각각] '순리'와 '겸기'로 말할 수 없다", ④ "도심과 인심을 대비하여 [각각] '순리'와 '겸기'로 말할 수 있다", 그리고 ⑤ "칠정은 인심이 아니다" 등의 주장들을 포함한다. 위 인용문에서 대비로 옮긴 '대거(大擧)'는 최소한 두 가지의 대상들을 동등한 가치와 비중을 지닌 것으로 간주하여 비교한다는 의미를 가지며, 결국 도심과 인심은 각각 '순리'와 '겸기'로 설명할 수 있지만 사단과 칠정은 그렇게 설명할 수 없다는 것이다. 이처럼 기대승이 사단과 칠정을 대거 또는 대비하여 설명할 수 없다고 보는 이유는 전자가 후자의 일부분에 불과하기 때문이다. 즉, ②는 ③을 함축한다는 것이다.

위 인용문에서 기대승은 ③과 ④를 모두 주장하지만, 성혼은 ④는 인정하는 한편 ③은 부정한다. 즉, 기대승은 도심과 인심은 '순리'와 '겸기'로 대비할 수 있지만 사단과 칠정도 그렇게 대비할 수 없다고 주장하는 반면에, 성혼은 도심과 인심은 물론이고 사단과 칠정도 '순리'와 '겸기'로 대비할 수 있다고 주장한다. 그러나 이렇게 본다면, 도심과 사단이 각각 '순리'로 설명될 것이고, 인심과 칠정이 각각 '겸기'로 설명될 것이며, 따라서 성혼은 칠정과 인심을 동일하다고 주장해야만 할 것으로 보인다. 즉, 그는 ⑤

235) <고봉 1-2-사단칠정설 4>, …… 正孟子所謂四端者也. 此固純是天理所發, 然非能出於七情之外也, 乃七情中發而中節者之苗脈也. 然則以四端七情對擧互言, 而謂之純理兼氣可乎. 論人心道心則或可如此說, 若四端七情則恐不得如此說. 蓋七情不可專以人心觀也. [ ] 안의 글은 이해를 돕기 위해 필자가 첨가한 것이다.

도 부정해야 하는 것이다. 그러나 이런 해석이 옳은가?

성혼은 사단과 칠정의 관계와 도심과 인심의 관계가 동일하다고 생각하고 있으므로, 그 관계들이 모두 칠정이 사단을 포함하는 '칠포사(七包四)'이거나 또는 칠정과 사단이 서로 다른 종류의 정(情)이며 서로 대립되는 '칠대사(七對四)'의 관계에 있다고 생각할 것이다. 그런데 이전 장에서 보았듯이, 기대승은 '칠포사'를 지지하므로, 성혼은 이황과 마찬가지로 '칠포사'에 대립되는 이론인 '칠대사'를 지지하고 있음에 틀림없다. 이러한 '칠대사'의 관계는 칠정과 사단의 소종래(所從來) 또는 근원이 서로 상반된 경우에 쉽게 설명이 된다. 만약 이 분석이 정확하다면, "성혼은 ④는 인정하지만 ③은 부정한다."는 위의 진술은 엄밀한 의미에서 옳지 않다. 즉, 성혼이 사단과 칠정이나 도심과 인심이 '순리'와 '겸기'로 대비해 말할 수 있다는 것을 인정하거나 부정한 것이 아니라는 것이다. 다시 말해서, 그가 여기에서 인정하거나 부정한 것은 '순리'와 '겸기'의 대비 관계가 아니라는 것이다.

분명히 기대승의 경우에는 ③과 ④를 모두 인정하고 있으며, 또한 위 인용문에서 보듯이 도심과 인심의 경우에는 가능하지만 사단과 칠정에는 가능하지 않다고 그가 말할 때 염두에 두고 있는 것은 '순리(純理)'와 '겸기(兼氣)'의 대비이다. 하지만 성혼은 정지운의 명제 (P1)이나 이황의 최초 명제 (P2)를 논의 대상으로 삼고 있다. 그런데 그 명제들의 '발어리'와 '리지발'은 '순리'를 인정하는 것이 맞지만, '발어기'와 '기지발'은 리를 겸한 '겸기'가 아니라 기만을 가리키는 '순기(純氣)'를 인정하는 것이 된다. 이렇게 본다면, 성혼은 여기에서 '순리'와 '순기'를 대비하는 것이지 기대승처럼 '순리'와 '겸기'를 대비하는 것이 아니다. 다시 말해서, 그가 말하는 것은 도심과 인심이 '순리'와 '순기'의 관계를 가지며, 또한 사단과 칠정도 그런 관계를 갖는다는 것이다. 이처럼 도심과 인심을 사단과 칠정의 동일성 여부

를 가늠함에 있어서 성혼은 기대승과는 다른 기준을 갖고 있다고 보아야
한다.

성혼과 논변을 이끌어갔던 이이는 사단이 칠정 가운데 선한 것들을 가
리킨다고 말함으로써 '칠포사'를 지지한다. 그의 견해는 기대승의 견해와
동일하지만 성혼의 견해와는 다르다. 또한 그는 기대승과 마찬가지로 (그
리고 성혼과는 달리) 사단과 칠정이 도심과 인심과는 다른 관계를 갖는다
고 생각한다. 하지만 그것들의 관계를 구분하는 이이의 기준은 기대승의
것과도 다르고 또한 성혼의 것과도 다른 것으로 나타난다.

> 인심과 도심은 정만을 가리키는 것이 아니라 정과 의를 겸해서 말한 것이
> 다. [반면에] 칠정은 사람의 마음이 움직이는 가운데 있는 일곱 가지의 정을
> 통틀어 말한 것이고, 사단은 칠정 가운데에서 선한 것만을 취하여 말한 것
> 으로서, 인심과 도심을 서로 대비하여 말한 것과는 다르다. 또한 정은 [의처
> 럼] 발출하고 헤아리고 비교하기 이전으로서, 인심과 도심이 서로 시작이
> 되고 끝이 되는 것과는 다르다. 그러므로 양쪽을 말하려면 인심과 도심의
> 설을 따라야 하고, 선한 측면만을 말하려면 사단의 설을 따라야 하며, 선함
> 과 악함을 겸하려면 칠정의 설을 따라야 한다.[236]

위 인용문에 나타난 구분의 기준은 두 가지이다. 첫 번째는 사단과 칠정
의 경우에는 후자가 전자를 포함하지만 도심과 인심의 경우에는 후자가
전자를 포함하지 않는다는 점이다. 다시 말해서, 사단과 칠정은 '칠포사'의
관계인 반면에, 도심과 인심은 인심이 도심을 포함하는 '인포도(人包道)'의
관계가 아니며, 따라서 그 관계들이 서로 다르다는 것이다. 두 번째는 사단

---

236) <율곡 1-3>, 蓋人心道心兼情意而言也, 不但指情也. 七情則統言人心之動有此七者, 四端則
　　就七情中擇其善一邊而言也, 固不如人心道心之相對而下矣. 且情是發出惢地, 不及計較, 則
　　又不如人心道心之相爲終始矣. 烏可强就而相準耶. 今欲兩邊說下, 則當遵人心道心之說, 欲
　　說善一邊, 則當遵四端之說, 欲兼善惡說, 則當遵七情之說, 不必將枘就鑿, 紛紛立論也.

과 칠정은 '정(情)'인 반면에, 도심과 인심은 "정(情)과 의(意)를 겸한다."는 점이다. '정'은 사물을 접함으로써 사람의 내부에서 발생하는 즉각적인 감각·지각 작용이라면, '의'는 이런 감각·지각의 내용을 '헤아리고 비교'하는 작용을 일컫는다. 이것은 결국 사단과 칠정은 도심과 인심과는 다른 범주에 속한다는 점에서 구분된다는 것이다. 위 인용문은 <율곡 1서>의 내용인데, 이이는 <율곡 2서>에서도 계속하여 그것들을 구분하는 기준을 제시하고 있다.

> 칠정의 밖에 또 다른 사단은 없다. 그러므로 사단은 오로지 도심만을 말한 것이고, 칠정은 인심과 도심을 합하여서 말한 것이니, 인심과 도심이 스스로 두 쪽으로 나누어진 것과 어찌 확연히 다르지 않겠는가?[237)

세 번째 기준은 사단이 도심과 동일한 성격을 갖는 반면에, 칠정은 인심과 도심의 성격을 모두 갖는다는 것이다. 이이는 여기에서 사단이 칠정 가운데 선한 정을 지칭하며, 사단을 포함하는 칠정은 선과 악을 모두 포함한다는 점을 염두에 두고 있다. 위에서 보았듯이, 이이는 '칠포사'를 인정하지만 '인포도'를 인정하지 않았다. 사실상 칠정은 선한 도심 이외에 인심도 포함한다는 그의 진술은 인심에 도심이 포함되지 않는다는 의미는 물론이고 칠정이 악한 성격을 갖는다는 의미도 함축한다.

사단이 도심과 동일한 성격을 갖는다는 것은 도심이 선하다는 의미이며, 칠정이 도심과 인심의 성격을 모두 갖는다는 것은 도심이 선하고 인심이 악할 수도 있다고 규정하는 것으로 볼 수 있다. 왜냐하면 인심이 선함과 악함을 모두 갖는다면, 칠정이 인심과 동일하다고 말하거나 또는 인심의

---

237) <율곡 2-15>, 七情之外, 更無四端矣. 然則四端專言道心, 七情合人心道心而言之也. 與人心道心之自分兩邊者, 豈不迥然不同乎.

성격을 갖는다고 말하면 되는 것이지 굳이 도심과 인심의 성격을 모두 갖는다고 말할 필요가 없기 때문이다. 달리 말해서, 만약 칠정과 인심이 동일한 성격을 갖는다면, 인심도 칠정과 마찬가지로 선과 악의 성격을 모두 포함한다고 말할 수 있을 것이다. 칠정과 인심이 동일한 성격을 갖고 있지 않으며, 그렇기 때문에 이이는 칠정에 인심뿐만이 아니라 선한 도심도 포함된다고 말하는 것이다.

끝으로, 이이는 사단과 칠정의 관계와 도심과 인심의 관계를 구분하는 네 번째 기준을 다음과 같이 제시한다.

> 또한 사단을 주리라 하면 옳지만 칠정을 주기라 하면 옳지 않다. 칠정은 리와 기를 포함하여 말하므로 주기가 아니다. 인심과 도심은 주리와 주기의 설로 말할 수 있으나 사단과 칠정은 이 설로 말할 수가 없으니, 사단은 칠정 안에 있고 칠정은 리와 기를 겸하기 때문이다.[238)]

네 번째 기준은 '주리'와 '주기' 개념을 통해 설명이 가능한가에 대한 것이다. 도심과 인심은 그런 개념들을 통해 설명할 수 있지만, 사단과 칠정은 그렇지 않다는 것이다. 사단은 '순리'이므로 '주리'라고 말할 수 있지만, 칠정은 '겸기'이므로 '주기'라고 말할 수 없다는 것이다. 이이는 이처럼 사단과 칠정의 관계가 도심과 인심의 관계와 동일하지 않다고 주장하는 네 가지 이유를 제시하면서 그것들을 구분한다. 사실상 기대승과의 사단칠정논쟁에서 이황은 도심과 인심에 대해 아무런 언급을 하지 않는다.[239)] 반면에

---

238) <율곡 2-16>, 且四端謂之主理, 可也, 七情謂之主氣, 則不可也. 七情包理氣而言, 非主氣也. 人心道心可作主理主氣之說, 四端七情, 則不可如此說, 以四端在七情中, 而七情兼理氣故也. 이 원문과 번역문의 확장된 인용문은 각주 265 참조

239) 그러나 그는 다른 곳에서 사단과 칠정이 각각 도심과 인심에 대비될 수 있다고도 말하고 또한 대비될 수 없다고도 말하는데, 권인호(1995, p.186)가 말하듯이 아래 원문의 내용에서 이황은 전자의 입장을 취하는 것으로 보인다. 하지만 그가 이곳에서 우리가 관심을

사단과 칠정의 성격이나 관계에 대해 대체로 동일한 견해를 공유하는 기대승과 이이는 물론이고 성혼도 서로 다른 기준을 염두에 두고 있다. 지금까지 살펴본 바를 간단하게 정리하면 다음과 같다.

> ① 기대승 : 도심과 인심은 '순리'와 '겸기'로 대비되지만, 사단과 칠정은 그렇지 않다.
> ② 성혼 : 도심과 인심은 '순리'와 '순기'로 대비되며, 사단과 칠정도 그렇다.
> ③ 이이 : 사단은 칠정을 포함하지만, 도심은 인심을 포함하지 않는다.
> ④ 이이 : 사단과 칠정은 '정'이지만, 도심과 인심은 '정과 의'를 겸한다.
> ⑤ 이이 : 사단은 도심에 대응되지만, 칠정은 인심에 대응되지 않는다.[240]
> ⑥ 이이 : 도심과 인심은 '주리'와 '주기'로 대비되지만, 사단과 칠정은 그렇지 않다.

  기대승은 도심과 인심이 '순리'와 '겸기'로 대비될 수 있지만, 사단과 칠정은 사실상 '겸리'와 '겸기', 즉 두 가지 정이 모두 '리와 기의 합'으로 설

갖는 기준, 즉 그렇게 대비시키는 기준이나 근거가 무엇인지는 분명하게 드러나지 않는다. 『退溪全書』권37, 「答李平叔」2, "지난번 보내준 글에 말하길 "인심과 도심은 칠정과 사단이라 일컬을 수 없다."라고 했는데, 이제 이덕홍의 기록을 보니 "인심은 칠정이고, 도심은 사단이다."라고 하였으니, 감히 그것이 다른 까닭을 묻겠다고 하였다. [그 이유는 다음과 같다.] 인심은 칠정이 되고 도심은 사단이 된다는 것은 …… 이 두 가지가 칠정과 사단이 된다는 것은 진실로 불가함이 없다. 내가 전날에 이굉중에게 말한 것도 이런 것이다. …… (向蒙垂諭云, 人心道心, 不可謂七情四端, 而今見李德弘錄云, 人心, 七情也, 道心, 四端也, 敢問其所以異). 人心爲七情, 道心爲四端 …… 二者之爲七情四端, 固無不可. 滉前日答李宏仲云云者此也. ……)" 이동준(2007, p.184)은 도심과 인심의 성격에 대한 이황의 견해를 다음과 같이 정리한다. "본연지성에서 발하는 사단, 즉 도심은 순선무악(純善無惡)하지만, 형기에서 발하는 칠정 즉 인심은 선하게도 되고 악하게도 된다는 것이다. 즉 인심은 본래 선한 것이나 자칫하면 그 정도가 지나치거나 모자라서[過不及] 치우치기 쉽다. 그것은 알맞게 되지 못하고 중용을 잃어버리기 쉬운 것이다."

240) 이 견해에는 기대승과 성혼도 동의한다. <고봉 1-2-사단칠정설 4>, 칠정을 오로지 인심으로 볼 수는 없다(蓋七情不可專以人心觀也) ; <우계 1-2-별지 1>, 도심을 사단이라고 할 수는 있지만, 인심을 칠정이라고 할 수는 없다(今以道心謂之四端可矣, 而以人心謂之七情則不可矣). 이황의 견해는 위 각주 239 참조

명되어야 한다고 생각한다. 하지만 성혼의 견해는 두 가지 점에서 기대승의 견해와 다르다. 첫째, 기대승은 도심과 인심이 '순리'와 '겸기'로 대비된다고 생각하는 반면에, 성혼은 '순리'와 '순기'로 대비된다고 생각한다는 점이며, 둘째, 그러한 대비가 도심과 인심에만 적용되는 것이 아니라 사단과 칠정에도 적용된다는 점이다.

이미 언급했듯이, 성혼은 (이이와 마찬가지로) '발어리(發於理)'와 '발어기(發於氣)' 또는 '리지발(理之發)'과 '기지발(氣之發)'의 의미상 차이에 전혀 주목하지 않는다. 하지만 그러한 부주의 또는 무관심과는 관계없이, 그는 도심과 인심을 각각 리발과 기발로 규정함으로써, 리와 기를 분리된 것으로 대비시키면서 이황의 '리기호발설'을 적극적으로 수용하고 지지한다. 이러한 그의 태도는 도심과 인심을 '순리'와 '순기'로 대비하고 있다는 점에서도 쉽게 찾아볼 수 있다. 그는 자신이 이처럼 강력하게 '리기호발설'을 지지하게 된 동기를 다음과 같이 설명한다.

> 나는 퇴계 선생에 대해 내 뜻대로 말하지 못하는 미혹됨이 있어, 매번 리와 기가 호발한다는 설에 대해 옳지 않다고 여기면서도 오히려 집착하여 버릴 수 없었다. 그런데 [주희의] 인심도심설을 읽다가 이른바 "혹은 [형기에서] 생겨나고 혹은 [성명에] 근원한다."라는 논의를 보니, [이것이] 퇴계의 말과 우연히 합치하였다. 그래서 기꺼이 그 쪽으로 향하여 옛 주장을 버리고 이를 따르고자 하니, 이것이 생각을 바꾸게 된 단초이다. 호발설은 내가 새롭게 만든 것이 아니라 바로 노선생의 설이다.241)

성혼이 처음부터 '리기호발설'을 지지했던 것이 아니라 "혹은 형기에서 생겨나고 혹은 성명에 근원한다."는 이른바 '혹원혹생설(或原或生說)'을 접한

---

241) <우계 4-1>, 渾於退溪先生, 有金注之惑, 每於理氣互發之說, 不以爲然, 而猶戀著不能舍. 及其讀人心道心之說, 而看所謂或生或原之論, 則與退溪之言暗合. 故慨然向之, 欲棄舊而從之, 此其所以改思之端也. 互發之說, 非我創新, 乃老先生之說也.

이후에 지지하게 되었다는 것이다.242) 여기에서 주목할 것은 그가 "혹은 성명에서 근원한다(或原於性命之正)."를 '리지발'로 이해하고, "혹은 형기에서 생겨난다(或生於形氣之私)."를 '기지발'로 이해하고 있다는 점이다. 더 나아가 그는 '리지발'과 '기지발'을 '주리(主理)'와 '주기(主氣)'로 이해하고 있다.

> 마음의 허령243)과 지각은 하나일 뿐인데, 인심과 도심의 두 가지 이름이 있는 이유는 어째서인가? 그 이유는 인심은 형기의 사사로움에서 생겨나고 도심은 성명의 올바름에 근원하여 각각 기와 리의 발이 같지 않고, 위태로움과 미미함의 작용이 각각 다르기 때문이다. 그렇다면 [인심과 도심의 관계는] 이른바 사단과 칠정의 관계와 같은가? 지금 도심을 사단이라고 할 수는 있지만, 인심을 칠정이라고 할 수는 없다. 사단과 칠정은 모두 성에서 발한 것으로 발한 것이고 인심과 도심은 모두 심에서 발한 것으로 말한 것으로, 그 명목과 이름 사이에는 같지 않은 것이 있다.244)

지금까지 살펴본 바에 의하면, 성혼은 도심과 인심에 대해 두 가지 도식을 염두에 두고 있다. 그는 도심을 성명의 올바름에서 근원하는 것이라고 보며, 이것을 리의 발로 표현하는 동시에 리를 주로 한다고 표현한다(아래

---

242) 『중용장구』 서문, 인심과 도심이 다르다는 것은 그것이 혹은 형기의 사사로움에서 생겨나고 혹은 성명의 올바름에 근원하여, 그것을 알고 깨닫는 것이 같지 않기 때문이다. 그러므로 혹은 위태롭고 편하지 않으며, 혹은 미묘하여 보기가 어려울 뿐이다(人心道心之異者, 則以其或生於形氣之私, 或原於性命之正, 而所以爲知覺者不同. 是以或危殆而不安, 或微妙而難見耳).

243) 윤용남(2005, p.288)은 '허령(虛靈)'의 의미를 "'허(虛)'는 비었다는 것이고, 령(靈)은 신령(神靈)·영명(靈明)하다는 것이다. 허령은 심이 어떤 형상으로 채워져 있는 것이 아니라 텅 비어 있으면서도 불꽃처럼 밝아서 모든 것을 비출 수 있는 신령(神鈴)한 능력을 가지고 있다는 것이다. 이는 정상(精爽)·신명(神明)한 심이 갖는 기본적인 능력이다."라고 설명한다.

244) <우계 1-2-별지 1>, 心之虛靈知覺, 一而已矣, 而有人心道心之二名, 何歟. 以其或生於形氣之私, 或原於性命之正, 理氣之發不同, 而危微之用各異, 故名不能不二也. 然則與所謂四端七情者同耶. 今以道心謂之四端可矣, 而以人心謂之七情則不可矣.

ⓐ). 또한 그는 인심을 형기의 사사로움에서 나오는 것으로 보며, 이것을 기의 발로 표현하는 동시에 기를 주로 한다고 표현한다(아래 ⓑ).[245] 이러한 성혼의 견해에 따르면, 우리는 다음과 같은 두 개의 등식을 갖게 된다.

ⓐ 도심=리지발=혹원어성명지정=주리
　　(道心=理之發=或原於性命之正=主理)
ⓑ 인심=기지발=혹생어형기지사=주기
　　(人心=氣之發=或生於形氣之私=主氣)

성혼은 '리지발'과 '주리', 그리고 '기지발'과 '주기'를 각각 동일한 의미로 이해하고 있지만, 사실상 우리가 보기에 그것들은 서로 다른 의미를 담고 있다. 즉, 리발이나 기발이란 표현은 그 표현 속에서 언급되지 않은 기나 리를 각각 전제한다고 볼 수 없다는 것이다. 그것들은 '오직 리만의 발'이나 '오직 기만의 발'을 의미하는 것이지 '기를 전제한 리의 발'이나 '리를 전제한 기의 발'을 의미하는 것이 아니다. 반면에 주리나 주기라는 표현은 모두 '리와 기의 존재'를 전제하지만 각각 리나 기를 위주로(또는 리나 기를 강조하여) 설명하겠다는 의도를 함축하는 것으로 이해할 수 있다.

　사람이 리를 살피는 것은 이발한 뒤에 선과 악이 나뉨으로 말미암은 것인데, 이것을 가리켜 "이처럼 성이 발하여 불선함이 없으며, 이처럼 기가 고르지 못해 악으로 흐른 것이다."라고 말한다. 이로써 음미해보면, 다만 막 움

---

245) 비교 : 이동준(1997, p.60)은 "'형기의 사(私)'와 '성명의 정(正)'이라 함은 또한 인간의 두 면을 인심·도심으로 나누어 보는 이원론적인 면이 있고, 또 '마음의 허령지각은 하나'라 함은 심(心) 자체를 일원으로 말하는 것이라 하겠다. 그리하여 이러한 양면성을 어떻게 처리하고 조정하는가가 문제이다."라고 말하며, 이에 덧붙여 그(p.61)는 도심과 인심에 대하여 "'성명(性命)'을 본성과 천명이라 할 때, 현존하는 마음이 신체와 관계없이 나타나는 것은 도심이요, 또 마음이 신체성과 관련하여 나타날 때 이것을 인심이라 하는 것뿐이다."라고 설명한다.

직일 때 주리와 주기의 차이가 있는 것이지, 원래부터 리와 기가 호발하여 각자의 일을 수행하는 것이 아니다. 사람이 리를 보고 기를 보는 것은 각각 중요하게 여기는 것으로 말을 하는 것이다. 이렇게 추구하면, 형의 가르침에 어긋나지 않은데 어떠한가?246)

성혼도 자신이 동의하는 이황의 '리기호발설'은 리와 기가 각각 실제로 발한다는 의미를 함축하는 것이 아니라 다만 중요한 요소를 지칭하기 위한 것이라는 견해를 분명히 밝힌다. 한편, "인심과 도심은 주리와 주기의 설로 말할 수 있으나 사단과 칠정은 이 설로 말할 수가 없다."247)는 이이의 진술을 보면, 그도 '주리'와 '주기'가 개념적 강조를 위한 것에 불과하다는 그 표현들의 용법을 인정하는 것으로 보인다. 실제로 그는 인심과 도심을 두 가지 심이라고 생각하지 않으며, 또한 그것들이 각각 (도심은) 리만의 발함이거나 또는 (인심은) 기만의 발함이라고 생각하지 않는다. 그에게 있어서, 인심과 도심은 하나의 심에 불과하며, 또한 그것들이 심인 한에 있어서 그것들은 리와 기가 함께 발하는 것이다. 하지만 그럼에도 불구하고 그는 '리기호발설'이 '시간적인 선후(先後)'와 '공간적인 이합(離合)'을 함축하기 때문에 수용할 수 없다는 자신의 입장을 밝힌다. 이것은 결국 '리기호발설'을 개념적인 또는 강조적인 용법으로 보지 않고 실질적인 발함의 경우로 보고 있다는 것이다.

앞에서 보았듯이, 성혼은 이황의 명제 (P5) "사단은 리가 발함에 기가 따르고, 칠정은 기가 발함에 리가 탄다."에서 "기가 따른다"와 "리가 탄다" 등의 부가적인 수식 어구들이 불필요하므로 삭제하라고 제안했다. 하지만

---

246) <우계 4-3>, 人之察理者, 由夫已發之後, 善惡之所由分者, 而名之曰, 如此, 性之發而無不善也, 如此, 氣之不齊而流於惡也. 以此玩之, 則只於纔動之際, 而便有主理主氣之不同, 非元爲互發而各用事也. 人之見理見氣, 各以其重而爲言也. 如是求之, 與吾兄之誨, 不背焉矣, 奈何.

247) 위 각주 238과 아래 각주 265에 인용된 <율곡 2-16>의 인용문 참조

이이는 성혼의 제안과는 달리 이황의 수식 어구들을 삭제하지 않고 그 명제를 있는 그대로 유지한다. 그리고 그는 그 명제의 전반부의 문장인 "사단은 리가 발함에 기가 따른다."는 표현이 바로 '시간적인 선후'와 '공간적인 이합'이라는 문제점들을 함축하는 표현이라고 생각한다. 반면에 그는 후반부의 문장인 "칠정은 기가 발함에 리가 탄다."는 표현이 그런 문제점들을 갖는다고 생각하지 않으며, 사실상 그는 이 표현이 칠정뿐만 아니라 천지의 모든 조화에 적용된다고 말한다.

주자가 "리에서 발하고, 기에서 발한다."라고 말한 것은 …… "사단은 오로지 리만을 말한 것이고, 칠정은 기를 겸해서 말한 것이다."라고 말한 것에 불과하며, "사단은 리가 먼저 발하고, 칠정은 기가 먼저 발한다."라고 말한 것은 아니다. 퇴계가 이것으로 이론을 세워 "사단은 리가 발함에 기가 따르고, 칠정은 기가 발함에 리가 탄다."라고 말하였다. 이른바 "기가 발함에 리가 탄다."는 것은 옳지만, 단지 칠정만이 그런 것은 아니며 사단도 역시 기가 발함에 리가 탄 것이다. 왜냐하면 어린애가 우물에 빠진 것을 본 뒤에야 측은지심이 발하는데, 보고서 측은하게 여기는 것은 기이기 때문이다. 이것이 이른바 '기발'이다. 측은하게 여기게 하는 근본은 인이다. 이것이 이른바 '리가 탄다'는 것이다. 인심만이 그런 것이 아니라 천지의 조화도 기의 작용에 리가 타지 않은 것이 없다. 그렇기 때문에 음과 양이 움직이고 고요하며 태극이 그것에 타는 것이니, 이것은 [시간적인] 앞과 뒤를 말할 수 있는 것이 아니다. 리가 발함에 기가 따른다는 설은 분명히 앞과 뒤를 주장하는 것이니, 이것이 어찌 리를 해치는 것이 아니겠는가?248)

---

248) <율곡 2-11>, 朱子發於理發於氣之說 …… 四端專言理, 七情兼言氣云爾, 非曰, 四端則理先發, 七情則氣先發也. 退溪因此而立論曰, 四端, 理發而氣隨之, 七情, 氣發而理乘之. 所謂氣發而理乘之者, 可也, 非特七情爲然, 四端亦是氣發而理乘之也. 何則見孺子入井, 然後乃發惻隱之心, 見之而惻隱者, 氣也. 此所謂氣發也. 惻隱之本, 則仁也. 此所謂理乘之也. 非特人心爲然, 天地之化, 無非氣化而理乘之也. 是故, 陰陽動靜, 而太極乘之, 此則非有先後之可言也. 若理發氣隨之說, 則分明有先後矣, 此豈非害理乎.

이이와 성혼의 논의는 이황과 기대승의 논의와 비슷한 양상을 보인다. 이황은 자신이 주장하는 '리지발'과 '기지발' 등의 표현이 개념적인 것이지 사실적인 것이 아니라고 여러 차례에 걸쳐 주장했지만, 기대승은 그런 설명을 받아들이지 않고 그의 표현을 사실적인 것으로 간주했었다. 이이도 이황을 변호하는 성혼의 설명을 받아들이지 않고 '리기호발설'을 사실적인 차원에서 다루고 있다. 따라서 이황과 기대승의 논의가 그랬던 것처럼 이이와 성혼도 리와 기에 대해 서로 다른 이해 방식을 갖고서 자신들의 논의를 진행하고 있으며, 그렇기 때문에 그들의 논의도 합의를 이루기가 아주 어렵거나 또는 불가능할 수밖에 없다. '리기호발설'과 관련된 내용을 자세히 살피기에 앞서, 인심도심논쟁의 주된 논제인 도심과 인심에 관련된 몇 가지 논의들을 먼저 살펴보자.

2. 심·성·정의 이분법적 종개념

이이와 성혼은 도심과 인심의 관계에 대한 설명이 사단과 칠정의 관계에 그대로 적용될 수 있는가에 대한 문제에서 출발했지만, 부분적으로는 그런 설명이 본연지성과 기질지성의 관계에도 적용될 수 있겠는가에 대한 문제에 대해서도 논의한다. 이러한 그들의 논의에 우리가 참여하려면, 심성론의 대표적인 유개념인 심(心)·성(性)·정(情)의 성격을 먼저 이해해야 하며, 또한 그것들의 종개념인 '도심과 인심'·'본연지성과 기질지성'·'사단과 칠정'의 성격에 대해서도 이해해야 한다. 여기에서는 심·성·정이라는 유개념에 대한 규정들이 그것들의 종개념들에도 각각 일관되게 적용되고 있는가를 살펴보자.

이와 관련하여 우리가 먼저 살펴볼 문제는 종개념들의 상호관계에 대한 이이의 언급이다. 이이는 사단과 칠정의 관계는 본연지성과 기질지성의 관계와 동일한 반면에, 도심과 인심의 관계와는 다르다고 주장하면서 그에 대한 근거를 제시한다. 그가 제시하는 근거는 사단을 도심과 동일시하는 반면에 칠정을 인심과 차별시하는[249] 그의 견해를 스스로 부정하는 결론으로 이끌어진다. 그 이유는 무엇보다도 칠정의 경우와 마찬가지로 인심의 경우에 선함과 악함을 인정하면서, 그럼에도 인심과 칠정의 동일성을 부정하는 것은 자기모순을 범하는 것으로 보이기 때문이다. 아래에서 필자는 이이가 이 문제를 해결하기 위해서는 인심이 선함과 악함을 모두 갖는다는 견해를 포기하거나 또는 도심과 인심의 관계가 사단과 칠정의 관계와 동일하다는 견해(즉, 칠정이 사단을 포함하는 것처럼 인심도 도심을 포함한다는 견해)를 수용해야 한다고 주장한다.

1) 이분법적 종개념들의 성격과 관계

이이는 성리학의 일반적인 분류 방식을 따라 심·성·정을 각각 '도심과 인심', '본연지성과 기질지성', 그리고 '사단과 칠정'이라는 세 쌍의 하위 개념들로 구분한다. 심·성·정이 각각 유(類)라면, 도심과 인심, 본연지성과 기질지성, 그리고 사단과 칠정은 그것들의 종(種)으로서, 정의상 유개념이 지닌 본질적인 속성(들)은 종개념에도 공유되리라 기대된다. 다시 말해서, 성과 정은 각각 미발의 상태와 이발의 상태이므로 그것들의 종개념들도 그런 속성을 공유하리라 기대되며, 이와 마찬가지로 성과 정을 포함(兼)하는 유개념인 심과 마찬가지로 그것의 종들인 도심과 인심도 최소한

---

249) <율곡 2-15>, "사단은 오직 도심만을 말한 것이고, 칠정은 인심과 도심을 합해 말한 것이다(然則四端專言道心, 七情合人心道心而言之也)."

미발의 상태와 이발의 상태의 속성을 모두 갖고 있으리라 기대된다. 우리가 기대하는 것처럼 유와 종이 동일한 속성(들)을 공유하는가, 그리고 만약 그렇지 않다면 어떤 차이점이 있으며 또한 그런 차이점은 어떻게 해소될 수 있는가를 살펴보자.

정은 성이 발한 것이라 말해지며, 이러한 정은 다시 사단과 칠정으로 구분된다. 이에 대해 이이는 다음과 같이 말한다.

> 사람의 성에는 인·의·예·지·신의 다섯 가지가 있을 뿐이며, 다섯 가지 이외에 다른 성은 없다. 정에는 희·로·애·구·애·오·욕의 일곱 가지가 있을 뿐이며, 일곱 가지 이외에 다른 정은 없다. 사단은 단지 선한 정의 다른 이름일 뿐이며, 칠정을 말하면 사단이 그 안에 있으니, 인심과 도심에 상대적으로 이름을 붙이는 것과는 같지 않다.250)

이 글에서 이이는 사단이 칠정 가운데 선한 정을 가리키는 것이므로 칠정은 사단을 포함하는데, 이러한 사단과 칠정의 관계는 본연지성과 기질지성의 관계와는 동일하지만, 도심과 인심의 관계와는 다르다고 생각한다. 여기에서 이이는 비교의 기준으로 순리(순수한 리)와 겸기(기를 겸한 리)를 제시한다.

> 사단과 칠정은 바로 본연지성과 기질지성의 관계와 같다. 본연지성은 기질을 겸한 것이 아니지만, 기질지성은 본연지성을 겸한 것이다. 그러므로 사단은 칠정을 겸할 수 없지만, 칠정은 사단을 겸한다.251)

---

250) <율곡 2-13>, 夫人之性, 有仁義禮智信五者而已, 五者之外, 無他性. 情有喜怒哀懼愛惡欲七者而已, 七者之外, 無他情. 四端只是善情之別名, 言七情則四端在其中矣, 非若人心道心之相對立名也.

251) <율곡 1-4>, 四端七情正如本然之性氣質之性, 本然之性, 則不兼氣質而爲言也. 氣質之性, 則却兼本然之性. 故四端不能兼七情, 七情則兼四端.

일찍이 이황은 순리와 겸기라는 용어를 사단이 오직 선함만을 갖는 한편 칠정이 선함과 악함을 모두 갖고 있음을 말하기 위해 사용했으나,[252] 이이는 사단·칠정이 본연지성·기질지성에 대해 갖는 동질성과 인심·도심에 대해 갖는 이질성을 표현하기 위해 사용한다.

성은 미발, 체, 또는 리 등의 개념을 통해 설명되는데, 성의 종들인 본연지성과 기질지성도 그런 개념들을 통해 설명이 가능한가를 살펴보자.

> 다만 형질 가운데서 리만을 가리켜 말하면 본연지성이니, 본연지성은 기와 섞여서는 안 된다. …… 성은 이미 하나인데, 정에 리발과 기발의 다름이 있다고 하면, 성을 안다고 할 수 있겠는가?[253]

본연지성은 리만을 가리키는 것인 반면에, 기질지성은 기질을 겸한 리, 즉 리와 기를 모두 가리키는 것이다. 그렇지만 본연지성은 기 밖의 리를 가리키는 것이 아니라 기질 내부에 있는 리를 가리키는 것이다. 이이는 리가 기 내부에 들어왔을 때 성이라고 부른다는 점을 인정한다. 하지만 기를 배제하고 리만을 가리켜 말하면 본연지성이고, 기를 겸한 리를 가리켜 말하면 기질지성이라고 한다. 이처럼 기질지성은 리와 기를 겸하는 반면에 본연지성은 그런 기질지성 가운데 리만을 가리키므로, 기질지성이 본연지성을 포함한다고 말하게 된다는 것이다. 이것은 칠정이 사단을 포함한다고 말할 때와 동일한 설명 방식이다.

'리'가 우주의 보편적인 법칙으로서 모든 사물들에게 부여되는 것이라는 주희의 말을 그대로 받아들인다면, 종과 개체에 관계없이 모든 사물들의

---

252) <퇴계 1>, 사단의 발함은 순수한 리이므로 선하지 않음이 없고, 칠정의 발함은 기를 겸하므로 선함과 악함이 있다(四端之發純理, 故無不善, 七情之發兼氣, 故有善惡).

253) <율곡 5-2>, 但就形質中, 單指其理而言之, 則本然之性也. 本然之性, 不可雜以氣也. 性旣一而乃以爲情有理發氣發之殊, 則可謂知性乎.

'리'는 동일하다고 간주해야 할 것이다. 그러나 그가 굳이 '성'이라는 새로운 개념을 도입하여 사용하는 데는 나름대로의 이유가 있을 것이고, 우리는 그것이 종(species)이나 개체의 특수한 '리(성 또는 성리)'를 설명하기 위한 것이라고 추측할 수 있다. 사실상 사람은 같은 종에 속하는 다른 사람들과는 많은 유사한 속성을 공유하는 반면에, 다른 종에 속하는 개나 고양이와는 분명히 다르게 나타난다. 이러한 경험적 관찰을 설명하는 가장 간단한 방법은 모든 사물들의 '성'이 종적으로 서로 다르다고 말하면서, 동일한 종에 속하는 개체들의 차별성 또는 개별화를 '기'의 탓으로 돌리는 것이다. 이렇게 되면, 종적인 동일성을 설명하는 동시에 개체의 차별성도 무리 없이 설명할 수 있게 되기 때문이다. 실제로 주희는 '성'의 종적인 차이는 인정하지 않고, '기' 또는 '기질'의 차이만 인정하고 있다. 천명지성(天命之性), 천지지성(天地之性), 또는 천지지리(天地之理)로도 불리는 본연지성254)은 "오로지 리만을 가리켜 말하는 것"인 반면에, 기질지성은 "리와 기를 섞어서 말하는 것"이다.255) 여기에서 우리는 본연지성이 '리'의 측면만을 지칭하지만, 그렇다고 해서 기질지성이 '기'의 측면만을 지칭하는 것이 아니라는 점에 주목할 필요가 있다. 즉, 기질지성은 '리'와 '기'의 양쪽을 모두 지칭한다는 것이다.

주희에 따르면, '리'가 선하기 때문에 기질 속에 들어있는 '리'를 지칭하는 '성'도 선하다.256) 그렇지만 만물이 이러한 선한 '성'을 갖는다고 해서 모두 선한 것은 아니다. 주희는 만물이 선한 '리'를 갖고 있음에도 불구하고 악한 성향을 갖게 되는 이유를 '기'의 탓으로 돌린다.257) 그가 기질지성

---

254) 이형성 옮김(1997), p.180과 p.183 ; 이종란 外 옮김(2002), p.208 참조

255) 『주자어류』 4:46, 論天地之性, 則專指理言, 論氣質之性, 則以理與氣雜而言之.

256) 『주자어류』 4:49, 성은 곧 리이다. 마땅히 그러해야 하는 리는 선하지 않은 것이 없다 (性卽理也. 當然之理, 無有不善者).

257) 『주자어류』 4:40, 리는 오직 선하다. 이미 리가 이렇다면, 어떻게 악할 수 있는가? 이

을 도입하는 이유는 바로 이러한 악의 문제를 설명하기 위한 것이며, 이런 방식으로 사람과 사람의 차이, 사람과 사물의 차이 등에 대한 설명이 가능해진다.[258] 예를 들어, 주희는 동물의 성이 사람의 성과 가깝지만[259] 풀과 나무는 지각능력이 없다는 점에서 동물과 다르다고 말하며,[260] 그것들의 차이를 기질의 맑고 탁함으로 설명한다.

> 성은 물과 같아 맑은 도랑으로 흐르면 맑고 더러운 도랑으로 흐르면 탁하다. 기질이 맑고 바르면 온전하니 사람이 그렇다. 기질이 탁하고 치우치면 어두우니 동물이 그렇다. 기에는 맑고 탁함이 있으니, 사람은 그 맑은 것을 얻었고 동물은 그 탁한 것을 얻었다. 사람은 대체로 본래 맑으므로 동물과 다르다. 또한 탁한 사람도 있으니, 동물과 그다지 다르지 않다.[261]

기질이 맑은가 또는 탁한가에 따라 사람과 사람, 그리고 사람과 동물의 차이가 생겨난다. 그러나 이렇게 말하는 것은 기질이 어느 정도는 '리'에 영향을 줄 수 있음을 인정하는 것이다. 만약 그렇지 않다면, '리'를 가진 만물은 항상 그것의 선성을 실현할 수 있을 것이기 때문이다. 사실상 주희는 치우친 기로 인해 리에도 결함이 생길 수 있다는 점에 동의한다.[262] 그러나 이것은 마치 물리적인 것이 비물리적인 것에 영향을 줄 수 있다는 식

른바 악하고자 하는 것은 기이다(然此理卻只是善. 旣是此理, 如何得惡. 所謂惡者, 卻是氣也).

258) 안재호 옮김(1997), pp.256-257 ; 이형성 옮김(1997), pp.180-181 ; 임헌규(1999), p.432.

259) 『주자어류』 4:25, 如動物, 則又近人之性矣.

260) 『주자어류』 4:22, 草木之氣又別, 他都無知了.

261) 『주자어류』 4:67, 性如水, 流於淸渠則淸, 流入汙渠則濁. 氣質之淸者正者, 得之則全, 人是也. 氣質之濁者偏者, 得之則昧, 禽獸是也. 氣有淸濁, 人則得其淸者, 禽獸則得其濁者. 人大體本淸, 故異於禽獸. 亦有濁者, 則去禽獸不遠矣.

262) 『주자어류』 4:65, 다만 치우친 기를 품부받으면, 리에도 이지러짐이 생긴다(但氣稟偏, 則理亦欠闕了).

의 의미를 담고 있지는 않다. 이것은 다만 '기'의 구조적인 결함으로 인해 '리'의 본질적인 성격이 제대로 드러나지 않는다는 정도로 이해할 수 있을 것이다.

　이처럼 본연지성은 리의 측면만을 가리키므로 완전히 맑음을 의미하고, 기질지성은 리와 기의 측면을 모두 가리키므로 맑을 수도 있고 탁할 수도 있음을 의미한다. 그렇다면 기질지성이 본연지성만큼 맑을 수 있는가? 이 것은 '기'로 이루어진 사물 안에서 본연지성의 완전한 맑음, 즉 '본성'이 완전히 실현될 수 있는가에 대한 질문이며, 또한 그러한 '본성'이 완전히 실현될 수 있을 만큼 맑은 '기'가 있는가에 대한 질문이다. "성이라는 것은 만물의 근원이고, 품부받은 기에는 맑고 탁함이 있으니, 성인과 어리석은 사람의 다름이 있게 된다."는 말을 통해,263) 주희는 본성의 실현 가능성을 인정하는 것은 물론이고 그처럼 맑은 '기'의 존재 가능성도 인정하는 것으로 보인다. 또한 그는 탁한 기를 타고난 경우에는 노력을 통해 맑은 기로 변화시킬 수도 있다고 말함으로써, 기의 변화 가능성도 인정한다.264)

　이러한 본연지성과 기질지성의 관계는 사단과 칠정의 관계와 마찬가지로 순리와 겸기를 통해 설명될 수 있는가를 기준으로 삼고 있다. 그리고 그것들은 각각 칠정이 사단을 포함하는 '칠포사'의 관계와 본연지성이 기질지성을 포함하는 '본연포기질'의 관계를 갖는다고 설명되었다. 하지만 이이는 도심과 인심의 경우에는 순리와 겸기가 아니라 주리와 주기를 통해 설명된다고 말한다.

---

263) 『주자어류』 4:86, 性者萬物之原, 而氣稟則有淸濁, 是以有聖愚之異.
264) 『주자어류』 4:40, 만약 기질이 선하지 않으면, 변화시킬 수 있느냐고 어떤 사람이 물었다. 모름지기 변화시켜 돌려야 한다. 다른 사람이 한 번 할 때 나는 백 번을 하고, 다른 사람이 열 번 할 때 나는 천 번을 하면, 어리석더라도 반드시 밝아지며, 유약하더라도 반드시 강해질 것이다(或問 若是氣質不善, 可以變否. 曰 須是變化而反之. 如人一己百, 人十己千, 則雖愚必明, 雖柔必强).

…… 성이 주리[리를 주로 한다]고 말하거나 주기[를 주로 한다]라고 말
하는 것이 해가 없는 듯이 보이더라도 그 안에 병의 뿌리가 감춰져 있을 수
도 있다. 본연지성은 리만을 전적으로 말하고 기에는 미치지 않은 것이다.
기질지성은 기를 겸해서 말하되 리를 그 안에 포함하니, 또한 주리나 주기
라는 설로 대충 나눌 수가 없다. …… 또한 사단을 주리라 하면 옳지만 칠
정을 주기라 하면 옳지 않다. 칠정은 리와 기를 포함하여 말하므로 주기가
아니다. 인심과 도심은 주리와 주기의 설로 말할 수 있으나 사단과 칠정은
이 설로 말할 수가 없으니, 사단은 칠정 안에 있고 칠정은 리와 기를 겸하기
때문이다.265)

여기에서 이이는 '사단과 칠정'과 '본연지성과 기질지성'은 주리와 주기
로 말할 수 없는 반면에, 인심과 도심은 말할 수 있다고 주장한다. 일반적
으로, '주리'와 '주기'라는 표현은 '리를 중심으로 본다'와 '기를 중심으로
본다'는 의미로서, 각각의 경우에 다른 것도 포함되어 있지만 리나 기에
초점을 맞춰 말해보겠다는 의도를 보여준다. 예를 들어, '리를 중심으로 한
다'는 표현은 리 이외에 기도 있지만 리에 초점을 맞춰 말한다는 것이다.
그러므로 도심과 인심을 주리와 주기로 나누어 말한다는 것은 그것들을
각각 리나 기로만 이루어진 것이 아님을 함축한다. 위 인용문에서 언급하
고 있는 것처럼, 여기에서 지적하는 문제의 핵심은 기질지성과 칠정의 경
우에서처럼 인심에 대해 리와 기를 겸하여 설명한다는 것이 아니라 본연
지성과 사단의 경우에서처럼 도심에 대해 오직 리만을 통해 설명한다는
것이다. 리와 기를 겸하는 기질지성과 칠정은 이미 리를 그 안에 포함하고
있으므로 리만을 지칭하는 본연지성과 사단을 각각 포함한다고 말할 수

---

265) <율곡 2-16>, …… 性有主理主氣之說, 雖似無害, 恐是病根藏于此中也. 本然之性, 則專言
理而不及乎氣矣. 氣質之性, 則兼言氣而包理在其中, 亦不可以主理主氣之說, 泛然分兩邊也.
…… 且四端謂之主理, 可也, 七情謂之主氣, 則不可也. 七情包理氣而言, 非主氣也. 人心道
心可作主理主氣之說, 四端七情, 則不可如此說, 以四端在七情中, 而七情兼理氣故也.

있는 반면에, 도심과 인심은 후자가 전자를 포함하는 '인심포도심'의 관계가 아니라 서로 대조 또는 대비되는 관계라고 말해진다. 이제 도심과 인심에 대한 이이의 주장들을 몇 가지 더 살피고, 그 근거들이 타당한가를 평가해보자.

2) 도심과 인심의 규정과 타당성

앞에서 보았듯이, 이이는 인심과 도심이 사단과 칠정과 마찬가지로 이발의 상태이지만, 그것들과는 달리 '정'이 아니라 '정과 의'를 겸해서 가리킨다고 말한다.[266] '정(情)'은 알거나 깨닫지 못하는 사이에 발생하는 감정이며, '의(意)'는 이러한 정에 대해 계산하고 판단하는 이성적인 성찰이다.[267] 다시 말해서, 사단이든 칠정이든 정은 모두 외부의 사물에 감응함으로써 발생한 감정이며, 인심과 도심은 그런 감정에 대한 이성적인 성찰의 과정을 거친 것이다.

> 대체로 '미발(아직 발하지 않은 것)'은 성이고, '이발(이미 발한 것)'은 정이며, 발해서 '계교상량'하는(견주어보고 헤아려보는) 것은 의이다. 심은 성·정·의를 주재하는 것이며, 아직 발하지 않은 것과 이미 발한 것, 그리고 헤아리는 것은 모두 심이라 말할 수 있다. 발하는 것은 기이고, 발하게 하는

---

266) <율곡 1-3>, 蓋人心道心兼情意而言也, 不但指情也.

267) 『율곡전서』 권32, 「어록」 下, "정은 알거나 깨닫지 못하는 사이에 저절로 발하여 나오는 것으로 가르치지 않아도 자신에 말미암는다. 의는 정이 발하여 나옴으로써 헤아리는 것이며, 지는 한 곳을 향하여 일직선으로 따르는 것이다(情不知不覺自發出來, 不教由自家. …… 意則是情之發出因緣計較者. 志則是指一處一直趨向者)" ; <율곡 1-3>, 무릇 인심과 도심은 정만을 가리키는 것이 아니라 정과 의를 겸해서 말한 것이다. …… 정은 [의처럼] 발출하고 헤아리고 비교하기 이전으로서, 인심과 도심이 서로 시작이 되고 끝이 되는 것과는 다르다(蓋人心道心兼情意而言也, 不但指情也. …… 且情是發出恁地, 不及計較, 則又不如人心道心之相爲終始矣). 노상오(2002), pp.38-41 참조.

까닭은 리이다. 발하여 바른 이치에서 곧게 나오지만 기가 작용하지 않은 것은 도심이고, 칠정의 선한 측면이다. 발하여 바른 이치에서 곧게 나와 기가 작용하지 않은 것은 도심이며, 칠정의 선한 측면이다. 발하여 기가 이미 작용하는 것은 인심이고, [인심은] 칠정의 선함과 악함을 겸한 것이다. …… 자세히 살피느냐 못하느냐 하는 것은 모두 의가 하는 것이다.[268]

심이 수적으로 하나임에도 불구하고 여러 가지 이름들을 갖는 이유는 그것이 다양한 상태들로 변형 또는 전이된다는 사실을 함축하는 것으로 볼 수 있다. 이이는 심이 성(性, 未發)에서 정(情, 已發)으로 발출되고, 발출된 이 정을 성찰(意, 已發)하는 일련의 과정을 '성심정의일로(性心情意一路)'라고 표현한다.[269] 결국 '일로'란 심이 시간의 흐름에 따라 '성→정→의'라는 한 가지 방향으로만 진행한다는 것을 의미한다. 그리고 '의(意)'는 외부 사물을 접함으로써 얻어지는 '정(情)'의 결과에 대한 이성적인 성찰이며,[270] 이처럼 성찰된 결과물은 성찰 이전의 '정'과는 다른 형태를 갖추고 있을

---

268) <율곡 1-7과 1-8>, 大抵未發則性也, 已發則情也, 發而計較商量則意也. 心爲性情意之主, 故未發已發及其計較, 皆可謂之心也. 發者氣也, 所以發者理也. 其發直出於正理而氣不用事則道心也, 七情之善一邊也. 發之際, 氣已用事則人心也, 七情之合善惡也. …… 精察與否, 皆是意之所爲. 이이는 '심통성정'의 '통(統)' 대신에 '주(主)'라는 동사를 사용하지만 여기에서 심이 '성·정·의'를 '주재(主)'한다고 말함으로써, 주희의 '심통성정'의 문제는 이제 '심통성정의'의 문제로 전환된다. 하지만 '의(意)'라는 요소가 추가되었다고 해서 위에서 보았던 '통'에 대한 해석상의 문제가 더 악화되지는 않는 것으로 보인다. 비교 : 최일범(2010, pp.68-69)은 '통'과 '주'가 "심이 지각하고 사유할 수 있는 기능을 가리킨다."라고 말한다.

269) 『율곡전서』「잡저」, 심이 아직 발하지 않았을 때는 성이요, 이미 발하면 정이요, 정이 발한 후에 헤아리는 것이 의가 되니 이것이 한 길이다(心之未發爲性, 已發爲情, 發後商量爲意, 此一路也).

270) 최일범(2010), pp.68-69. "'심(心)이 발하여 의가 됨[心發爲情]"은 심에 사유하는 작용이 있음을 말한다. 그런데 주자의 인식론에서 의(意)는 정을 반연(攀緣)하여 계교상량(計較商量)하는 것이라고 정의되고 있으며, 율곡 역시 이를 따르고 있다. 즉, 심의 지각작용은 처음에 정(情)으로 발동되는데, 정은 단지 직각으로서 사유가 아니다. 사유작용은 의에 의해서 이루어지는데, 의는 정을 반연하여 사유하게 된다."

것이 분명하다.[271]

　이이는 심은 본래 하나이지만 형기의 사사로움에 의해 생겨나는가 또는 성명의 올바름에 근원하는가에 따라 인심이나 도심이라는 이름으로 불린다고 말한다.[272] 성명의 올바름에 근원하는 도심은 천리(天理)에 따른 것으로서 항상 선한 반면에, 형기의 사사로움에 의해 생겨난 인심은 인욕에 따른 것으로서 선하거나 또는 악하다.[273] 도심과 인심은 각각 리가 발하고 기가 발하는 것이 아니라 두 가지 모두 기가 발하는 것으로 말해지지만,[274] 그 기는 리를 전적으로 배제한 기를 가리키는 것이 아니다. 즉, 이이가 리의 능동성은 부정하지만 그것의 존재성마저 부정하는 것은 결코 아니라는 것이다.

　　…… 심은 바로 기이니, 혹은 근원하기도 하고 혹은 생기기도 하지만 심의 발함이 아님이 없으니, 어찌 '기의 발함'이 아니겠는가? 심 가운데 있는 리가 바로 성이요, 심이 발하는데 성이 발하지 않는 이치는 없으니, 어찌 리가 탄 것이 아니겠는가? 혹은 근원한다는 것은 그 리의 중한 것을 가지고 말한 것이요, 혹은 생긴다는 것은 기의 중한 것을 가지고 말한 것이지, 애당초 리와 기라는 두 가지 묘맥이 있는 것은 아니다.[275]

---

271) 비교 : <우계 2-3>, 정과 의를 겸해 말한 것이 바로 내 견해와 차이가 있어 같지 않은 것이지만 설명하지 못할 뿐이다(兼情意而爲言者, 正是鄙見差不同者, 而在渾不能說出耳).

272) <율곡 2-8>, 人心道心雖二名, 而其原則只是一心 ;『중용장구』서문, 心之虛靈知覺一而已矣, 而以爲有人心道心之異者, 則以其或生於形氣之私, 或原於性命之正.

273) 이황은 인심(人心)과 인욕(人欲)을 동일시하고 따라서 인심이 모두 악하다고 생각하나, 이이는 성인(聖人)도 인심을 가지며 인심 속에는 천리도 있고 인욕도 있으므로 선함도 있고 악함도 있다고 생각한다(<율곡 4서> p.448, p.452, pp.455-456 ; <인심도심도설> p.513). 인심에 대한 이황의 견해는 이기용(1995), p.107 참조 ; 이이의 견해 변화는 이종태(1997), pp.476-478.

274) <율곡 6-2-장서-7>, 或原者, 以其理之所重而言也, 或生者, 以其氣之所重而言也, 非當初有理氣二苗脈也. 비교 : 윤사순(1971), p.31. 그는 이황의 '형기(形氣)'와 '성명(性命)'이 "각각 심의 감성적 측면과 이성적 측면을 뜻한다. 이것들은 곧 기와 리의 별칭에 불과하다."라고 지적한다.

마치 리와 기가 개별적인 근원들인 듯이 '두 가지 묘맥'으로 생각해서는 안 된다는 것이다. 이이는 "발하는 것은 기이며, 발하게 하는 것은 리이다. 기가 아니면 발할 수 없고, 리가 아니면 발할 근거가 없다."[276)라는 리기론을 유지하면서 도심과 인심이 모두 리와 기의 합에서 발하는 것으로 본다. 도심과 인심이 모두 리와 기를 겸한다는 이 규정은 도심이 사사로운 욕심을 따라 인심이 되거나 인심이 올바른 도리에 따라 도심이 될 수 있다는 '인심도심상위종시(人心道心相爲終始)'의 가능성을 허용한다. 이 설명은 리인 도심이 기인 인심이 되거나 또는 그 반대라고 주장하는 것보다 훨씬 더 설득력이 있다.

한편, 칠정은 사단을 포함하지만 인심은 도심을 포함하지 않는다고 주장하는 과정에서, 이이는 도심과 사단은 동일하지만 인심은 칠정과 동일하지 않다고 말한다.

> 칠정 이외에 다시 사단이 있는 것은 아니다. 그러므로 사단은 오직 도심만을 말한 것이고 칠정은 인심과 도심을 합해서 말한 것이니, 인심과 도심이 스스로 둘로 나누어진 것과 어찌 명백히 다르지 않겠는가?[277)

---

275) <율곡 6-2-장서-7>, …… 則心是氣也, 或原或生而無非心之發, 則豈非氣發耶. 心中所有之理, 乃性也, 未有心發而性不發之理, 則豈非理乘乎. 或原者, 以其理之所重而言也, 或生者, 以其氣之所重而言也, 非當初有理氣二苗脈也.

276) <율곡 2-10>, 大抵發之者氣也, 所以發者理也. 非氣則不能發, 非理則無所發.

277) <율곡 2-15>, 七情之外, 更無四端矣. 然則四端專言道心, 七情合人心道心而言之也. 與人心道心之自分兩邊者, 豈不逈然不同乎. 성혼도 이 점에 동의한다. <우계 1-2-별지 1>, 도심을 사단이라고 할 수는 있지만, 인심을 칠정이라고 할 수는 없다(今以道心謂之四端可矣, 而以人心謂之七情則不可矣). 이와는 달리, 이황은 사단과 도심을 동일시하고, 또한 칠정과 인심을 동일시하고 있음에도 불구하고(한국유학 삼대논쟁자료 수집·정리 및 역주단 사단칠정논쟁연구팀, 2008, p.147 각주 18 ; 권인호, 1995, p.186 ; 양승무, 2005, p.269 참조), 성혼이 이처럼 이황과 다른 견해를 제시한 이유에 대해 양승무(1999, p.8)는 그가 이황을 제대로 이해하지 못했기 때문이라고 지적한다.

칠정은 인심과 동일한 것이 아니라 오히려 도심과 인심을 모두 포함하는 것이라는 이 발언은 '리와 기' 개념과 '선과 악' 개념을 통해 해석될 수 있다. 먼저 칠정은 겸기(기를 겸한 리)이며 사단은 순리(순수한 리)이므로 후자는 전자에 이미 포함된다. 반면에 도심은 주리이며 인심은 주기라고 말해지지만 근본적으로 이 말은 도심과 인심이 모두 리와 기로 구성된 데서 발현됨을 의미하며, 따라서 주리와 주기는 리와 기 가운데서 가리키는 방향이 다르지만 사실상 도심과 인심은 모두 리와 기의 합을 전제한다고 말할수 있다. 칠정은 겸기로서 리와 기를 모두 가리키는 것이 분명하며, 인심은 주기라고 말해지지만 그것은 기만을 가리키는 것이 아니라 결국 리와 기를 모두 전제한다. 그러므로 '리와 기' 개념에 의하면, 이이의 주장과는 달리, 칠정은 인심과 동일하다고 말할 수 있다.

그렇다면 '선'과 '악'이라는 개념은 어떤가? 칠정은 겸기로서 선함과 악함을 모두 갖는 반면에 사단은 순리로서 선함만을 가지며, 또한 사단은 칠정 가운데 선한 감정만을 가리키므로 '칠정포사단'으로 표현된다. 그런데 이이의 규정에 따르면, 도심은 선함을 갖고 인심은 선함과 악함을 모두 갖는다. 이것은 사단과 칠정에 대한 규정과 동일하며, 인심이 도심을 포함한다고 설명하면 아무런 문제가 없을 것처럼 보인다. 그러나 이이가 바로 그 '인심포도심'의 관계를 부정하기 때문에 상황이 어려워진다. 즉, 도심의 선함과 인심의 선함을 어떻게 해소시키는가 하는 문제가 제기된다.278)

다시 말해서, 인심의 선함과 악함을 인정하는 동시에 그것과 칠정이 동일시되지 않는다고 주장하는 것은 불가능하며, 따라서 그 두 가지 입장 가운데 한 가지를 선택해야만 한다. 첫째, 칠정이 도심과 인심의 합이라는 입장을 유지하려면, 인심의 경우에 선함은 없고 악함만이 있다고 주장해야

---

278) 이것은 사단의 선과 칠정의 선을 모두 인정하면, 심의 두 가지 근원을 인정할 수밖에 없다는 이이의 문제 제기와 동일한 맥락이다(<율곡 1-6> 참조).

한다. 이것은 칠정의 선함과 악함이 '도심의 선함'과 '인심의 악함'이라는 주장이다. 사실 이 견해는 도심이 천리(天理) 또는 성명(性命)에 따른 것이므로 선한 반면에, 인심은 천리와 인욕(人欲)을 겸한 것이므로 선하거나 악하다는 규정과 일관되지 않는다. 일관된 입장을 유지하려면 인심을 인욕과 동일시하고 천리를 부정해야 한다.[279] 둘째, 도심이 선함을 갖는 동시에 인심은 선함과 악함을 모두 함축한다는 입장을 유지하려면, 칠정이 사실상 인심과 동일시된다고 인정하고, 또한 이러한 인심이 도심을 포함한다고 주장해야 한다. 그러나 이이는 인심과 도심을 포함 관계가 아니라 대조 또는 대립 관계로 설명하고 싶어 하며, 따라서 그는 두 번째 입장보다는 첫 번째 입장에 동의할 것으로 보인다.

지금까지의 논의를 토대로 '심통성정'에서의 심·성·정이 각각 그것들의 종들 가운데 정확히 어떤 것을 지칭하는가를 알아보자. 본연지성과 기질지성은 하나의 '성'을, 사단과 칠정은 모두 하나의 '정'을, 그리고 도심과 인심은 모두 하나의 '심'을 가리킨다. 이 가운데 '사단과 칠정'과 '본연지성과 기질지성'은 모두 순리(순수한 리)와 겸기(기를 겸한 리)로서 설명되지만, '도심과 인심'은 그런 관계로 설명되지 않는다. 다시 말해서, 기질지성과 칠정은 리와 기를 겸하므로 이미 리를 그 안에 포함하며, 그렇기 때문에 리만을 가리키는 본연지성과 사단을 각각 포함한다고 말할 수 있다. 한편, 도심과 인심은 주리와 주기로 말해지지만 사실상 리와 기를 겸한 것이며, 그렇기 때문에 포함 관계로 말할 수 없다.

성과 정의 종(種)들이 각각 갖는 순리와 겸기라는 성격은 '심통성정'에 다음과 같이 적용된다. '심통성정'의 성은 기로서의 정과 대비되는 리로서의 성을 가리키므로, 그것은 기질지성이 아니라 본연지성이어야 한다. 왜

---

279) 이종태(1997, pp.477-478)에 따르면, 이것은 이이의 40세 때 저술인 『성학집요』에 드러난 견해이다.

냐하면 본연지성은 순리이지만, 기질지성은 겸기이기 때문이다. 반대로, '심통성정'의 정은 리로서의 성과 대비되는 기로서의 정을 가리키므로, 순기(순수한 기)의 성격을 지닌 정을 찾아야만 한다. 하지만 사단은 순리이지만 칠정은 겸기로서, 사실상 주희는 순수한 리인 성에 대비되는, 그리고 사단이나 칠정과는 다른 순수하게 기(氣)로서의 정에 대해서는 논의한 적이 없다. 일반적으로, 두 가지 사물들이나 개념들이 대비되기 위해서는 '리'와 '기'처럼 동등한 가치와 비중을 가져야 하며, '리'와 '리와 기'의 경우는 불균형하고 부적절한 대비이다.

   이이가 이 점을 염두에 두었는지 분명하지 않다. 그렇지만 그는 리와 기의 합인 경우에만 '성'이라고 부를 수 있으며 그렇기 때문에 '기'에서 분리된 '본연지성'은 '성'이 아니라 '리'로 불러야 된다고 말한다. 따라서 그에게 있어서는 '기질지성'만이 유일하게 존재하는 성이다. 이러한 성과 대비되는 정에 대해서도 동일한 선상의 설명이 제시된다. 즉, 그에게 있어서 유일하게 존재하는 정은 리와 기의 속성을 모두 갖춘 칠정이며, 사단은 다만 그것 가운데 리의 측면 또는 선한 측면만을 지칭하는 것에 불과하다. 그러므로 '심통성정'의 성은 '리와 기'로서의 기질지성이고 정은 '리와 기'로서의 칠정이란 점에서 대비되며, 전자는 발하기 이전이고 후자는 발한 이후라는 점에서 대조된다. '심통성정'은 심이 이러한 기질지성과 칠정을 '포함한다(兼)'는 의미이다.[280]

   '심통성정'의 심은 미발(性)과 이발(情)의 상태를 모두 가리킨다. 그런데 도심과 인심은 이발 상태이므로 심은 그것들 이외에 부가적인 어떤 것(즉, 미발 상태의 어떤 것)을 갖는 것이다. 따라서 심을 단순히 도심과 인심의 합

---

[280] '심통성정'의 '통(統)'의 의미에 대해서는 유원기(2011b), 3장 참조. 같은 논문에서, 필자는 심과 성・정의 관계에 대한 분석을 통해, '통'이 '주재한다(主)'와 '포함한다(兼)'의 두 가지 의미를 모두 갖는다는 일반적인 견해와는 달리 그것이 '포함한다'의 의미만을 갖는다고 주장한 바 있다.

이라고 말할 수는 없다. 하지만 이미 언급했듯이, 이이는 리와 기를 겸한 기질지성만을 인정하므로, 심도 리와 기의 속성을 모두 갖는다. 그의 입장이 무엇인지 분명하지는 않지만, 그는 "그것이 보는 관점에 따라 '리를 주로(주리)' 하면 도심이고 '기를 주로(주기)' 하면 인심이라고 할 수 있지만, 궁극적으로는 리와 기의 합에서 도심과 인심이 발한다."라고 말해야 할 것으로 보인다. 그렇다면 그것은 도심인가 또는 인심인가? 형기에 근거하는 인심이 도심이 되고, 성명에 근거하는 도심이 인심이 될 수 있다는 '상위종시설'을 고려할 때, '리'적인 측면과 '기'적인 측면을 포괄하는 그것은 사실상 도심이나 인심과 아무런 관계가 없다는 결론을 내리게 된다. 다만 심의 내용을 고찰한 뒤에야 그것이 도심의 성격을 갖는가 또는 인심의 성격을 갖는가를 평가하게 되는 것이다. 심통성정에 대한 이이의 해석은 심·성·정을 모두 '리와 기의 합'으로 보는 방향으로 진행되었으며, 또한 그런 맥락에서 볼 때 그의 심성론은 일관성을 지니는 것으로 평가된다. 그리고 그는 리와 기와 관련해서 기의 능동성을 강조하는 반면에 리의 능동성을 부정하지만, 그렇다고 해서 그가 리의 존재성을 부정하는 것은 결코 아니다. 이제 리와 기에 대한 그의 견해를 좀 더 자세히 살펴보자.

제3부

리기론에 대한 현대적 고찰

제6장 이이와 성혼의 리기관

　　인심도심논쟁에서 이이의 논쟁 상대는 성혼이었지만, 실질적으로 그가 이의를 제기하고 논박하는 상대는 이황이었다. 주지하듯이, 이이는 이황의 '리기호발설'을 거부하고, 그 대신에 자신의 '기발리승일도설'을 제시하고 있다. 이제 이이가 이황의 '리기호발설'을 어떻게 이해하고 있는가, 그리고 그가 이황의 견해를 제대로 대변하고 있는가를 먼저 살펴보고, 그런 뒤에 그가 대안으로 제시하는 '기발리승일도설'에 이르게 되는 과정과 그 이론의 핵심적인 쟁점에 대해 살펴보자. 이 장에서는 그가 이황의 이론에 반론을 제기하는 이유를 자세히 규명하는 데 초점을 맞추며, 이이 자신의 대안에 대한 타당성은 다음 장에서 검토할 것이다.

　　기대승과 이이는 심성론적 개념들의 성격과 역할 등을 제대로 이해하기 위해서는 리와 기에 대한 이해가 선행되어야 한다는 점에 의견을 같이 한다.[281] 기대승은 서로 분리되어 존재할 수 없는 리와 기를 극명하게 분리

---

281) 관련된 인용문들은 위 각주 15 참조. 비교 : 안은수(1999, p.276)는 성혼이 "인심도심의 문제를 먼저 제시하고 다음에 리기문제를 밝혔던 것에 대해 이이는 이기의 개념 규정

시켜 기술함으로써 결과적으로 사단과 칠정도 그만큼이나 서로 분리된 듯이 기술하고 있다는 점에서 이황을 비판한다. 한편, 이이는 리와 기가 각각 발할 수 있는 것으로 기술하고 있는 이황의 '리기호발설'을 지지하는 듯한 성혼의 태도를 비판한다. 이미 언급된 바 있듯이, 리기호발의 문제는 본래 기대승과 이황의 논변에서 등장한 개념이지만, 정작 그것이 본격적인 논의 대상으로 간주된 것은 이이와 성혼의 논변에서였다. 다시 말해서, 기대승과 이황의 사단칠정논쟁에서 핵심 논제는 리와 기(그리고 사단과 칠정)의 분리 가능성에 관한 것이라고 한다면, 이이와 성혼의 인심도심논쟁에서 핵심 논제는 리와 기의 호발 가능성에 관한 것이었다.[282]

이미 지적했듯이, 성혼이 이이에게 보내는 첫 번째 편지에서 리와 기의 발함을 모두 인정하는 이황의 '리기호발설'을 "천하의 정해진 이치"라고 단정할 때,[283] 그는 이황의 4차 수정 명제인 (P5) "사단은 리가 발함에 기가 따르고, 칠정은 기가 발함에 리가 탄다."는 명제를 염두에 두고 있다. 하지만 이이는 이 명제가 심의 근본을 두 가지로 생각하게 만든다는 점에서 반대한다.[284] 즉, 그는 심은 하나의 근본을 갖지만 그것이 무엇을 위해 발한 것이

을 분명히 한 뒤에 그것을 바탕으로 인간의 심리현상을 파악하려 했던 것이다."라고 말한다.

282) 물론 인심도심논쟁은 도심과 인심의 성격과 상호 관계를 규명하기 위한 논변이지만, 도심과 인심에 대한 주장은 리와 기에 대한 이해, 특히 그것들의 호발 문제에 대한 이해에 토대를 두고 있다는 것이다.

283) <우계 1-2-별지 2>, 理與氣之互發, 乃爲天下之定理, 而退翁所見亦自正當耶. 비교 : <우계 2-1>, 많은 논의가 없던 순 임금 때에 이미 이러한 리기호발설이 있었으니, 퇴계 노인의 견해는 바꿀 수 없다고 여겼다(故慨然以爲在虞舜無許多議論時, 已有此理氣互發之說, 則退翁之見, 不易論也) ; <우계 2-2>, 만약 리기호발설이 천하의 정해진 이치가 아니라면, 주자가 어찌 이런 말을 했겠는가(然則若非理氣互發之說爲天下之定理, 則朱子何以有此言耶).

284) <율곡 1-9>, 사단은 리가 발함에 기가 따르고, 칠정은 기가 발함에 리가 탄다는 것은 리와 기라는 두 가지 물이 어떤 것은 앞에 서고 다른 것은 뒤에 서서, 서로 상대가 되어 두 갈래에서 각각 나오는 것이니 사람의 마음에 어찌 두 가지 근본이 있겠는가(四端理發而氣隨之, 七情氣發而理乘之, 則是理氣二物, 或先或後, 相對爲兩歧, 各自出來矣, 人

냐에 따라 그것을 도심이라 부르거나 또는 인심이라 부르는 것이지, 두 가지 서로 다른 근본을 갖기 때문에 그렇게 부르는 것이 아니라고 주장한다.

> 인심과 도심은 비록 두 개의 이름이지만, 그 근원은 단지 하나의 심이다. 심이 발할 때에는 때로는 도리와 의리 때문이거나 때로는 식욕과 색욕 때문이며, 그 발함에 따라 이름이 달라진다. …… 이른바 "[리와 기가 호발한다는] 리기호발"[이 옳다면] 리와 기가 각자 심속에 뿌리를 두고 미발의 경우에도 이미 인심과 도심의 싹이 있어서, 리가 발하면 도심이 되고 기가 발하면 인심이 될 것이다. 그렇게 되면 심에 두 개의 근본이 있다는 것이니, 어찌 큰 잘못이 아닌가?[285]

성혼은 인심이 형기의 사사로움에서 생기는 것이고 도심이 성명의 올바름에 근원한다고 말하는데, 이것은 심이 발하기 이전인 미발의 상태에서 이미 도심과 인심의 싹 또는 본래적인 성격이 정해져 있다는 것일 뿐만 아니라 사실상 서로 다른 두 가지 종류의 심을 인정하는 것이라고 이이는 생각한다.[286] 앞에서 보았듯이, 이이의 '인심도심상위종시설(人心道心相爲終始說)'은 도심이 인심이 될 수도 있고 인심이 도심이 될 수도 있음을 인정하며, 이런 개념을 통해 그는 도심과 인심이 근본적으로는 하나의 동일한 것임을 주장할 수 있게 된다. 만약 이이의 해석이 옳다면, 성혼은 도심과 인심이 어떤 근원을 갖느냐에 따라 그것들의 본래적인 성격이 미리 정해져

心豈非二本乎).

285) <율곡 2-8>, 人心道心雖二名, 而其原則只是一心. 其發也或爲理義, 或爲食色, 故隨其發而異其名. 若來書所謂理氣互發, 則是理氣二物, 各爲根柢於方寸之中, 未發之時, 已有人心道心之苗脈, 理發則爲道心, 氣發則爲人心矣. 然則吾心有二本矣, 豈不大錯乎.

286) 그러므로 이이는 <율곡 3-1>에서 "미발의 체에도 선과 악이 있다고 말하는 것은 큰 잘못이다(未發之體, 亦有善惡之可言者, 甚誤)."라고 말함으로써, 미발 상태에도 선과 악이 있다는 주장을 거부한다. 한편, 이이의 해석과는 달리, 성혼은 자신이 미발 상태의 선과 악을 인정하는 것은 아니라고 주장하는 것처럼 보인다(<우계 6-4>, 이 구절에 대한 논의는 아래 참조).

있으며, 따라서 그것들이 서로 전이될 수 없다고 보는 것이다. 반면에 이이 자신은 어떤 목적을 위한 행동이었는가에 따라 선함과 악함을 판단하는 것이라고 규정하고, 또 도심과 인심의 성격이 결정되어 있는 것이 아니라고 말함으로써, 그런 본래적인 성격을 부정할 뿐만 아니라 도심에서 인심으로 또는 인심에서 도심으로 서로 전이될 수 있음을 인정하고 있는 것이다.[287] 도심과 인심의 이러한 상호적인 전이 가능성은 그것들이 하나의 근원을 갖는다는 주장에 근거하며, 또한 이 주장은 리와 기의 상호 관계에 대한 이해에 토대를 두고 있다. 이이에게 있어서 리기설과 인심도심설은 일관성을 갖는다.

> 리기설과 인심도심설은 모두 일관성이 있으며, 만약 인심과 도심을 아직 명확하게 깨닫지 못했다면 리와 기에 대해서도 아직 명확하게 깨닫지 못한 것이다. 만약 리와 기가 서로 분리되지 않는다는 것을 이미 잘 안다면, 인심과 도심이 두 개의 근원을 갖지 않는다는 것도 미루어 알 수 있다. 오직 리와 기에 대해 아직 깨닫지 못하고, [그것들이] 때로는 서로 분리되어 각자 다른 곳에 있을 수 있다고 여기기 때문에, 인심과 도심도 두 개의 근원을 갖는다고 의심하는 것일 뿐이다.[288]

여기에서 이이는 리와 기의 불상리가 도심과 인심의 근원이 하나임을 뒷받침하는 근거라고 말한다. 이것은 결국 이황의 '리기호발설'에 대한 반

---

287) 비교 : 한국유학 삼대논쟁자료 수집 · 정리 및 역주단 사단칠정논쟁연구팀(2008), pp.82-88에서는 동기주의와 결과주의 등의 윤리학적 개념을 통해 이들의 차이점을 규정하는데, 그러한 규정이 흥미롭지만 정확한 규정으로 보긴 어렵다. 그러나 위 인용문에서 이이가 심이 발한 '동기'를 고려함으로써 그것이 도심인가 또는 인심인가를 판정한다는 식의 설명은 가능할 것이다.

288) <율곡 4-1>, 理氣之說與人心道心之說, 皆是一貫, 若人心道心未透, 則是於理氣未透也. 理氣之不相離者, 若己灼見, 則人心道心之無二原, 可以推此而知之耳. 惟於理氣有未透, 以爲或可相離, 各在一處, 故亦於人心道心, 疑其有二原耳.

론으로서, 리와 기가 서로 떨어져 존재하는 것이 아니므로 도심과 인심의 근거를 각각 리와 기라고 말하거나 또는 리발과 기발이라고 말할 수 없다는 주장이다.

이러한 이이의 반론에서 무엇보다 흥미롭고도 난해한 부분은 그가 "사단은 리가 발함에 기가 따르고, 칠정은 기가 발함에 리가 탄다."라는 이황의 명제 (P5)를 전체적으로 거부하는 것이 아니라 전반부만을 부정하고 후반부를 인정하고 있다는 점이다.

> 이른바 "기가 발함에 리가 탄다."는 것은 옳지만, 단지 칠정만이 그런 것은 아니며 사단도 역시 기가 발함에 리가 탄 것이다. 왜냐하면 어린애가 우물에 빠진 것을 본 뒤에야 측은지심이 발하는데, 보고서 측은하게 여기는 것은 기이기 때문이다. 이것이 이른바 '기발'이다. 측은하게 여기게 하는 근본은 인이다. 이것이 이른바 '리가 탄다'는 것이다.[289]

여기에서 이이는 '발하는 것'과 '발하게 하는 것'을 구분하면서, "발하는 것은 기이지만 발하게 하는 까닭은 리이니, 기가 아니면 발할 수 없고 리가 아니면 발하게 하는 바가 없다."는 말은 성인이 다시 태어난다 하더라도 결코 바꿀 수 없을 정도로 분명하다고 단언한다.[290] '발하는 것'과 '발하게 하는 것'의 구분은 결국 리와 기가 서로 떨어질 수 없다는 불상리를 주장하기 위한 것이지 그것들의 분리를 주장하기 위한 것이 아니다. 무엇보다도 이이는 모든 '발(發)'은 '기의 발함'이지 '리의 발함'이 아니라는 견해를 제시하고 있다. 그렇기 때문에 그는 특히 사단의 경우에 대해 "리가

---

289) <율곡 2-11>, 所謂氣發而理乘之者, 可也, 非特七情爲然, 四端亦是氣發而理乘之也. 何則見 孺子入井, 然後乃發惻隱之心, 見之而惻隱者, 氣也. 此所謂氣發也. 惻隱之本, 則仁也. 此所 謂理乘之也. 非特人心爲然, 天地之化, 無非氣化而理乘之也.

290) <율곡 2-10>, 大抵發之者氣也, 所以發者理也, 非氣則不能發, 非理則無所發, 發之以下二十 三字, 聖人復起, 不易斯言.

발함에 기가 따른다."라고 말하면 안 된다고 주장하는 것이다.

앞에서 보았듯이, 성혼은 이황의 명제 (P5) "사단은 리가 발함에 기가 따르고, 칠정은 기가 발함에 리가 탄다(四則理發而氣隨之, 七則氣發而理乘之)."에서 "기가 따른다(氣隨之)"라는 표현과 "리가 탄다(理乘之)"라는 표현을 모두 불필요한 군더더기로 간주하여 삭제함으로써, 오히려 이황이 (P5)보다 훨씬 이전에 제시했던 명제 (P2) "사단은 리의 발함이고, 칠정은 기의 발함이다."와 비슷한 내용의 명제로 돌아가게 만들었다. 결과적으로, 성혼은 사단과 칠정을 각각 리발과 기발로 규정했고, 이전에 기대승이 이황을 비난했던 것과 마찬가지로 사단과 칠정은 물론이고 리와 기마저 서로 분리시키고 있다는 비난의 여지를 남겨 놓았다.

이러한 성혼의 규정과 달리, 이이는 "리가 발함에 기가 따른다(理發而氣隨之)."라는 표현을 부정하는 반면에 "기가 발함에 리가 탄다(氣發而理乘之)."라는 표현을 승인한다. 그가 전자를 부정하는 이유는 두 가지로 볼 수 있다. 첫째, 우리는 칠정의 경우와 마찬가지로 사단에 대해서도 "기가 발함에 리가 탄다."라고 말해야 한다는 것이다. 둘째, "리가 발함에 기가 따른다."는 표현은 리와 기를 서로 분리시킴으로써 그것들 사이에 시간적인 선후를 허용한다는 것이다.

> 리가 발함에 기가 따른다는 설은 분명히 앞과 뒤를 주장하는 것이니, 이것이 어찌 리를 해치는 것이 아니겠는가? 이른바 "리에서 발한다."라고 하는 것은 "성이 발해서 정이 된다."라고 말하는 것과 같지만, 만약 "리가 발함에 기가 따른다."라고 말하면 이것은 처음에는 기의 간섭이 없다가 [리가] 이미 발한 뒤에야 [기가] 따라 발한다는 것이니, 이것이 어찌 이치에 맞겠는가?[291]

---

291) <율곡 2-11>, 若理發氣隨之說, 則分明有先後矣, 此豈非害理乎. …… 且所謂發於理者, 猶曰性發爲情也. 若曰理發氣隨, 則是纔發之初, 氣無干涉, 而旣發之後, 乃隨而發也, 此豈理耶.

하지만 이러한 이이의 설명은 쉽게 납득이 되지 않는다. 왜냐하면 "리가 발함에 기가 따른다."는 표현을 처음에 리가 발할 때는 기가 따르지 않고 있다가 그것(리)이 발한 뒤에야 기가 "따르기 시작한다"는 의미로 이해한다면, "기가 발함에 리가 탄다."는 표현도 처음에 기가 발할 때는 리가 타지 않고 있다가 그것(기)이 발한 뒤에 리가 "타기 시작한다"는 의미로 이해할 수 있기 때문이다. 다시 말해서, 전자의 "따른다(隨)"나 후자의 "탄다(乘)"가 모두 시간적인 선후를 함축하는 것으로 이해될 수 있다는 것이다. 그렇지만 이이는 전자에는 시간적인 선후가 함축된 것으로 보지만 후자에는 그렇지 않다고 보고 있다.292)

그렇다면 하나의 동사에는 시간적인 함축성을 부여하지만, 다른 동사에는 부여하지 않는 이러한 설명을 어떻게 이해할 수 있는가? 이것을 해석하는 한 가지 방법은 그가 "따른다(隨)"라는 동사를 동적인 의미로 이해하는 반면에, "탄다(乘)"라는 동사를 정적인 의미로 이해하고 있다고 보는 것이다. 말을 타지 않고 있던 사람이 말에 올라타는 경우, 말에 올라타기 위해서는 그것이 얼마 동안이든 시간의 경과를 분명히 필요로 한다. 하지만 어떤 사람이 이미 말에 올라타 있는 경우에는 굳이 시간의 경과가 필요하지 않다. 즉, 이이는 "탄다(乘)"가 동작이 아니라 "이미 올라타 있다"는 상태를 함축하는 동사로 보고 있다는 것이다.293) 그에 대한 이러한 해석이 가능한 이유

---

292) 그러나 '대구(對句)'로 구성되는 한문 문장의 특성을 고려할 때, (P5)의 전반부에 시간성이 함축된다면 후반부에도 시간성이 함축되는 것으로 읽는 것이 일반적이다. 그러므로 필자가 해석하듯이, 이이가 전반부에는 시간성이 함축되는 것으로 읽고 후반부에는 그렇지 않은 것으로 읽는다면, 그는 이황의 명제 (P5) 자체를 다소 임의적인 방식으로 그릇되게 이해하는 것이다.

293) 비교 : 성교진(1992), p.170. 그는 '승(乘)'을 '태운다'로 번역하지만, 그 이유는 제시하지 않는다. 그가 인용하여 번역한 "기는 발하고, 리를 태우는 것이다."라는 문장을 보면, 아마도 그는 필자처럼 기에 '이미 올라타 있는 리의 상태'라는 의미를 부여하고자 했던 것으로 볼 수도 있다.

는 그가 "사단은 리의 발이고, 칠정은 기의 발이다."라는 명제를 "사단은 리
만의 발이고, 칠정은 리와 기의 발이다."라는 의미로 이해하기 때문이다.

> 주자가 "리에서 발하고, 기에서 발한다."[294]라고 말한 것은 …… "사단은
> 오로지 리만을 말한 것이고, 칠정은 기를 겸해서 말한 것이다."라고 말한 것
> 에 불과하며, "사단은 리가 먼저 발하고, 칠정은 기가 먼저 발한다."라고 말
> 한 것은 아니다.[295]

다시 말해서, 이이는 칠정의 경우에 이미 리와 기가 겸해 있는 것으로
보며, 따라서 "기가 발함에 리가 탄다."는 표현은 "기가 발함에 리가 이미
타고 있다."는 의미로 이해한다. 이처럼 그는 칠정의 경우에 이미 리와 기
가 함께 발하는 것으로 이해한다는 것이다.[296] 따라서 그는 이 표현이 시
간적인 경과를 함축한다고 생각하지 않으며, 더 나아가 사단도 칠정의 경
우와 동일하게 이해되어야 한다고 주장하는 것이다.[297] 이이는 이처럼 이

---

294) 앞에서 지적한 바 있듯이, 이이는 주희가 "사단은 리가 발한 것이고, 칠정은 기가 발한
   것이다."가 아니라 "사단은 리에서 발하고, 칠정은 기에서 발한다."를 주장한다고 잘못
   말하고 있다. 후자는 주희의 명제가 아니라 사단칠정논쟁을 야기했던 정지운의 명제
   이다.

295) <율곡 2-11>, 朱子發於理發於氣之說 …… 亦不過曰, 四端專言理, 七情兼言氣, 云爾, 非
   曰 四端則理先發, 七情則氣先發也.

296) <율곡 4-2-장서-11>, …… 기가 홀로 한 것이고 리는 없다고 하면 옳지 않다. 천하에
   어찌 리의 밖에 기가 있겠는가? 이 부분을 가장 깊이 연구해야 할 것이니, 여기에서
   얻음이 있으면 리와 기가 서로 분리되지 않는 오묘함을 알 수 있을 것이다. '리기지묘
   [리와 기의 오묘함]'은 알기도 어렵고 말하기도 어렵다. 리의 근원은 하나일 뿐이며,
   기의 근원도 하나일 뿐이다. 기는 흘러서 가지런하지 않고, 리도 또한 흘러서 가지런
   하지 않다. 기는 리를 떠나지 않고, 리도 기를 떠나지 않는다(…… 謂之氣獨爲之而無
   理, 則不可也. …… 天下安有理外之氣耶. 理氣之妙, 難見亦難說. 夫理之源, 一而已矣. 氣之
   源, 亦一而已矣. 氣流行而參差不齊, 理亦流行而參差不齊. 氣不離理, 理不離氣).

297) 참고 : <율곡 2-12>에서, 이이는 사단이 외부 대상과의 접촉이 없이 내부로부터 저절
   로 발생한 감정이 아니며, 칠정과 마찬가지로 외부 대상과의 접촉을 통해 얻어진 감정
   이라고 주장한다.

황의 호발설을 부정하고, 자신의 '기발리승일도설'을 제시한다. 즉, 모든 사물들의 작용은 "기가 발함에 리가 탄다."라는 한 가지 표현으로만 설명될 수 있으며, "리가 발함에 기가 따른다."라고 말해서는 결코 안 된다는 것이다.

> 이렇기 때문에, 천지의 조화와 심의 발은 모두 "기가 발하여 리가 타는" 것이 아닌 경우가 없다. 이른바 "기발리승"이라는 것은 기가 리보다 앞선다는 말이 아니다. 기는 유위하고 리는 무위하므로 그렇게 말할 수밖에 없을 뿐이다.298)

이이는 "리가 발함에 기가 따른다."라는 표현은 리와 기 사이에 시간적인 선후와 공간적인 이합을 허용하기 때문에 그 표현을 받아들일 수 없다고 여러 차례 반복하여 말했으나, "기가 발함에 리가 탄다."라는 표현은 그런 시간적인 선후의 의미를 함축하지 않는다고 말하고 있다.

이러한 해석 방법을 "기가 발함에 리가 탄다."라고 말할 수 있지만, "리가 발함에 기가 따른다."라고 말해서는 안 된다는 이이의 견해를 설명할 수 있는 방법으로 제안해볼 수 있다. 사실상 이렇게 해석하지 않고는 "탄다(乘)"라는 동사는 허용할 수 있지만 "따른다(隨)"라는 동사는 허용할 수 없다는 그의 주장을 납득하도록 만들기 어렵다. 이렇게 본다면, 명제 (P5)의 전반부에 대한 이이의 반론은 일반적으로 알려져 있듯이 '리의 발'을 부정하는 것이라고 보기는 어렵다. 그는 사단을 '기와 무관한 리'만의 발함(發)으로 이해하며, 따라서 그러한 작용과 대비되는 기의 작용을 '리와 무관한 기'만의 따름(隨)으로 이해한다. 그러므로 그는 "리가 발함에 기가 따른다."에 드러난 이러한 작용들이 서로 무관한 작용들이므로 시간적 차이(즉,

---

298) <율곡 6-2-장서-3>, …… 天地之化, 吾心之發, 無非氣發而理乘之也. 所謂氣發理乘, 非氣先於理也. 氣有爲而理無爲, 則其言不得不爾也.

시간적 선후)를 함축한다고 볼 수밖에 없다는 점을 지적하는 것이다.

성혼은 이러한 이이의 견해에 동의하지 않는다. 그는 선유들이 리와 기의 호발을 인정한 데에는 그만한 이유가 있었기 때문이라면서, 특히 인심은 형기에서 생겨나고 도심은 성명에서 근원한다는 주희의 '혹원혹생설(或原或生說)'을 여러 차례 언급한다.[299] 하지만 그는 이 이론이 미발 상태의 선과 악이 결정되었다는 주장을 함축하지는 않는다고 말한다.

> 정이 발하는 곳에 주리와 주기의 두 가지 뜻이 있으니, …… 미발에 앞서 두 가지 뜻이 있다는 것이 아니다. 막 발할 즈음에 리에 근원함이나 기에서 생겨남이 있다는 것일 뿐이다. 리가 발함에 기가 그 뒤를 따르고 기가 발함에 리가 그 다음에 탄다는 것이 아니라, 리와 기는 하나로 발하지만 사람이 중요한 부분을 취하여 '주리' 또는 '주기'라고 말하는 것이다.[300]

위 인용문은 <우계 6서>의 일부로서,[301] 성혼은 자신이 리 없는 기의 발함이나 기 없는 리의 발함, 즉 리와 기의 분리를 주장하는 것은 결코 아니라고 항변하고 있다. 그는 리와 기가 항상 함께 발한다 할지라도 리를 중심으로 말하거나 기를 중심으로 말하는 것이 여전히 가능하며, 주리인 경우에는 리발로 표현하고 또한 주기인 경우에 기발로 표현할 수 있다는 자신의 의견을 강하게 제시한다.

---

299) <우계 6-2> 등 참조. 이것은 이이가 <율곡 6-2-장서-5> 이하에서 '혹원혹생'을 반복적으로 언급했던 데 대한 성혼의 응답으로 볼 수 있다.

300) <우계 6-4>, 且情之發處, 有主理主氣兩箇意思 …… 非未發之前有兩箇意思也. 於纔發之際, 有原於理生於氣者耳, 非理發而氣隨其後, 氣發而理乘其第二也, 乃理氣一發, 而人就其重處言之, 謂之主理主氣也.

301) 주지하듯이, 이이와 성혼은 서로 9통씩의 편지들을 주고받았다고 알려져 있으나 그 가운데 성혼의 3, 7, 8, 9서는 분실되었으므로, 위 인용문은 이이의 견해에 대한 성혼의 마지막 반론을 보여준다. <우계 6서>와 이에 대한 답서인 <율곡 6서>의 내용에서는 그들의 견해가 대립되고 있음을 쉽게 볼 수 있으며, 현존하는 이이의 7, 8, 9서에서도 그들의 견해는 여전히 일치하지 않고 있다.

하지만 이이는 성혼이 주리로 표현할 수 있다고 말하는 도심의 경우도 리발이 아니라 기발이라고 주장한다.

> 도심이 성명에 근원하였더라도 발하는 것은 기이니, 이것을 리의 발이라고 할 수는 없다. …… 기가 본연의 리에서 변하면 본연의 기도 변하므로, 리도 그 변한 기를 타서 인심이 되어 때로는 지나치고 때로는 미치지 못한다. …… 기가 명령을 듣거나 듣지 않는 것은 모두 기가 하는 것이고 리는 무위이니, 서로 발용함이 있다고 말할 수 없다.302)

이처럼 이이는 이황의 '리기호발설'을 거부하지만, 우리는 여기에서 논란의 핵심이 리가 발하는가 또는 그렇지 않은가 하는 문제보다는 리와 기가 서로 떨어질 수 없다는 불상리(不相離)의 문제에 집중되고 있다는 점에 주목할 필요가 있다. 즉, 그는 "리가 발함에 기가 따른다."는 주장이 "리의 발함"과 "기의 따름" 사이에 시간적인 선후를 허용한다는 점에 대해 이의를 제기한다는 것이다. 물론 결과적으로는 리의 발함이 거부되기는 하지만, 그의 근본적인 관심은 리와 기의 불상리를 강조하는 것이며, 이것은 도심과 인심에 두 가지 근원이 있는 것이 아니라는 자신의 주장을 뒷받침하기 위한 것이다.303)

앞에서 보았듯이, 성혼이 처음에 이황의 '리기호발설'을 수용하게 된 것은 이황의 인심도심설에 인용되어 있던 "혹은 형기에서 생겨나고 혹은 성명에서 근원한다."는 진술과 일관된다고 생각했기 때문이다.304) 도심은 성명에서 근원하고 인심은 형기에서 생겨나므로, 전자는 리발로 설명하고 후자는 기발로 설명하는 것이 일관되어 보인다는 것이다.305) 그러나 성혼의

---

302) <율곡 6-2-장서-6>, 道心原於性命, 而發者氣也, 則謂之理發不可也. …… 氣有變乎本然之理者, 則亦變乎本然之氣也, 故理亦乘其所變之氣而爲人心, 而或過或不及焉. …… 氣之聽命與否, 皆氣之所爲也, 理則無爲也, 不可謂互有發用也.

303) 각주 288에 인용된 <율곡 4-1> 참조.

304) 위 각주 241에 인용된 <우계 4-1> 참조.

이러한 설명은 도심과 인심의 근원들인 리와 기를 별개의 것들로 분리시켜 놓는 결과를 초래하지만, 이이는 그것들의 근원이 둘이 아니라 하나라는 이유를 들어 이황의 '리기호발설'에 토대를 둔 성혼의 설명을 거부했다.

이처럼 <율곡 5서>에 이르기까지는 이황에 대한 이이와 성혼의 논의가 그의 '리기호발설'에 집중되었다. <율곡 6서>에서도 그 이론에 대한 반론이 지속되지만, 이이는 그동안 언급하지 않았던 도심과 인심에 대한 이황의 규정을 비판의 대상으로 제시한다. 즉, 도심은 외부 대상에 접촉함이 없이 (또는 영향을 받지 않고) 내부에서 나오는 것이고, 인심만이 외부 대상에 접촉함으로써 나오는 것이라는 이황의 규정이 틀렸다는 것이다.306) 이미 보았듯이, 리와 기는 결코 서로 떨어짐이 없으며, 항상 리는 발하게 하는 것이고 기는 발하는 것이므로, 모든 발함은 기발이라고 말해야 한다는 것이 이이의 기본적인 생각이다. 또한 그에게 있어 도심과 인심은 하나의 동일한 근원을 가지므로 그것들은 모두 외부 대상과의 접촉이 없이 내부에서만 발생하거나 또는 외부 대상에 접촉함으로써 발생할 것이다. 하지만 그것들은 모두 기발로 설명되며, 따라서 외부 대상에 접촉함으로써 발생한다고 말해져야 할 것이다. 결과적으로, 도심이 외부 대상과의 접촉이 없이 내부에서 발생하는 것이라는 이황의 주장은 수용할 수 없는 것이 된다.

지금까지 우리는 이이의 입장을 중심으로 그 자신의 견해는 물론이고, 그가 반박하고 있는 성혼과 이황의 견해를 살펴보았다. 사실상 그들이 의도했던 것은 리와 기에 대한 견해를 토대로 도심과 인심이라는 심성론적 요소들을 설명하는 것이었는데, 그러한 그들의 시도는 각자 나름대로 성공

---

305) 우리는 앞에서 "ⓐ 道心=理之發=或原於性命之正=主理"와 "ⓑ 人心=氣之發=或生於 形氣之私=主氣"라는 성혼의 두 가지 등식을 제시한 바 있다.

306) "안에서 나오고 밖에서 감응된다(內出外感)."라는 말은 성혼이 <우계 6-1>에서 처음 언급했지만, 그는 이황이 그 말을 했다고 밝힌 적이 없다. 그러나 <율곡 6-2-장서-5>에서 이이는 그것을 이황의 말로 간주한다.

을 거둔 것으로 보인다. 다시 말해서, 이이의 '기발리승일도설'은 도심과 인심의 근원을 하나로 보는 토대를 구축하기 위한 적절한 이론이며, 성혼이 지지하는 이황의 '리기호발설'은 도심과 인심의 근원을 둘로 보는 토대를 구축하기 위한 적절한 이론이라는 것이다. 이처럼 그들은 서로 상반된 견해를 갖고 있음에도 불구하고 각자 나름대로의 타당한 근거를 갖고 있다. 주지하듯이, '타당하다'는 것은 어떤 논변에서 그 논변의 전제들이 참이라면 그 결론도 참이라는 조건적인 의미를 갖는다.

　여기에서 말하는 타당성은 이이와 성혼의 논의를 통해 얻어진 이론들 또는 결론들이 주자학적 체계와 정합적이라는 의미가 아니다. 그것은 논리적인 측면에서 타당하다는 것이다. 그들은 각자 나름대로 전제들을 제시하고 있으며, 도심과 인심의 근원이 하나라거나 또는 둘이라는 그들의 결론들은 리와 기에 대한 그들의 전제들로부터 도출된 것으로서, 전제들이 참이라면 그들의 결론들도 참일 것이다. 그러나 그들의 논변 자체는 타당하지만, 아직 전제들의 진위에 대해서는 논란의 여지가 남아 있다. 이것은 그 전제들이 과연 참인가 하는 문제이다. 하지만 넓게는 세상의 구조를 설명하고, 좁게는 인간의 구조를 설명하기 위한 개념적 도구들인 리와 기에 대한 규정들의 진위를 밝힌다는 것은 아마도 불가능한 과제일 수도 있다. 그러나 그것의 진위를 밝히는 것은 근본적으로 진실을 파악하기 위한 것이지만, 무엇보다도 우리의 궁금증을 해소하기 위한 것이다. 우리는 적절한 답변이 제시될 때까지는 우리의 궁금증을 해소하기 위한 노력을 중단하고 싶어 하지 않는다. 우리가 할 수 있는 것은 그러한 궁금증이 언젠가는 반드시 해소되리라는 믿음을 갖고, 역사 이래로 우리가 해왔던 노력을 지속하는 것이다. 그리고 지금 당장 우리가 할 수 있는 것은 우리가 살펴본 논의들이 과연 얼마나 타당한가, 그리고 타당하지 못한 부분들을 타당하게 보완할 수 있는 방안은 무엇인가를 모색하는 것이다. 바로 이것이 우리가 다음 장에서 탐구할 과제이다.

제7장 '리기선후'와 '리기호발'에 대한 상식적 해석

그동안 이이의 리기론에 대한 많은 논의가 있었지만, 많은 학자들은 그의 이론을 요약하고 정리하거나 또는 다른 성리학적 이론과의 유사성 여부를 살피는 데 초점을 맞추는 한편,[307] 이론 자체의 타당성 여부에 대한 논의에는 많은 관심을 두지 않고 있다. 이런 점에 주목하여, 아래에서 필자는 먼저 이이의 이론 자체가 현대에도 수용될 수 있는 타당한 철학적 이론인가라는 문제를 검토하고 평가한다. 특히, 우리는 '리선기후(理先氣後)'의 문제와 '리기호발(理氣互發)'의 의미와 문제점을 각각 살펴보고, 그에 대한 대안으로서

---

307) 이이는 주희의 이론을 많은 부분 수용하고 있으며, 또한 자신의 저술 속에서 이황이나 나흠순 등을 언급하면서 비판하고 있기 때문에, 이이의 사상을 그들의 사상과 비교하는 작업이 불가피하다는 점은 인정된다. 그러나 여기에서는 그런 비교 작업 이후에 누구의 사상이 어떤 점에서 더 설득력이 있는가에 대한 평가가 전혀 시도되지 않고 있다는 점을 지적하는 것이다. 이이를 다른 사상가와 비교 논의한 논문들은 다음과 같다. 주희와의 비교는 김경호(2000), 이종태(1997), 이해영(1984) 등 ; 이황과의 비교는 김경호(2000), 이동희(2002), 이종태(1997), 이현중(1998), 조남호(1999) 등 ; 성혼과의 비교는 이동준(1979), 이동희(2002), 조장연(1998) 등 ; 나흠순과의 비교는 이동희(1989), 조남호(1999), 조남호(2001) 등이다.

이이가 각각 제시하는 '리기무선후(理氣無先後)'와 '기발리승(氣發理乘)'이 현대적인 관점에서 볼 때 과연 타당한 것으로 인정될 수 있는가, 그리고 만약 그렇지 않다면 어떻게 보완할 수 있는가 하는 문제를 검토한다.[308]

지금까지 보았듯이, 사단칠정논쟁과 인심도심논쟁에는 나름대로 합리적 (또는 논리적)인 점도 있고 그렇지 않은 점도 있다. 가장 합리적으로 보이는 점은 논변자들이 열린 마음으로 논의에 임하고 있다는 것이다. 또한 그들은 상대방을 설득하기 위해 납득할 만한 근거를 제시하기 위해 노력하고 있다. 이러한 태도는 분명히 우리가 합리적이라고 볼 수 있는 태도이다. 다른 한편으로 그들은 자신들이 사용하는 개념들을 충분히 명료화하지 못함으로써, 불필요한 혼란에 빠져 있는 모습을 보이기도 한다. 이와 관련하여, 후반부에서는 사단칠정논쟁과 인심도심논쟁에 참여해온 성리학자들의 논리적 태도를 최종적으로 다시 한 번 정리하고, 우리가 앞으로 성리학 연구에서 취해야 할 태도에 대해 고찰한다.[309]

이 장에서 필자는 특히 (a) 리기의 선후 문제와 (b) 리기의 호발 문제를 다룬다. (a)와 관련하여, 리와 기에 선후가 있다고 인정하는 경우에는 그것들이 시간적 또는 공간적인 분리 가능성을 인정하게 되는 반면에, 그러한 선후를 부정하는 경우에는 리와 기의 시공간적인 분리 가능성을 부정하게 된다. 한편, b)에 대해, 리와 기가 각각 발한다는 이황과 주희의 주장은 기에서 분리되어 존재하는 리의 실체성을 함축하는 것으로 해석되며, 기만이

---

308) 여기에서 말하는 "현대적인 관점"은 특히 21세기의 경험과학적인 연구 결과를 수용하는 "현대 심리철학적인 관점"을 지칭한다. 이이에 대한 필자의 해석은 서양 고대철학자인 아리스토텔레스에 대한 현대 심리철학적 해석에 기초를 두고 있다. 아래에서 보듯이, 이이와 아리스토텔레스는 유사한 문제에 대해 유사한 견해를 갖고 있으며, 따라서 아리스토텔레스의 이론을 분석하고 평가해온 현대 심리철학적 논의들은 이이를 평가하는 훌륭한 잣대가 될 수 있다.

309) 여기에서 필자는 각 논변의 논리적 특성에 대한 자세하고 구체적인 분석보다는 몇 가지 사례만을 제시하면서 문제점을 개괄적으로 지적하는 방식으로 진행한다.

발한다는 이이의 주장은 기에 내재된 리의 법칙성을 함축하는 것으로 해석된다. 이러한 내용을 자세히 검토하고, 그 타당성을 살펴보자.

1. '리기선후'의 문제

리(理)와 기(氣) 개념이 성리학적 논의에서 가장 중요하고도 기초적인 개념임에는 이론(異論)의 여지가 없다. 그러나 문제는 바로 여기에서 출발한다. 리기 개념에 대한 논의가 그토록 중요함에도 불구하고, 그 개념들의 정확한 의미와 상관관계를 파악하기가 어렵기 때문이다. 진래(陳來)는 주희의 리기 개념을 "'기'는 모든 사물을 구성하는 재료이고, '리'는 사물의 본질과 규칙이다."라고 규정한다.[310] 이 규정에 따르면 사물의 존재를 전제하지 않는 리의 존재는 인정할 수 없게 된다. 왜냐하면 리는 그 자체로서 존재하는 본질이나 규칙이 아니라 '사물의' 본질이며, '사물의' 규칙이기 때문이다. 따라서 이 규정이 일관적으로 적용된다면, 리기의 선후(先後)나 리기의 호발(互發) 등에 관한 문제는 제기되지 않을 것으로 보인다.

하지만 이이에게 있어서 그런 문제들은 다른 논의에 앞서 논파되어야 할 주요 문제들로 떠오르고 있다. 앞에서도 보았듯이, 이이는 이황의 '리기호발

---

310) 진래(1997), pp.241-242 참조 진래의 규정은 영어에서 리와 기를 각각 "principle"과 "material"로 번역하는 것과도 유사하며, 현대인들이 비교적 용이하게 이해할 수 있는 규정이다. 그러나 다른 곳에서 그는 리의 다양한 의미를 다음과 같이 정리한다. "먼저 우주의 보편 법칙으로서, '천리'라고 부를 수 있다. 둘째는 인간의 본성이 되는 '리'로서, '성리'라고 부를 수 있다. 셋째는 윤리와 도덕규범이 될 수 있는 '리'로서, '윤리'라고 부를 수 있다. 넷째는 사물의 본질과 규율이 되는 '리'로서, '물리'라고 부를 수 있다. 마지막으로는 이성이 되는 '리'로서, 리학에서 '리'와 '기'의 상승 문제로 표현될 때는 '리'는 '이성'이라고 부를 수 있다. …… 우리는 구체적인 토론을 할 때 사용되는 '리' 개념에 대해서는, 반드시 위아래 문장의 문맥 속에서 그 의미를 구체적으로 이해해야 한다(pp.42-43)."

설'이 리와 기 사이의 '시간적인 선후'와 '공간적인 이합(결합과 분리)'을 함축한다는 점에서 강하게 반발한다.[311] 그가 이황의 견해를 반박하기 위해 제시하는 근거는 리와 기가 결코 둘(二物)이 아니라 하나(一物)라는 것이다. 물론 현대적인 관점에서 볼 때, 리기선후가 인정된다면 리와 기의 시공간적 분리를 인정할 수밖에 없고, 또한 리기호발을 인정한다면 리와 기가 모두 물리적인 요소임을 인정할 수밖에 없다는 결론에 이르게 되는 중대한 문제이다. 여기에서는 먼저 리기선후 문제가 제기되는 이유를 지적하고, 그에 대한 이이의 견해를 검토한 뒤, 어떤 대안이 제시될 수 있는가를 살펴보자.

1) '리기선후' 문제의 발단

주희는 『주자어류』에서 리기선후의 문제를 논의하고 있으나 그의 입장은 명확하지 않다. 그는 여러 번에 걸쳐서 "리기의 선후를 말할 수 없다."는 '리기무선후(理氣無先後)'와 "리기가 서로 떨어질 수 없다."는 '리기불상리(理氣不相離)'를 주장하면서도, 다른 한편으로 "리가 기보다 선재(先在)한다."는 '리선기후(理先氣後)'를 인정하는 것으로 보이기 때문이다.[312] 주희의 이러한 모순적인 태도와 관련하여, 학자들은 그가 주장한 리기의 선후는 '시간적 선후'가 아니라 '논리적 선후'라는 해석을 제시한다.[313] 그렇다면

---

311) <율곡 2-2>, 비록 "리는 스스로 리이고 기는 스스로 기이다."라고 말하더라도, 섞여서 빈 곳이 없고 앞과 뒤도 없고 분리되거나 합쳐지지도 않으며, 두 가지 것으로 보이지 않기 때문에 두 가지 것이 아니다(雖曰, 理自理, 氣自氣, 而渾淪無間, 無先後, 無離合, 不見其爲二物, 故非二物也) ; <율곡 2-10>, [리와 기는 시간적으로] 앞과 뒤가 없으며 [공간적으로] 떨어지고 합해지는 것도 없기에, 호발한다고 할 수 없다(無先後, 無離合, 不可謂互發也).

312) 『주자어류』 1:2, 未有天地之先 畢竟也只是理. 有此理 便有此天地 ; 1:7, 先有箇天理了 却有氣 ; 1:10, 理未嘗離乎氣. 然理形而上者 氣形而下者 自形而上下言 豈無先後 ; 1:12, 理與氣本無先後之可言 但推上去時 却如理在先 氣在後相似 ; 1:14, 要之 也先有理 등.

313) 황준연(1987), p.37 ; p.148 ; 장숙필(2000), p.51 ; 이형성 옮김(1997), p.146 이하. 이들과 마찬가지로, 중국학자인 진래(안재호 옮김, 1997, pp.243-244)도 리기의 선후가 "논

그들이 그런 선후 관계를 주희에게 부속시키려고 하는 이유는 무엇인가?

리와 기의 존재에 이전과 이후가 있음을 함축하는 '리선기후'를 문자 그대로 받아들이면, 그것은 우선적으로 리와 기가 시간적으로 분리될 수 있다는 것으로 이해되며, 또한 리와 기의 시간적인 분리는 그것들이 공간적으로도 분리될 수 있다는 것으로 이해된다. 이것은 결국 리의 실체성, 즉 기로부터 독립된 리의 존재를 인정하는 것이 된다. 리에 대한 이런 방식의 이해는 '리기의 선후가 없음'을 함축하는 리기의 '불상잡(不相雜)'이나 '불상리(不相離)'를 주장하는 주희의 다른 주장과 모순이 되며, 당연히 주희의 이론적 일관성에 의문을 제기하게 만든다. 따라서 주희를 공부하는 학자들이 그의 이론적 일관성을 주장하려면, 리선기후나 리기무선후 가운데 하나를 선택할 수밖에 없다. 이러한 과정에서 그들은 리기무선후를 선택하는 한편, 리선기후를 주장하는 주희의 진술을 일관적인 맥락에 포용하기 위한 수단으로 "논리적 선후"라는 용어를 사용하는 것으로 보인다. 이것은 분명히 리선기후를 주희의 기본적인 주장으로 간주하는 한편, 그와 상반된 리기무선후를 주장하는 진술들을 일관적인 맥락으로 끌어들이는 것보다 손쉬운 방법이긴 하다. 하지만 이것이 우리가 리기의 시간적인 분리나 공간적인 분리를 함축하는 리선기후를 주희의 주장으로 간주해서는 안 될 충분한 이유가 되지는 못한다.

한편, 리기의 논리적 선후 관계를 주장하는 이유는 흔히 다음과 같이 평가된다.

주자는 '리선기후(理先氣後)'에 대해 말하기를 "요컨대 먼저 이 리가 있다. 그러나 오늘 리가 있고 내일 기가 있다는 것은 아니다."라고 하여 리선기후

리적 선후"라는 표현을 사용하지만, 그보다 앞서 그는 주희의 리 개념이 보편 규율이 물리세계보다 먼저 존재한다고 주장하는 "객관적 관념론"에 속한다고 말함으로써 결국 "시간적 선후"를 인정하는 것으로 보인다.

가 시간적 선후는 아니라고 하였다. 이러한 것을 주자 연구가들은 '논리적 선후'라고 하였다. 시간적 선후가 아니므로 그의 형이상학 체계에서 논리적 으로 선후를 말하는 것이라는 의미이다. 그러나 이러한 해석으로는 의미가 선명하지 않다.[314] (밑줄은 필자의 것이다.)

위 인용문은 학자들이 '논리적 선후'라는 새로운 용어를 사용하는 것은 단지 "시간적 선후가 아니다."라는 주희의 말을 표현하려는 것에 불과하다 고 지적하지만, 그것이 정확히 무엇을 의미하는가에 대해서는 아무런 설명 을 하지 않는다. 이런 성향은 다른 많은 학자들에게서도 발견된다. 그들도 "시간적 선후가 아니다."라는 문장의 의미를 규명하기보다는 단지 그 말을 "논리적 선후이다."라는 문장으로 대체해서 사용할 뿐, 그 문장의 의미는 설 명하지 않는다. 그러나 이러한 표현의 대체는 모순된 것으로 보이는 주희의 입장을 해결하는 데 전혀 도움이 되지 않으며, 문제는 그대로 남아있게 된 다. 필자는 아래에서 "논리적 선후"라는 표현을 이해하는 방식을 제안해볼 것이다. 그러나 먼저 리기선후 문제에 대한 이이의 견해를 살펴보자.

2) '리기선후'에 대한 이이의 견해

앞에서 언급했듯이, '리기선후'의 문제는 성혼이 지지하는 이황의 '리기 호발설'을 반박하는 과정에서 제기된다. 이이는 '리기호발설'이 '시간적 선 후'와 '공간적 이합(離合, 분리와 결합)'을 함축한다고 생각하기 때문이다. 이 황이 리도 발하고 기도 발한다는 '리기호발설'을 주장한 것은 사실이다. 하 지만 사단칠정논쟁에 국한해서 말하자면, 그는 리나 기가 '현실 속에서 실 제로' 각각 발한다거나 또는 리와 기가 '현실 속에서 실제로' 분리된다고

---

314) 이동희(2005), pp.89-91, 비교 : pp.34-35.

말하지는 않았다. 그것이 비록 이황에 대한 잘못된 이해로부터 비롯되긴 했지만, 이이는 '리기호발설'이 실질적인 '발'과 실질적인 '분리'를 함축한 다고 생각하기 때문에, 그런 문제에 대한 반론을 제기하는 것이다. 그는 이 문제에 대해 단호하게 반대의 입장을 제시한다.

> (a) 리와 기는 시작이 없고, 사실상 선후를 말할 수 없다. (b) 다만 그 소이 연을 추측해볼 때, 리가 추뉴와 근저이며, 따라서 어쩔 수 없이 리가 우선한 다고 하는 것이다. 성현의 말씀이 비록 많지만, 요지는 이와 같을 뿐이다. (c) 만약 사물의 측면에서 본다면, 리가 우선하고 기는 뒤에 있다. (d) 대개 천지 가 생겨나기 전에는 천지의 리가 없다고 말할 수 없다. 미루어볼 때, 모든 사물들이 다 그렇다.315) (알파벳과 밑줄은 필자의 것이다.)

(a)에서 이이는 리와 기는 선후가 없다는 자신의 견해를 분명하게 밝힌 다. 그러나 (b)와 (c)는 리가 기보다 앞선다고 말하고 있으며, 따라서 그도 주희처럼 모순된 입장을 취하고 있는 것이 아닌가 하는 의구심이 든다. 그 러나 이이는 (b)의 "어쩔 수 없이"와 (c)의 "만약 사물의 측면에서 본다면" 이라는 한정적인 표현을 사용하고 있으며, 이러한 표현 때문에 현대 학자 들이 주희에 대해 주장하듯이 (그 의미가 무엇이든) 이이도 "리의 논리적 선재"를 인정하고 있다는 해석의 여지가 있다. 그러나 (d)에 대해서는 그런 해석이 어렵다. (d)는 분명히 "리의 시간적 선재"를 인정하는 것으로 보이 며, 이렇게 되면 이이 또한 리기선후에 대해 애매한 입장을 취하고 있다는 비난을 면할 수가 없을 것이다.

이이가 이런 비난을 면하기 위한 유일한 방법은 천지의 생성을 부정하

---

315) <율곡 9-1>, 理氣無始 實無先後之可言. 但推本其所以然 則理是樞紐根底 故不得不以理 爲先. 聖賢之言雖積千萬 大要不過如此而已. 若於物上觀 則分明先有理 而後有氣. 蓋天地未 生之前 不可謂無天地之理也. 推之 物物皆然.

고 영원성을 주장하는 것이다. 천지는 리와 기로 구성되었으며, 이런 천지가 항상 존재해왔다면 리의 시간적 선재를 인정할 필요가 없게 되기 때문이다. 사실상 이이는 다른 곳에서 천지의 영원성을 주장한다.

> 성현의 말씀에 과연 미진한 데가 있다. 다만 태극이 음양을 낳는다고 말하였을 뿐, 음양이 본래부터 있고 처음 생겼던 때가 있지 않다는 말을 하지 않았기 때문이다. 따라서 문자 그대로 해석하는 사람은 기가 아직 생기지 않았을 때는 다만 리만 있을 뿐이라고 말한다. 이것은 진실로 하나의 잘못이다.316)

"천지가 존재하지 않았던 때가 없다."라는 내용을 담은 이 글은 현대인들로 하여금 이이를 (그가 실제로 그런 생각을 했든 또는 하지 않았든 관계없이) 합리적인 인물로 간주하게 만들 만한 글이다. 그 이유는 다음과 같다.

성리학에서 태극은 리를 의미하며, 따라서 "태극이 음양을 낳는다."라는 말은 결국 "리가 음양을 낳는다."라는 말이다. 그러나 여기에서 '리'는 '기를 배제한 리' 또는 '기에서 분리되어 존재하는 리'를 지칭하는 한편, 음양(즉, 兩儀)은 기를 지칭하므로, 결과적으로 "태극이 음양을 낳는다."라는 말은 "리가 기를 낳는다."라는 말이다. 그런데 일반적으로, 리는 형이상(形而上)이며 조작이나 운동(변화)을 겪지 않는 존재인 반면에, 기는 형이하(形而下)이며 조작이나 운동을 겪는 존재로 말해지며, 따라서 "리가 기를 낳는다."라는 말을 문자 그대로 받아들인다면 그것은 성리학에서 수용되지 않는다. 이것은 현대과학적인 측면에서 볼 때도 마찬가지이다. 모든 물리적인 것은 어떤 종류의 운동(변화)이든 겪게 마련이며, 따라서 운동이 없다는 것은 리가 물리적인 요소가 아니라는 결론으로 이끌어진다. 그러므로 "비물리적인 것이 물

---

316) 『율곡전서』 권9, 「答朴和叔」. 聖賢之說 果有未盡處. 以但言太極生兩儀 而不言陰陽本有 非有始生之時故也. 是故緣文生解者 乃曰氣之未生也. 只有理而已. 此固一病也.

리적인 것을 낳는다."라는 의미로 이해되는 "리가 기를 낳는다."라는 말은 현대적인 관점에서도 거부될 수밖에 없다.[317] 400여 년 이전에 생존했던 이이가 그러한 기초과학적인 견해를 가졌는가 하는 문제도 그 자체로 흥미로운 주제이긴 하지만, 그와는 별도로 위의 인용문에서 그는 현대적으로 수용될 만한 결론, 즉 "리에서 기가 나올 수 없다."라는 결론을 제시하고 있다.[318] "비물리적인 리에서 물리적인 기가 나온다."라는 주장은 "무에서 유를 창조한다."라는 주장과 마찬가지로 납득하기 힘들며, 따라서 우리는 그런 주장을 거부했던 이이의 합리적인 결론에 손을 들어주게 되는 것이다.

3) '논리적 선후'에 대한 두 가지 해석

앞에서 지적했듯이, 많은 학자들이 '리기무선후'가 주희의 이론이라고 주장하고 있지만, 그들은 '리기의 논리적 선후'가 정확히 무엇을 의미하는지 밝히지 않고 있다. '논리적(論理的)'이란 표현은 무엇보다도 서양 논리학적 개념을 먼저 연상시킨다. 성리학 전공자들은 '논리적 선후'라는 표현을

---

317) '낳는다'는 동사는 물리적인 것들에 대해서만 사용되며, 그런 동사를 물리적인 것과 다른 범주에 속하는 비물리적인 것에 사용하는 것을 라일(Ryle, 1949, p.17 이하)은 "범주적 오류(category mistake)"라고 부른다. 서양 근대철학자인 데카르트가 비물리적인 영혼이 물리적인 신체와 상호작용한다는 심신상호작용론을 주장한데 대해, 라일은 "(영혼이 신체를) 움직인다."라든가 또는 "(영혼이 신체에 의해) 움직여진다."라는 표현은 물리적인 속성이며, 그런 표현은 영혼이 마치 일종의 물리적인 것처럼 취급하는 것이라는 점에서 데카르트의 오류를 지적한다.

318) 이이에 의하면, 리가 음양을 낳는다는 것은 리가 기의 근저라는 의미이다. 『율곡전서』 권20, 「성학집요 2」, …… 동정의 기틀은 그것을 시키는 것도 아니요, 리기의 먼저와 나중을 말할 수 있는 것도 아니다. 그러나 기의 동정에서 모름지기 리가 근저가 되기 때문에 태극이 동하여 양을 낳고 정하여 음을 낳는다고 한 것이다. 만약 이 말에 집착하여 태극이 음양 이전에 홀로 있고 음양이 무로부터 생겨난다고 하면 음양은 처음이 없다고 말할 수 없다(…… 動靜之機, 非有以使之也, 理氣亦非有先後之可言也. 第以氣之動靜也, 須是理爲根柢, 故曰太極動而生陽, 靜而生陰. 若執此言, 以爲太極獨立於陰陽之前, 陰陽自無而有, 則非所謂陰陽無始也. 最宜活看而深玩也).

'시간적 선후'와 대립되는 개념으로 사용하고 있으며. 서양철학에서도 '시간적 우선성'이라는 표현과 대비하여 '논리적 우선성' 또는 '인식론적 우선성'이라는 표현을 사용하고 있기 때문이다. 만약 성리학 전공자들이 실제로 '논리적 선후'라는 표현을 서양 논리학적인 의미에서 사용하는 것이 아니라 단순히 "시간적 선후가 아니다."를 의미하기 위해 사용한다 할지라도,[319] 최소한 "시간적 선후가 아니다."라고 주장하는 이이의 입장을 명확하게 이해하기 위해서라도 우리는 그 의미를 해석하려고 노력할 필요가 있다.

우리는 "논리적 선후"라는 표현을 다음과 같은 두 가지 방식으로 해석해볼 수 있다. 첫 번째 해석은 진래의 설명에 따른 것이다.

> 한 종류의 사물에 공통적인 본질과 규율이 되는 그 사물의 '리'는 그 종류의 사물 안에서 체현되지만 그 종류의 어떤 개별적인 사물에 의해 전유되지 않으며, 개별적인 사물의 생성과 소멸에 의해 전이되지도 않는다. 따라서 오래 전부터 있었던 그 종류의 사물의 '리'는, 나중에 생성되는 그 종류의 어떤 사물에 대해 말하자면 "리가 사물보다 앞서 존재한다."라고 말할 수 있다. 이것은 법칙과 규율의 일반성과 보편성을 표현한다. 그러나 한 종류의 사물이 모두 존재하지 않는다면, 그것들의 '리'도 존재하지 않는다.[320]

진래는 위 글을 토대로 주희가 추상적 존재를 인정한다는 의미에서 객관적 관념론자였다고 주장하기에 이른다. 그는 주희가 리의 시간적 선재성(先在性) 또는 우선성을 주장했다고 보고 있다. 즉, 리가 기보다 시간적으로

---

319) 황의동(1998)도 '논리'란 용어를 p.109, p.111, p.145, p.177 등에서 사용하고 있다. 그는 p.177에서는 "사실상의 표현"에 대비하여 "논리상의 표현"이란 용어를 사용하는데, 여기에서의 "논리상의 표현"이란 용어는 "비유적인 표현"이란 말로 이해된다. 만약 이 이해가 옳다 할지라도, 여전히 무엇에 대한 비유인가를 밝혀줄 필요가 있는 것이다.

320) 안재호 옮김(1997), pp.242-243.

선재한다는 것이다. 하지만 위 글은 오히려 리선기후(理先氣後)의 논리적인 우선성을 주장하는 견해를 합리적으로 설명하는 한 가지 방법이 될 수 있다. 위 글에서 말해지듯이, '리'가 하나의 종(種)에 속하는 모든 사물들에 공통된 법칙과 규율이고 '기'가 그 사물들을 구성하는 물리적 구성요소라면, 모든 사물들은 리와 기로 구성되었다고 말할 수 있을 것이다. 왜냐하면, 위에서 이미 언급했듯이, 법칙은 어떤 사물의 법칙이며, 사물이 존재하지 않는 법칙이란 있을 수 없기 때문이다. 다시 말해서, 모든 사물들이 소멸한다면, 리를 담을 기가 남아있지 않을 것이며, 결과적으로 리도 소멸할 수밖에 없는 것이다. 그러나 하나의 종에 속하는 개별적인 사물이 소멸된다고 하더라도 나머지 사물들이 남아있다면, 리는 새로이 생성되는 사물보다 선재한다고 말할 수도 있다.[321] 이이의 견해에서 보았듯이, 이것은 천지 만물의 영원성을 전제해야만 가능한 해석이다. 어떤 종에 속하는 사물들이 늘 존재해왔다면, 우리는 다음에 어떤 종류의 개체가 생성될 것인지, 그리고 그것이 어떤 방식으로 운동할 것인지를 예측할 수 있을 것이다. 이것은 리가 기로부터 동떨어져 독립적으로 존재한다는 의미에서의 시간적 선재성이 아니라 먼저 예측할 수 있다는 의미에서의 인식론적인 선재성을 말한다는 것이다.

두 번째 해석은 서양 고대 그리스의 철학자 아리스토텔레스에게서 찾아볼 수 있다. 그는 모든 사물들이 질료와 형상으로 이루어진다는 질료형상

---

321) 이 해석은 그 종(種)과 그 종에 속하는 사물들의 존재가 영원히 지속되고 있음을 전제한다. 만약 그것들이 존재하지 않았던 순간이 있다면, 최초에 그것들이 어떻게 생성되게 되었는가를 설명해야 하는 어려움에 직면하기 때문이다. 다시 말해서, 그 종에 속하는 사물들이 전혀 존재하지 않았던 순간이 있었다면, (리와 기로 구성된) 그 사물들이 리가 없는 상태에서 갑자기 생성되었다거나, 또는 리가 먼저 존재해 있었고 그 사물들이 나중에 생성되었다고 말해야 하며, 이렇게 될 때는 각각 사물들의 생성이 우연적이라고 답하거나 또는 리가 기보다 시간적으로 먼저 존재(리선기후)했다고 답할 수밖에 없기 때문이다.

론(hylomorphism)을 주장하면서도, 종종 '형상의 우선성'을 주장한다.

> ...... 아리스토텔레스는 모든 자연물에 대해 질료형상론을 주장한다. 그러
> 나 그럼에도 불구하고 그는 형상의 우선성을 승인한다. 예를 들어, 어떤 것
> 이 칼의 기능(형상)을 가진다는 것은 그것이 그 기능에 필요한 속성(예 : 단
> 단함)을 가진 질료로 구성되어야 한다는 것을 함축한다. 그러나 단단함을
> 가졌다고 해서 질료가 반드시 칼의 기능을 갖는 것은 아니다. 즉, 그의 기
> 본적인 입장은 형상은 질료를 설명할 수 있으나, 질료만으로는 형상을 설
> 명할 수 없다는 것이다. 형상의 우선성에 대한 그의 주장은 『동물부분론』
> 에서도 반복된다. 아리스토텔레스는 "동물이 신체기관을 가지기 때문에,
> 그에 필요한 능력을 갖게 된다."는 아낙사고라스의 주장을 반박하고, "동물
> 들은 어떤 능력을 갖기 때문에, 그에 필요한 신체기관들을 갖게 된다."라고
> 주장한다.[322]

위 글은 결국 "형상으로부터 질료를 유추할 수는 있지만, 질료로부터 형
상을 유추할 수는 없다."는 말이다. 아리스토텔레스에게 있어서, 형상은 모
든 자연물들이 갖는 것이며, 생물에게 부과되는 형상을 단지 영혼이라고
부르고 있다. 그의 형상 개념은 형태, 겉모습, 구조, 크기, 기능 등으로 이
해되며, 질료는 각각 나름대로의 속성을 갖는 흙, 물, 불, 공기, 또는 그것
들의 복합물을 지칭한다.[323] 아리스토텔레스는 절대적인 의미에서의 생성
과 소멸을 인정하지 않는다. 즉, 그는 무로부터의 생성도, 무로의 소멸도
인정하지 않는다. 이이와 마찬가지로, 그는 결과적으로 세계의 영원성을
주장하기에 이른다.[324] 그가 말하는 형상의 우선성은 물리적인 것으로부터
독립된 형상이 물리적인 것보다 앞서 존재한다는 것이 아니다. 사람을 예

---

322) 유원기(2003), pp.113-114. 인용문 안의 지문들은 아리스토텔레스, 『동물부분론』 687a 3
    이하 ; 비교 『동물생성론』 716a 23-26 참조.
323) 유원기(2003), pp.111-112 참조.
324) 아리스토텔레스, 『자연학』 VIII.1.

로 들 때, 어떤 존재자가 사람이기 위해서는 그는 이러저러한 형상을 가져야만 한다. 그리고 그가 "이러저러한 형상(즉, 사람의 모습, 사람의 기능, 사람의 능력 등)"을 갖기 위해서는 그는 반드시 "이러저러한 질료"로 구성되어야만 하는 것이다. 이것은 사실상 "어떤 사물이 왜 그러저러한 방식으로 운동(행위)하느냐?" 또는 "그것은 왜 이러저러한 질료로 구성이 되어 있느냐?"라는 질문에 대해 "그것은 이러저러한 형상을 갖기 때문이다."라고 답변하는 것이다. 그러므로 아리스토텔레스가 말하는 형상의 우선성도 시간적인 우선성이 아니라 논리적 우선성, 또는 형상을 통해 새로운 사물의 구체적인 구성 방식이나 행동 방식을 미리 알 수 있다는 점에서 인식론적 우선성이라고 부를 수 있다.325)

이런 방식으로 리의 논리적 선재를 해석하려면, 리에 대한 정확한 규정이 전제되어야 한다. 그리고 주희가 리를 '소이연지고(所以然之故)'와 '소당연지칙(所當然之則)'으로 규정하고 있다는 점에서, 우리는 주희를 아리스토텔레스식으로 해석할 수 있는 가능성을 엿볼 수 있다.326) 이미 위에서 보았듯이, '소이연'은 물리적 법칙이고, '소당연'은 도덕적 법칙을 말한다. 이런 법칙은 우리가 사후에 부여하는 것이 아니라 미리 정해져 있는 법칙을 지칭한다. 다시 말해서, 법칙은 사물이 생성되기 이전에 그 사물에게 선천

---

325) 유원기(2005a), pp.210-213 참조. 아리스토텔레스는 만물이 형상과 질료로 구성된다고 말하면서, 형상을 완성품(완성태)으로서의 현실태(actuality)로 보는 한편, 질료를 아직 완성되지 않았으나 완성될 잠재력을 지닌 잠재태(potentiality)로 본다.

326) 주희를 아리스토텔레스를 해석하는 방식으로 해석하는 것이 옳은가 또는 옳지 않은가에 답하기 위해서는 먼저 형상 개념과 리 개념의 동이에 대한 상세한 논의가 필요하겠지만, 필자는 여기에서 옳고 그름을 판단하는 것이 아니라 단지 그런 해석의 가능성을 제안하고 있기 때문에 그런 논의가 필수적인 것은 아니다. 한편, '소이연'과 '소당연'에 대해 이동희(2005, p.28)는 "'소이연'은 '그렇게 되는 원인'이라는 의미이므로 사물의 존재근거, 즉 그 사물에 없어서는 안 되는 그 사물의 본질적 조건을 말한다. '소당연'은 '당연히 그렇게 되지 않으면 안 되는 법칙'이므로 사물이 그러해야 할 이상적인 모습을 말한다."라고 설명한다.

적으로 부여되어 있으며, 따라서 그 사물이 이러저러한 방식으로 운동하는 방향과 내용이 이미 규정되어 있다고 말할 수도 있을 것이다. 물론 여기에서는 "이러한 법칙을 인간이 어떻게 알 수 있는가?" 또는 "법칙에 대한 인간의 인식은 생득적인가 경험적인가?"라는 풀기 어려운 문제가 제기되지만, 어쨌든 주희의 리가 사물의 생성 이전에 규정되어 있는 법칙을 말하고 있다고 할 때, 우리는 학자들이 주희의 리기선후를 '논리적 선후 관계'라고 주장하는 것은 인식론적인 우선성을 의미하는 것이라고 볼 수 있다. 즉, 우리가 사물의 법칙을 알고 있다면 결국 사물이 생성된 이후에 그것이 어떤 방식으로 운동할 것인가를 예상할 수 있다는 인식론적인 우선성을 의미한다는 것이다.[327]

2. '리기호발'의 문제

주희에게서 나타나는 리선기후의 승인 여부가 중요한 근본적인 이유는 그것을 승인한다는 것이 리가 기와는 별도로 존재하는 독립적 실체임을 승인하는 것이 되기 때문이다. 더구나 리에 대한 주희의 규정을 고려할 때, 리는 독립적인 물리적 실체가 아니라 다른 것에 의존적인 비물리적 실체로 이해된다. 이에 대해 근본적으로는 비물리적 실체라는 것이 존재 가능한가라는 회의적인 반응이 제기될 수 있다. 리선기후의 문제 이외에, 주희의 이론에서 리의 비물리적인 실체성을 승인하는 증거로 쓰일 수 있는 것

---

327) 비교 : 최영진(2005b), p.67. 그는 "'리선기후'는 물론 시간상의 선후를 말하는 것은 아니다. 이것은 근거를 주는 자와 근거를 받는 자와의 관계로서의 논리적 선후이며, 또한 윤리적으로 말한다면 사실적 존재에 대한 가치의 우선이라는 의미에 있어서의 선후라고 할 수 있다. 즉, 리기는 논리적 측면, 혹은 가치의 측면에 있어서 불평등의 차등 관계를 갖는다. ……"라고 말함으로써 a) 시간적 선후, b) 논리적 선후, c) 윤리적 선후라는 세 가지 의미의 선후를 제시하며, 리와 기의 선후 관계는 b)와 c)의 의미를 모두 함축한다고 본다.

이 바로 리발(理發)의 문제이다. 최영진은 그 문제를 다음과 같이 정리한다.

> 리발설이 문제되는 것은 리의 개념 자체가 일체의 작위를 거부하고 있기
> 때문이다. 주자는 「리무정의 무계탁 무조작(理無情意. 無計度 無造作)」이라
> 하여 분명히 리의 작위성을 부정하고 있다. 그런데 주자의 문집에는 「리유
> 동정 고기유동정 리무동정 기하자이동정호(理有動靜 故氣有動靜 理無動靜
> 氣何自而動靜乎)」라 하여 리의 동정을 긍정하고 있어 표면상으로 볼 때, 주
> 자설 자체에 모순이 있는 것으로 생각되기 쉽다. 리의 작위성 여부는 주자
> 가 간과하였거나 또는 미해결로 남긴 문제 중의 하나이다.[328]

최영진은 주희가 리의 작위성을 부정하는 동시에 인정하고 있으며, 따라
서 주희는 "동일한 존재에 대하여 동일한 관계를 동시에 긍정하며 부정"하
는 배중율을 범하고 있다고 지적한다.[329] 그러므로 위에서 살펴본 리기선
후의 문제에서처럼 리 개념에 관한 주희의 이론을 일관적으로 만드는 작
업이 물론 필요하다. 하지만 여기에서 우리는 주희의 이론이 담고 있는 것
으로 보이는 논리적 모순을 다루기보다는 리발설(理發說) 자체에 초점을 맞
춰 그것을 인정했을 때 어떤 문제가 제기되는가를 살펴보자.

1) '리기호발' 문제의 발단

주지하듯이, 국내에서 리발(理發)과 관련한 논의는 사단칠정(四端七情)의
소종래에 대한 이황과 기대승의 논의에서 나타난다.[330] 특히, 이황은 본체
론에서 리동설(理動說)을, 심성론에서 리발설(理發說)을, 그리고 인식론에서
리도설(理到說 또는 理自到說)을 각각 주장함으로써, 리의 역동성을 인정하는

---

328) 최영진(1985), p.68.
329) 최영진(2005b), pp.52-53.
330) 조장연(1998), pp.189-191, 황준연(1987), pp.72-73 등 참조.

그 나름대로의 일관적인 이론 체계를 갖고 있었다고 알려져 있다.331) 최영진은 이황이 "논리적인 무리를 감수하면서까지 리발설을 굽히지 않았던 것"은 "리의 절대선이 성이라는 형이상학적인 차원뿐만이 아니라 사단이라는 정의 차원에서 구체적으로 실현된다고 하는 강한 도덕적 의지를 언표"하기 위해서였다고 지적한다.332) 그러나 그가 덧붙여 말하듯이, "이발설이 갖는 윤리적 가치가 아무리 중요하다고 할지라도 형이상자인 리를 발로 서술하는 데에서 야기되는 논리적인 문제점이 모두 해소되는 것은 아니다."333)

사실상 현대 서양과학에서는 물리적인 것을 넘어선 존재를 승인하는 문제에 대해 부정적인 또는 유보적인 태도를 보이며, 이러한 경험과학적인 증거를 무시할 수 없기 때문에 철학에서도 이론적으로는 물리론(physicalism)만을 인정하게 된다. 특히, 심리철학 분야에서는 너무도 분명한 정신의 존재와 관련하여 그것의 정확한 존재론적 위상을 밝히기 위한 논의가 아직도 계속되고 있지만, 그것도 대부분 물리론적인 범주 내에서 다루어지며 정신의 비물리성을 인정하는 경우는 거의 없다. 그러나 성리학에서 리의 비물리성이 인정된다면, 그것은 심리철학에서 지금은 대체로 거부되는 이원론과 관련된다.

주지하듯이, 서양철학에서 이원론(dualism)은 영혼과 육체 또는 정신과 육체가 서로의 존재를 전제함이 없이 독립적으로 존재 가능하다는 이론을 지칭한다. 즉, 육체는 사멸해도 영혼은 살아남는 경우를 지칭한다. 따라서

---

331) 이황의 리동설, 리발설, 리도설에 대한 논의는 최영진(2005b), pp.75-89를 볼 것.
332) 최영진(2005b), pp.79-80.
333) 최영진(2005b), p.80. 하지만 앞에서 우리는 이황이 사단칠정논쟁과 관련된 편지에서는 현실적인 또는 경험적인 의미에서의 '발'을 이야기한 적이 없다고 지적한 바 있다. 다시 말해서, 그가 리발과 기발을 언급했던 이유는 사단과 칠정의 성격에 대한 개념적인 규정을 하기 위한 것이지, 현실에서도 리와 기가 분리될 수 있다고 주장하기 위한 것은 아니다.

육체로부터 독립된 영혼의 존재를 인정하는 플라톤이나 또는 (영혼과 정신을 동일시함으로써) 육체로부터 독립된 정신의 존재를 인정하는 데카르트의 이론이 바로 이원론이다. 반면에 이러한 영혼이나 정신의 독립성을 부정하고 물리적인 육체만을 인정하는 물질론(materialism) 또는 물리론(physicalism), 그리고 물리적인 것의 존재를 전혀 인정하지 않고 정신적인 관념만을 인정하는 관념론(idealism)은 일원론(monism)에 속한다.

한편, 1960년경부터 활발하게 논의되던 서양 심리철학 분야에서 언급되는 물리론(또는 물질론)의 물질(matter)은 근대적인 의미의 물질, 즉 그 자체의 본질적인 생명성이라든가 운동성(역동성)을 지니지 않는 죽은 물질을 지칭한다. 반면에 서양 고대에서 주로 언급되던 물질(matter), 즉 국내에서 주로 '질료'라고 번역되는 서양 고대의 물질 개념은 그 나름대로의 생명성이나 운동성을 지닌 살아있는 물질을 지칭한다. 이러한 서양 고대의 이론은 근대의 물리론과 구분하여 물활론(hylozoism 또는 animism)이라 불리며, 근대 이후의 과학적인 관점에서는 인정되지 않는 이론이다. 우리가 아는 한, 이처럼 이원론, 관념론, 물활론이 모두 거부된 이후에 남게 되는 이론은 물리론이다. 그러나 다양한 정신 작용들이나 생명 작용들을 완전히 물질적 또는 물리적인 어떤 것에 불과하다는 식으로 설명하기 어렵고, 그렇다고 해서 물질론을 거부하고 검증되지 않는 추상적 존재자나 비물질적 존재자를 인정할 수도 없는 딜레마(dilemma)에 처한 현대 학자들은 다양한 형태의 물리론을 고안해냈으며, 그 결과 나타난 것이 라일의 행동론, 퍼트넘의 기능론, 김재권의 수반론 등이다.[334] 그렇다면 리기호발을 거부하는 이이의 견해가 이원론을 거부하는 현대 심리철학적인 관점에서 어떻게 평가될 수 있는가?

---

[334] 이와 관련해서는 김재권(하종호·김선희 옮김, 1997, 제1장)과 암스트롱(유원기 옮김, 2015, 제1장) 참조. 특히, 처치랜드(석봉래 옮김, 1992)와 암스트롱(하종호 옮김, 2002)의 저서는 수반이론을 비롯한 심리철학의 다양한 이론들을 비교적 자세하고도 쉽게 소개하고 있다.

2) '리기호발'에 대한 이이의 견해

이이는 리발을 인정하는 이황의 리기호발설을 거부하며, 더 나아가 리기호발설을 주장한다면 그것이 주희일지라도 틀렸음이 분명하다고 주장한다.[335] 그렇다면 그는 왜 이토록 강력하게 리기호발을 거부하는 것인가?

…… 발하는 것은 기요 발하는 까닭은 리이니, 기가 아니면 발할 수 없고, 리가 아니면 발하는 까닭이 없다. …… 선후도 없고 이합도 없으니 호발이라고 말할 수 없다.[336]

위 인용문에서 이이는 리기호발을 명시적으로 거부하고 있다. 그 이유를 그는 다음과 같이 적고 있다.

리는 형이상자요, 기는 형이하자이다. 이 둘은 서로 분리될 수 없으며, 이미 서로 분리될 수 없다면 그 발용도 하나이므로, 서로 발하여 작용한다고 말할 수 없을 것이다. 만약 서로 발하여 작용한다고 말한다면, 이것은 리가 발하여 작용할 때 기가 때로 미치지 못하는 바가 있거나, 기가 발하여 작용할 때 리가 때로 미치지 못하는 바가 있을 것이다. 그렇다면 리와 기에는 떨어짐과 합해짐이 있고, [시간적인] 앞과 뒤가 있으며, 움직임과 고요함의 단초가 있고, 음과 양에 시작이 있게 되는 것이니, 그 착오가 적지 않을 것이다.[337]

여기에서 이이는 리기가 서로 떨어질 수 없는 불상리(不相離)의 관계에 있다는 점에서 리발을 거부한다. 만약 리기가 서로 떨어질 수 있다면, 리기

---

335) <율곡 4-2-장서-2>, 若朱子眞以爲理氣互有發用 相對各出 則是朱子亦誤也.
336) <율곡 2-10>, …… 發之者氣也 所以發者理也 非氣則不能發 非理則無所發. …… 無先後 無離合 不可謂互發也.
337) <율곡 4-2-장서-1>, 理形而上者 氣形而下者也. 二者不能相離 旣不能相離 則其發用一也 不可謂互有發用也. 若曰互有發用 則是理發用時 氣或有所不及 氣發用時 理或有所不及也. 如是則理氣有離合 有先後 動靜有端 陰陽有始矣 其錯不小矣.

의 선후 관계를 인정할 수밖에 없고, 또한 천지(음양)의 시초가 있었음을 인정할 수밖에 없기 때문이다. 이와 동일한 맥락에서 그는 또한 다음과 같이 말한다.

리와 기는 원래 서로 분리되지 않아 마치 하나의 것 같으면서도 다른 이유는, 리가 무형이지만[형체가 없지만] 기는 유형이고[형체가 있고], 리는 무위하지만[하는 것이 없지만] 기는 유위하기[하는 것이 있기] 때문이다. 무형이고 무위하여 유형과 유위의 주가 되는 것은 리요, 유형이고 유위하여 무형과 무위의 그릇이 되는 것은 기이다. 리는 형체가 없지만 기는 형체가 있기 때문에 리는 통하고 기는 국한되며, 리는 무위이지만 기는 유위이기 때문에 기가 발하면 리가 타는 것이다.338)

이제 이이는 리와 기가 서로 분리될 수 없는 불상리의 관계에 있다는 것 이외에, 리의 무형성과 무위성을 기의 유형성과 유위성에 대비시킨다. 어떤 존재자가 형체를 갖지 않는다는 점에서 그것이 즉각적으로 우리가 말하는 비물리적인 것과 동일시되는 것은 아니다. 왜냐하면 공기나 다른 종류의 가스와 같은 물리적인 것도 경험적으로 드러나는 형체를 갖지 않으며, 또한 반드시 오감에 의해 파악되지도 않기 때문이다. 그러나 물리적인 것에게서 운동성을 배제할 수는 없으며, 따라서 운동성을 갖지 않는다고 말해지는 리는 이른바 비물리적인 존재자이거나 또는 순수하게 추상적인 관념과 동일시될 수 있는 것이다. 위 인용문에 따르면, 이이는 리발(理發)의 가능성을 거부하고 '기발리승(氣發理乘)'을 주장하기에 이른다. 그러나 '기발

338) <율곡 6-2-장서-1>, 理氣元不相離, 似是一物, 而其所以異者. 理無形也, 氣有形也, 理無爲也, 氣有爲也. 無形無爲而爲有形有爲之主者, 理也. 有形有爲而爲無形無爲之器者, 氣也. 理無形而氣有形, 故理通而氣局. 理無爲而氣有爲, 故氣發而理乘. 위 번역문의 주재는 '주(主)'를 번역한 것이다. 이이는 "夫理者氣之主宰也 氣者理之所乘也 非理則氣無所根底 非氣則理無所依著(<율곡 2-2>)"이라 하여 "주재"라는 단어를 명시적으로 사용한다.

리승'의 '승(乘)'을 리가 마치 사람이 말 위에 올라타는 것과 같은 역동성을 지닌 것으로 이해한다면, 리의 실재성을 인정하는 것이 되며, 더 나아가 리의 물리성을 인정하는 것이 된다.[339]

비록 이이가 '비물리적인 것'에 대한 명확한 개념을 갖고 있지 못했고, 또한 운동이 물리적인 것만의 속성이란 사실을 알지 못했다 하더라도, 최소한 그는 리가 기로부터 동떨어져 비물리적 실체로서 존재할 가능성은 허용하지 않고 있다. 이러한 이이의 관점은 현대의 경험과학적인 맥락에서도 수용될 수 있다. 물론 이 말은 이이가 리발설을 거부한다는 점에 국한되며, 그의 모든 주장이 현대적으로 수용될 수 있다는 것은 아니다. 이제 '기발리승일도설'의 의미를 좀 더 자세히 살펴보자.

3) '기발리승일도설'에 대한 한 가지 해석

이이의 "기발리승일도"는 일견 "기는 리에 영향을 미치지만, 리는 기에 영향을 미치지 않는다는 한 방향(一方)으로의 운동"을 인정하는 것으로 오해될 수도 있다. "일도(一途)"란 단어가 "리는 기에 영향을 미치지 않지만, 기는 리에 영향을 미치는 한 방향의 발(發)로 이해될 수 있기 때문이다. 만약 그렇다면, 이 이론은 물리론의 일종이라기보다는 이원론의 일종으로 분류되는 "부수현상론(epiphenomenalism)"과 유사한 이론으로 볼 수 있게 된다. 부수현상론은 "인과 관계는 몸으로부터 마음 쪽으로 한 방향만 성립하고, 심리적 사건은 두뇌 사건의 원인이 결코 아니며 단지 결과일 뿐이라는 이론"이며,[340] 이 이론이 이원론인 이유는 비록 한 방향이지만 물리적인 것

---

339) 조장연(1998, pp.204-205 참조)은 성혼이 리와 기의 관계를 사람과 말의 관계에 비유하는 것이 부적절하다는 지적을 했다고 말한다. 그러나 이 점은 이이 스스로도 지적했던 문제이다. 이이는 "…… 人馬或可相離, 不如譬以器水之親切也 ……(<율곡 4-2-장서-9>)" 라고 말한다.

이 비물리적인 것에 영향을 미친다는 것을 인정하기 때문이다. 그러나 이이의 이론은 부수현상론과는 다른 이론으로 나타난다. 그는 리발설을 거부하는 것은 물론이고 리와 기의 상호작용도 거부하며 또한 리와 기 가운데한 가지 방향으로 진행되는 작용마저 거부하기 때문이다.341)

그렇다면 이이가 말하는 "기발리승"은 무엇을 의미하는가? 그 이론은 이제 물리론의 일종으로 이해되어야 하는가? 우리는 이 질문에 대한 답변을다음과 같은 이이의 글에서 찾아볼 수 있다.

> 기가 발하고 리가 탄다는 것은 무슨 말인가? 음이 고요하고 양이 운동하는 것은 기틀이 스스로 그러한 것이지 시켜서 그러한 것이 아니다. 양이 운동하는 것은 리가 운동함을 타는 것이지 리가 운동하는 것이 아니며, 음이고요한 것은 리가 고요함을 타는 것이지 리가 고요하기 때문이 아니다.342)

여기에서 이이는 "기가 발하고 리가 탄다."는 말은 "스스로 그렇다."는것이지 "다른 어떤 외적인 행위주체가 그것을 움직인다."는 것이 아니라고말하고 있다. 다시 말해서, '기발리승'은 리와 기의 관계를 말하기 위한 것이 아니라 사물의 운동이 내적 원인에 의한 것이지 외적 원인에 의한 것이아님을 말하기 위한 것이다. 그러나 원인이 사물의 내부에 있다고 할지라

---

340) 이병덕 옮김(1990), p.41.

341) 참고 : 이이는 "所謂氣發理乘者, 非氣先於理也. 氣有爲而理無爲, 則其言不得不爾也(<율곡 6-2-장서-5>)"라고 말함으로써, '기발리승'에서 리와 기의 관계가 시간적 선후 관계가 아님을 분명하게 밝힌다. 한편, 이이는 기의 상태에 따라 리도 영향을 받을 수 있다고 말하기도 하지만, 이것은 리와 기의 직접적인 상호작용을 말하는 것은 아니다. 그것은 단지 기의 상태에 따라 리가 제대로 발현될 수도 있고 또한 그렇지 않을 수도 있다는 의미이다. <율곡 6-2-장서-1>, 기가 치우치면 리도 치우치지만 그 치우친 바는 리가 아니라 기이며, 기가 온전하면 리도 온전하지만 온전한 것은 리가 아니라 기이다(氣之偏則理亦偏, 而所偏非理也, 氣也. 氣之全則理亦全, 而所全非理也, 氣也).

342) <율곡 6-2-장서-3> (비교 : 각주 318의 인용문), 氣發而理乘者, 何謂也. 陰靜陽動, 機自爾也, 非有使之者也. 陽之動, 則理乘於動, 非理動也. 陰之靜 則理乘於靜 非理靜也.

도, 그 사물 내부에서 어떤 인과 관계 또는 과정을 거쳐 운동이 발생하는
가 하는 문제는 여전히 설명되어야 하는 난제로 남게 된다. 결국 사물을
구성하는 것이 리와 기라고 한다면, 리와 기의 관계가 여전히 설명되어야
한다는 것이다. 이러한 내적 관계 또는 과정에 대한 설명을 결여하게 되면,
살아있는 물질을 주장했던 서양 고대의 물활론과 같은 것으로 간주될 위
험성을 지니게 된다. 그러나 이해영은 이이의 "기발리승일도설"이 지닌 그
런 위험성을 전혀 고려하지 않는다.

> 율곡의 <기발리승> …… 등은 운동의 자기 외적 원인의 부정이다. 따라
> 서 이것은 기 자체가 지니고 있는 생명력과 활력을 강조한 것이다. 기의 생
> 명력이 강조되면 리의 주재성은 약해질 수밖에 없다.[343)]

이 글에서 "기의 생명력이 강조되면 리의 주재성이 약해진다."는 지적은
옳은 지적으로 보인다. 그러나 정작 중요한 것은 이러한 지적이 과연 이이
에게 적용되는가 하는 것이다. 이이가 과연 기의 생명력을 강조함으로써
리의 주재성을 약화시키려는 의도를 갖고 있었는가? 이이가 이황의 리기호
발설을 거부했다는 사실과 그것을 거부하는 이유는 현대인인 우리들의 눈
에 합리적으로 보였다. 예를 들어, 데카르트는 마음(또는 영혼)이 육체로부터
동떨어져 존재할 뿐만 아니라 물체에 물리적 영향을 줄 수 있는 비물리적
실체라고 생각한다. 그는 육체라는 물리적 실체 이외에 이러한 비물리적
실체도 인정하기 때문에, 그를 심신 문제에 관한 이원론자로 부른다. 이런
맥락에서 볼 때, 이이가 리의 실체성이나 역동성을 거부한다면 결코 그를

---

343) 이해영(1984), p.56 그는 이런 지적을 하면서도 이이가 리기이원론의 범주 내에 있었다
고 말한다. 그러나 우리가 지금까지 보았듯이, 이이는 리의 실체성이나 역동성을 인정
하지 않으며, 따라서 그를 최소한 서양 현대 심리철학적인 의미에서의 이원론자로 볼
수는 없다.

이원론자라고 부를 수 없다. 오히려 그는 리가 기로부터 동떨어져 존재하는 비물리적 실체임을 거부하는 동시에 사물을 구성하는 기의 물리성은 인정하므로, 어쨌든 그는 일종의 물리론자로 간주될 수밖에 없다. 물론 이해영의 지적처럼 그가 '기의 생명력'을 강조했다면, 그는 물리론자라기보다는 물활론자로 간주될 것이다. 하지만 이이는 리가 완전히 배제된 기 자체의 생명력보다 기 속에 내재된 리의 법칙성을 지속적으로 강조하고 있기 때문에, 그를 물활론자로 간주하기도 어렵다.

이이는 분명히 모든 정신 작용, 운동 법칙, 또는 도덕적 본성 등이 물리적인 것만을 통해 설명될 수 있다고 주장하는 강한 물리론을 신봉하는 사람은 아니었다. 그렇지만 그를 약한 물리론을 옹호했던 사람으로 해석하고, 따라서 그를 현대적인 맥락에서 수용될 수 있는 이론을 제시했던 사람으로 볼 수 있는 여지가 아직 남아있다.[344] 강한 물리론은 정신적인 작용이 모두 물리적인 작용으로 환원된다(설명된다)고 말함으로써 존재론적인 환원과 설명론적인 환원을 모두 인정하는 이론인 반면에, 약한 물리론은 존재론적인 환원을 인정하지 않으면서 설명론적인 환원만을 인정하는 이론이라고 말할 수 있다. 그렇지만 정신이 실현되는 존재론적 기반으로서의 물리적인 어떤 것이 필요하다는 정도는 강한 물리론을 거부하는 약한 물리론에서도 인정하지만, 약한 물리론에서는 그러한 존재론적인 기반이 항상 동일한 것일 필요가 없다고 주장하고 또한 그러한 기반이 반드시 물리적인 것일 필요도 없다고 주장한다. 이것은 물리적인 것에 대한 정신의 존재론적인 의존성을 약화시키려는 의도에서 나온 주장이다.

이와 관련하여, 아리스토텔레스의 심신론에 관한 다음 설명을 이이에게

---

[344] 기능론과 같은 약한 물리론은 영혼 또는 정신이 물질로 환원될 수 있다는 주장을 거부하기 위해 고안된 이론이다. 그러나 필자는 여기에서 이이를 정신적 작용들 간의 인과관계를 인정하는 기능론자로 보지는 않는다.

적용해보자.

> ······ 찰스는 "존재론적 환원주의(ontological reductionism)"와 "설명론적 환
> 원주의(explanatory reductionism)"를 구분하며, 아리스토텔레스가 거부하는 것
> 은 전자가 아니라 후자라고 주장한다. 즉, 아리스토텔레스는 "유기체의 본질
> 적인 형태에 상응하는 물적 충분조건이 실재한다."라고 믿지만, 그것을 의미
> 의 상실이 없이 적절히 설명 또는 기술(description)할 수는 없다는 입장이며,
> 따라서 그가 거부하는 환원주의는 "설명론적 환원주의"라고 찰스는 생각한
> 다. 다시 말해서, 찰스는 아리스토텔레스가 "설명론적으로는 비환원주의자"
> 이지만, 그와 동시에 "존재론적으로는 환원주의자"라는 주장이다.345)

이이는 기로부터 분리된 리의 독립적 실체성을 부정하며, 그런 한에 있
어서 사물을 구성하는 것은 기라고 말할 수밖에 없다. 이것은 존재론적인
환원을 인정하는 것이다. 한편, 그는 사물을 구성하는 기만으로는 그 사물
의 본성이나 정신작용 등을 모두 설명할 수 없다는 입장이다. 이것은 설명
론적인 환원을 거부하는 것이다. 이렇게 본다면, 이이는 아리스토텔레스에
게 부과된 것과 동일한 입장, 즉 존재론적인 환원은 인정하면서 설명론적
인 환원을 거부하는 입장을 갖는다고 볼 수도 있다. 그러나 사실상 이이
자신은 분명히 존재론적인 환원을 거부하고 있으며(사실상 아리스토텔레스도
그렇다), 따라서 이런 설명은 강한 물리론과 약한 물리론 가운데 어느 쪽에
도 속하지 않는 독창적인(sui generis) 이론으로 보일 수도 있다.

이이의 이론이 기존의 현대 서양 심리철학의 약한 물리론적 이론들 가

---

345) 유원기(1999), p.250. 찰스는 "아리스토텔레스가 정신적인 것을 물질적인 것으로 환원
할 수 있다는 주장을 거부하는 것은 "적절한 물질적 충분조건이 주어질 수 없다."는
믿음에 의존하는 것이 아니다. 그보다는 "정신적, 목적론적 인과론을 일련의 물질적
충분조건이라는 근거 위에서 설명하는 것이 가능하지 않다."는 자신의 주장에 의존하
는 것이다(Charles, p.2)."라고 말한다. 위 인용문은 현재의 맥락에 맞도록 약간 수정한
것이다.

운데 어떤 이론에도 속하지 않는다면, 그것을 도대체 어떤 방식으로 설명할 수 있는가, 그리고 그것이 여전히 현대에도 설득력이 있는 이론으로 수용될 수 있는가 하는 문제는 아직도 우리가 해결해야 할 숙제로 남아있다. 그러나 최소한 리와 기를 통해 인간을 이해하려고 애쓰고 있는 그의 모습은 물질로부터 동떨어져 존재하는 비물리적 실체를 인정하기를 거부하면서도 물리적인 속성들만으로 사물의 모든 것을 설명할 수 없다는 점 때문에 고심하고 있는 현대 심리철학자들의 모습과 다를 바 없어 보인다. 다시 말해서, 이이는 물리적인 것 자체가 생명력을 가지며, 따라서 생명체가 물리적인 것으로 환원될 수 있다고 생각하는 물활론자는 아니다. 그는 오히려 물리적인 것이 사물의 구성요소임에는 분명하지만 물리적인 것만으로 사물의 본성을 모두 설명하기는 어렵다는 점에서 새로운 대안을 찾으려고 노력하고 있다.

이 글의 후반부에서 이이의 리기론을 해석하는 데 적용된 관점은 서양 심리철학의 관점이었다. 성리학적 리기론의 대상은 우주에 관한 것으로서 오히려 서양에서 말하는 우주론과 유사한 이론인 반면에, 서양 심리철학의 대상은 우주의 일부분에 불과한 영혼(정신)과 육체에 관한 것이기 때문에, 적용된 관점이 적절하지 않다는 지적이 있을 수 있다. 그러나 서양철학에서 우주론에 관한 이원론은 플라톤의 경우처럼 우리가 살아가는 감각세계와 다른 지성세계를 인정하는 식의 명확한 이원론이지만, 성리학의 리기론에서는 그런 식의 세계를 인정하지 않기 때문에 플라톤의 우주론에 대한 해석 방식을 성리학에 적용하기는 어렵다. 반면에, 비록 서양 심리철학에서 영혼은 때로는 물리적인 것으로 환원되지 않는 비물리적 실체로 규정되거나 또는 물리적인 것으로 환원되는 동시에 물리적인 것과 동일시된다고 규정되며, 이런 규정이 성리학에서 리와 기의 관계를 규정하는 것과 유사하기 때문에 그런 관점을 적용했던 것이다. 서양 심리철학의 이론은 경험과학의 연구 결과에 따라 많은 수정을 거치면서 정비된 이론이며, 따라서 우리는 그 이론을 리기론에 적용함으로써 리기론 자체의 정비를 기대할 수 있는 것이다.

이러한 서양 심리철학적인 관점을 통해, 리를 비물리적인 요소로 간주하는 한편 기를 물리적인 요소로 간주하는 단순한 이분법적인 분류가 이 글의 치명적인 오류라는 지적이 있을 수 있다. 필자는 사실상 이 글에서 리를 비물리적인 것으로 간주했고, 또한 기를 물리적인 것으로 간주했으며, 따라서 필자가 이분법적인 분류를 하고 있다는 지적은 옳다. 그러나 필자가 리를 비물리적인 요소로 간주하는 것은 오직 그것이 물리적인 요소인 기로부터 독립된 존재라고 말해질 때이다. 만약 그런 존재, 즉 비물리적인 존재라는 것이 인정된다면, 우리는 "그것이 도대체 무엇이며, 그것의 존재가 어떻게 해명될 수 있을 것인가?"라는 질문에 답변해야만 한다. 한편으로는, 기를 물리적인 요소로 간주하는 것이 옳지 않다는 지적이 있을 수도 있다. 이것은 기가 에너지의 일종이거나 또는 순수한 질료일 수도 있다는 지적일 것이다.

주지하듯이, 서양 심리철학에서는 언제부터인가 물질적(material)이라는 단어와 물리적(physical)이란 단어를 구분 없이 사용하기 시작했다. 물질은 오감의 대상인 반면에, 물리는 전자파나 오로라와 같이 오감의 대상은 아니지만 존재하지 않는다고 할 수 없는(즉, 존재를 인정할 수밖에 없는) 물리학적 대상까지 통칭하며, 현재 물질이란 용어를 사용하는 대부분의 사람들도 그 용어를 물리라는 용어와 동일한 의미에서 물리학적 대상을 통칭하는 것으로 사용하고 있다. 이렇게 볼 때, 기가 에너지의 일종이라는 것은 이미 그것이 물리학의 대상임을 인정하는 것이다. 한편, 기를 순수한 질료라고 말하는 것이 혹시 영원불멸하고 가장 순수하다는 아리스토텔레스의 에테르와 같은 것을 지칭하기 위한 것이라면, 그것은 가공적인 물질로서 이미 현대 물리학에서 거부되고 있으며, 따라서 기 개념도 거부될 수밖에 없다. 또한 기가 우리가 아는 물질의 일종이거나 또는 물리학적 대상인 에너지거나 또는 현대 물리학에서 거부되는 순수한 질료가 아니라면, 우리는 "그것이 도대체 무엇을 지칭하는 것인가?"라는 질문에 답변해야만 한다.[346]

아마도 많은 성리학자들은 이이를 리가 기 또는 기질로 환원(또는 설명)될 수 있다고 보는 단순한 물리론자로 규정하기를 원치 않을 지도 모른다. 사실상 이이가 다양한 정신적인 작용을 기를 통해 설명하면서도 리의 중요성을 강조하고 있으며, 따라서 그를 그런 식으로 규정하기가 어려운 것도 사실이다. 하지만 사물을 구성하는 구성요소로서의 리의 중요성 또는 역할을 강조하는 것만으로 그가 물리론자라는 규정을 벗어날 수 있는 것은 아니다. 정작 그를 그러한 단순한 물리론자로 간주되지 않게 하기 위해서는 리의 정확한 역할이 무엇인가를 밝혀야 하는 어려움이 있다. 그리고 그것은 이제 이이 자신의 어려움이 아니라 후세의 연구자들에게 맡겨진 어려움이다. 필자는 여기에서 사실이 아닌 것을 사실로 만들어야 한다고 제안하는 것이 아니다. 단지 종종 동일한 이론에 대해서도 다양한 해석이 가능하며, 따라서 그런 해석의 여지가 있다면 그런 점을 부각시켜 강조할 수는 있다는 점을 말하는 것이다. 이런 관점을 토대로, 우리는 이 글에서 "넓게는 성리학적 이론이, 그리고 좁게는 이이의 이론이 현대에도 논의될 만한 가치를 지닌 이론인가?"라는 질문을 제기했고, 그에 대해 최소한 그의 리기론은 현대에도 수용될 만한 합리적인 이론이라고 답변할 수 있음을 살펴보았다. 하지만 우리는 그 이론이 지닌 현대적 가치가 무엇인가라는 질문은 아직 다루지 않았으며, 따라서 앞으로 이와 관련한 논의가 더 지속될 필요가 있다.

---

346) 그러나 기가 청탁수박(淸濁粹駁)의 기질을 갖는다고 말하고, 또한 그것을 교정하고 바로 잡을 수 있다는 교기질(矯氣質)을 말하는 이상 기가 물질 이외의 것을 지칭한다고 말하기는 어려운 것으로 보인다.

제8장 '리기지묘'와 '리통기국'에 대한 서양철학적 해석

앞에서도 보았듯이, 해방 이후 많은 학자들이 이이의 철학과 사상에 대해 연구해왔고, 이황에 대한 연구물보다는 상대적으로 적은 수이긴 하지만 그에 대한 연구물은 이미 수년 전에 1,200건을 넘어설 정도로 많은 양적 성장을 보였다. 특정한 학자에 대한 많은 연구가 수행되었다는 사실이 즉 각적으로 그를 위대한 학자로 만드는 것은 아니다. 하지만 과거에 많은 사람들이 지구중심설을 지지했다는 사실이 그것을 참된 이론으로 만드는 토대가 아니었듯이, 양적 성장이 반드시 질적 성장을 함축하지는 않기 때문이다.[347]

이미 여러 차례 강조했지만, 사실 성리학 연구의 가장 심각한 문제는 전

---

347) 황의동(2002a, p.266)은 "율곡학은 세계적인 학문으로 평가받을 충분한 가치"가 있지만, "국제적 소개와 연구수준은 양과 질 모두에서 유치한 단계에 있다. 특히 이는 퇴계학과 비교해 볼 때 더욱 그렇다"고 지적하는 한편, 장숙필(2004, p.496)은 유사한 연구가 많다는 문제점을 지적한다.

반적으로 기존의 성리학적 이론들을 요약하고 정리하는 선에 머물고 있으며, 그것들의 타당성을 평가하려는 시도는 거의 없다는 점이다. 이것은 아마도 선배 유학자들, 특히 공자(孔子)나 맹자(孟子) 또는 주자(朱子)와 같이 존경을 표하는 '자(子)'라는 글자가 붙은 성인(聖人)들에 대해서는 그들을 존경하고 따르기만 할뿐 그들의 학문이나 이론에 대해 이의 제기를 하지 않던 전통적인 학습방식을 따르기 때문일지 모르겠으나, 오늘날 그런 학습방식이 유효하지 않다는 것은 분명하다. 성리학 이론이 미래에도 존속하기 위해서는 무엇보다도 새로운 연구방법과 분석방법을 통해 지속적으로 검토되어야 한다. 이런 맥락에서, 성리학 연구 방법론과 다르다고 알려진 서양철학의 방법론을 성리학에 적용해야 한다는 제안도 있었고, 또한 그것들을 비교하는 비교철학적 논의도 있었지만, 서양철학의 방법론과 개념들을 실제로 성리학적 이론에 적용하여 이해하려는 시도는 그리 많지 않았다.

철학적 탐구를 두 단계로 구분한다면, 요약과 정리 등을 통해 이론 자체를 이해하는 방법과 그 이론의 타당성을 평가하는 방법이 있을 것이다. 필자는 전자의 방법이 초기 단계에 필요한 방법이고, 그런 뒤에 연구기반이 어느 정도 축적되면 후자의 방법이 필요한데, 국내의 성리학 연구는 아직도 요약과 정리에 치중하고 있다는 점에서 아직 초기 단계에 머물러 있다고 평가했던 바 있다.348) 하지만 그 후로 십여 년이 지났음에도 상황은 크게 달라지지 않았다.349) 우리는 여전히 과거 학자들의 이론을 요약하고 정

---

348) 유원기(2006a), p.224.

349) 참고 : 황의동(2002a, pp.265-266)은 "세계화시대에 있어 율곡학은 경쟁력 있는 국학의 하나임이 분명하다"고 주장하면서, 율곡학 연구의 발전을 위한 과제들로 (a) 조선시대의 율곡 연구에 대한 체계적이고 종합적인 연구가 필요하고, (b) 율곡 성리학의 독창성이 무엇인가를 명확히 규명하고, (c) 도가, 불교, 양명학, 기학 등이 율곡학에 어떠한 영향을 미쳤는가를 종합적으로 연구하고, (d) 율곡학과 서양 철학의 비교 연구가 절실히 필요하고, (e) 율곡학에 대한 현대적 해석 작업을 다양한 학문분야에서 수행하고, (f) 『율곡전서』를 영역하고 배포할 것을 제안한 바 있다. 한편, 장숙필(2004, pp.495-496)

리하는 형태의 연구에 천착하는 반면에, 그들의 이론에 대한 타당성을 평가하려는 시도를 거의 하지 않는다.

무엇보다도 성리학 이론이 미래에도 존속하기 위해서는 새로운 연구방법과 분석방법을 통해 지속적으로 검토되어야 한다. 이런 맥락에서, 성리학 연구 방법론과 다르다고 알려진 서양철학의 방법론을 성리학에 적용해야 한다는 제안도 간혹 있었고, 또한 그것들을 실제로 비교하는 비교철학적 논의도 있었지만, 서양철학의 방법론과 개념들을 성리학적 이론에 실질적으로 적용한 경우는 많지 않다.[350] 이런 점에 주목하여, 우리는 아래에서 몇 가지 서양철학의 개념과 이론을 도입하고, "개념 명료화"와 "타당성 평가"라는 방법론을 채택함으로써, 이이의 리기론을 검토한다. 우리는 먼저 리와 기 개념의 성격을 명확하게 규명하고, 그 개념이 사용되는 리기지묘설(理氣之妙說), 리통기국설(理通氣局說), 기발리승일도설(氣發理乘一途說)으로 이어지는 이이의 견해를 추적함으로써, 특히 그의 견해가 리기이원론인가 리기일원론인가, 또는 다른 어떤 이론인가, 그리고 그렇게 보는 이유는 무엇인가를 명확히 제시한다.[351] 결론 부분에서는 서양철학적 개념을 도입해서 해석하는 이유와 장점에 대해 간략히 살펴본다.

은 율곡 연구의 문제점으로 (a) 연구자의 텍스트에 대한 이해부족, (b) 편향적이고 부분적인 연구태도, (c) 유사한 연구의 반복현상을 지적한다.

350) 동서철학의 단순 비교가 아니라 논리학적 개념들을 실제로 한국철학 논의에 적용하여 분석하는 최초의 시도는 최영진(1981, pp.87-108)의 논문으로 볼 수 있다.

351) 필자는 다른 곳에서 "개념의 명료화"와 "타당성 평가"가 한국철학의 체계화에 가장 근본적이고도 필수적인 연구방법들이며, 이 방법들은 논리학적 저술에서 흔히 언급되므로 "논리학적"이라고 말해지지만, 서양 논리학을 배우지 않은 일반인도 쉽게 사용할 수 있는 방법들이라는 점에서 사실상 그것들은 "상식적"이라 할 수 있다(유원기, 2013, pp.148-150). 그것들이 과연 근본적인가 또는 상식적인가 등에 대한 반론이 제기될 수도 있지만, 이 책에서 필자가 그 두 가지 방법을 중심으로 한국철학을 검토하겠다는 의도 자체가 문제되지는 않을 것이다.

1. '리'와 '기'의 성격과 상호관계

성리학에서 가장 중요한 개념이면서도 가장 논란이 많이 되어온 개념이 바로 리와 기라는 두 가지 개념이다. 이 두 가지 개념의 의미가 명확히 드러난다면 그것들의 관계나 역할도 당연히 명확하게 드러날 텐데, 그렇지 않다보니 여전히 혼란만 지속되고 있다. 더구나 성리학 연구자들이 그 개념들을 끊임없이 사용하지만 과연 그들이 그 개념들에 부여하는 외연과 내포가 동일한지도 분명하지 않다. 이제 몇 가지 서양철학적 개념들을 통해 그 의미를 좀 더 명확히 해보자.

기본적으로 성리학의 리와 기는 우주 만물을 설명하기 위한 개념 틀로서, 그것은 각각 비물리적인 요소와 물리적인 요소를 가리킨다.[352] 서양에서는 고대 그리스 철학자들이 그런 틀을 사용했는데, 특히 형상과 질료라는 개념을 통해 만물을 설명했던 아리스토텔레스의 질료형상론이 가장 유사해 보인다.[353] 하지만 오늘날 서양철학(특히, 논리실증주의)에서는 세계를 설명할 때 관찰과 논리의 영역을 넘어선 비물리적인 것에 대한 논의를 거부하기 때문에 그런 개념 틀이 사용되지 않지만, 심리철학 분야만큼은 특징적으로 비물리가 여전히 고려된다. 심리철학의 출발점은 비물리적 영혼

---

352) 이전 장에서 언급한 바 있듯이, 과거에 "물질적(materialistic)"은 물질만을 가리키고 에너지나 파장(예 : 전자파, 광파) 등은 포함하지 않았기 때문에, 영혼을 비물질적이라고 말할 때 그것이 에너지나 파장일 수도 있다는 여지를 남겨놓았다. 하지만 영혼이 물질이나 에너지 또는 파장일 가능성을 모두 배제하기 위해서는 그것들을 모두 포함하는 새로운 용어가 필요했는데, 그것이 바로 '물리적(physicalistic)'이라는 단어이다. '물리적'은 물리학의 모든 대상을 포함하며, 따라서 영혼을 비물리적이라고 규정하면 그것이 물질이거나 또는 물질과 어떤 식으로든 관련되어 발생하는 에너지나 파장 등일 가능성이 모두 배제된다. 즉, 이제 영혼은 물질과는 아무런 관계가 없는 어떤 것이 된다는 것이다. 최근에 서양심리철학에서는 "물질적"과 "물리적"이란 단어를 혼용하지만, 그 의미는 "물리적"이다.

353) 질료형상론에 대해서는 유원기(2009d), pp.152-153 참조.

과 물리적 육체라는 데카르트의 개념 틀이었지만, 오늘날에는 영혼의 존재가 인정되는 교회를 제외하고는 공공연히 그런 개념 틀을 사용하는 경우가 극히 드물다.[354] 최근에 심리철학에서 사용되는 개념 틀은 영혼과 육체가 아니라 두뇌와 정신의 개념 틀이다. '두뇌-정신'은 '리-기', '형상-질료', 또는 '영혼-육체'처럼 우주나 인간을 설명하기 위한 개념 틀이 아니라 다만 인간의 정신작용이 단순히 물리적인 두뇌작용에 불과한가 또는 그 외의 어떤 것인가라는 문제, 즉 정신작용과 두뇌작용이 하나의 동일한 작용인가 아닌가라는 문제이다. 그럼에도 성리학의 리기론을 명확히 분류하고 규명하는 데 심리철학적 개념들이 유용하다.

성리학적 논의에서 종종 리기이원론, 리기일원론, 기일원론 등의 용어가 논란이 되는데, 이 용어들의 의미를 데카르트(Descartes) 이후로 서양철학에서 사용되는 심신이원론, 심신이원론 등의 개념을 통해 가능한 명확히 규정하고, 그것을 토대로 이이의 리기론을 살펴보자. 서양 심리철학의 이론은 전통적으로 심신이원론(dualism)과 심신일원론(monism)으로 구분되는데, 전자에는 실체이원론, 평행론, 기회원인론, 부수현상론 등이 있고, 후자에는 물질론(materialism)과 관념론(idealism)이 있으며, 다시 물질론에는 행동론, 기능론, 속성이원론, 중추상태이론 등이 있다.[355]

심신이원론은 영혼과 육체를 구분하는 데카르트의 실체이원론이 대표적인데, 이 이론은 영혼과 육체가 서로 공유하는 공통된 속성을 전혀 갖지 않는 두 가지 실체라고 주장한다. 영혼은 비물질적이고 육체는 물질적이라고 말해지므로 그것들은 서로 공유하는 속성들이 전혀 없으며, 또한 그것

---

354) Swinburne(1997)과 Keith(2010)를 비롯한 소수의 학자들만이 여전히 인간이 물리적인 요소와 비물리적인 요소로 구성된다는 견해를 갖고 있다.

355) 그렇다고 해서 모든 행동론이 물질론은 아니다. 이에 대해서는 유원기 옮김(2015), p.93 참조.

들은 서로의 존재를 전제하지 않는 별개의 실체들이므로 각각 독립적으로 존재 가능하다. 즉, 논리적으로는 영혼이 없는 육체도 존재할 수 있고, 또한 육체가 없는 영혼도 존재할 수 있다. 데카르트의 이원론은 이처럼 서로 독립적으로 존재할 수 있는 실체들을 전제하는 한편, 이 실체들이 서로에게 영향을 미칠 수 있다는 심신상호작용론(interactionism)을 주장한다. 그런데 이 이론은 정의상(by definition) 물질적인 육체가 갖는 속성을 전혀 공유하지 않는 비물질적인 영혼에 '작용'이라는 물질적 속성을 허용하는 모순을 범하고 있다는 점에서 반론이 제기된다.

한편, 심신일원론에 속하는 물질론과 관념론은 각각 유물론과 유심론으로도 불렸었으며, 이 가운데 관념론은 버클리(G. Berkely, 1685-1753)의 이론이 대표적이다. 그는 사물들이 우리에게 관찰되지 않고는(즉, 지각되지 않고는) 알려질 수 없으며, 우리에게 지각된 것들은 모두 관념들이므로, 이 세상에 존재하는 모든 것들은 관념들이라고 말한다. 즉, 우리에게 지각되지 않고는 아무것도 알려질 수 없으므로 물질적이라고 알려진 것들도 모두 관념들이기 때문에, 그는 물질의 존재를 부정하고 이 세상에는 관념들만이 존재한다고 결론 내린다. 반면에 물질론은 우리가 말하는 영혼이나 정신이라는 것이 사실은 모두 물질에 불과하다는 이론으로서, 16세기의 홉스(T. Hobbes, 1588-1679)도 물질론을 지지했으나, 특히 20세기 중반의 스마트(J.J.C. Smart, 1920-2012)와 플레이스(U.T. Place, 1924-2000)가 대표적인 인물이다. 물질론의 장점은 데카르트가 말하는 '비물질적인 영혼의 존재'나 '비물질적인 영혼과 물질적인 육체가 서로 영향을 미친다는 심신상호작용'을 인정할 필요가 없다는 점이다. 모든 것은 물질과 물질의 작용이며, 물질 이외의 것은 전혀 존재하지 않는다. 영미철학계에서 많이 사용되는 환원(reduction)이라는 용어를 통해 심리철학적 이론들을 다시 설명하면, 심신이원론은 서로 환원될 수 없는 두 가지 실체를 인정하는 것이고, 심신일원론의 관념론은 물질

적이라 알려졌던 것이 모두 관념으로 환원된다는 입장인 반면에, 물질론은
정신적이라거나 또는 비물질적이라 말해졌던 것이 모두 물질로 환원된다
는 입장이다. 서로 환원되지 않으면 이원론이고, 환원되면 일원론이며, 어
떤 것으로 환원되느냐에 따라 관념론이나 물질론이라 말해지는 것이다.

성리학에서 리와 기를 논의할 때는 중국 송대의 주희(1130-1200)부터 언
급하게 되는데, 리와 기의 특징은 대략 다음과 같다. 리는 작용성(운동성),
형체, 생성, 소멸 등이 없는 반면에, 기는 그런 성질을 모두 갖는다고 말해
진다.[356] 주희는 『주자어류』에서 리와 기의 '선후(先後)'를 인정하기도 하고
부정하기도 하므로 그의 정확한 견해가 무엇인가에 대해 많은 논란이 있
다.[357] 리와 기의 선후를 허용한다는 것은 리와 기의 독립적인 존재를 허
용한다는 것인데, 대부분의 조선 성리학자들이 그랬던 것처럼 현대철학자
들도 특히 기에 의존하지 않는 리, 즉 비물질적인 성격을 갖는 리의 독립
적인 존재를 인정하지 않는다. 드러난 것만을 고려한다면, 주희가 단지 비
일관적 또는 모순적인 태도를 보이는 것에 틀림없지만, 그의 견해를 일관
적으로 이해하고 그를 옹호하려는 많은 학자들은 그가 말하는 '선후'는 시
간적인 선후가 아니라 논리적인 선후라고 말함으로써,[358] 그가 현실에서
리와 기의 분리를 주장했던 것은 아니라고 이해한다. 여기에서 그의 진의
가 무엇이었는지 논의하진 않겠지만, 리와 기의 선후를 인정하는 것은 그
것들의 분리 가능성과 독립적인 존재 가능성을 함축한다는 점을 기억할
필요가 있다. 이이는 리와 기가 분리될 수 없기 때문에, 그것들의 선후를

---

356) 리와 기의 성격에 대해서는 윤용남(1997), pp.103-107 참조.

357) 『주자어류』 권1 「理氣上」, 未有天地之先 畢竟也只是理. 有此理 便有此天地 ; 先有箇天理
了 却有氣 ; 理未嘗離乎氣. 然理形而上者 氣形而下者 自形而上下言 豈無先後 ; 理與氣本
無先後之可言 但推上去時 却如理在先 氣在後相似 ; 要之 也先有理 등 참조.

358) 그 표현에 함축된 의미와 해석상의 문제점에 대해서는 유원기(2006a), pp.225-232
참조.

인정할 수 없다고 말한다.[359]

이이는 리와 기가 모두 발용하게 되면 그것들의 발용에 서로 시간차가 발생할 수 있다는 이유에서 리의 운동성을 거부하며, 더 나아가 그런 시간차가 발생한다는 것은 리와 기의 분리와 선후를 모두 인정하는 것이 되므로, 리에 대해 운동성을 허용할 수 없다고 주장한다. 위 인용문에서 이이은 리가 기와 '동시에 발용'하지 못할 것을 염려하고 있으나, 사실 그는 리가 정의상 발용할 수 없는 것이기 때문에 운동성을 부여해서는 안 된다고 주장했어야 했다.

일반적으로 리는 '사물의' 본질, '사물의' 법칙, 또는 '사물의' 원리처럼 '사물'을 전제하는 것이지 '사물'이 없이 홀로 존재할 수 있는 것이 아니라고 말해진다.[360] 또한 일반적으로 리는 어떤 작용이나 운동도 할 수 없는 것으로 말해지며, 따라서 리에 운동성을 허용하는 것은 그것이 일종의 물질임을 함축하는 것이 된다.[361] 왜냐하면 운동성은 물질의 속성이기 때문

---

359) <율곡 4-2-장서-1>, 리는 형이상자요, 기는 형이하자이다. 이 둘은 서로 분리될 수 없으며, 이미 서로 분리될 수 없다면 그 발용도 하나이므로, 서로 발하여 작용한다고 말할 수 없을 것이다. 만약 서로 발하여 작용한다고 말한다면, 이것은 리가 발하여 작용할 때 기가 때로 미치지 못하는 바가 있거나, 기가 발하여 작용할 때 리가 때로 미치지 못하는 바가 있을 것이다. 그렇다면 리와 기에는 떨어짐과 합해짐이 있고, [시간적인] 앞과 뒤가 있으며, 움직임과 고요함의 단초가 있고, 음과 양에 시작이 있게 되는 것이니, 그 착오가 적지 않을 것이다(理形而上者也, 氣形而下者也, 二者不能相離. 旣不能相離, 則其發用一也, 不可謂互有發用也. 若曰互有發用, 則是理發用時, 氣或有所不及, 氣發用時, 理或有所不及也. 如是則理氣有離合, 有先後, 動靜有端, 陰陽有始矣, 其錯不小矣).

360) 리와 기에 대한 규정은 안재호 옮김(1997), pp.42-43 참조.

361) 아래 밑줄 친 문장에 포함된 리가 기를 '주재(主)'한다는 표현이 단지 은유적인 표현이 아니라 실질적인 어떤 작용을 의미한다면, 그것 또한 리가 물질적임을 함축한다고 봐야 한다. 하지만 이이는 같은 곳에서 리의 무형과 무위를 지속적으로 강조하고 있으며, 따라서 '주재'를 실질적인 작용으로 이해하지는 않았을 것이다. <율곡 6-2-장서-1> 理氣元不相離, 似是一物, 而其所以異者, 理無形也, 氣有形也. 理無爲也, 氣有爲也. 無形無爲而爲有形有爲之主者, 理也, 有形有爲而爲無形無爲之器者, 氣也(밑줄은 필자의 강조이다).

이다. 이황은 기의 발용(發)이나 운동(動)은 물론이고 리의 발용이나 운동도 인정하는 리기호발설(理氣互發說)을 주장하는데, 여기에서 그는 자신이 의도했든 하지 않았든 리를 일종의 물질로 간주하고 있음을 인정할 수밖에 없게 된다.362) 그런 물질적인 성질을 리에 부여하면서 리가 물질이 아니라고 주장하는 것은 단적으로 모순이다.

리와 기의 상호관계에 대해 성리학에서 사용되는 리기이원론, 리기일원론, 기일원론 등의 의미를 명확히 규정해보자. 위에서 보았던 서양철학적 개념으로 해석하면, 심신이원론(특히, 데카르트적 실체이원론)이 영혼과 육체라는 두 가지의 독립적 실체들을 함축하듯이 리기이원론은 기본적으로 리와 기를 서로 의존하지 않고 독립적으로 존재하는 별개의 실체들로 다룬다는 의미이다. 즉, 리나 기가 각각 독립적으로 존재할 수 있으며, 서로의 존재를 전제하지 않는다는 것이다. 또한 리기이원론은 (필수적인 것은 아니지만) 리와 기가 서로 영향을 주거나 받을 수도 있다는 것을 허용한다. 하지만 비물질적이라 규정된 영혼 또는 리가 어떻게 실제로 존재할 수 있고, 또한 어떻게 물질적인 것과 영향을 주고받을 수 있는가라는 문제는 여기에서 무관하다. 그런 문제와는 별도로, 어떤 이론이 기와 공통된 속성을 전혀 갖지 않고 또한 기에서 독립되어 존재할 수 있는 리를 인정한다면, 그이론은 리기이원론, 특히 실체이원론으로 불릴 수밖에 없다. 이제 이이의 이론을 중심으로 리기일원론과 기일원론이란 개념을 살펴보자.

---

362) 여기에서 운동이 능동적이든 피동적이든 상관없이 그 주체가 운동을 하는 한에 있어서, 그것은 물질적인 어떤 것일 수밖에 없다. 운동은 물질의 속성이기 때문이다.

2. '리기지묘설'과 '리통기국설'

이이는 리와 기의 관계를 "리기지묘(理氣之妙)"의 관계라고 말하고 있다. 일부 학자들은 이 표현에 상당히 많은 의미를 부여한다.

> 리기지묘는 율곡 철학의 체계이며 근본입장이다. 리기지묘는 리기의 묘합적 구조에 대한 표현이지만, 리기의 가치적 조화를 의미한다. 즉 윤리와 경제, 정신과 물질, 이상과 현실, 이론과 실천의 조화를 의미한다. 아울러 리기지묘는 상보성의 원리를 내함하고 있다. …… 리는 기를 요청하고, 기는 리를 요청한다. 리기는 서로를 필요로 한다. 여기에 사랑과 조화 그리고 상생의 의미가 담겨 있다.363)

위 인용문에 따르면, 이이는 "리기지묘"라는 구절을 통해 만물의 상생 또는 상보의 원리를 표현할 뿐만 아니라 인류의 사랑과 윤리는 물론이고 많은 이질적인 것들의 조화를 함축하기도 한다. '리기지묘'라는 한 마디에 많은 철학을 담고 있다는 것이다. 하지만 이런 의미 부여는 다소 과장되어 보인다. 필자가 보기에, 이이는 문자 그대로 "리와 기의 관계를 한 마디로 적절하게 표현하기는 어렵다"는 말을 하고 있을 뿐이다.364) 즉, 그것은 "보기도 어렵고 말하기도 어려운" 진리의 양상을 의미"하며, 따라서 "묘의 개념은 일상적 인식 내지는 언어로써 포착되기 어려운 차원을 의미한다."365)

그리고 이이가 '묘하다(妙)'는 표현을 자주 사용한다는 점을 고려한다면 그것을 단지 그의 언어적 습관으로 볼 수도 있을 것이다. 다른 많은 성리학자들과 마찬가지로, 이이도 리와 기가 "서로 분리되지도 않고, 서로 뒤섞

---

363) 황의동(2007), p.289.
364) <율곡 4-2-장서-11> 理氣之妙. 難見亦難說.
365) 최영진(1993), p.277.

이지도 않는 관계"에 있다고 보며, 또한 그것은 "하나인 동시에 둘이고, 둘인 동시에 하나"인 관계로 표현된다.366) 이이가 리와 기를 하나라고 말하고 그 가운데 기로 환원을 인정하지 않는다면 그의 이론을 리일원론이나 기일원론으로 부를 수 없다. 반면에, 그는 리가 기로부터 독립된 실체로 인정하지도 않으며, 따라서 그것을 리기이원론으로 부를 수도 없다. 그의 표현처럼, 그런 이론은 일원론도 아니고 이원론도 아닌 형태이다. 하지만 그렇다고 해서, 그의 이론을 "일원론적 이원론" 또는 "이원론적 일원론"이라고 부를 수는 없다. 실제로 캘튼은 이황의 리기론을 그런 명칭으로 특징짓지만,367) 그것은 용어상의 혼돈만을 초래할 뿐 그 개념들을 리와 기의 상호관계를 이해하는 데 아무런 도움이 되지 않는다. 어떤 이론이 이원론이면 이원론이고, 일원론이면 일원론이지, 이것도 저것도 아닌 것이란 있을 수 없다. 보는 관점이나 논점에 따라 달리 말해질 수 있기 때문에, 느슨하게 표현할 때 성리학자들은 리와 기를 하나이기도 하고 둘이기도 하다고 표현하지만, 사실상 이러저러한 관점에서는 하나이고, 그러저러한 관점에서는 둘이라고 표현하는 것이 정확하고도 명확한 표현일 것이다. 예를 들어, "소크라테스는 크지도 않고 작지도 않다."는 느슨한 표현을 사용할 수도 있을 것이다. 하지만 그것은 문자 그대로 느슨한 표현이며, 사실상 그것은 "소크라테스는 플라톤에 비교할 때는 크다."와 "소크라테스는 아리스토텔레스에 비교할 때는 작다."는 식으로 각각의 비교 대상이 있는 것이다.

한편, 이이의 또 다른 이론으로 알려진 리통기국설은 리와 기의 관계에 대해 부가적인 정보를 준다.368) 잘 알려져 있듯이, 이 이론은 리가 없는 곳

---

366) <율곡 2-2>, 理氣雖相離不得. 而妙合之中 ; <율곡 2-1> 非一物. 故一而二. 非二物. 故二而一也.

367) Kalton(1994), xxxii and xxxv.

368) 참고 : 이이(<율곡 6-1> 理通氣局四字. 自謂見得)는 '리통기국'이 자신의 독창적 견해라고 말하지만, 최영진(1985, p.10)은 그것이 "기존 주자학의 형이상학 체계인 <리일

이 없을 뿐만 아니라 어디서든 동일하지만, 기는 청탁수박(淸濁粹駁), 즉 깨끗하거나 더럽거나 순수하거나 잡박해서 때와 장소에 따라 달라질 수 있다는 주장이다. 여기에서 청탁수박은 사물들이 다양한 모습을 갖고 서로 달라지게 되는 개별화의 원리를 설명하는 것으로서, 사물들의 차이점은 리 때문이 아니라 기 때문이라는 의미이다. 모든 사물들이 리를 보편적으로 공유하지만 물질적 차이로 인해 개별적인 사물들이 서로 달라진다는 이 주장은 고대 그리스 철학자인 플라톤의 이데아론을 연상하게 한다. 플라톤은 현실세계의 개별자들이 이상세계에 존재하는 보편자의 속성을 '나누어 갖는다(分有)'라고 생각한다. 이 보편자는 말 그대로 보편적이고 비물질적이므로 운동성을 갖지 않으며, 가장 완벽한 성질을 갖는 이데아(관념 또는 형상)이다. 현실세계의 개별자들은 형상의 완벽함을 나누어 갖지만, 물질의 한계로 말미암아 그러한 형상의 완벽함은 현실세계에서 완전하게 실현되지 못한다. 여기에서 주목할 점은 플라톤의 이데아가 추상적이고 비물질적인 존재를 가리키는 것이지만, 그것은 단순히 우리 마음속에서만 존재하는 관념이 아니라 이상세계에 실제로 존재하는 실재자이자 실체라는 것이다. 실재자(reality)는 실제로 존재하는 것을 가리키는 반면에, 실체(substance)는 다른 것에 의존하지 않고 독립적으로 존재할 수 있는 것을 가리키므로, 실재자가 반드시 실체는 아니다. 이렇게 본다면, 이이는 리가 어떤 형태로든 실제로 존재한다는 것을 믿긴 하지만 그것이 기로부터 독립되어 존재할 수 있다고 생각하지 않기 때문에, 그의 리는 실재자이지만 실체는 아닌 것으로 보인다.

중국 명대 나흠순(羅欽順, 1465-1547)의 이른바 리기일물설(理氣一物說)은 리를 언급하긴 하지만 그는 리를 떠난 기를 인정하지 않으며, 리는 다만 기

분수설>의 해석에 불과하다고" 평가한다. 한편, 이동희(2002, p.195)는 리통기국설이 "리기의 불상리·불상잡, 즉 '리기지묘'의 원칙 아래 창출"되었다고 설명한다.

의 질서 있는 운동을 일컫는 것이다.[369] 이런 식의 설명은 일견 이이의 견
해와 유사해 보이기도 하지만, 이이는 이것을 병통이라 진단하고,[370] 그런
견해를 갖고 있는 것으로 보이는 서경덕(徐敬德, 1489-1546)을 비판한다. 서경
덕도 나흠순과 마찬가지로 기를 떠난 리를 인정하지 않으며, 리가 기를 주
재한다고 말은 하지만 그것이 단지 "기의 용사를 가리키는 것"에 불과하다
고 설명하기 때문이다.[371] 이이는 리기일원론 가운데 기일원론으로 분류될
만한 나흠순과 서경덕의 견해를 거부하고 있다는 점을 고려할 때, 그의 견
해는 분명히 그들과 다를 것으로 기대된다.

하지만 이이가 서경덕을 따라 수용하는 "기자이(機自爾)" 개념은 그런 기
대감을 좌절시키는 듯이 보인다. 왜냐하면 "기자이"는 기가 동하고 정함이
"기틀이 스스로 그러해서 그런 것이지 다른 어떤 것이 그렇게 시켜서 하는
것이 아니다."라는 의미이기 때문이다.[372] 따라서 기의 운동과 정지가 무
엇으로 인한 것이냐는 질문에, "저절로 그렇다!" 또는 "원래 그렇다!"라고
답변할 수밖에 없다. 이것은 정해진 규칙에 따라 기계적으로 작동하는 것
을 의미한다. 즉, 기의 동정은 기 자체에 내재하는 "운동의 자기법칙"에 의
한 것으로 이해되며,[373] 따라서 결국 리의 역할이 무의미해지고 리의 존재
마저 불필요해지게 된다. 더욱이 이이는 "음이 정하고 양이 동함은 기틀이
스스로 그러한 것이지만 음이 정하고 양이 동함의 소이는 리이다."[374]라고
말함으로써, 저절로 그렇다는 '자이(自爾)'와 다른 어떤 것에 의해 그렇다는

---

369) 이동희(1989), pp.4-5.

370) <율곡 2-17> 至如羅整菴以高明超卓之見. 亦微有理氣一物之病.

371) 『花潭集』 권2, 「雜著」, 氣外無理. 理者氣之宰也. 所謂宰. 非自外來而宰之. 指其氣之用事.
能不失所以然之正者而謂之宰. 理不先於氣. 氣無始. 理固無始.

372) <율곡 6-2-장서-3> 「答成浩原」 陰靜陽動. 機自爾也. 非有使之者也.

373) 김종문(2002), p.212.

374) <율곡 6-2-장서-3> 陰靜陽動. 其機自爾. 而其所以陰靜陽動者. 理也.

'소이(所以)'를 동시에 사용하고 있는데, 이것은 운동의 외적 원인을 부정하는 동시에 외적 원인을 인정하는 모순된 태도로 보인다.

이와 관련하여, 최영진은 일반적으로 '자이(自爾)'와 '소이(所以)'가 모순 관계로 이해되지만, 이이에게는 "리의 개념이 주자학의 그것과 다르게 규정"되기 때문에, 그것들은 모순 관계가 아니라고 지적한다. 그는 "율곡의 리가 <기지주재(氣之主宰)> <추뉴근저(樞紐根底)> 등 정통 주자학의 견해를 보지한 가운데, 그것이 기 운동의 규제자라고 하는 통제성을 부정하고 음양동정을 자기원인적 사태로 설정함으로써, 리기개념의 변용을 시도하는 것이라고 해석"해야 한다고 말한다.375) 이것은 리의 통제성은 부정하면서도 리의 존재 자체를 부정하지 않으며, 그렇다고 해서 리를 단지 기의 법칙이나 원리 등으로 취급하여 불필요한 것으로 만들지도 않는다는 의미로 이해된다.376) 한편, 이해영은 "화담에 있어서 리는 형이하자이지만, 율곡에 있어서 리는 분명히 형이상자"377)라고 표현하는데, 이 표현은 이이의 리를 또 다시 일종의 실체인 듯이 말하는 것으로 보여 부적절하며, 오히려 그들의 차이점은 앞에서 소개했던 '환원' 개념으로 더 잘 설명될 수 있다.

<hr>

375) 최영진(1985), p.12. 비교 : 황의동(1988, p.147)은 "…… 율곡에 있어서의 리의 주재를 기의 '위(爲)'나 '발(發)'과 같은 의미로 보아서는 안 된다."라고 말함으로써, 그것을 실질적인 운동이나 작용의 의미로 이해하지 말 것을 조언한다.

376) 한편, 이해영(1984, p.56)은 "무위하지만 추뉴 근저로서 리는 엄연히 독자적 영역을 확보하고 있다."라고 말하는데, 추뉴근저에 대해 황의동(2002b, p.145)은 다음과 같이 설명한다. "율곡은 리가 기에 대한 주재 기능을 갖는다고 보아서 기의 추뉴근저樞紐根柢라는 말로 리를 표현하고 있다. 추뉴란 문의 지도리를 의미하는데, 그 자신은 움직이지 않으면서 문의 열고 닫음을 좌우하는 것이다. 근저란 나무의 뿌리를 의미하는 말로서, 뿌리는 땅 속에 잠재해 있으면서 지상에 돌출한 나뭇가지와 잎을 좌우한다. 따라서 추뉴근저란 그 자신은 변하지 않으면서 변화를 주재하고 좌우하는 것이다. 리와 기의 추뉴근저라 함은 기의 원인으로서의 리라는 의미를 나타내는 것이 아니라, 그 기능과 역할에 있어서의 우위적 관점을 표현한 것이다. 이는 달리 말하면 기의 기능과 역할에 대한 리의 영향력 내지 리의 주도력을 인정하는 것이다."

377) 이해영(1984), p.56.

위에서 우리는 심신일원론이 관념론과 물질론을 포함하며, 그 가운데 물질의 존재가 부정되고 관념의 존재만이 인정되면 관념론이고, 관념이나 정신 또는 비물질이 부정되고 물질만이 인정되면 물질론이라고 말했다. 이런 선상의 용어 사용법을 따른다면, 우리는 리기일원론에 리일원론과 기일원론이 포함되며, 기라고 생각했던 것이 알고 보니 모두 리로 환원된다고 말하면서 리의 존재만을 인정하면 리일원론이고, 리라고 생각했던 것이 알고 보니 모두 '기로 환원된다'(또는 '기를 통해 설명된다')는 이론은 기일원론이라고 말해야 한다. 하지만 화담의 리기론에서는 기로부터 독립되어 존재하는 리, 즉 리의 실체성이 인정되지 않고, 리는 단지 기의 법칙이나 원리를 가리키므로, 기를 통해 모두 설명될 수 있다(즉, 기로 환원된다)." 따라서 그의 이론은 리기일원론, 특히 기일원론이다. 반면에, 이이는 리를 떠난 기 또는 기를 떠난 리를 인정하지 않고, 리와 기의 상호작용도 인정하지 않으며, 리와 기로 구성된 하나의 실체만을 인정한다는 점에서 리기일원론이다. 그럼에도 불구하고 그는 기로 환원되지 않는 리를 인정하고 있으며, 따라서 그를 기일원론자로 분류할 수는 없다. 이처럼 이이의 리기론을 파악하는 데 '환원'이란 용어가 유용한데, 그 이유는 리가 정확히 무엇을 의미하고 무엇을 가리키는지 알지 못할지라도, 그가 기로 환원되지 않는 리를 주장한다는 사실만으로 그의 리기론이 기일원론이 아니라고 판단할 수 있기 때문이다.

3. '기발리승일도설'에 대한 재고찰

이이가 규정하는 리와 기의 성격과 상호관계를 다시 한 번 상기할 필요가 있다.[378] 이이는 리가 형상도 없고 작위도 없는 반면에, 기는 형상도 있고 작위도 있다고 진술하는데, 이 진술은 상당히 중요한 의미를 갖는다. 리는 스스로 운동하거나 작용할 수 없으므로 항상 기에 의존할 수밖에 없다. 즉, 기는 일종의 그릇(器)과 같아서 리를 담고 있으며, 기가 운동하면 리도 운동하는 듯이 보이지만, 사실상 그것은 기의 운동일 뿐이고 리는 어떤 경우에도 운동하지 않는다. 이이의 '기발리승일도설(氣發理乘一途說)'은 바로 이런 의미를 담고 있다.

이전 장에서 보았듯이, 본래 이 이론은 "사단은 리가 발함에 기가 따르고, 칠정은 기가 발함에 리가 탄다(四則理發而氣隨之, 七則氣發而理乘之)."라는 이황의 명제에 대한 반론으로 제기된다. 이 명제는 리와 기가 모두 발용한다는 이른바 '리기호발설'을 주장하는데, 이이는 이 명제의 전반부인 "사단은 리가 발함에 기가 따른다."는 문장이 시간적인 선후를 함축한다는 이유에서 거부하는 한편, "칠정은 기가 발함에 리가 탄다."라는 후반부는 수용한다. 즉, 이것은 이이가 그 명제의 후반부가 시간적인 선후를 함축한다고 생각하지 않는다는 것을 의미한다.

---

378) <율곡 6-2-장서-1>, 리와 기는 원래 서로 분리되지 않아 마치 하나의 것 같으면서도 다른 이유는, 리가 무형이지만[형체가 없지만] 기는 유형이고[형체가 있고], 리는 무위하지만[하는 것이 없지만] 기는 유위하기[하는 것이 있기] 때문이다. 무형이고 무위하여 유형과 유위의 주가 되는 것은 리요, 유형이고 유위하여 무형과 무위의 그릇이 되는 것은 기이다. 리는 형체가 없지만 기는 형체가 있기 때문에 리는 통하고 기는 국한되며, 리는 무위이지만 기는 유위이기 때문에 기가 발하면 리가 타는 것이다 (理氣元不相離, 似是一物, 而其所以異者. 理無形也, 氣有形也, 理無爲也, 氣有爲也. 無形無爲而爲有形有爲之主者, 理也. 有形有爲而爲無形無爲之器者, 氣也. 理無形而氣有形, 故理通而氣局. 理無爲而氣有爲, 故氣發而理乘). 비교 : 『율곡전서』 권12, 書4, 「答安應休」, "…… 형상도 있고 작위도 있으며, 동이 있고 정이 있는 것은 기요 형상도 없고 작위도 없으며, 동에도 있고 정에도 있는 것은 리다. 리는 비록 형상도 없고 작위도 없으나 기가 리 아니면 근본되는 바가 없다. 그러므로 형상도 없고 작위도 없으면서 형상도 있고 작위도 있는 것의 주재가 되는 것은 리이고, 형상도 있고 작위도 있으면서 형상도 없고 작위도 없는 것의 그릇이 되는 것은 기이다(有形有爲而有動有靜者. 氣也. 無形無爲而在動在靜者. 理也. 理雖無形無爲. 而氣非理則無所本. 故曰無形無爲而爲有形有爲之主者. 理也. 有形有爲而爲無形無爲之器者. 氣也)."

그렇다면 하나의 동사에는 시간적인 함축성을 부여하지만, 다른 동사에는 부여하지 않는 이러한 설명을 어떻게 이해할 수 있는가? 이것을 해석하는 한 가지 방법은 그가 "따른다(隨)"라는 동사를 동적인 의미로 이해하는 반면에, "탄다(乘)"라는 동사를 정적인 의미로 이해하고 있다고 보는 것이다. 말을 타지 않고 있던 사람이 말에 올라타는 경우, 말에 올라타기 위해서는 그것이 얼마 동안이든 시간의 경과를 분명히 필요로 한다. 하지만 어떤 사람이 이미 말에 올라타 있는 경우에는 군이 시간의 경과가 필요하지 않다. 즉, 이이는 "탄다(乘)"가 동작이 아니라 "이미 올라타 있다"라는 상태를 함축하는 동사로 보고 있다는 것이다.379)

앞에서 제시했던 이 해석은 이이가 이황의 명제를 모두 부정하지 않고, 절반만 부정하는 이유를 밝히기 위한 시도였다. 이 해석은 기가 리를 담는 일종의 그릇이라는 이이의 견해를 통해 이해할 수 있다. 즉, 리는 그릇 안에 이미 담겨 있는 것이며, 외부에 있다가 기가 운동을 시작하면서 그릇 안으로 들어가는 것이 아니다. 그와 마찬가지로 예를 들어 말을 '올라탄다(乘)'고 할 때, 말의 밑에서부터 안장에 올라탐을 의미하는 것이 아니라 안장 위에 이미 올라타 있음을 의미한다는 것이다. 이이가 이황의 명제 전반부는 거부하면서, 후반부를 승인하는 다른 이유를 설명하기 어렵다. 이미 보았듯이, 이이는 리의 운동성을 여러 차례 부정하고 있으며, 또한 리와 기의 관계가 시간적 선후 관계가 아니라는 점도 분명히 밝힌다.380) '기발리 승일도설'은 이황의 명제 전반부는 틀리고, 후반부만 옳다는 의미를 함축한다. 리가 이미 기에 올라타 있다고 해석하지 않고는 운동할 수 없는 리가 운동하는 듯이 보이는 경우를 설명할 수 없다는 것이다. 여기에서도 이

---

379) 유원기(2011a), pp.83-84.

380) 유원기(2006a), p.237 각주 31. <율곡 6-2-장서-5> "이른바 기가 발함에 리가 탄다는 것은 기가 리에 앞선다는 것이 아니다. 기는 작용이 있고 리는 작용이 없으므로 이렇게 말하지 않을 수 없다(所謂氣發理乘者, 非氣先於理也. 氣有爲而理無爲, 則其言不得不爾也)."

이는 리에 어떤 형태의 운동성을 부여하기를 거부한다.

잘 알듯이, 성리학에서 리와 기의 개념은 가장 핵심적이면서도 가장 난해한 개념이다. 우리가 과거의 자료를 읽으면서 어려움을 겪는 이유는 작성자들이 부주의하고 불명료하게 내용을 기술했기 때문일 수도 있지만, 그보다는 오히려 당시에 너무도 당연한 내용이었기에 자세히 설명하지 않았던 것을 오늘날 우리가 제대로 이해하지 못하는 것일 가능성도 전혀 배제할 수 없다. 그 이유가 무엇이든, 이이가 생각했던 리 개념이 무엇인지를 정확히 파악하는 어려움에도 불구하고 최소한 그의 논지가 일관적임은 알수 있었다. 이이는 리가 형체도 없고 작용도 없는 일종의 법칙이자 원리라고 하면서도, 그것에 운동성이나 작용성을 부여하는 것에 반론을 제기했을 뿐만 아니라,[381] 그것의 실체성을 명시적으로 거부함으로써 사실상 리기이원론을 강력히 반대하여, 오늘날 비논리적이라고 간주될 만한 설명들을 제거하려 애썼던 인물로 평가할 수 있다. 더구나 그는 리의 실체성을 거부하면서도 그것을 완전히 기로 환원시키는 것에 반대함으로써, 어떤 방식으로든 리가 존재할 여지는 확보해 두었다는 점에서 상당히 독창적이고도 합리적이었다.[382]

하지만 이러한 이이의 이론이 과연 옳은가의 문제는 별개의 문제이다. (1) 리는 비물질이고 기는 물질적이라는 식으로 리와 기가 서로 다른 성격을 갖는 실체들이며, 또한 (2) 그 리가 기로부터 독립되어 존재할 수 있다

---

381) 이전 장에서도 언급했지만, 이이의 리기론은 최소한 '부수현상론'은 아니라고 결론 내릴 수 있다. 왜냐하면 그는 리와 기의 인과관계를 인정하지 않는 반면에, 부수현상론은 육체적 사건이 정신적 사건에 대해 일방적인 인과관계를 갖는다고 주장하기 때문이다.

382) 이런 점에서, 우리는 이이의 철학이 "현실적·구체적 사실에 근거하여(경험성) 그 소이연의 까닭을 추구함(논리성)에 있어서 그 논리적 모순 또는 비약을 배제하고 그 본원성을 체계적으로 드러내려는 철학 사상"이라는 류승국(2005, p.14)의 평가에 동의할 수 있다.

고 주장하는 이론은 두 가지 종류의 독립적인 실체들을 인정한다는 점에서 이원론이다. 또한 (3) 비물질적인 리가 운동성과 작용성을 가지며, 물질적인 기에 영향을 줄 수 있다고 주장하는 이론도 이원론이다. 하지만 데카르트의 경우에 그렇듯이, 이런 주장은 운동성이 물질의 속성이지 비물질의 속성이 아니라는 점에서 범주적 오류를 범한다는 비판이 제기된다. (4) 리와 기가 시간적으로 선후를 갖는다는 주장도 이원론이다. 우리는 이이가 (1)-(4)를 거부한다는 점에서 그를 이원론자가 아닌 일원론자라고 결론내릴 수 있다. 그가 그럼에도 불구하고 리의 실재성을 주장한다고 해서 달라지는 것은 아무것도 없으며, 그는 여전히 일원론자이다.[383]

이제 그의 이론은 서양심리철학의 다양한 물질론 가운데 하나인 속성 이원론의 일종으로 분류될 수 있을 것이다. 이이의 리기론이 리적인 속성들과 기적인 속성들을 분명히 구분하면서도 리의 실체성을 인정하지 않으므로, 그것을 하나의 실체가 서로 환원되지 않는 정신적 속성들과 물질적 속성들을 갖는다고 주장하는 속성이원론의 일종으로 볼 수 있다는 것이다. 하나의 실체만을 인정하면서도 정신적 속성과 육체적 속성이라는 두 가지 종류의 속성들을 인정하는 속성 이원론은 이른바 스피노자의 양면이론 (double aspect theory)을 통해 설명될 수 있다. 잘 알려져 있듯이, 양면이론은 동전의 한쪽에는 사람이 그려져 있고 다른 한쪽에는 숫자가 쓰여 있지만 그것들은 두 개의 서로 다른 실재들이 아니라 동일한 하나의 실재가 지닌 두 가지 속성이라는 이론이다. 달리 말해서, 그것은 정신적 사건과 신체적 사건은 동일한 하나의 실재에 속한 두 가지 속성이지만, 그 실재 자체는

---

383) 비교 : 윤사순(1992, p.15)은 "리(理)의 실재성을 전제로 리가 '기(氣)의 주재자(主宰者)'며 '기생(氣生)의 소이연자(所以然者)'로서 '리선기후(理先氣後)'라든지 '리귀기천(理貴氣賤)'이라 하면 이른바 주리설(主理說)이 된다. 그리고 이와 반대로 리의 실재성을 부인하고 리가 단지 항존하는 기의 '조리'에 불과한 것으로서 '유기후유리(有氣後有理)'라 하면 이른바 주기설(主氣說)이 된다."라고 말한다.

본질적으로 정신적인 것도 아니고 물리적인 것도 아니라는 이론이다. 이처럼 정신적 사건과 신체적 사건은 동전의 어떤 쪽을 바라보느냐에 따라 달리 보이는 것에 불과하며, 결코 두 가지 서로 다른 실재들을 지칭하는 것이 아니다. 하지만 그런 속성들은 하나의 동전에 대한 두 가지 서로 다른 속성만을 말할 뿐이고 그것들의 상호관계에 대해서는 말하지 않으므로, 그런 식의 이해가 성리학적 이론의 전개에 어떤 도움이 될 것인가에 대해서는 분명치 않다.[384]

서양철학의 심리철학적 용어와 개념을 통해 이이의 리기론을 이해하려는 노력이 결정적인 해결책을 가져오진 못할지라도, 그의 이론이 지닌 특성을 명확하게 분류하고 드러내는 점에서는 어느 정도 도움이 된다. 한국철학, 특히 조선 성리학을 제대로 파악하거나 보완할 수 있는 방법론을 탐색하고 적용하는 과제는 지속적으로 수행되어야 하며, 그런 과정에서 본의를 오해하거나 손상시키는 경우가 발생하지 않도록 가능한 조심스럽게 진행해야 한다. 하지만 연구 과정이나 결과에서 어떤 문제점이 발견된다고 해서 그 자체가 심각한 문제는 아니다. 미진한 부분들은 앞으로 지속적인 논의와 검토를 통해 보완되어야 하며, 그것은 학문세계에서 당연히 수행되어야 할 것이다. 문제점을 지적하고 반론을 제기하면서 지속적으로 보완하는 과정에서 학문적 발전이 이루어지기 때문이다.

이런 맥락에서, 일부 성리학 연구자들은 이이의 철학을 세계화하거나 또는 미래에도 존속될 만한 철학으로 만들려면 현대철학이나 서양철학을 통한 검토와 평가가 필요하다고 주장한다.[385] 하지만 정확히 무엇을 어떻게

---

384) 여기서는 자세히 논의하지 않고, 다만 이런 해석의 가능성이 있다는 사실만을 언급하는 선에서 그친다.

385) 특히, 황의동(2002a), pp.265-266 ; 이동희(2003), pp.7-9와 p.25 참조 박종홍(1982), p.19 ; 윤사순(1993), p.7 ; 이동준(1997), p.600 등도 한국철학에 대한 서양철학적 검토의 필요성을 언급한다.

하라는 것인지는 분명하지 않다. 이론과 이론의 단순 비교는 그것들의 같거나 다름은 보여주지만 어떤 이론이 반드시 존속되어야 하는 이유를 보여주지는 못하며, 따라서 성리학 연구자들이 제안하는 검토와 평가는 분명히 단순한 비교 이상의 어떤 것을 의미할 것이다.[386) 전통의 가치는 그것이 조상들의 사상이나 생활방식을 보여주는 유산이라는 점에서 발견될 수도 있고, 그것이 현대에도 유효하다는 점에서 부여될 수도 있을 것이다. 그러나 예를 들어 과거에 제국주의를 추구했던 몇몇 나라들의 예에서 쉽게 볼 수 있듯이 모든 전통이 보존할 만한 소중한 것은 아니며, 그와 마찬가지로 오늘날 유용성이 있다는 말해지는 전통이라고 해서 반드시 탐구되고 보존될 만한 가치를 지니는 것은 아니다. 어떤 이론이 보존될 만한 가치를 지닌다고 할 때, 그것은 그 이론이 진리성이나 타당성을 갖는다는 것을 의미한다. 즉, "2+2=3"이라는 수학적 명제나 "태양은 지구 둘레를 돌고 있다"라는 천동설이 무의미한 반면에, "2+2=4"라는 수학적 명제나 "지구는 태양 둘레를 돌고 있다"는 지동설이 유의미한 것은 후자가 참된 명제들이기 때문이다.[387)

우리가 잘 알듯이, 진리성은 명제를 판단하는 것이고, 타당성은 일련의 명제들로 구성된 논증을 판단하는 것이다. 모든 명제들이 항상 참이나 거짓으로 판정되는 것은 아니며, 진리성이 불분명한 그런 명제들이 논증에서 흔히 사용되는 경우에도 우리는 논증의 적절함과 부적절함, 즉 타당성과 부당성을 판단할 수 있다. 즉, 논증에 사용된 전제와 결론이 참인지 거짓인

---

386) 비교 : 황의동(2002a, p.266)은 "율곡학의 세계화라는 측면에서 서양 철학과의 접목은 매우 중요한 과제다. …… 율곡 철학에서는 서양 철학과 비교할 만한 요소가 많다고 생각된다. 따라서 율곡학과 서양 철학의 비교 연구는 절실히 요구된다."라고 말하는데, 그저 단순 비교도 필요하다는 것인지, 아니면 어떤 식으로 비교를 하고, 또한 그런 뒤에 어떻게 하겠다는 것인지에 대해서는 언급하지 않는다.

387) 비교 : 최영진(1981, pp.88-89)도 "…… 유학이 하나의 사상체계인 이상 보편타당성을 잃어버린다면 사상체계로서 성립할 수가 없"다는 데 동의한다.

지를 알지 못하면서도 논증의 타당성과 부당성을 판단할 수 있다는 것이다. 따라서 우리는 논증의 타당성이 전제나 결론의 진리성과 무관하다고 말한다. 논증은 전제와 결론이라 불리는 일련의 명제들로 이루어지고, 전제들로부터 결론이 적절하게 도출되는가를 고찰하는 것이 타당성의 평가이다. 타당한 논증은 전제들이 참일 때 결론도 반드시 참인 논증이다. 여기에서는 전제들이 반드시 참이어야 한다고 주장하는 것이 아니라 그것들이 참이라면 결론도 반드시 참이어야 한다고 주장할 뿐이다. 이러한 논증의 구조를 파악하고 그것의 타당성을 평가하기 위해서는 당연히 논증의 전제와 결론에서 사용되는 개념들의 명료화가 선행되어야 한다. 따라서 이이의 철학을 세계화하겠다는 주장은 기본적으로 그것의 진리성을 규명하고, 개념 명료화를 통한 타당성 평가를 하겠다는 것으로 이해해도 좋을 것이다.[388]

한편, 동양철학에 대한 서양철학의 적용을 반대하는 연구자도 있다. 예를 들어, 윤용남은 성리학이 "서양철학처럼 추상(抽象)과 사상(捨象)을 통한 개념화를 시도하지 않으므로" 서양철학적 관점에서 그것을 이해하려는 시도는 적절하지 않다고 주장한다.[389] 한편, 풍우란과 모트, 그리고 류승국 등은 동서양철학의 차이점을 '형식화된 논리학'의 부재에서 찾지만, 동양철학에 대한 서양철학적 검토 자체를 반대하지는 않는다.[390] 하지만 동서양철학의 이런 차이점을 인정한다 할지라도, 그것들이 상호 발전을 위한 접근이나 교류를 하지 말아야 한다는 결론은 결코 나오지 않는다. 수학에 대한 동서양의 개념이 다르고 계산방법이 다르다고 해서 "2+2"의 답이 다른 것은 아니다. 다시 말해서, 동서양의 많은 것들이 서로 다르다 할지라

---

388) 비교 : 윤용남(1999, pp.121-122)은 어떤 철학이 체계적이고 정합적인 구조를 갖는다면 그것에서 현대적 가치를 찾을 수 있을 것이라고 말한다.

389) 윤용남(2005), pp.285-286.

390) Fung(1952), pp.1-3 ; 김용헌 옮김(1994), pp.126-129 ; 류승국(2008), p.303 참조.

도, 동서양의 진리가 다르거나 동서양의 타당성이 다르지는 않다. 최소한 이런 점에 동의한다면, 우리가 서양철학적 방법론을 이용하여 한국철학을 분석하는 것이 잘못이 아니라는 점에도 동의해야 할 것이다.[391]

황의동은 "율곡 철학이 죽은 철학이 아니라 21세기 현실에서 살아 숨 쉬는 철학이 되어야 한다."[392]고 말하지만, 그런 철학이 된다는 것은 당위가 아니라 희망이다. 조상의 유물을 보존하겠다는 의무감을 갖는 것과 그것이 보존할 가치가 있는가를 판단하는 것은 별개의 문제다. 부모가 자기자식을 무조건적으로 옹호하듯이, 우리의 전통이라고 해서 무조건 보호하고 옹호하는 것은 오히려 발전할 기회를 놓치는 것일 수도 있다. 서양철학을 통해 동양철학의 부당성이 입증되고 결국 동양철학의 존립 가치가 없어질지도 모른다는 두려움에서 서양철학의 진단을 회피하는 것은 환자가암에 걸렸을지도 모른다는 두려움으로 인해 의사의 정확한 진단을 꺼리는것과 같다. 언제까지 추측과 걱정으로 인해 수없이 많은 밤을 뜬눈으로 지새우기보다는 직접 부딪쳐서 결과를 보는 것이 바람직할 것이다. 진단을받는 것까지 방해하거나 회피하지 말고, 일단 진단을 받은 뒤에 그에 적절한 조치를 취하는 것이 가장 현명한 태도일 것이다.

16세기의 사단칠정논쟁과 인심도심논쟁을 논리적 또는 현대적으로 분석하고 평가하는 과정에서 보완이 필요한 요소들은 아마도 두 가지로 정리될 수 있을 것이다. 그것은 논변에서 사용되는 개념들을 명료하게 만드는

---

391) 이런 태도에 대해, 김영건(2001, p.341)은 "서양철학과 구분되는 동양철학의 독특성을 주장하면서 마치 그 독특성 때문에 동양철학의 모든 것이 정당화되는 것처럼 가정하는 것은 열등감에서 나온 자기기만에 지나지 않는다."라고 비판하지만, 동양철학의 그런 태도는 열등감이나 자기기만보다는 오히려 일종의 학문적 폐쇄성으로 볼 수도 있을 것이다. 동양철학과 서양철학 상호간의 무관심이나 배타성은 영미철학과 대륙철학이 서로 교류하지 않고 불편한 관계를 유지하는 모습과 유사해 보인다(Charlton, 1991, pp.2-4).

392) 황의동(2003), p.17 ; (2002b), p.188.

것과 주장되는 내용들에 대한 적절한 근거를 제시하는 것이다. 개념의 애매성과 모호성은 단순히 개인들 간의 오해를 불러일으키는 것이 아니라 국가들과 같은 대규모 집단들 간의 오해도 불러일으키는 심각하고도 중요한 요소이다. 반면에 개념 명료화는 지금 우리가 무엇에 대해 논의하고 있는가, 또는 논란의 쟁점이 무엇인가를 분명하게 제시함으로써, 불필요한 논쟁과 갈등을 제거하거나 또는 줄일 수 있는 중요한 요소이다.

한편, 어떤 주장을 함에 있어서 근거를 제시하지 않는 것은 독단적인 태도이다. 사실상 이런 태도는 단지 16세기 조선에서만 발견되는 문제는 아니다. 그런 성향은 조선뿐만 아니라 사실상 그와 비슷한 시기에 서양의 기독교적 전통 하에서도 쉽게 찾아볼 수 있는 시대적 분위기 또는 당시의 학문적 풍토에 불과하며, 그렇다고 해서 당시의 사상가들을 비난하거나 비판하는 것은 적절하지 않다. 하지만 현대는 부당한 이론이나 신념이 통용되거나 입증할 수 없는 것을 무작정 옳다고 주장한다고 해서 받아들여지는 시대가 아니다. 근거가 제시되지 않거나 또는 입증되지 않은 신념은 가설로서 한동안 유지될 수 있다 하더라도, 그것의 근거를 제시하고 입증하려는 노력이 뒷받침되지 않으면 그것은 결코 오래 존속할 수 없을 것이다. 무엇보다도 제시되는 주장에 대한 적절한 근거를 제시한다는 것은 철학적 논변에서 이론적인 타당성을 확보하는 것이며, 이렇게 볼 때, 개념의 명료화와 논리적 타당성을 통해 혼란을 줄이려는 우리의 노력은 학문 탐구의 기본적인 요소이며, 또한 과거의 이론을 현대적인 관점에서 평가하고 보완하기 위해 요구되는 최소한의 선행 작업으로 이해할 수 있을 것이다.

제9장 나가는 글

　이제 지금까지 논의된 쟁점들이 무엇이고, 그것들을 드러내는 과정에서 우리가 어떤 역할을 했는가를 다시 한 번 간략하게 정리해보자. 제1장에서 제3장까지는 16세기 조선 성리학의 대표적인 두 가지 논쟁들인 사단칠정논쟁과 인심도심논쟁에 대한 분석적 접근이 필요한 이유를 밝히고자 했다. 일반적으로, 한국철학계에서는 유학 일반 또는 성리학은 논리적으로 설명될 수 없는 어떤 요소를 갖고 있으므로 그것을 논리적으로만 분석하려는 시도는 적절하지 않다는 의견이 있다. 성리학에는 그처럼 논리적으로 설명될 수 없는 부분이 분명히 있지만, 논리적으로 설명될 수 있는 부분도 있다는 전제에서 우리는 논의를 시작했다.

　이 책에서 우리는 논리적으로 설명될 수 있지만 충분히 논리적으로 전개되지 못했던 부분을 분석하고 보완하려고 노력했다. 제4장에서 우리는 먼저 사단칠정논쟁에서 언급되고 있는 명제가 여섯 가지임을 지적했다. 그것들은 정지운의 최초 명제와 이황이 수정하여 제시한 네 가지 명제, 그리

고 기대승의 최종 명제를 포함한다. 이 과정에서, 특히 우리는 그들이 각각
의 명제를 제시하는 이유가 무엇이고 또한 거부하는 이유가 무엇인가를
밝히기 위해 노력했다. 그들이 자신들의 이유를 제시하는 경우도 있지만,
그렇지 않은 경우에는 그들의 진술들을 토대로 하여 이유를 제시해보았다.
그런 뒤에 우리는 '발(發)' 개념을 해석하는 세 가지 의미들을 검토하며, 사
단칠정논쟁에서 사용되는 '발' 개념이 단일한 의미를 가졌다고 해석하기는
어렵다는 결론에 도달한다. 이러한 여섯 가지 명제들과 '발' 개념에 대한
분석에서 우리가 도달하는 결론은 특히 기대승이 리와 기의 분리를 철저히
배격하면서, 결국 리와 기의 통합적인 발함을 이끌어내는 방향으로 논의를
진행했고, 이황도 어느 정도는 그런 그의 의도에 따르고 있다는 것이다.

하지만 그렇다고 해서 그들이 합의에 도달한 것은 결코 아니며, 사실상
이황은 개념적인 차원에서 리와 기의 구분을 말하는 것임에도 불구하고,
기대승은 그가 사실적인 차원에서 그것들을 분리시킨다고 이해함으로써,
결국 그들의 논의는 합의점을 찾지 못하고 끝나고 만다. 기대승이 그런 관
점에서 이해하는 것은 이황의 명제가 그런 '오해'의 소지를 담고 있다는
점에서 문제를 제기하지만, 뒤에 가서 그가 그것을 단순한 '오해'가 아니라
'사실'로서 받아들이기 시작하기에 이른다. 이러한 결론은 그들이 사용하
는 '소취이언'과 '소종래'라는 단어들에 대한 개념 규정, 그리고 사단과 칠
정의 선함과 악함에 대한 논의를 통해 재확인된다. 이처럼 그들이 서로 합
의하지 못한 이유가 이황이 개념적인 측면을 강조하는 반면에, 기대승이
사실적인 측면을 강조하기 때문이라는 것이다.

제4장은 리와 기를 나누어 귀속시키는 '리기분속'에 관한 이황의 사단칠
정론이 도심과 인심의 경우에도 적용될 수 있는가에 대해 논의하고 있으
며, 이 과정에서 사단칠정논쟁에서 제기는 되었으나 제대로 논의되지 않았
던 '리발(理發)'의 문제가 주요 논제로 떠오른다. 먼저 우리는 도심과 인심

을 대비하는 기준에 대한 이이와 성혼, 그리고 기대승의 견해를 구체적으로 비교 분석했다. 그 결과 우리는 그들이 서로 다른 기준들을 염두에 두고 있으며, 따라서 비록 그들이 모두 도심과 인심을 대비시키고는 있지만 그것들을 서로 비교하여 고찰하기는 어렵다는 결론을 내렸다.

그런 뒤에 우리는 도심과 인심의 관계를 사단과 칠정의 관계, 그리고 본연지성과 기질지성의 관계에 대한 이이와 성혼의 견해를 고찰했다. 특히, 이이는 사단과 칠정의 관계는 본연지성과 기질지성의 관계와는 동일하지만, 도심과 인심의 관계와는 다르다고 주장한다. 또한 그는 사단은 도심과 동일하지만, 칠정은 인심과 다르다고 주장하는데, 문제는 여기에서 제기된다. 왜냐하면 사단과 칠정의 관계가 도심과 인심의 관계와 동일하다고 말하려면, 인심과 칠정도 동일한 성격을 갖는다고 말해야 하기 때문이다. 따라서 우리는 그가 모순을 범하고 있다고 지적하며, 그것을 보완하기 위해서는 전자를 포기하거나 또는 후자를 인정해야 한다고 주장한다.

제6장은 이이와 성혼의 리기관에 대한 것이다. 리와 기에 대한 그들의 논의는 "사단은 리가 발함에 기가 따르고, 칠정은 기가 발함에 리가 탄다." 라는 이황의 명제 (P5)를 대상으로 하여 진행된다. 성혼은 위 명제에서 "기가 따르고"와 "리가 탄다"가 오히려 불필요하다고 말함으로써 오히려 이황의 명제 (P2) "사단은 리의 발이고, 칠정은 기의 발이다."로 돌아가는 듯하지만, 사실상 그는 정지운의 명제인 (P1) "사단은 리에서 발하고, 칠정은 기에서 발한다."를 주희의 명제로 간주한다. 이이도 (P1)을 주희의 명제로 간주한다는 점에서 성혼과 동일하다. 이러한 혼란이 있음에도 불구하고, 어쨌든 이이는 (P5)의 전반부인 "리가 발함에 기가 따른다."라는 표현이 시간적인 선후와 공간적인 이합을 함축한다는 점에서 거부하고, 후반부인 "기가 발함에 리가 탄다."라는 표현만을 받아들인다. 여기에서 중요한 것은 전반부가 시간적인 선후와 공간적인 이합을 함축하는 반면에, 후반부는

그렇지 않다는 주장을 어떻게 해석할 것인가 하는 문제이다. 왜냐하면 그것들은 모두 동일한 함축성을 갖는 것으로 이해되기 때문이다. 이에 대해, 우리는 이이가 "따른다"는 동작을 함축하는 동사로 보는 반면에, "탄다"는 상태를 함축하는 동사로 보고 있다고 주장한다. 이 해석은 전반부를 거부하면서 후반부를 수용할 수 있는 한 가지 방법을 제안한다.

우리는 특히 제4장-제6장에서 논의에 사용되는 용어와 명제의 개념들을 명확히 제시하고, 적절한 근거들이 제시되지 않거나 또는 제시된 근거들의 의미가 분명하지 않아 논변을 구성하기 어려운 부분에 대해서는 명확한 근거들을 제시하기 위해 노력했지만, 그것들을 현대적인 (철학적/과학적) 관점에서 평가하려고 시도하지는 않았다. 하지만 제7장에서 우리는 '리기선후'와 '리기호발'의 의미와 문제성을 세밀하게 분석하면서, 그 이론들에 반론을 제기하는 이이의 견해에 대한 타당성을 현대의 과학적 또는 철학적 견해를 토대로 하여 평가하고자 했다.393) 우리는 이이가 제시한 '리기무선후'와 '기발리승일도'라는 반론들이 각각 상식적인 선에서의 기초과학적 원리와 서양 심리철학적 원리에 오히려 더 부합한다는 결론에 도달하게 된다.

물론 성리학적 개념이나 이론을 서양의 개념이나 이론과 비교하거나 적용할 때, 그것들이 동등한 가치를 지니는가에 대해 깊이 고찰해볼 필요가 있으며,394) 이런 맥락에서 제8장은 서양철학이 세계를 해석할 때 사용하는

---

393) 이와 관련하여 아리스토텔레스를 간혹 언급한 것은 그의 견해를 어떤 기준으로 삼기 위한 것이 아니다. 그의 철학적 이론들 가운데 많은 부분이 현대의 과학이나 논리학적인 측면에서 분석되고 평가되어 왔으며, 이곳에서는 그러한 분석과 평가의 결과를 성리학적 논의에 적용해 보았다. 서론에서도 언급했듯이, 아리스토텔레스의 철학적 견해는 성리학적 견해와 유사한 점이 있으며, 그러므로 전자에 대한 현대적 평가를 후자에 적용하는 것은 후자에 대한 현대적 평가를 하는 것과 동일한 효과가 있다. 물론 현대적 이론을 직접 성리학에 적용하는 것도 가능하겠지만, 유사한 견해에 대해 이미 적용되었던 이론을 재적용하는 것은 새로운 이론이나 관점을 적용함으로써 발생할 수도 있는 시행착오를 줄이는 방법일 것이다.

394) 이것은 '환원(reduction)'이라는 단어로 다시 설명될 수 있다. 다시 말해서, 위의 경우에

틀과 몇 가지 서양철학적 개념들을 이용하여 특히 이이의 '리기지묘설'과 '리통기국설'이 의미하는 바를 명확히 해보려 시도했으며, 다른 한편으로는 앞에서 살펴보았던 '기발리승일도'라는 개념을 이해하기 위해 다시 한 번 시도하였다.

학자들이 리와 기의 관계를 표현하는 '리기지묘'에 대한 많은 논의를 해 왔다. '리기지묘'는 "서로 분리되지도 않고(不相離) 서로 섞이지도 않는(不相雜) 관계"를 설명하려는 용어이다. 하지만 "서로 분리되지도 않고 서로 섞이지도 않는다."는 것은 사실 진술인 반면에, '묘하다(妙)'는 표현은 그런 관계에 대한 가치 판단으로 보인다. 이것은 단지 리와 기의 관계를 언어적으로 명확하게 설명하기 어렵다는 의미, 또는 서로 분리되지도 않고 서로 섞이지도 않는 그런 성질을 갖는 질료 또는 요소를 현실세계에서 찾기가 어렵다는 의미로 이해될 수 있으며, 그렇게 본다면 이이의 '리기지묘설' 자체가 그다지 중요한 이론은 아닐 것이다. "분리되지도 않고 섞이지도 않는다."는 표현을 문자 그대로 받아들인다면, 그것들은 물질적인 어떤 것을 가리키며, 그렇다면 이제 무엇보다 중요한 것은 분리되지도 않고 섞이지도 않는 두 가지 물질적 질료 또는 요소가 무엇인가를 밝히려는 노력이 중요해진다.

한편, 우리는 이이의 '리통기국설'이 기일원론으로 이해되는 서경덕의 리기론과는 분명히 다른 견해를 담고 있음을 지적했다. 이러한 지적이 새

성리학에서 사용되는 개념이나 이론의 내용이 조금도 빠지거나 덧붙여지지 않고 서양의 개념이나 이론으로 그대로 환원될 수 있는가 하는 것이다. 물론 A가 빠뜨리거나 부가됨이 없이 B로 환원된다면 A=B와 동일시되지만, 그렇지 않다면 동일시되지 않는다. 그러므로 이처럼 서로 배경이 다른 개념들이나 이론들을 비교하는 경우에는 항상 그처럼 가감되는 내용이 있을 가능성을 염두에 두어야 한다. 그렇기 때문에 위에서 말했듯이 서양철학이라는 잣대를 이용하여 성리학을 분석하고 평가함으로써 성리학의 발전적 모색을 하려고 의도했다가 오히려 성리학의 본질을 손상시키거나 오도하는 일이 없도록 노력해야 한다는 것이다.

로운 것은 아니지만, 이 이론을 토대로 하고 서양철학의 '환원' 개념을 도입함으로써 우리는 이이의 '리통기국설'이 분명히 기일원론은 아니라는 사실에 도달했다. 최소한 그가 리의 역할이나 기능에 대해서는 분명히 말하고 있지 않지만, 그럼에도 그가 기만으로 설명되지 않는 사물의 운동을 주장한다는 점에서, 우리는 그를 기일원론자가 아니라고 판정할 수 있는 것이다. 물론 이런 결론이 문제의 완벽한 해결은 아니며, 여전히 리가 정확히 무엇인지에 대한 논의는 지속되어야 한다. 우리에게는 물질론과 관념론이라는 두 가지의 일원론과 데카르트의 이원론과 같은 이원론이 있다. 그러나 물질론에도 다양한 종류의 물질론이 있고 이원론에도 다양한 종류의 이원론이 있으며, 이이가 리의 독립적으로 존재하는 실체성을 부정하는 한 그를 이원론자로 분류할 수는 없다. 그를 감각적으로 경험되는 것만이 존재한다는 관념론자로 분류할 수도 없기 때문에, 우리는 그를 물질론자로 보아야 하지만 그럼에도 그가 물질로 환원되지 않는 리의 존재를 인정하는 한 그를 단순히 물질론자로 분류할 수도 없다. 남은 대안은 그가 '일종의' 물질론자라는 것이며, 현재까지 논의되어온 서양철학적인 이론으로 그를 볼 때 그의 이론을 '비환원론적 물질론'의 일종으로 보는 것이 지금으로서는 가장 적절해 보인다.

서양고대철학자인 아리스토텔레스가 단정적으로 주장하듯이, 인간의 본래적인 욕구 가운데 가장 중요한 것들 또는 최소한 상당히 중요한 것들 가운데 한 가지가 바로 '알고자 하는 욕구'라는 사실은 부정하기 어려울 것이다.[395] 우리는 종종 개별적이고 주관적인 앎보다는 보편적이고 객관적인 앎을 욕구한다. 이러한 앎은 바로 진리를 대상으로 하는 욕구라고 볼 수 있다. 다시 말해서, 우리의 앎은 진리에 대한 탐구이다. 최소한 우리는 거

---

395) 아리스토텔레스 『형이상학』 980a 22.

짓된 것을 진리라고 믿으면서 살고 싶지 않다는 것은 분명하다. 이 책의 목적은 성리학적 논의를 거짓이라고 부르려는 것이 아니다. 우리가 이 책에서 의도한 것은 다만 성리학적 논의의 진위에 대한 객관적인 평가가 충분히 이루어지지 않았음에도 불구하고 그것을 진리로 간주하거나 또는 삶에 보탬이 된다는 점에서 무조건 수용하는 것은 적절하지 않다는 점을 지적하고, 그에 대한 객관적 평가를 해보려는 것이다. 그리고 그러한 객관성은 결국 일반적으로 승인된 논리성으로 환원된다.

　이 책은 사단칠정논쟁과 인심도심논쟁을 새로운 방식으로 분석해보겠다는 목표를 내세우고, 실질적으로 그런 탐구를 수행해보려고 노력했다. 성리학적 논변에 대한 이런 종류의 분석은 성리학계 내부는 물론이고 성리학계 외부에서도 그리 많이 시도되지 않았다. 성리학 내부에서 그런 탐구를 주저하는 이유는 아마도 한편으로는 심성론이 논리만으로 설명되지 않는 '그 무엇'을 담고 있다는 믿음이 깨질 것을 우려하고, 다른 한편으로는 논리적 평가를 통해 조선 성리학의 기반은 물론이고 이론 체계 전체가 무너질 것을 우려하기 때문일 수도 있다. 그리고 성리학 외부에서 그런 탐구를 주저하는 이유는 아마도 성리학이 논리성을 결여하고 있다는 편견 때문이거나 또는 그런 시도가 그다지 가치 있는 작업이 아니라는 거부감 때문일 수도 있다.

　우리가 초기에 던진 화두처럼, 우리가 알고 있든 모르고 있든 우리의 삶이 거짓된 어떤 것 또는 논리적으로 부당한 어떤 것에 기초한다면 그 삶을 가치 있는 삶이라고 할 수 있겠느냐는 것이다. 영화 매트릭스에서, 주인공 네오(Neo)는 빨간약을 먹으면 현실이라고 믿고 살았던 삶이 거짓임을 깨닫게 되면서 험난하고 고통스러운 삶을 영위하게 될 수도 있다는 사실을 잘 알면서도, 그것이 진실한 삶이라는 이유만으로 기꺼이 빨간약을 선택한다. 네오와 마찬가지로, 우리는 이 책에서 빨간약을 복용하고 중립적인 입장에서 서서 성리학의 진정한 모습을 규명하려고 노력해왔다.

물론 조선 성리학자들이 현재의 우리만큼 논리적인 사고체계를 갖추지 못했고, 개념의 명료성에 대해 관심을 갖지 않았다는 것은 부정할 수 없다. 이황과 기대승, 그리고 이이와 성혼의 논변에서 서양의 논리학처럼 논리적 개념들이나 형식들을 별도로 다루면서 논의하지 않았다는 것은 사실이다. 하지만 그들이 정형화된 논리적 형식을 갖추지 못했다고 해서 그들이 논리성을 완전히 결여하는 것은 아니다. 논리적 형식을 갖추었다는 것은 좀 더 정밀한 논리적 논의를 할 수 있다는 것을 의미하는 반면에, 논리적 형식을 갖추지 못했다는 것은 좀 더 체계적인 논변의 구성에 약간의 허점을 갖는다는 의미일 뿐이다. 이제 모든 과제는 우리의 것으로 남아있다. 예를 들어, 리기 개념의 다의성이 문제가 된다면, 그 개념이 어떤 맥락에서 어떤 의미로 사용되고 있는가를 밝히는 명료화 작업에 힘쓰면 된다. 또한 개념적인 분류가 명확하지 않다면, 무엇이 문제가 되는가를 파악하고, 어떤 식의 개념적 분류를 해서 그런 문제점을 해결할 수 있는가를 탐구하면 된다. 그리고 성리학의 논리적 허점이 발견된다면, 그것을 보완할 수 있는 방법을 제공하려고 노력하면 될 것이다.

이미 앞에서도 언급했듯이, 필자가 무엇보다도 강조하고 싶은 것은 2+2=4가 옳음을 밝히는 일이 중요하듯이 2+2=5가 옳지 않음을 밝히는 일도 중요하다는 것이다. 우리의 것 또는 나의 것이라고 해서 이기적이고 무조건적으로 받아들이고 보존하려고 할 것이 아니라, 버릴 것은 버리고 취할 것은 취하려는 노력이 필요하다는 것이다. 그리고 그 결과 우리는 16세기의 조선 성리학의 모습이 결코 비관적이지도 고통스럽지 않다는 점을 확인했으며, 약간의 보완 작업을 통해 현대적으로도 논의될 만한 가치를 지닌 논변으로 재구성될 수 있다는 결론에 도달했다.

제4부

사단칠정론과 인심도심론의
편지 분석

 이곳에는 '이황과 기대승의 사단칠정론'에 대한 편지 글과 '이이와 성혼의 인심도심론'에 관한 편지 글을 번역하고 주제별, 내용별로 정리했다. 대부분 그들의 논의를 주제에 따라 번호를 붙여 분류하고 정리했으며, 논의가 상당히 복잡하게 제시되는 일부분에서는 그들의 원문을 그대로 번역하지 않고, 필자가 임의적으로 주요 쟁점만을 요약하고 정리하기도 했다.

제10장 이황과 기대승의 편지(1559-1566년)

　　사단칠정론은 이황과 기대승이 편지를 통해 주고받았던 사단과 칠정에 관한 논의를 일컫는다. 아래는 이황과 기대승이 1559년에서 1566년까지 8년간 주고받은 편지 내용 가운데, 사단칠정론과 직접 관련된 내용만을 선별적으로 정리한 글이다. 특히, <고봉 2서>와 <퇴계 3서>처럼 원전에서의 논의가 지나치게 복잡한 경우에는 이해를 돕기 위해 필자가 원전의 번역 내용을 다소 임의적으로 요약하고 정리하기도 했다. 아래의 편지들이 이 책에 포함되었다.

1. 퇴계 1서(기미년, 1559. 01. 05) : 「退溪與高峰書」
2. 고봉 1서(기미년, 1559. 03. 05) : 「高峰上退溪四端七情說」
3. 퇴계 2서(기미년, 1559. 10. 24) : 「退溪答高峰四端七情分理氣辯」
   (「논사단칠정 제일서」라고도 불림)
4. 고봉 2서(경신년, 1560. 08. 08) : 「高峰答退溪論四端七情書」
5. 퇴계 3서(경신년, 1560. 11. 05) : 「退溪答高峰非四端七情分理氣第一書改本」
   (「논사단칠정 제이서」라고도 불림)

6. 고봉 3서(신유년, 1561. 04. 10) : 「高峰答退溪再論四端七情書」
7. 고봉 4서(병인년, 1566. 07. 15) : 「高峰答退溪書」
   (「사단칠정후설」과 「사단칠정총론」을 포함)
8. 퇴계 4서(병인년, 1566. 10. 26) : 「退溪答高峰書」
9. 퇴계 5서(병인년, 1566. 11. 06) : 「退溪與高峰書」

1. 퇴계 1서(기미년, 1559. 01. 05) : 「退溪與高峰書」

〈퇴계 1〉

······ 사단과 칠정에 대해 논의한 내용을 벗들을 통해 전해 들었다. 내 생각에도 일찍이 내[퇴계] 자신이 그렇게 말하였던 것이 적절하지 않은 것을 염려했는데, 비판을 받고는 거칠고 잘못됨을 더욱 깨닫게 되어 즉시 "사단의 발함은 순리[순수한 리]이므로 선하지 않음이 없고, 칠정의 발함은 겸기[기를 겸함]이므로 선함과 악함이 있다."로 고쳤다. 이렇게 말하면 문제가 없을지 모르겠다.396)

2. 고봉 1서(기미년, 1559. 03. 05) : 「高峰上退溪四端七情說」

〈고봉 1-1〉

······ 내[고봉] 생각에는 마땅히 먼저 리와 기 상에서 분명히 본 뒤에라야 심·성·정·의가 모두 낙착[문제가 해결]되고 사단과 칠정을 구분하기가 어렵지 않을 것이다.397)

〈고봉 1-2-사단칠정설 1〉

자사는 "희·로·애·락이 발하지 않은 것이 중이고 발하여 절도에 맞는 것이 화이다."라고 말하였고, 맹자는 "측은·수오·사양·시비의 마음이 각각 인·의·예·지의 단서이다."라고 말하였다. ······ 여기에서 자사

---

396) 「退溪與高峰書」, 又因士友間, 傳聞所論四端七情之說, 鄙意於此亦嘗自病其下語之未穩, 逮得砭駁, 益知疎繆, 卽改之云, 四端之發純理, 故無不善, 七情之發兼氣, 故有善惡. 未知如此下語無病否.

397) 「高峰上退溪四端七情說」, ······ 然鄙意以爲當先於理氣上看得分明, 然後心性情意皆有著落, 而四端七情不難辨矣.

는 전체를 말한 것이고, 맹자는 부분을 말한 것이다.398)

〈고봉 1-2-사단칠정설 2〉

인심이 발하기 전에는 성이고 발한 뒤에는 정이다. 그렇기 때문에 성은 언제나 선한 반면에 정에는 선함과 악함이 있다고 말한다. 사단과 칠정은 이런 점을 밝힌 것에 불과하며 칠정 밖에 다시 사단이 있는 것은 아니다.399)

〈고봉 1-2-사단칠정설 3〉

[퇴계처럼] "사단은 리에서 발하므로 선하지 않음이 없고, 칠정은 기에서 발하므로 선함과 악함이 있다."라고 말하는 것은 리와 기를 두 가지로 구분하는 것이다. 이것은 칠정이 성에서 나오지 않고 사단은 기를 타지 않는다는 말이므로 옳지 않다. 또한 "사단의 발함은 순리이므로 선하지 않음이 없고, 칠정의 발함은 겸기이므로 선함과 악함이 있다."라고 고쳐 말하는 것이 이전 것보다 낫긴 하지만 역시 옳지 않다.400)

〈고봉 1-2-사단칠정설 4〉

성이 막 발할 때 기가 작용하지 않아 본연의 선이 그대로 이루어진 것이 바로 맹자가 말하는 사단이란 것이다. 이것은 진실로 순일한 천리가 발한

---

398) 「高峰上退溪四端七情說」 子思曰, 喜怒哀樂之未發, 謂之中, 發而皆中節, 謂之和. 孟子曰, 惻隱之心 仁之端也, 羞惡之心 義之端也, 辭讓之心 禮之端也, 是非之心 智之端也. …… 子思之言, 所謂道其全者, 而孟子之論, 所謂剔撥出來者也.

399) 「高峰上退溪四端七情說」, 蓋人心未發則謂之性, 已發則謂之情, 而性則無不善, 情則有善惡, 此乃固然之理也. 但子思孟子所就以言之者不同, 故有四端七情之別耳, 非七情之外復有四端也.

400) 「高峰上退溪四端七情說」, 今若以謂四端發於理而無不善, 七情發於氣而有善惡, 是理與氣判而爲兩物也, 是七情不出於性, 而四端不乘於氣也. 此語意之不能無病, 而後學之不能無疑也. 若又以四端之發純理, 故無不善, 七情之發兼氣, 故有善惡者而改之, 則雖似稍勝於前說, 而愚意亦恐未安.

것이지만, 칠정의 밖으로는 나올 수 없으니, 칠정 가운데서 발하여 중절한 것의 싹이다. 그러므로 사단과 칠정을 대비하여 서로 말함으로써 '순리'니 '겸기'니 말할 수는 없다. 인심과 도심을 논한다면 때때로 이렇게 말할 수 있겠지만, 사단과 칠정은 이와 같이 말할 수 없을 것이다. 왜냐하면 칠정은 인심으로 볼 수 없기 때문이다.401)

〈고봉 1-2-사단칠정설 5〉
인심과 도심은 그런 식으로 대비시킬 수 있겠지만, 사단과 칠정은 그런 식으로 대비시킬 수 없다. 왜냐하면 칠정은 인심으로 볼 수 없기 때문이다.402)

〈고봉 1-2-사단칠정설 6〉
리는 기의 주재지이고 기는 리의 재료라는 점에서 리와 기에 나눔이 있으나 그 사물에 있어서는 뒤섞여 있어 나눌 수 없다. 리는 약하고 기는 강하며, 리는 조짐이 없고 기는 자취가 있으므로 유행하고 발현할 즈음에 지나치거나 미치지 못함이 있을 수 없다. 그렇기 때문에 칠정의 발함이 때로는 선하고 때로는 악하기도 해서 성의 본체가 온전하지 못한 경우가 있다. 선한 것은 천명의 본연이고, 악한 것은 기품이 지나치거나 미치지 못하기 때문이다. 그러므로 사단과 칠정에는 애초에 두 가지 뜻이 있는 것이 아니다.403)

---

401) 「高峰上退溪四端七情說」, 蓋性之乍發, 氣不用事, 本然之善得以直遂者, 正孟子所謂四端者也. 此固純是天理所發, 然非能出於七情之外也, 乃七情中發而中節者之苗脈也. 然則以四端七情對擧互言, 而謂之純理兼氣可乎. 論人心道心則或可如此說, 若四端七情則恐不得如此說. 蓋七情不可專以人心觀也.

402) 「高峰上退溪四端七情說」, 論人心道心則或可如此說, 若四端七情則恐不得如此說. 蓋七情不可專以人心觀也.

403) 「高峰上退溪四端七情說」, 夫理, 氣之主宰也, 氣, 理之材料也, 二者固有分矣, 而其在事物也, 則固混淪而不可分開, 但理弱氣强, 理無眹而氣有跡, 故其流行發見之際, 不能無過不及之差.

〈고봉 1-2-사단칠정설 7〉

사단과 칠정을 구별하여 논하는 것은 잘못이다. 리가 기 밖에 있지 않고 또한 기가 지나치거나 미치지 못함이 없이 자연히 발현되는 것은 리의 본체가 그렇기 때문이라는 것을 알아야 한다.[404]

3. 퇴계 2서(기미년, 1559. 10. 24) : 「退溪答高峰四端七情分理氣辯」

〈퇴계 2-1〉

이전 학자들은 사단과 칠정을 모두 정이라고 말하였고, 그것들을 리와 기로 나눈 경우는 보지 못하였다.[405]

〈퇴계 2-2〉

예전에 정지운이 『천명도』를 만들면서 "사단은 리에서 발하고 칠정은 기에서 발한다."라고 했는데 분별이 지나쳐서치게 심해 논쟁의 단서가 될 것을 염려했다. 그래서 '순리'와 '겸기' 등의 말로 수정했지만 문제가 없다고 생각했던 것은 아니다.[406]

〈퇴계 2-3〉

사단은 정이고 칠정도 정인데 사단과 칠정이라는 다른 이름이 있는 이

此所以七情之發, 或善或惡, 而性之本體, 或有所不能全也. 然其善者乃天命之本然, 惡者乃氣稟之過不及也, 則所謂四端七情者, 初非有二義也.

404) 「高峰上退溪四端七情說」, 例以四端七情別而論之, 愚竊病焉. …… 然學者須知理之不外於氣, 而氣之無過不及, 自然發見者, 乃理之本體然也, 而用其力焉, 則庶乎其不差.

405) 「退溪答高峰四端七情分理氣辯」, 惟四端七情之云, 但俱謂之情, 而未見有以理氣分說者焉.

406) 「退溪答高峰四端七情分理氣辯」, 往年鄭生之作圖也, 有四端發於理, 七情發於氣之說, 愚意亦恐其分別太甚, 或致爭端. 故改下純善兼氣等語, 蓋欲相資以講明, 非謂其言之無疵也.

유는 그대가 말하듯이 "나아가 말한 바가 같지 않기 때문"이다. 리와 기는 서로 기다려 체가 되기도 하고 용이 되기도 하니, 엄밀히 말하자면 리 없는 기도 없고 기 없는 리도 없다. 그러나 "나아가 말한 바가 같지 않기 때문"에 분별이 없지 않다.407)

〈퇴계 2-4〉

자사가 "천명의 성"을 말하고 맹자가 "성선의 성"을 말할 때, "성"은 리와 기가 부여된 가운데서 리의 근원을 가리켜 말한 것이다. 가리킨 바가 리에 있는 것이지 기에 있는 것이 아니기 때문에 순수하게 선하며 악하지 않다고 말할 수 있다. 만약 리와 기가 서로 떨어질 수 없기 때문에 기를 겸해서 [성을] 말한다면 이미 성의 본연을 말하는 것이 아니다. 자사와 맹자가 성을 말할 때 기를 섞지 않고 말한 것은 [기를 섞어서 말하면 그] 성이 본래 선함을 말할 수 없기 때문이고, 정자와 장자가 기질의 성을 말한 것은 그것이 가리키는 바가 태어난 뒤의 성이므로 [그것을 본연지성이라는 이름으로] 부를 수 없었기 때문이다. "성"에 본연과 기질의 차이가 있어서 리와 기로 나눌 수 있듯이, "정"에도 사단과 칠정의 구분이 있어서 리와 기로 나눌 수 있다는 것은 틀린 생각이었다.408)

---

407) 「退溪答高峰四端七情分理氣辯」, 夫四端情也, 七情亦情也, 均是情也, 何以有四七之異名耶. 來喩所謂所就以言之者不同, 是也. 蓋理之與氣. 本相須以爲體, 相待以爲用, 固未有無理之氣, 亦未有無氣之理. 然而所就而言之不同, 則亦不容無別.

408) 「退溪答高峰四端七情分理氣辯」, 子思所謂天命之性, 孟子所謂性善之性, 此二性字, 所指而言者何在乎. 將非就理氣賦與之中, 而指此理源頭本然處言之乎. 由其所指者在理不在氣, 故可謂之純善無惡耳. 若以理氣不相離之故, 而欲兼氣爲說, 則已不是性之本然矣. 夫以子思孟子洞見道體之全而立言如此者, 非知其一不知其二也. 誠以爲雜氣而言性, 則無以見性之本善故也. 至於後世程張諸子之出, 然後不得已而有氣質之性之論, 亦非求多而立異也. 所指而言者, 在乎禀生之後, 則又不得純以本然之性混稱之也. 故愚嘗妄以爲情之有四端七情之分, 猶性之有本性氣禀之異也. 然則其於性也, 旣可以理氣分言之, 至於情, 獨不可以理氣分言之乎.

〈퇴계 2-5〉

측은·수오·사양·시비는 각각 인·의·예·지라는 성에서 발한다. 희·로·애·구·애·오·욕은 외부의 사물이 형기에 접촉하여 안에서 움직이니 대상을 따라 나오는 것이다. 맹자는 사단의 발함을 마음이라고 하였으니 마음은 사실상 리와 기를 합한 것이다. 가리켜 말할 때 리를 주로 한 것은 인·의·예·지의 성이 순수하게 내부에 있기 때문이다. 주자는 칠정의 발함에 법칙이 있다고 하였으니 칠정에 리가 없는 것이 아니다. 그렇지만 기를 가리켜 말한 이유는 외부의 사물에 감응해서 먼저 움직이는 것이 형기이기 때문이다. 그리고 칠정은 그 싹이다. 내부에서 순수한 리였던 것이 발하자마자 기와 섞일 수는 없으며, 외부에서 감응한 것은 형기이므로 그 발함이 리의 본체가 아니다. 맹자는 사단이 모두 선하기 때문에 그 네 가지 마음이 없으면 사람이 아니라고 말하였고, 또한 그 정이 선할 수 있다고 말하였다. 칠정은 선함과 악함이 정해지지 않았기 때문에 하나라도 잘 살피지 않으면 마음이 그 올바름을 얻을 수 없고, 반드시 발해서 절도에 맞은 뒤에라야 화라고 말한다. 이를 보면 사단과 칠정이 비록 모두 "리와 기에서 벗어나지 않았다."고 하지만 그 소종래에 따라 각각 주요한 바와 중시하는 바를 가리켜 말한다면 어떤 것은 리가 되고 어떤 것은 기가 된다고 할 수 있다.[409]

---

409) 「退溪答高峰四端七情分理氣辯」, 惻隱羞惡辭讓是非, 何從而發乎. 發於仁義禮智之性焉爾. 喜怒哀懼愛惡欲, 何從而發乎. 外物觸其形而動於中, 緣境而出焉爾. 四端之發, 孟子旣謂之心, 則心固理氣之合也. 然而所指而言者, 則主於理, 何也. 仁義禮智之性, 粹然在中, 而四者其端緖也. 七情之發, 朱子謂本有當然之則, 則非無理也. 然而所指而言者則在乎氣, 何也. 外物之來, 易感而先動者莫如形氣. 而七者其苗脈也. 安有在中爲純理, 而才發爲雜氣. 外感則形氣, 而其發爲理之本體耶. 四端皆善也, 故曰, 無四者之心, 非人也. 而曰, 乃若其情則可以爲善矣. 七情善惡未定也, 故一有之而不能察, 則心不得其正矣, 而必發而中節, 然後乃謂之和. 由是觀之, 二者雖曰, 皆不外乎理氣. 而因其所從來, 各指其所主與所重而言之, 則謂之某爲理, 某爲氣, 何不可之有乎.

〈퇴계 2-6〉

리와 기가 서로 따르고 분리되지 않으므로 리 없는 기도 없고 기 없는 리도 없으며, 따라서 사단과 칠정에 서로 다른 뜻이 없다는 주장은 옳지 않다.410)

〈퇴계 2-7〉

같음 속에도 다름이 있고 다름 속에서 같음이 있으니, 나누어 둘로 만들어도 분리되지 않음을 해치지 않고 합하여 하나로 만들어도 서로 섞이지 않음으로 돌아가서 편벽됨이 없다. 공자의 계선성성과 주자의 무극태극은 리와 기가 서로 따르는 가운데 리만을 떼어내 말한 것이고, 공자가 말한 상근상원의 성과 맹자가 말한 이목구비의 성은 리와 기가 서로 이루는 가운데 한쪽에 치우쳐 기만을 가리켜 말한 것이다. 또한 자사가 중화를 논하면서 희·로·애·락만을 말하고 사단에 미치지 않은 것이나 정자가 호학을 논하면서 희·로·애·구·애·오·욕만을 말하고 사단을 말하지 않은 것은 리와 기를 뒤섞어 말한 것이다. 이것은 모두 다름 안에 같음이 있음을 아는 것이다.411)

〈퇴계 2-8〉

[고봉은] 합하기를 좋아하고 분리하기를 싫어하며 사단과 칠정의 근거를

---

410) 「退溪答高峰四端七情分理氣辯」, 深有見於理氣之相循不離, 而主張其說甚力. 故以爲未有無理之氣, 亦未有無氣之理, 而謂四端七情非有異義.

411) 「退溪答高峰四端七情分理氣辯」, 就同中, 而知其有異, 就異中, 而見其有同, 分而爲二而不害其未嘗離, 合而爲一而實歸於不相雜. 乃爲周悉而無偏也. 昔者孔子有繼善成性之論, 周子有無極太極之說, 此皆就理氣相循之中, 剔撥而獨言理也. 孔子言相近相遠之性, 孟子言耳目口鼻之性, 此皆就理氣相成之中, 偏指而獨言氣也. 斯四者, 豈非就同中而知其有異乎. 子思之論中和, 言喜怒哀樂, 而不及於四端, 程子之論好學, 言喜怒哀懼愛惡欲, 而亦不言四端, 是則就理氣相須之中而渾淪言之也. 斯二者, 豈非就異中而見其有同乎.

따지지 않고 [그것들이 모두] 리와 기를 겸하고 선함과 악함이 있다고 여기면서 그것들을 분별해서 말할 수 없다고 한다. [고봉은] 비록 중간에는 "리는 약하고 기는 강하다."라거나 "리는 조짐이 없고 기는 자취가 있다."라고 말하지만 나중에 기가 자연히 발현하는 것을 리의 본체가 발현한다고 말한다. 이것은 리와 기를 하나의 사물처럼 여겨 구별하지 않는 것이므로 옳지 않은 주장이며, 오히려 주자를 거부했던 나정암의 말과 비슷하다.412)

〈퇴계 2-9〉

또한 "자사와 맹자가 나아가 말한 바가 같지 않다."라고 하고, 사단은 [선한] 한쪽만 떼어낸 것이라 하면서도 오히려 사단과 칠정이 가리키는 것이 다르지 않다고 한 것은 모순이다. …… 이것은 기로써 성을 논하고 인욕을 천리로 여기는 잘못이다.413)

〈퇴계 2-10〉

최근에 [퇴계는] "사단은 이 리가 발하는 것이고, 칠정은 이 기가 발하는 것이다."라는 주자의 말을 『주자어류』에서 발견했다.414)

---

412) 「退溪答高峰四端七情分理氣辯」, 今之所辯則異於是, 喜同而惡離, 樂渾全而厭剖析, 不究四端七情之所從來, 槩以爲兼理氣有善惡, 深以分別言之爲不可. 中間雖有理弱氣强理無眹氣有迹之云, 至於其末, 則乃以氣之自然發見爲理之本體然也. 是則遂以理氣爲一物而無所別矣. 近世羅整菴倡爲理氣非異物之說, 至以朱子說爲非是, 滉尋常未達其指, 不謂來喩之云亦似之也.

413) 「退溪答高峰四端七情分理氣辯」, 且來喩旣云, 子思孟子所就而言之者不同. 又以四端爲剔撥出來, 而反以四端七情爲無異指, 不幾於自相矛盾乎. …… 駸駸然入於以氣論性之蔽, 而墮於認人欲作天理之患矣, 奚可哉.

414) 「退溪答高峰四端七情分理氣辯」, 近因看朱子語類論孟子四端處末一條, 正論此事, 其說云 四端是理之發, 七情是氣之發.

4. 고봉 2서(경신년, 1560. 08. 08) : 「高峰答退溪論四端七情書」

〈고봉 2-1〉

〈고봉 2-1-1〉 ["이전의 학자들은 사단과 칠정을 모두 정이라고 말하였지만 그것들을 리와 기로 나눈 경우는 보지 못했다."]라는 퇴계의 주장은 리·기와 심·성·정에 대해 제대로 이해하지 못했기 때문이다. 『어류』중의 한 조에서는 "성이 발하면 바로 정인데 정에는 선함과 악함이 있지만 성은 온전히 선하고 심은 성과 정을 모두 포함한다."라고 하였고, 또 한 조에서는 "성·정·심은 오직 맹자와 횡거의 말이 좋다. 인이 바로 성이고 측은은 정인데, 모름지기 심을 따라 발해 나오니 심이 성과 정을 통섭하는 것이다. 성은 다만 이렇게 합한 것이며, 다만 리일 뿐이고 개별적인 사물이 아니다. 만약 그것이 사물이라면 이미 선함이 있고 또한 악함도 있을 것이다. 그것은 사물이 아니라 다만 리일 뿐이며, 따라서 선하지 않음이 없다."라고 하였고, 또 한 조에서는 "성은 선하지 않음이 없고, 심이 발하면 정이 되어 혹은 선하지 않음이 있지만, 선하지 않음을 심이 아니라고는 말할 수 없다. 흘러서 선하지 않게 되는 것은 정이 외부의 사물로 옮겨가서 그런 것이다. 성은 리를 총체적으로 부르는 이름이며, 인·의·예·지는 모두 성 가운데 있는 리의 이름이고, 측은·수오·사양·시비는 발한 정의 이름이니, 이것은 정이 성에서 나왔기 때문에 선한 것이다."라고 하였다. 이 세 조를 보면 심·성·정의 의미를 이해할 수 있을 것이다.[415]

---

415) 「高峰答退溪論四端七情書」, 按語類中一條曰, 性纔發便是情, 情有善惡, 性則全善, 心又是一箇包總性情底. 又一條曰, 性情心, 惟孟子橫渠說得好. 仁是性, 惻隱是情, 須從心上發出來, 心統性情者也. 性只是合如此物, 只是理, 非有箇物事. 若是有底物事, 則旣有善, 亦必有惡. 惟其無此物, 只是理, 故無不善. 又一條曰, 性無不善, 心所發爲情, 或有不善, 說不善非是心, 亦不得 却是心之本體, 本無不善, 其流爲不善者, 情之遷於物而然也. 性是理之總名, 仁義禮智, 皆性中一理之名, 惻隱羞惡辭遜是非, 是情之所發之名, 此情之出於性而善者也. 觀此三條, 則於心性情字, 可以思過半矣.

〈고봉 2-1-2〉 주자는 "사단은 리가 발한 것이고, 칠정은 기가 발한 것이다."라고 말한다. …… [그런데] 주자는 "천지지성을 말하는 것은 오직 리만을 가리킨 것이고, 기질지성은 리와 기를 섞어서 말한 것이다."라고 하였는데, 이렇게 보자면 이른바 "사단은 리가 발한 것이다."라는 말은 오로지 리만을 가리킨 것이고, 이른바 "칠정은 기가 발한 것이다."라는 말은 리와 기를 섞어서 말한 것이다. "칠정이 기가 발한 것이다."라는 말은 오로지 기만을 가리킨 것이 아니다.416)

〈고봉 2-1-3〉 칠정은 기와 관계 되는 것처럼 보이지만 사실은 리도 그 안에 있다. 칠정이 발하여 절도에 맞는 것이 바로 천명지성의 본연의 체이며, 맹자가 말한 사단과 실체는 같고 이름이 다른 것이다. 따라서 칠정 밖에 사단이 있는 것이 아니며, 사단과 칠정에 두 가지 뜻이 있는 것이 아니다.417)

〈고봉 2-2〉
〈고봉 2-2-1〉 "사단은 리에서 발하고, 칠정은 기에서 발한다."라고 할 수는 있다. [하지만] 그림을 그려 사단을 리의 영역에 배치하고 칠정을 기의 영역에 배치한 것은 지나치게 분리시킨 것이며, 이미 깨달은 사람에게는 문제가 안 되지만 깨닫지 못한 사람을 오해[병통]하게 만들 것이 염려된

---

416) 「高峰答退溪論四端七情書」, …… 所謂四端是理之發, 七情是氣之發者, 亦恐不能無曲折也. …… 然而朱子有曰, 論天地之性, 則專指理言, 論氣質之性, 則以理與氣雜而言之. 以是觀之, 所謂四端, 是理之發者, 專指理言, 所謂七情, 是氣之發者, 以理與氣雜而言之者也. 而是理之發云者, 固不可易, 是氣之發云者, 非專指氣也, 此所謂不能無曲折者也.

417) 「高峰答退溪論四端七情書」, 若大升之愚見, 則異於是. 盖人之情一也, 而其所以爲情者, 固兼理氣有善惡也. …… 然而所謂七情者, 雖若涉乎氣者, 而理亦自在其中, 其發而中節者, 乃天命之性, 本然之體, 而與孟子所謂四端者, 同實而異名者也. 至於發不中節, 則乃氣稟物欲之所爲, 而非復性之本然也. 是故愚之前說, 以爲非七情之外復有四端者, 正爲此也. 又以爲四端七情, 初非有二義者, 亦謂此也. 由是言之, 以四端主於理, 七情主於氣而云云者, 其大綱雖同, 而曲折亦有所不同者也.

다. 또한 후학들이 이를 보고 리와 기를 나누어 잘못 볼 수도 있다.[418]

〈고봉 2-2-2〉 "사단이 발하는 것은 순수한 리이므로 선하지 않음이 없고, 칠정이 발하는 것은 기를 겸했으므로 선함과 악함이 있다."라는 것은 이전보다 낫다. 그렇지만 어떤 경우에는 '선하지 않음이 없다'라고 말하고 어떤 경우에는 '선함과 악함이 있다'라고 말하는 것은 사람들로 하여금 사단과 칠정의 두 가지 정이 있다고 생각하게 만들므로 여전히 만족스럽지 않다. …… 깨닫지 못한 자로 하여금 오해하게 만든다는 말은 지나친 생각이 아니다.[419]

〈고봉 2-3〉
〈고봉 2-3-1〉 사단과 칠정은 똑같은 정인데 다른 이름이 있는 것은 나아가 말한 바가 같지 않기 때문이다. "나아가 말한 바가 같지 않다."라는 것은 "본래 하나의 정이지만 같지 않음이 있다."라는 말이지 "사단과 칠정이 각각 발원처(소종래)가 있는 것이니 다만 말한 것만이 같지 않다."라는 말이 아니다.[420]

---

418) 「高峰答退溪論四端七情書」, 盖泛論四端七情, 而曰, 四者發於理, 七者發於氣。固無不可矣。今乃著之於圖, 而以四端置理圈中, 而謂之發於理, 以七情置氣圈中, 而謂之發於氣, 雖寫成圖本, 勢不得不然, 而位置之際, 似不免離析太甚。若後學見之, 指其已定之形, 而分理與氣二者, 別而論之, 則其爲悞人, 不亦旣甚矣乎.

419) 「高峰答退溪論四端七情書」, 改之以四端之發純理, 故無不善, 七情之發兼氣, 故有善惡云云, 則視前語尤分曉, 而鄙意亦以爲未安者。盖以四端七情, 對擧互言, 而揭之於圖, 或謂之無不善, 或謂之有善惡, 則人之見也, 疑若有兩情, 且雖不離於兩情, 而亦疑其情中有二善, 一發於理, 一發於氣者, 爲未當也. …… 使曉不得者生病痛云者, 亦非過計之憂也.

420) 「高峰答退溪論四端七情書」, 夫四端情也, 七情亦情也, 均是情也, 何以有四七之異名耶。來喻所謂所就以言之者不同, 是也. …… 然其所謂所就以言之不同一句, 若通之以鄙說, 則不妨。本是一情而言之者有不同, 若質之以來辯, 則四端七情, 各有所從來, 而非但言之者不同也.

〈고봉 2-3-2〉 주자가 진기지에게 보낸 글을 보면, "성은 태극의 혼연한 본체이므로 본래 이름을 붙여 말할 수 없다. …… 공자의 문하에서는 일찍이 갖추어 말하지 않았으나 맹자에 이르러 비로소 갖추어 말한 것은 공자 때에는 성이 선한 이치가 분명해서 자세히 설명하지 않을지라도 그 조목을 드러내지 않아도 [사람들이] 의미를 이해했지만, 맹자 때에 이르러 이단이 벌떼처럼 일어나 성이 선하지 않다고 하는 경우가 가끔 있었다. 맹자는 이 이치가 밝지 못할 것을 걱정하여 그 [의미를] 밝히려고 생각했다. 그런데 '혼연한 전체'로만 말하면, 그것이 눈금 없는 저울이나 치수 없는 잣대와 같아서 끝내 모든 사람을 깨우치지 못할 것을 걱정하여, 이에 구별하여 말하고 네 개로 쪼개어 사단의 설을 세웠다." 이에 따르면, 나아가 말한 것이 같지 않으며, 또한 각각 의미의 주된 바가 있다는 것을 알 수 있다.421)

〈고봉 2-3-3〉 자사가 성과 정의 덕을 논할 때 중화로써 말하면서 희·로·애·락을 말한 것은 정이 리와 기를 겸하고 선함과 악함이 있다는 것을 섞어서 말한 것이며, 맹자가 성의 선함을 밝힐 때 인·의·예·지로 말하면서 측은·수오·사양·시비를 말한 것은 정의 선한 것을 이른바 떼어내 말한 것이다.422)

---

421) 「高峰答退溪論四端七情書」, 嘗觀朱子答陳器之書曰, 性是太極渾然之體, 本不可以名字言.
　　…… 孔門未嘗備言, 至孟子而始備言之者, 盖孔子時, 性善之理素明, 雖不詳著其條, 而說自
　　具. 至孟子時, 異端蜂起, 往往以性爲不善. 孟子懼是理之不明, 而思有以明之, 苟但曰渾然全
　　體, 則恐其如無星之秤, 無寸之尺, 終不足以曉天下, 於是別而言之, 界爲四破, 而四端之說,
　　於是而立. 此豈非所就而言之者不同, 而意亦各有所主乎.

422) 「高峰答退溪論四端七情書」, 盖子思論性情之德, 以中和言之, 而曰喜怒哀樂, 則情之兼理氣
　　有善惡者, 固渾淪言之, 所謂道其全也. 孟子發明性善之理, 以仁義禮智言之, 而曰惻隱羞惡辭
　　讓是非, 則只以情之善者言之, 所謂剔撥出來也.

〈고봉 2-4〉

〈고봉 2-4-1〉 주자는 다음과 같이 말한다. a) 이 기가 있기 전에 이 성은 이미 있으니 기가 있지 않더라도 성은 항상 있다. 비록 그것이 기 안에 있다 하더라도 기는 스스로 기이며 성은 스스로 성일뿐 서로 섞이지 않는다. b) 천명[하늘이 명한 성]은 기질이 아니라면 의지할 곳이 없다. 그러나 사람의 기품에는 맑고 탁하고 치우치고 바름과 같은 차이가 있기에 천명의 바름에도 얕고 깊고 두텁고 엷음의 다름이 있다. 하지만 그것 또한 성이라 하지 않을 수 없다. c) 천명이란 궁극적인 본원의 성이다. d) 맹자는 떼어내어 성의 근본을 말하였고, 이천은 기질을 겸해서 떨어질 수 없음을 말하였으니, 요지는 서로 떨어질 수 없다는 것이다. e) 기질의 설은 정자와 장자에게서 비롯되었다.[423]

〈고봉 2-4-2〉 또한 주자는 "천지가 사물을 낳는 까닭은 리이고 사물을 낳는 것은 기질 때문이다."라고 말하였다. 사람과 사물이 이 기질을 얻어 형체를 이루는데 그 리가 이것에 있는 것을 성이라 말한다. 이것은 하늘과 땅, 그리고 사람과 사물 상에서 리와 기를 분별한 것이니, 진실로 하나의 사물이 각자 하나의 사물이 되는 것을 방해하지 않는다. 만약 성에 나아가 논의한다면 이른바 기질지성이란 것은 리가 기질 가운데 떨어져 있는 것일 뿐이고 별도로 하나의 성이 있는 것이 아니다. 그러므로 성을 논하면서 본성을 말하고 기품을 말하는 등의 것은 하늘과 땅, 그리고 사람과 사물 상에서 리와 기를 분리하고 각자 하나의 사물이 되는 것과 같지 않고, 하

423) 「高峰答退溪論四端七情書」, 朱子曰, 未有此氣, 已有此性, 氣有不存, 而性卻常在. 雖其方在 氣中, 然氣自是氣. 性自是性, 亦不相夾雜. 又曰, 天命之性, 非氣質, 則無所寓. 然人之氣裏 有清濁偏正之殊. 故天命之正, 亦有淺深厚薄之異. 要亦不可不謂之性. 又曰, 天命之謂性, 是 極本窮原之性. 又曰, 孟子是剔出而言性之本, 伊川是兼氣質而言, 要之不可離也. 又曰, 氣質 之說, 起於程張.

나의 성이 있는 곳에 따라 분리하여 말하는 것일 뿐이다.424)

〈고봉 2-4-3〉[한편] 정을 논함에 이르러서는 본성이 기질 안에 떨어진 뒤에 발하여 정이 되므로 리와 기를 겸하고 선함과 악함이 있으며, 리와 기가 발현하는 사이에 리에서 발하는 것이 있고 또한 기에서 발하는 것이 있으니 이것을 분리하여 말하더라도 안 될 것은 없지만 자세히 따져보면 구애됨이 없지 않다. 더구나 사단과 칠정을 리와 기에 분속하면[나누어 귀속시키면] 칠정은 오직 기만을 가리켜 말한 것이 아니므로 이곳의 의미가 만족스럽지 않다.425)

〈고봉 2-5〉
〈고봉 2-5-1〉 몇 단락에서 사단과 칠정의 소이연에 대해 자세히 논했으나, 리와 기를 지나치게 나누어 말해서 이른바 기란 것이 리와 기가 섞인 것으로 말하지 않고 오직 기만을 가리켜 말하였다. 따라서 그 주장은 한쪽으로 치우친 것이 많다.426)

〈고봉 2-5-2〉[칠정은 기만을 가리키는 것이 아니다.] a) 『중용』에는

---

424)「高峰答退溪論四端七情書」, 又朱子曰, 天地之所以生物者 理也, 其生物者 氣與質也. 人物得是氣質以成形, 而其理之在是者, 則謂之性也. 此就天地及人物上, 分別理與氣, 固不害一物之自爲一物也. 若就性上論, 則所謂氣質之性者, 卽此理墮在氣質之中耳, 非別有一性也. 然則論性, 而曰本性, 曰氣稟云者, 非如就天地及人物上, 分理氣而各自爲一物也, 乃以一性, 隨其所在, 而分別言之耳.

425)「高峰答退溪論四端七情書」, 至若論其情, 則緣本性墮在氣質, 然後發而爲情, 故謂之兼理氣, 有善惡, 理氣發見之際, 自有發於理者, 亦有發於氣者, 雖分而言之, 無所不可, 而子細秤停, 則亦似不能無碍. 況以四端七情, 分屬理氣, 則七情, 非但專指氣而言者, 此處曲折, 殊覺未安爾.

426)「高峰答退溪論四端七情書」, 按此數段, 極論四端七情之所以然, 正是一篇緊要處. 然太以理氣分開說去, 而所謂氣者, 非復以理與氣雜而言之, 乃專指氣也. 故其說, 多倚於一偏.

"희·로·애·락이 발하지 않은 것을 중이라 하고 발하여 절도에 맞는 것을 화라 하며, 중이란 것은 천하의 큰 근본이고 화라는 것은 모든 곳에 달도[두루 통하는 도]이다."라고 말한다. b)『장구』에는 "희·로·애·락은 정이요 그것이 발하기 이전은 성이다. 치우치거나 의지하는 바가 없기 때문에 중이라 하고 발하여 모두 절도에 맞는 것은 정의 올바름이요 어긋나거나 비껴 나가는 바가 없기 때문에 화라 한다. 큰 근본은 천명의 성이며 천하의 리가 모두 여기로부터 나오는 것이므로 도의 체이다. 모든 곳에 달도라는 것은 성을 따름을 일컬으며 천하 고금이 모두 그로 말미암기 때문에 도의 용이다."라고 말한다. c)『혹문』에는 "천명의 성에는 모든 리가 갖추어져 있고 희·로·애·락은 각각 마땅한 바가 있는데 바야흐로 그 아직 발하지 않음엔 혼연한 안에 치우치거나 의지하는 바가 없기 때문에 중이라 하고 그 발함에 이르러서는 모두 그 마땅함을 얻어 어긋나거나 비껴 나가는 바가 없기 때문에 화라 한다. 중이라 말하는 것은 성의 덕과 도의 체를 형용한 것이다. 천지만물의 리를 갖추지 않음이 없기 때문에 천하의 큰 근본이라 한다. 화라 말하는 것은 정의 올바름과 도의 용을 드러낸 것이다. 고금 인물이 모두 그로 말미암기 때문에 모든 곳에 두루 통하는 도라고 말한다. 천명의 성은 순수하고 지극히 선하면서 사람의 마음에 갖추어져 있으며, 그 체와 용의 온전함이 본디 모두 이와 같아 성인이나 어리석은 사람이라 해서 더함이나 덜함이 있는 것이 아니다. d)『장구』「집주」의 연평 이씨는 [다음과 같이 말한다.] "모름지기 아직 발하지 않은 것은 이른바 중이고 성이다. 발하여 절도에 맞으면 화라고 말하는데 맞지 않으면 불화가 있다. 화와 불화의 차이는 모두 이미 발한 뒤에 나타나니 이것은 정이지 성이 아니다. 그렇기 때문에 맹자는 성은 선하고 정은 선할 수 있다고 말하였다. ……" 위의 주장들[a-d]을 고려할 때, 칠정은 기만을 가리키지 않는다는 것이 분명하다. f) 이천, 연평, 주자 등의 논의를 보더라도, 칠정은 리와 기를 겸하고 선함과 악함이 있으며, 사단은 칠정 가운데 있는 리이며 또한 선하다. 따라서 사단과 칠정을 리와 기에 나누어 귀속시키어 서로 관련시키지 않는 것은 한쪽으로 치우친 것이다.[427)

〈고봉 2-5-3〉[428)

a) "측은·수오·사양·시비의 마음이 각각 인·의·예·지의 성에서 발한다."란 말에 대하여.

→ 이 말은 옳다. 그러나 칠정도 인·의·예·지의 성에서 발한다는 점을 기억해야 한다. 그렇기 때문에 주자도 희·로·애·락은 정이지만 발하기 이전은 성이라 말하고, 또한 정은 바로 이 성이 발한 것이라고 말한다.[429)

b) "희·로·애·구·애·오·욕은 외부의 사물이 형기에 접촉하여 안에서 움직이니 대상을 따라 나온다."란 말에 대하여.

---

427) 「高峰答退溪論四端七情書」, 中庸曰, 喜怒哀樂之未發, 謂之中, 發而皆中節, 謂之和. 中也者, 天下之大本也, 和也者, 天下之達道也. 章句曰, 喜怒哀樂, 情也, 其未發則性也. 無所偏倚, 故謂之中, 發皆中節情之正也, 無所乖戾, 故謂之和. 大本者, 天命之性, 天下之理, 皆由此出, 道之體也. 達道者, 循性之謂, 天下古今之所共由, 道之用也. …… 或問曰, 盖天命之性, 萬理具焉, 喜怒哀樂, 各有攸當, 方其未發, 渾然在中, 無所偏倚, 故謂之中, 及其發而皆得其當, 無所乖戾, 故謂之和. 謂之中者, 所以狀性之德, 道之體也. 以其天地萬物之理, 無所不該, 故曰天下之大本. 謂之和者, 所以著情之正, 道之用也. 以其古今人物之所共由, 故曰天下之達道. 盖天命之性, 純粹至善, 而具於人心者, 其體用之全, 本皆如此, 不以聖愚而有加損也. 章句輯註中, 延平李氏, 方其未發, 所謂中也性也. 及其發而中節也, 則謂之和, 其不中節也, 則有不和矣. 和不和之異, 皆既發焉而後見之, 是情也, 非性也. 孟子故曰, 性善. 又曰, 情可以爲善. …… 愚謂七情之說, 若於此看得破, 則所謂七情者, 果非專指氣也決矣. …… 伊川延平晦庵諸先生之論, 亦皆如此 …… 然則七情, 豈非兼理氣有善惡, 而四端者, 豈非七情中理也善也哉. 如是而欲以四端七情, 分屬理氣, 而不相管, 亦可謂倚於一偏矣.

428) 여기에서 고봉은 〈퇴계 1-6〉의 내용을 조목별로 언급하면서 구체적인 반론을 제기한다. 아래는 필자가 편지의 주제와 내용에 따라 임의적으로 분석 정리한 것이다.

429) 「高峰答退溪論四端七情書」, 辯曰. 惻隱羞惡辭讓是非, 何從而發乎. 發於仁義禮智之性焉爾. 愚謂, 四端固發於仁義禮智之性, 而七情亦發於仁義禮智之性也. 不然, 朱子何以曰, 喜怒哀樂情也, 其未發, 則性也乎. 又何以曰, 情是性之發乎.

→ 이 내용은 『호학론』에 나오는데 원문에는 "형기가 이미 있고 그 형기에 외부
의 사물이 접촉하여 안에서 움직이고, 그 안이 움직여 칠정이 나온다."라고
되어 있다. '안에서 움직인다'와 '그 안이 움직인다'는 것은 '마음이 감응한다'
는 뜻이다. 마음이 감응하여 성의 욕구라는 것이 생겨나니 이른바 정이다. 따
라서 정이 외부에서 드러나는 것은 대상을 따라 나오는 것이 아니라 안에서
나오는 것이다.[430]

c) "맹자는 사단의 발함을 마음이라고 하였으니 마음은 사실상 리와 기
를 합한 것이다. 가리켜 말할 때 리를 주로 한 것은 인·의·예·지
의 성이 순수하게 내부에 있기 때문이다."란 말에 대하여.

→ 사단과 칠정이 모두 마음에서 나오고 마음은 모두 리와 기를 합한 것이니, 정
은 진실로 리와 기를 겸한 것이다. 리에서만 나오고 기를 겸하지 않는 어떤
정이 있는 것은 아니다.[431]

d) "주자는 칠정의 발함에 법칙이 있다고 하였으니 리가 없는 것은 아
니다. 그렇지만 기를 가리켜 말한 이유는 외부의 사물에 의해 감응
해서 먼저 움직이는 것이 형기이기 때문이다. 그리고 칠정은 그 싹
이다."란 말에 대하여.

→ 『악기』에 "사람이 태어나서 고요한 것은 하늘의 성이고 사물에 감응하여 움
직이는 것은 성의 욕구이다."라고 하고, 주자가 "성의 욕구는 이른 바 정이
다."라고 했다. 그러므로 정이 사물에 감응하여 움직이는 것은 자연의 이치이
다. 그 안에 이 리가 있기 때문에 외부의 감응하는 것이 서로 부합하는 것이

---

430) 「高峰答退溪論四端七情書」, 辯曰. 喜怒哀懼愛惡欲, 何從而發乎. 外物觸其形而動於中, 緣境
而出焉爾. 愚按外物觸其形而動於中一句, 出好學論. 然考本文曰, 形旣生矣, 外物觸其形, 而
動於中矣, 其中動, 而七情出焉. 其曰, 動於中. 又曰, 其中動云者, 卽心之感也. 心之感而性之
欲者出焉, 乃所謂情也. 然則情見乎外, 雖似緣境而出, 實則由中以出也.

431) 「高峰答退溪論四端七情書」, 辯曰. 四端之發, 孟子旣謂之心, 則心固理氣之合也. 然而所指而
言者, 則主於理, 何也. 仁義禮智之性, 粹然在中, 而四者其端緒也. 愚謂四端七情, 無非出於
心者, 而心乃理氣之合, 則情固兼理氣也. 非別有一情, 但出於理, 而不兼乎氣也.

지 그 안에 이 리가 없는데 외부의 사물이 와서 우연히 서로 부딪쳐 감응하는 것은 아니다. 그렇기 때문에 '외부의 사물에 의해 감응해서 먼저 움직이는 것이 형기'라는 말은 옳지 않다. 사단도 칠정과 마찬가지로 외물에 감응하여 드러난다.[432)]

e) "내부에서 순수한 리였던 것이 발하자마자 기와 섞일 수는 없으며, 외부에서 감응한 것은 형기이므로 리의 본체가 발한다고 할 수 없다."란 말에 대하여.

→ 내부에 있을 때에는 순수한 리이며, 성이라고 말할 수는 있으나 [아직] 정이라고 말할 수는 없다. 이미 발했다면 정이므로 화와 불화의 다름이 있다. 아직 발하지 않으면 리일 뿐이고, 이미 발했다면 기를 타고 행하는 것이다.[433)] 주자는 「원형이정설」에서 "원·형·이·정은 성이고 생·장·수·장은 정이다."라 하고, "인·의·예·지는 성이고 측은·수오·사양·시비는 정이다."라고 하였다. 생·장·수·장이 정이라 하여 기를 타고 유행하는 내용을 볼 수 있으니 사단 또한 기이다. 주자의 제자가 물음에 "측은해함 같은 것은 기이고, 측은할 수 있는 까닭은 리이다."라고 했으니, 이 말이 더욱 분명하다. 따라서 보내온 편지에서 칠정이 '대상에 따라 나온다'라거나 '형기가 감응한다'라는 말은 모두 만족스럽지 않으며, 외부에서 감응한 것은 형기이지 리의 본체가 아니라는 말은 상당히 옳지 않다. 만약 그것이 옳다면 칠정은 성 외의 사물이 되며 자사가 이른 바 화라고 한 것이 옳지 않은 것이 된다. 더구나 맹

---

432) 「高峯答退溪論四端七情書」, 辯曰. 七情之發, 朱子謂本有當然之則, 則非無理也. 然而所指而言者則在乎氣, 何也. 外物之來, 易感而先動者莫如形氣, 而七者其苗脈也. 愚按樂記曰, 人生而靜, 天之性也, 感於物而動, 性之欲也. 朱子曰, 性之欲, 卽所謂情也. 然則情之感物而動者, 自然之理也. 盖由其中間實有是理, 故外邊所感便相契合, 非其中間, 本無是理, 而外物之來, 偶相湊着而感動也. 然則外物之來, 易感而先動者, 莫如形氣一語, 恐道七情不著也. 若以感物而動言之, 則四端亦然. 赤子入井之事感, 則仁之理便應, 而惻隱之心於是乎形；過廟過朝之事感, 則禮之理便應, 而恭敬之心於是乎形, 其感物者, 與七情不異也.

433) 「高峯答退溪論四端七情書」, 辯曰. 安有在中爲純理, 而才發爲雜氣, 外感則形氣, 而其發爲理之本體耶. 愚謂在中之時, 固純是天理, 然此時只可謂之性, 不可謂之情. 若才發則便是情, 而有和不和之異矣. 盖未發則專是理, 旣發則便乘氣以行也.

자가 기뻐하고, 순 임금이 살인하고, 공자가 슬퍼하고 즐거워한 것은 각각 희·
로·애·락이니 어찌 리의 본체가 아니겠는가? 만약 이런 것이 형기가 하는
것이라면 형기와 성정은 서로 무관한 것이 된다.[434]

f) "사단은 모두 선하기 때문에 그 네 가지 마음이 없으면 사람이 아니
다. 그리고 그 정이 선할 수 있다."란 말에 대하여.

→ 이것이 연평 선생이 말한 "맹자의 말은 자사에게서 나왔다."라는 것이다.[435]

g) "칠정은 선함과 악함[이 정해지지 않았기 때문에 하나라도 잘 살피지
않으면 마음이 그 올바름을 얻을 수 없고, 반드시 발해서 절도에 맞
은 뒤에야] 화라고 일컫는다."란 말에 대하여.

→ 정자는 "희·로·애·락이 발하지 않으면 어찌 선하지 않음이 있으며, 발하
여 절도에 맞는다면 가서 선하지 않음이 없다."라고 했다. 그렇다면 사단은
본래 모두 선하고, 칠정 또한 모두 선하다. 오직 발하여 절도에 맞지 않으면
한편에 치우쳐 악이 되는 것일 뿐이다. 선함과 악함이 정해지지 않은 것은 없
다. 그러나 퇴계는 지금 "칠정은 선함과 악함이 정해지지 않았기 때문에 하나
라도 잘 살피지 않으면 마음이 그 올바름을 얻을 수 없고, 반드시 발해서 절
도에 맞은 뒤에야 화라고 일컫는다."라고 하니, 이렇게 되면 칠정이 번잡하고
아주 쓸모없는 것이 되므로 도리어 마음에 해가 될 것이다. 더구나 발하여 절
도에 맞기 전에는 장차 무엇이라고 부르겠는가? 또한 "하나라도 잘 살피지
않으면……"이란 말은 『대학』에 나오는데, 그것은 성내고 두려워하고 즐거워

---

434) 「高峰答退溪論四端七情書」, 朱子元亨利貞說曰, 元亨利貞, 性也, 生長收藏, 情也. 又曰, 仁
義禮智, 性也, 惻隱羞惡辭讓是非, 情也. 夫以生長收藏爲情, 便見乘氣以行之實, 而四端亦氣
也. 朱子弟子問中亦曰, 如惻隱者氣. 其所以能是惻隱者, 理也. 此語尤分曉 …… 來辯以七
情爲緣境而出, 爲形氣所感, 旣皆未安, 而至乃謂之外感於形氣, 而非理之本體, 則甚不可. 若
然者, 七情是性外之物, 而子思之所謂和者, 非也. 抑又有大不然者, 孟子之喜而不寐, 喜也,
舜之誅四凶, 怒也, 孔子之哭之慟, 哀也, 閔子路冉有子貢侍側而子樂, 樂也, 玆豈非理之本
體耶. …… 是數者若皆形氣所爲, 則是形氣性情不相干也, 其可乎.

435) 「高峰答退溪論四端七情書」, 辯曰. 四端皆善也, 故曰, 無四者之心, 非人也. 而曰, 乃若其情
則可以爲善矣. 愚謂此正延平先生所謂孟子之說出於子思者也.

하고 근심하는 등과 같은 네 가지가 아무 곳에서나 발하여 나오므로 그런 것

들을 마음 안에 두지 말라는 뜻이다. 이것은 마음에 관한 내용인데, 이것을

끌어들여 칠정을 증명하는 것은 적절하지 않다.436)

〈고봉 2-5-4〉 이른바 "소종래에 따른 것"과 각각 주로 하는 바와 중요

시하는 바를 가리킨 것"이라는 말은 비록 옳은 것 같지만 사실은 모두 타

당하지 않다. 그러므로 사단을 리라 말하고 칠정을 기라 말한 것도 어찌

불가한 바가 없다고 할 수 있겠는가?437)

〈고봉 2-6〉

"사단과 칠정에 두 가지 뜻이 없다."라는 것은 사단이 이미 칠정 가운데

발하여 절도에 맞은 것과 내용은 같으면서 이름이 다를 뿐이므로, 위로 근

원을 거슬러 미루어보면 두 가지 뜻이 있는 것이 아니라고 한 것뿐이며 본

래 다른 뜻이 없다고 한 것은 아니다.438)

〈고봉 2-7〉

"[공자가 말한 상근상원의 성과 맹자가 말한 이목구비의 성은] 한쪽에

치우쳐 기만을 말한 것"이란 구절은 타당하지 않다. 왜냐하면 이미 성이라

---

436)「高峰答退溪論四端七情書」, 辯曰. 七情善惡未定也, 故一有之而不能察, 則心不得其正矣, 而
必發而中節, 然後乃謂之和. 愚按程子曰, 喜怒哀樂未發, 何嘗不善, 發而中節, 則無往而不善.
然則四端固皆善也, 而七情亦皆善也. 惟其發不中絶, 則偏於一邊, 而爲惡矣. 豈有善惡未定者
哉. 今乃謂之善惡未定, 又謂之一有之而不能察, 則心不得其正, 而必發而中節然後, 乃謂之和,
則是七情者, 其爲冗長無用甚矣, 而反爲心之害矣. 而況發未中節之前, 亦將以何者而名之耶.
且一有之而不能察云者, 乃大學第七章章句中語, 其意盖謂忿懥恐懼好樂憂患四者, 只要從無
處發出, 不可先有在心下也 …… 此乃正心之事, 引之以證七情, 殊不相似也.

437)「高峰答退溪論四端七情書」, …… 則所謂因其所從來. 各指其所主與所重者, 雖若可以擬議,
而其實恐皆未當也. 然則謂四端爲理, 謂七情爲氣云者, 亦安得遽謂之無所不可哉.

438)「高峰答退溪論四端七情書」, 若四端七情, 初非有二義云者, 盖謂四端, 旣與七情中, 發而中節
者, 同實而異名, 則推其向上根源, 信非有兩箇意思也云爾, 豈有直以爲元無異義也.

면 그것이 기질 가운데 있다 해도 결코 기만을 지목할 수는 없기 때문이
다. 더구나 주자는 공자가 말한 "성은 서로 가까운데 습관은 서로 멀다."에
대해 "여기에서 성은 기질을 겸하여 말한 것이다."라고 주를 달았고, 또한
맹자가 말한 이목구비의 성에 대해 "이 성은 기품과 식욕과 색욕을 겸하여
말한 것이다."라고 『어류』에서 설명했다. [이에 따르면, 성은 기만을 가리
킨 것이 아님을 알 수 있다.]439)

〈고봉 2-8〉
〈고봉 2-8-1〉 "기가 자연히 발현하는 것을 리의 본체가 발현하는 것으
로 말한다."라는 것은 오해이다. 대개 리는 조짐이 없고 기는 자취가 있기
때문에 리의 본체는 막연하여 형상으로 볼 수 없고 기가 유행하는 곳에서
징험할 수 있을 뿐이다. 내[고봉]는 리와 기에 각각 한계가 있어서 서로 섞
이지 않는다고 분별하였고, 기가 자연히 발현하는 것을 리의 본체가 발현
하는 것이라고 말한 것은 그것이 리와 기가 분리되고 만나는 곳임을 말하
려는 것이지 리와 기를 하나의 사물로 여기는 것은 아니다.440)

〈고봉 2-8-2〉 주자는 『논어』「자재천상장」의 집주에서 기를 통해 인식
이 가능하다고 말하였고, 『어류』에서 리가 기에서 발현한다고 말하였다.

439) 「高峰答退溪論四端七情書」, 凡此數段, 皆据先儒舊說, 固無可議. 但中間, 偏指而獨言氣一
節, 似覺未當. 盖旣謂之性, 則雖墮在氣質之中, 而不可專以氣目之也. 按論語, 子曰, 性相近
也, 習相遠也. 註曰, 此所謂性, 兼氣質而言之. 然則性爲主, 而兼乎氣質也. 孟子曰, 口之於
味也, 目之於色也, 耳之於聲也, 鼻之於臭也, 四肢於安佚也, 性也, 有命焉, 君子不謂性也.
…… 然考語類, 有曰, 孟子謂性也有命焉, 此性是兼氣稟食色言之. 然則凡言性者, 不偏指氣,
可見矣. 今謂之偏指而獨言氣, 恐未然也.
440) 「高峰答退溪論四端七情書」, 但所謂氣之自然發見, 乃理之本體然也之語, 則亦有說焉. 盖理
無眹而氣有跡, 則理之本體, 漠然無形象之可見, 不過於氣之流行處驗得也. …… 鄙說, 當初
分別得理氣, 各有界限, 不相淆雜, 至於所謂氣之自然發見, 乃理之本體然, 則正是離合處, 非
以理氣爲一物也.

그러므로 기가 자연스럽게 발현하는 것을 리의 본체가 발현한다고 할 수 있다. 또한 측은이나 수오 같은 것은 기의 발현이지만, 그 까닭이 리이므로 리에서 발현한다고 할 수 있다.441)

〈고봉 2-8-3〉 "사단은 리에서 발하고 칠정은 기에서 발한다."는 말이 옳지 않은 것은 아니다. 그러나 그 소이연을 자세히 논하면서 칠정의 발함이 리의 본체가 아니라거나 기가 자연히 발하는 것이 리의 본체가 아니라고 한다면 '리에서 발한 것'은 어디에서도 볼 수 없게 되고, 또한 '기에서 발한 것'은 리의 외부에 있게 된다. 이것은 리와 기를 지나치게 분리시키는 것이므로 옳지 않다.442)

〈고봉 2-8-4〉 [고봉의 견해가 나정암의 것과 유사하다는 퇴계의 지적에 대해] 나정암에 대해서는 들어본 바 없으며, 내[고봉]는 결코 리와 기가 하나의 사물이라거나 또는 다른 것이라고 생각하지 않는다.443)

〈고봉 2-9〉
〈고봉 2-9-1〉 "자사가 정이 리와 기를 겸한 것이고 또한 선과 악을 섞

---

441) 「高峰答退溪論四端七情書」, 且論語子在川上章, 集註曰, 天地之化, 往者過, 來者續, 無一息之停, 是乃道體之本然也. 此豈非於氣上識取乎. 又或問 理在氣中發見處如何. 朱子曰, 如陰陽五行, 錯綜不失端緒, 便是理. 若氣不結聚時, 理亦無所附着. 然則氣之自然發見, 無過不及者, 豈非理之本體乎. 且如惻隱羞惡, 亦豈非氣之自然發見者乎. 然其所以然者, 則理也, 是以謂之發於理爾.

442) 「高峰答退溪論四端七情書」, 夫以四端發於理, 七情發於氣, 大綱固無不是, 至於極論其所以然, 則乃以七情之發, 爲非理之本體, 又以氣之自然發見者, 亦非理之本體, 則所謂發於理者, 於何而見之, 而所謂發於氣者, 在理之外矣. 此正太以理氣分說之失, 不可不察也.

443) 「高峰答退溪論四端七情書」, 羅整菴所論, 不曾見得, 不知如何, 若据此一句, 則其悞甚矣. 若大升則固非以理氣爲一物, 而亦不謂理氣非異物也. 鄙說初無是意, 亦無是語, 誠恐先生於鄙說, 見其有所不合, 逐以爲無可取者, 而更不之察也.

어 가진 것이라 말한 것은 전체를 말하였고, 맹자가 정 가운데 선한 것만을 들어 말한 것은 한쪽만을 떼어내 말하였다."는 말과 "사단과 칠정은 두 가지 정이 아니다."라는 말은 [퇴계가 지적하듯이] 모순은 아니다.[444]

〈고봉 2-9-2〉 내[고봉]가 기로써 성을 논하고 인욕을 천리로 여기는 것은 아니다.[445]

〈고봉 2-10〉
〈고봉 2-10-1〉 주자는 『중용』의 미발과 이발의 뜻에 대해 "심은 모두 이발을 가리켜 말한 것이다."라는 정자의 말을 [처음에는] 오해했는데, [나중에] 잘못을 깨닫고 여기에서 정자가 말한 심은 '적자심[어린아이의 마음]'을 가리킨 것이므로 모든 심이란 말은 정자가 잘못 말한 것이라고 수정하였다. 리의 발함과 기의 발함이란 말은 우발적으로 한쪽만을 가리킨 것이므로 그것을 따르는 것은 잘못이다.[446]

〈고봉 2-10-2〉 주자는 「호광중에게 답한 편지」에서 이천의 말을 다음과 같이 정리한다. "천지의 축적된 정기에서 오행의 빼어난 기운을 받은

---

444) 「高峰答退溪論四端七情書」, 大升前者妄以鄙見, 撰說一篇, 當時以爲子思就情上, 以兼理氣有善惡者, 而渾淪言之, 故謂之道其全, 孟子就情中, 只擧其發於理而善者言之, 故謂之別撥出來. 然則均是情也, 而曰四端曰七情者, 豈非以所就而言之者不同而實則非有二情也. 是以其下再結之, 以爲四端七情, 初非有二義, 而不自知其自相矛盾也. 今承開諭, 復自推詳, 而亦不覺其然, 豈非暗於自知而然乎.
445) 「高峰答退溪論四端七情書」, 若認人欲作天理之蔽, 則當深察而克治之耳.
446) 「高峰答退溪論四端七情書」, 中庸未發已發之義, 朱子嘗因程子凡言心者, 皆指已發而言, 以致錯認語意, 與南軒西山論辯甚力, 後乃大悟, 與湖南諸公書自言其失, 而謂 程子凡言心者, 皆指已發而言, 此乃指赤子之心而言, 而謂凡言心者, 則其爲說之誤. …… 然則謂是理之發, 是氣之發者, 與其他前後所論, 更互參較, 則其異同曲折, 自可見也. 不知後學當遵前後備陳所周該之言乎. 抑當守其一時偶發所偏指之語乎.

것이 사람이 되는데 그 근본은 참되고 고요하니 그것이 아직 발하지 않았을 때 오성이 갖추어져 있으니 인·의·예·지·신이라 한다. 형기가 이미 생겨나 외부의 사물이 그 형기와 접촉하여 내부에서 움직이고, 그 내부가 움직여서 칠정이 나온 것을 회·로·애·락·애·오·욕이라 한다. 정이 이미 치열하여 방탕함을 더하면 성이 깎인다." 이 말은『악기』의 뜻과 다르지 않다. 이른바 '고요하다'는 것은 아직 감응하지 않았을 때를 가리켜 말한 것이다. 이때 마음에 보존된 바는 혼란한 천리이고 인욕의 거짓이 아직 없기 때문에 하늘의 성이라 하고, 그것이 사물에 감응하여 움직이면 옳음과 그름이나 참되고 망령됨으로 나뉜다. 그러나 성이 아니면 또한 발할 곳이 없기 때문에 성의 욕구라고 한 것이다. '움직인다'는 것은『중용』에서 말한 '발한다'와 다름이 없으니 옳음과 그름이나 참됨과 망령됨은 특히 '절도가 있느냐 절도가 없느냐' 또는 '절도에 맞느냐 절도에 맞지 않느냐'의 사이에서 결정될 뿐이다.[447)

〈고봉 2-10-3〉 주자는「호백봉에게 답한 편지」에서 "맹자가 말한 '성이 선하다'는 것은 본체를 말한 것으로서 인·의·예·지가 아직 발하지 않은 것이고, '선할 수 있다'는 것은 사용처를 말한 것으로서 사단의 정이 발하여 절도에 맞은 것이다. 성과 정이 비록 '아직 발하지 않은 것'과 '이미 발한 것'의 다름은 있으나 '선'이란 것은 혈맥이 관통되어 일찍이 같지 않음이 없다."라고 말하고, 스스로 덧붙인 주에서 "정자는 희·로·애·락이

---

447)「高峰答退溪論四端七情書」, 其答胡廣仲書曰, 伊川先生曰, 天地儲精, 得五行之秀者爲人, 其本也眞而靜, 其未發也, 五性具焉, 曰仁義禮智信. 形旣生矣, 外物觸其形而動於中矣, 其中動而七情出焉, 曰喜怒哀樂愛惡欲. 情旣熾而益蕩, 其性鑿矣. 熹詳味此數語, 與樂記之說, 指意不殊. 所謂靜者, 亦指未感時言爾. 當此之時, 心之所存, 渾是天理, 未有人欲之僞, 故曰天之性, 及其感物而動, 則是非眞妄, 自此分矣. 然非性則亦無自而發, 故曰性之欲. 動字與中庸發字無異, 而其是非眞妄, 特決於有節與無節中節與不中節之間耳.

아직 발하지 않았을 때는 선하지 않음이 없으며 발하여 절도에 맞으면 모두 선하다."라고 말하였다.[448]

〈고봉 2-10-4〉 최근에 성과 정을 논하는 사람들의 오류는 운봉 호씨에게서 비롯된다. 『대학』경1장 제4절의 집주에서 호씨는 "성이 발하여 정이 되니 처음에는 선하지 않음이 없는데, 마음이 발하여 의가 되니 선함이 있고 선하지 않음이 있다."라고 했다. 이 글은 본래 『장구』의 '소발'이란 두 글자를 해석한 것이나, 그 말에 폐단이 있어 마침내 학자들은 정이 선하지 않음이 없다고 생각하여 칠정을 사단에 해당한다고 여겼고, 그렇기 때문에 칠정이 해당되는 곳이 없고 또한 그 가운데는 선하지 않음도 있어서 사단과 상반되는 듯이 보이므로 칠정이 기에서 발한다고 갈라서 말하게 되었다. 결과적으로 성은 선하지 않음이 없으나 성이 발하면 정이 되어 선함과 선하지 않음이 있다는 것을 알지 못하고, 또한 맹자가 "정은 선할 수 있다."라고 말한 것이 선한 한쪽만 떼어내어 말한 것이라는 것을 알지 못하게 되었고, 더 나아가 [사단과 칠정이] 각기 소종래를 갖는다는 잘못된 주장을 하기에 이르렀다.[449]

〈고봉 2-10-5〉 '소종래'라는 것은 근원의 발단을 말하지만, 사단과 칠

---

448) 「高峰答退溪論四端七情書」, 答胡伯逢書曰, 盖孟子所謂性善者, 以其本體言之, 仁義禮智之未發者, 是也, 所謂可以爲善者, 以其用處言之, 四端之情, 發而中節者, 是也. 盖性之與情, 雖有未發已發之不同, 然其所謂善者, 則血脉貫通, 初未嘗有不同也. 自註, 程子曰, 喜怒哀樂未發, 何嘗不善, 發而中節, 則無往而不善, 是也.

449) 「高峰答退溪論四端七情書」, 竊嘗考之, 近世論性情者, 其病根盖出於雲峯胡氏. 按大學經一章, 第四節輯註, 胡氏曰, 性發爲情, 其初無有不善, 心發爲意, 便有善有不善. 此數句本解章句所發二字, 而其言之有弊, 遂使學者, 別生意見, 以爲情無不善, 而以四端當之, 則所謂七情者, 乃無所當而其中亦有不善, 似與四端相反, 故又以七情爲發於氣, 歧而言之. 夫豈知其性則無不善, 性纔發, 便是情 而有善有不善哉. 亦豈知其孟子所謂情可以爲善者, 乃就善一邊剔出哉. 以此紛紜舛錯, 至以爲各有所從來, 豈不惧哉

정은 모두 성에서 발하기 때문에 각각 소종래가 있다고 말할 수는 없다. 그렇지만 절도에 맞고 절도에 맞지 않는다는 점에서 사단과 칠정의 소종래를 말할 수는 있을 것이다.[450)

〈고봉 2-10-6〉 주자의 「성도」에 "성이 선하다."라고 한 것은 '성'을 가리킨 것이므로 자주에 "성은 선하지 않음이 없다."라고 하였다. 그 밑에 선과 악을 병렬한 것은 정을 가리킨 것이므로 '선'이라는 단어 밑의 주에는 "발하여 절도에 맞아 가는 곳마다 선하지 않음이 없다."라고 하였고, '악'이라는 단어 밑의 주에는 "악은 선 가운데서 곧바로 나온다고 할 수 없다. 다만 선할 수 없으면 한쪽에 치우쳐 악이 될 뿐이다."라고 하였다.[451)

〈고봉 2-10-7〉 무릇 사단의 정이 리에서 발하여 선하지 않음이 없다는 것은 본래 맹자가 가리킨 바에 의해 말한 것이다. 만약 넓게 정에 나아가 세밀하게 논한다면, 사단의 발에도 부중절이 있으니 진실로 모두 선하다고 말할 수는 없다. 보통 사람들 같은 경우에 때로는 마땅히 부끄럽고 미워해서 안 될 것에 부끄러워하고 미워하며, 또한 마땅히 옳고 그름을 따지지 않아야 할 것에 옳고 그름을 따진다. 대개 리가 기 내부에 있다가 기를 타고 발할 때, 리는 약하고 기는 강하므로 리가 기를 통제하지 못하면, 그 유행하는 사이에 진실로 마땅히 이와 같은 것이 있으니 어찌 정에 선하지 않음이 없다고 할 수 있으며 또한 어찌 사단에 선하지 않음이 있다고 할 수 있겠는가? …… 이전에 내[고봉]가 모든 사단은 선하다고 진술하고, 이제

---

450) 「高峰答退溪論四端七情書」, 夫謂之各有所從來者, 謂其原頭發端之不同也. 四端七情, 俱發於性, 而謂之各有所從來, 可乎. 若以四端七情之中節不中節者, 爲各有所從來, 則或庶幾也.

451) 「高峰答退溪論四端七情書」, 且朱子性圖, 其曰, 性善者, 謂性也, 故其自註曰, 性無不善. 其下兼列善惡者, 謂情也, 故善下註曰, 發而中節, 無往不善. 惡下註曰, 惡不可謂從善中直下來. 只是不能善, 則偏於一邊爲惡. 此圖見性理大全第二十九卷, 可檢看也.

다시 사단의 발에 부중절이 있다고 하니, 그 말이 스스로 서로 모순되니 선생[퇴계]은 괴이하게 여길 것이다. 그러나 이를 궁구해서 말하면, 이런 이치도 있어서 스스로 하나의 설이 됨을 방해하지 않는다.[452]

〈고봉 2-10-8〉 이전에 내[고봉]는 "리가 허해서 상대가 없다."라는 말과 "마음의 허와 령을 리와 기에 나누어 귀속시킬 수 없다."라는 퇴계의 말이 옳지 않다고 말하였다. 이것은 주자의 견해는 아니다. 주자는 "천하의 리가 지극히 허한 가운데 지극히 실함이 있고, 지극히 무한 가운데 지극히 유함이 있다."라고 말하였다. 즉, 리는 허한 것 같지만 그 체가 허하다고 말할 수는 없다는 것이다. 정자도 "모두가 리인데 어찌 허라고 할 수 있는가? 천하에 리보다 실한 것이 없다."라고 말하였다. 이처럼 리는 실한 것이므로 허하다고 말할 수는 없다. 그러므로 퇴계가 말한 "허하기 때문에 상대가 없으므로 사람이나 사물은 더함과 뺌이 없이 한결 같다."라는 주장도 옳지 않다.[453]

〈고봉 2-10-9〉 주자는 마음의 본체를 허령이라고 가리켜 말하긴 했으

---

452) 「高峰答退溪論四端七情書」, 夫以四端之情爲發於理, 而無不善者, 本因孟子所指而言之也. 若泛就情上細論之, 則四端之發, 亦有不中節者, 固不可皆謂之善也. 有如尋常人, 或有羞惡其所不當羞惡者, 亦有是非其所不當是非者. 蓋理在氣中, 乘氣以發見, 理弱氣强, 管攝他不得, 其流行之際, 固宜有如此者, 烏可以爲情無有不善, 又烏可以爲四端無不善耶. …… 然大升從來所陳, 改以四端爲理爲善, 而今又以爲四端之發, 亦有不中節者, 其語自相矛盾, 想先生更以爲怪也. 然若究而言之, 則亦不妨有是理, 而自爲一說也.

453) 「高峰答退溪論四端七情書」, 且前書僭稟以理虛無對, 心之虛靈, 分屬理氣等語, 爲未安, 乃蒙下喩, 以求其說之所以, 其敢有所隱乎. 按此二條, 亦出近世之論, 恐非聖賢本旨也. 朱子曰, 天下之理, 至虛之中, 有至實者存, 至無之中, 有至有者存. 然則理雖若虛而固不可謂之其體本虛也. 或問太虛, 程子曰, 亦無太虛. 遂指虛曰, 皆是理, 安得謂之虛, 天下無實於理者. 然則理本是實, 而今乃謂之虛, 可乎. 其曰, 虛故無對, 無對故在人在物, 固無加損而爲一焉者, 亦似說理字不出, 蓋理之無加無損, 豈以虛而無對之故. 若但以爲無對故無加損, 則恐所謂理者, 正在儱侗恍惚間也.

나 리와 기에 나누어 귀속시키지는 않았다. 허령한 것은 기이고 허령한 까닭이 리이다. 이처럼 허령지각에서 허령은 마음의 본체이고 지각은 마음의 작용을 가리킨다. 그런데 퇴계가 『천명도설』에서 '허' 밑에 '리'라는 주를 달고 '령' 밑에 '기'라는 주를 단 것은 잘못이다.454)

〈고봉 2-11〉

다만 "사단은 리에서 발하여 선하지 않음이 없고, 칠정은 기에서 발하여 선함과 악함이 있다."라고 말한 것은 내[고봉]가 「천명도」를 보았으나 상세하게 기억할 수 없어 단지 큰 뜻에 의존하여 이와 같이 말하였다고 생각하였다. [그런데] 지금 다시 『천명도』를 검토해보니 "사단은 리에서 발하고, 칠정은 기에서 발한다."라는 두 구절만 있고 "'선하지 않음이 없다."라거나 "선함과 악함이 있다."라는 등의 말은 없었다.455)

---

454) 「高峰答退溪論四端七情書」, 若心之爲物, 則其虛靈不昧者, 乃其本然之體也. 朱子於論心處, 每每言虛靈, 或言虛明, 或言神明, 此皆專指心之本體而言也, 未嘗以虛與靈者, 分屬理氣也. 蓋其虛靈者氣也, 其所以虛靈者理也. 故論心者曰虛靈, 則專指體言, 曰虛靈知覺, 則兼擧體用而言之. …… 今乃著爲圖說曰, 天之降命于人也, 非此氣, 無以寓此理也, 非此心, 無以寓此理氣也. 故吾人之心, 虛而且靈, 爲理氣之舍焉云云. 而虛字下註曰理, 靈字下註曰氣, 則其爲分裂, 亦太甚矣, 而其理亦有所未然也.

455) 「高峰答退溪論四端七情書」, 「四端七情說」, 但其謂四端發於理而無不善, 七情發於氣而有善惡者. 大升曾見天命圖, 不能詳細記得, 只據大意以爲如是, 而著之於說. 今而再檢之, 則只有四端發於理, 七情發於氣二句, 而無不善有善惡等語則無之.

5. 퇴계 3서(경신년, 1560. 11. 05) : 「退溪答高峰非四端七情分理氣辯第二書」(「논사단칠정 제이서」라고도 불림)456)

〈퇴계 3-1〉

성과 정에 대한 변론에 대해 이전 유학자가 드러내 밝힌 것이 상세하다. 오직 사단과 칠정을 말할 때 다만 [그것들을] 함께 정이라고 말하였을 뿐, 리와 기를 나누어서 말하는 것이 있는 것은 아직 본 적이 없다. 그런데 예전에 정지운이 도를 지어 "사단은 리에서 발하고, 칠정은 기에서 발한다." 라고 했는데, 내[퇴계] 생각에 또한 그 분명히 너무 심해서 때로 논쟁의 발단이 될까 두려웠다. 그러므로 "순선[순수한 리]"과 "겸기[기를 겸한 리]" 등의 말로 고쳤는데, 서로 도와 글의 의미를 밝히길 원했던 것이지 그 말에 허물이 없다고 말한 것은 아니었다.457)

〈퇴계 3-2-수정문〉

〈**퇴계 3-2-수정문 1**〉 정자와 장자가 기질의 성을 말한 것은 그것이 가리키는 바가 태어난 뒤의 성이므로 본연의 성을 섞어 부를 수 없었기 때문이다.

---

456) 이황은 기대승에게 두 번째 편지인 「溪答高峰非四端七情分理氣辯第二書」(또는 「退溪第二書」로 약칭)를 보내 자신의 입장을 다시 정리할 뿐만 아니라, 기대승의 첫 번째 편지를 조목별로 구분하여 자세한 반론을 제시한다. 두 번째 편지는 본문, 그리고 후론(後論)으로 구성되는데, 여기에서는 이것들을 각각 〈퇴계 3-수정문-1〉, 〈퇴계 3-본문-1〉, 그리고 〈퇴계 3-후론-1〉 등으로 표기한다. 예를 들어, 〈퇴계 2-본문-1〉는 퇴계가 보낸 두 번째 편지의 본문 내용 가운데 첫 번째 조목을 가리킨다. 수정문의 숫자 1-7은 7가지의 수정 내용을 의미하며, 본문 내용의 숫자 1-17은 이황이 기대승에게 동의하지 않는 17가지 조목을 의미하고, 후론의 숫자는 필자가 임의적으로 정리한 것이다.

457) 「退溪答高峰非四端七情分理氣辯第二書」, 「四端七情分理氣辯」, 性情之辯, 先儒發明詳矣. 惟四端七情之云, 但俱謂之情, 而未見有以理氣分說者焉. 往年鄭生之作圖也, 有四端發於理, 七情發於氣之說, 愚意亦恐其分別太甚, 或致爭端. 故改下純善・兼氣等語, 蓋欲相資以講明, 非謂其言之無疵也.

→ '섞어'를 생략한다.458)

〈퇴계 3-2-수정문 2〉주자는 칠정의 발함에 마땅한 법칙이 있다고 하였으니 칠정에 리가 없는 것이 아니다.

→ 칠정의 발함에 대해 정자는 "마음 가운데서 움직인다."라고 말하고, 주자는 "각각에 마땅한 법칙이 있다."라고 말하니, 진실로 리와 기를 겸한 것이다.459)

〈퇴계 3-2-수정문 3〉외부에서 감응한 것은 형기이므로 리의 본체가 발한다고 할 수 없다.

→ 외부에서 감응한 것은 형기이므로 리만 발하고 기는 발하지 않는다고 할 수 없다.460)

〈퇴계 3-2-수정문 4〉칠정은 선·악이 정해지지 않았기 때문에 하나라도 잘 살피지 않으면 마음이 그 올바름을 얻을 수 없고, 반드시 발해서 절도에 맞은 뒤에야 화라고 일컫는다.

→ 칠정은 본래 선하지만 악으로 흐르기 쉽기 때문에 반드시 발해서 절도에 맞는 것을 화라고 일컬으며, 하나라도 잘 살피지 않으면 그 마음이 올바름을 얻을 수 없다.461)

〈퇴계 3-2-수정문 5〉사단과 칠정이 비록 모두 리와 기에서 벗어나지 않았다고 하지만 그 소종래에 따라 각각 주장하는 바와 중요하게 여기는

---

458) 「退溪答高峰非四端七情分理氣辯第二書」, 所指而言者, 在乎稟生之後, 則又不得純以**本然之性混稱之也**. → 所指而言者, 在乎稟生之後, 則又不得純以**本然之性**.

459) 「退溪答高峰非四端七情分理氣辯第二書」, 七情之發, **朱子謂本有當然之則, 則非無理也**. → 七情之發, **程子謂之動於中;朱子謂之各有攸當, 則固亦兼理氣**.

460) 「退溪答高峰非四端七情分理氣辯第二書」, 外感則形氣。而其發**爲理之本體耶**. → 外感則形氣。而其發**顧爲理不爲氣**.

461) 「退溪答高峰非四端七情分理氣辯第二書」, 七情**善惡未定**也, 故一有之而不能察, 則心不得其正矣, 而必發而中節, 然後乃謂之和. → 七情**本善而易流於惡**, 故其發而中節者, 乃謂之和, 一有之而不能察, 則心已不得其正矣.

바를 가리켜 말한다면 어떤 것은 리가 되고 어떤 것은 기가 된다고 할 수 있다.

→ '와 중요하게 여기는 바를 …… 말한다면'을 생략한다.462)

〈퇴계 3-2-수정문 6〉 공자가 말한 상근상원의 성과 맹자가 말한 이목구비의 성은 리와 기가 서로 이루는 가운데 한쪽에 치우쳐 기만을 가리켜 말한 것이다.

→ 공자가 말한 상근상원의 성과 맹자가 말한 이목구비의 성은 리와 기가 서로 이루는 가운데 겸하여 가리켰으나 기를 주로 하여 말한 것이다.463)

〈퇴계 3-2-수정문 7〉 [고봉은 중간에 "리는 약하고 기는 강하다."거나 "리는 조짐이 없고 기는 자취가 있다."라고 말하지만 나중에 기가 자연히 발현하는 것을 리의 본체가 발현하는 것으로 말한다.] 이것은 리와 기를 하나의 사물처럼 여기므로 옳지 않은 주장이며, 이것은 오히려 주자를 거부했던 나정암의 말과 비슷하다.

→ 이것은 리와 기를 하나의 사물처럼 여기므로 옳지 않은 주장처럼 보이며, 만약 실제로 [리와 기] 하나로 여겨 구분하지 않은 것이라면 내[퇴계]가 할 말이 없지만, 그렇지 않고 하나가 아니고 구별할 수 있기 때문에 본체라는 단어 밑에 '그렇다는 것'이란 두 글자를 붙인 것이라면 내[퇴계]가 『천명도』에서 구별해 말한 것도 잘못되었다고 할 수 없다.464)

---

462) 「退溪答高峰非四端七情分理氣辯第二書」, 二者雖曰皆不外乎理氣, 而因其所從來, 各指其所主與所重而言之, 則謂之某爲理, 某爲氣, 何不可之有乎. → 二者雖曰皆不外乎理氣. 而因其所從來, 各指其所主.

463) 「退溪答高峰非四端七情分理氣辯第二書」, 孔子言相近相遠之性, 孟子言耳目口鼻之性, 此皆就理氣相成之中, 偏指而獨言氣也. → 孔子言相近相遠之性, 孟子言耳目口鼻之性, 此皆就理氣相成之中, 兼指而主言.

464) 「溪答高峰非四端七情分理氣辯第二書」, 是則遂以理氣爲一物而無所別矣. 近世羅整菴倡爲理氣非異物之說, 至以朱子說爲非, 滉尋常未達其指, 不謂來喩之云亦似之也. → 是則似遂以理氣爲一物而無所分矣. 若眞以爲一物而無所分, 則非滉之所敢知, 不然, 果亦以爲

〈퇴계 3-3-본문〉[70]

〈퇴계 3-3-본문 1〉 "천지지성은 오직 리만을 가리킨 것이며, 기질지성은 리와 기가 섞인 것이므로, 리의 발함이란 진실로 그러하지만, 기의 발함이란 기만을 가리킨 것이 아니다."란 말에 대하여(고봉 2-1-2).[465]

非一物而有所別, 故本體之下, 著然也二字, 則何苦於圖獨以分別言之爲不可乎.

[465] 이황은 자신의 1서를 12절로 나눈 기대승의 분류방식을 그대로 이용하지만, 한편으로는 기대승의 답서 『高峯答退溪論四端七情書』의 본문 내용을 35가지의 세부 조목으로 나눔으로써 구체적인 논의사항을 지목한다. 그는 35가지 조목을 다음과 같이 다시 다섯 가지 종류로 분류한다. (a) 기대승의 글을 잘못 이해해서 비판한 1조목, (b) 이황 자신의 입장을 수정한 4조목, (c) 기대승의 입장에 동의하는 13조목, (d) 기대승의 입장에 동의하면서도 의미가 다른 8조목, 그리고 (e) 전혀 동의할 수 없는 9조목이다. (a)의 1조목은 위에 언급된 〈퇴계 3-수정문-7〉을 가리키며, (b)의 4조목은 각각 〈퇴계 3-수정문-2〉, 〈퇴계 3-수정문-3〉, 〈퇴계 3-수정문-4〉, 그리고 〈퇴계 3-수정문-6〉을 가리킨다. 그리고 기대승의 입장에 동의하는 (c)에 속한 조목들은 다음과 같다. 먼저 ①-③은 1절 가운데 심·성·정에 대한 인용문 3조를 가리키며(고봉 2-1-1), ④는 6절 가운데 주자가 진기지에게 보낸 글과 그에 대한 해석을 가리킨다(고봉 2-3-2). 한편 ⑤-⑧은 주희의 견해를 정리한 5절의 내용으로서, ⑤는 기와 성이 섞이지 않는다는 내용(고봉 2-4-1-a), ⑥은 기품이 다르므로 천명도 다르지만 그것 또한 성이라는 내용(고봉 2-4-1-b), ⑦은 천명의 성이 궁극적인 본원의 성이라는 내용(고봉 2-4-1-c), 그리고 ⑧은 기질에 대한 설이 정자와 장자에게서 비롯되었다는 내용이다(고봉 2-4-1-e). 또한 ⑨-⑬은 여러 자료를 언급한 6절의 내용으로서, ⑨는 『중용장구』의 인용문(고봉 2-5-2-b), ⑩은 『중용혹문』의 인용문(고봉 2-5-2-c), ⑪은 『중용장구』 「집주」의 연평 이씨에 대한 인용문(고봉 2-5-2-d), 그리고 ⑫는 정자의 호학론을 언급한 부분이며 ⑬은 주자의 동정설을 언급한 부분이다(고봉 2-5-2-f). 이황은 이 문제들이 합의된 것들인 듯이 말하며, 뒤에 기대승도 이 문제들에 대해 별다른 이의를 제기하지 않는다. 한편, 이황은 자신이 "리와 기는 서로 분리되지 않으며, 칠정은 리와 기를 겸한다(夫理氣之不相離, 七情之兼理氣)."와 "사단에 기가 없는 것이 아니고 칠정에 리가 없는 것이 아니다(「退溪答高峯非四端七情分理氣辯第二書」, 夫四端非無氣. 七情非無理, 非徒公言之, 滉亦言之, 非徒吾二人言之, 先儒已言之 ……)."라는 선배 학자들의 견해를 따르고 있으며(滉亦嘗與聞於先儒之說矣), 그러므로 "성과 정을 전체적으로 말하자면 리 없는 기가 없고 또한 기 없는 리도 없으며, 사단을 말하자면 심은 리와 기의 합이고, 칠정을 말하자면 리가 없는 것이 아니다(故前辯之中, 累累言之, 如統論性情則曰, 未有無理之氣, 亦未有無氣之理, 如論四端則曰, 心固理氣之合, 論七情則曰非無理也)."라는 것이 자신의 입장임을 다시 밝힌다. 이처럼 리와 기가 합한 경우에만 사단과 칠정의 발함이 가능하다는 점에서 이황과 기대승의 견해는 일치한다. 그러나 기대승은 그렇기 때문에 사단과 칠정을 나누어 각각 리와 기에 귀속시켜서는 안 된다고 생각하는 반면에, 이황은 그럼에도 불구하고 나누어 귀속시키는 것이 잘못은 아니라고 생각한다. 이황은 기대승이 "사단과 칠정은

→ 천지지성은 진실로 리만을 가리킨 것이지만, 리만 있고 기는 없다고 할 수는 없다. 천하에 기 없는 리가 없으니, 리만 있는 것은 아니지만 리만을 가리켜 말할 수 있으며, 기질지성도 [천지지성과 마찬가지로] 리와 기가 섞여 있음에도 기만을 가리켜 말할 수 있다. 하나[천지지성]는 리가 주된 것이므로 리에 나아가 말한 것이며, 하나[기질지성]는 기가 주된 것이므로 기에 나아가 말한 것일 뿐이다. 이런 의미에서 사단에 기가 없지 않지만 [사단을] 리의 발함이라 말하고, 칠정에 리가 없지 않지만 [칠정을] 기의 발함이라 말한 것이다. 그대[고봉]는 리의 발함에 대해서는 바꿀 수 없다고 말하는 한편, 기의 발함에 대해서는 기만 가리킨 것이 아니라고 말함으로써, 하나의 말을 두 말로 만들고 있다. 만약 [기의 발함이] 기만 가리킨 것이 아니라 리를 겸해서 가리킨 것이라면, 주자가 이것을 리의 발함과 대비하여 말하지 않았을 것이다.[466)

〈퇴계 3-3-본문 2〉 "하늘과 땅, 사람과 사물의 측면에서 리와 기를 나누는 것은 해롭지 않다. [그러나] 성의 측면에서 말하자면 리가 기 가운데

모두 리와 기를 겸하므로 실체는 같지만 이름은 다르기 때문에 리와 기에 나누어 귀속시켜서는 안 된다고 여긴 것 같다."라고 평가한다. 하지만 이황은 "다름 가운데서 같음이 있음을 볼 수 있기 때문에 [리와 기] 두 가지를 섞어 말하는 경우가 많으며, [또한] 같음 가운데서 다름이 있음을 알 수 있기 때문에 두 가지로 나아가 말하려면 본래 리를 주로 하고 기를 주로 하는 다름이 있으니 나누어 귀속시키는 것이 어찌 가능하지 않은가(公意以謂四端七情, 皆兼理氣. 同實異名, 不可以分屬理氣. 滉意以謂就異中而見其有同, 故二者固多有渾淪言之, 就同中而知其有異, 則二者所就而言, 本自有主理主氣之不同, 分屬何不可之有?)"라고 반문한다. 이것은 이황이 말하듯이 출발점은 같으나 종착점이 다른 것으로서(然其所見始同而終異者無他), 이황의 견해와 기대승의 견해가 바로 여기에서 갈라진다. 이처럼 논변의 핵심 사항을 정리한 뒤에, 이황은 자신이 동의하지 않는 d)의 8조목과 e)의 9조목을 포함한 17가지 조목에 대한 견해를 구체적으로 제시하기 시작한다.

466) 「退溪答高峰非四端七情分理氣辯第二書」, 辯誨曰. 天地之性, 專指理, 氣質之性, 理與氣雜, 是理之發, 固然, 是氣之發, 非專指氣. 滉謂. 天地之性固專指理, 不知此際只有理還無氣乎. 天下未有無氣之理, 則非只有理, 然猶可以專指理言, 則氣質之性, 雖雜理氣, 寧不可指氣而言之乎. 一則理爲主, 故就理言, 一則氣爲主, 故就氣言耳. 四端非無氣, 而但云理之發, 七情非無理, 而但云氣之發, 其義亦猶是也. 公於理發則以爲不可易, 氣發則以爲非專指氣, 將一樣語, 截作兩樣看, 何耶. 若實非專指氣而兼指理, 則朱子於此, 不應與理之發者對擧, 而併疊言之矣.

떨어져 있으며, 정의 측면에서 말하자면 성이 기질에 떨어져 있어 리와 기를 겸하고 선과 악이 있으므로, 나누어 귀속시키는 것은 적절하지 않다."란 말에 대하여(고봉 2-4-2 ; 고봉 2-4-3).

→ 천지와 인물을 고려할 때, 리가 기 외부에 있는 것이 아닌데도 나누어 말하였으니, 성과 정을 논함에 있어서도 비록 리가 기 가운데 있고 성이 기질에 있을지라도 나누어 말할 수 있다. 사람의 몸은 리와 기가 합쳐 생겨나므로, 두 가지가 서로 발하여 작용하고 또한 그 발함을 서로 따른다. 서로 발하면 각각 주가 되는 바가 있음을 알 수 있으며, 서로 따르면 함께 그 가운데 있음을 알 수 있다. 함께 그 가운데 있으므로 섞어서 말하며, 각각 주가 되는 바가 있으므로 나누어 말할 수 있다. 성을 논하면 리가 기 가운데 있지만 자사와 맹자는 본연지성을 가리켜 냈고 정자(程子)와 장자는 기질지성을 지적해 논했다. 정을 논하면 성이 기질에 있는 것으로 각각 발하는 바에 따라 사단과 칠정의 근원을 나누는 것이 안 되는가? 리와 기를 겸하고 선과 악이 있는 것은 정만 그런 것이 아니라 성도 그렇다. 그러나 어찌 이것이 분별할 수 없는 증거가 되겠는가? 리가 기 가운데 있다는 곳의 말을 따랐기 때문에 성도 그렇다고 하였다.467)

〈퇴계 3-3-본문 3〉 "칠정 또한 인·의·예·지에서 발한다."란 말에 대하여(고봉 2-5-3-a).

→ 이것은 이른바 다름에 나아가 같음을 본다는 것이니, 두 가지를 섞어 말할 수 있다. 그러나 다만 같음만 있고 다음이 없다고 말할 수는 없다.468)

---

467) 「退溪答高峰非四端七情分理氣辯第二書」, 辯誨曰. 就天地人物上, 分理與氣不害. 就性上論理墮在氣中, 若論情則性墮在氣質, 兼理氣有善惡, 分屬未安. 滉謂. 就天地人物上看, 亦非理在氣外, 猶可以分別言之, 則於性於情, 雖曰理在氣中, 性在氣質, 豈不可分別言之. 蓋人之一身, 理與氣合而生, 故二者互有發用, 而其發又相須也. 互發則各有所主可知, 相須則互在其中可知. 互在其中, 故渾淪言之者, 固有之各有所主, 故分別言之而無不可. 論性而理在氣中, 思孟猶指出本然之性, 程張猶指論氣質之性. 論情而性在氣質, 獨不可各就所發而分四端七情之所從來乎. 兼理氣有善惡, 非但情爾, 性亦然矣. 然安得以是爲不可分之驗耶. 從理在氣中處言, 故云性亦然矣.

468) 「退溪答高峰非四端七情分理氣辯第二書」, 辯誨曰. 七情亦發於仁義禮智. 滉謂. 此卽所謂就異而見同, 則二者可渾淪言之者也. 然不可謂只有同而無異耳.

〈퇴계 3-3-본문 4〉 "개별적인 하나의 정이 다만 리에서 나오고, 기에서는 나오지 않는 것이 아니다."란 말에 대하여(고봉 2-5-3-c).

→ 사단이 발하는데 기가 없지는 않다. 그러나 맹자가 가리킨 것은 사실상 기에서 발한 것이라는 점이 아니었으니, 만약 기를 겸하여 가리킨 것이라면 이미 사단이라 부를 수 없다. 그런데 그대[고봉]가 사단이 리가 발하는 것이기 때문에 바꿀 수 없다고 말하는 이유는 무엇인가?469)

〈퇴계 3-3-본문 5〉 "내부에 리가 없이 외부의 사물에 우연히 감동되는 것이 아니라 사물에 감응하여 움직이는 것이니, 사단도 역시 그렇다."란 말에 대하여(고봉 2-5-3-d).

→ 이 말은 진실로 그렇다. 그러나 이 문단에 인용된 『악기』의 설과 주자의 설은 모두 이른바 '섞어 말한다.'는 것이며, 이것으로 '나누어 말한다.'는 내[퇴계] 말에 반박하는 것은 적절하지 않다. 그러나 이른바 '나누어 말한다.'는 것 또한 내가 없는 말을 만들어 낸 것이 아니다. 천지 사이에는 원래 이런 이치가 있고, 옛 사람들도 원래 이런 말을 했다. 지금 하나만을 고집하여 다른 하나는 버리고자 하는 것은 편벽된 것이다. 섞어 말하면 칠정이 리와 기를 겸하였다는 것은 명백하지만, 만약 칠정을 사단과 상대하여 각각 나누어 말하면 칠정이 기에 대한 것과 사단이 리에 대한 것과 같다. 그 발함에 각각 혈맥이 있고, 그 이름이 각각 가리키는 바가 있기 때문에, 그 주된 바를 따라 나누어 귀속시킬 수 있다. 비록 나 또한 칠정이 리에 끼어듦이 없이 외부의 사물이 서로 우연히 모여 감응한다고 말하지는 않았다. 사단이 사물에 감응하여 움직이는 것은 칠정과 다르지 않다. 그러나 사단은 리가 발함에 기가 따르고, 칠정은 기가 발함에 리가 타는 것일 뿐이다.470)

---

469) 「退溪答高峰非四端七情分理氣辯第二書」, 辯誨曰. 非別有一情, 但出於理, 而不出於氣. 滉謂. 四端之發, 固曰非無氣. 然孟子之所指, 實不在發於氣處, 若曰兼指氣, 則已非復四端之謂矣. 而辯誨又何得以四端是理之發者, 爲不可易耶.

470) 「退溪答高峰非四端七情分理氣辯第二書」, 辯誨曰. 非中無是理, 外物偶相感動, 感物而動, 四端亦然. 滉謂. 此說固然. 然此段所引樂記朱子之說, 皆所謂渾淪言之者, 以是攻分別言之者, 不患無其說矣. 然而所謂分別言者, 亦非滉鑿空杜撰之論. 天地間元有此理, 古之人元有此說. 今必欲執一而廢一, 無乃偏乎. 蓋渾淪而言, 則七情兼理氣. 不待多言而明矣. 若以七情對四端,

〈퇴계 3-3-본문 6〉 "이미 발했다면 기를 타고 운행하는 것이다. ……
사단도 또한 기이다."란 말에 대하여(고봉 2-5-3-e).

→ 사단도 역시 기라고 앞뒤에서 누차 말하였는데, 여기에서 주자의 제자가 질문했던
말을 인용했으니 더욱 분명하다. 그렇다면 그대[고봉]는 맹자가 말한 사단도 기의
발함으로 보는가? 기의 발함으로 본다면, 이른바 인의 단초, 의의 단초와 같은 인·
의·예·지의 네 글자를 어떻게 보는가? 만약 이처럼 기가 참여하는 것으로 본다면,
순수한 천리의 본연이 아니다. 만약 순수한 천리라고 본다면, 발함의 단서는 분명히
순수하지 못하고 잡박한 것이 아니다. 그대[고봉]는 아마도 인·의·예·지가 미발의
때를 명명하는 것으로 생각하기 때문에, 순수한 리라 여기고, 사단은 이발 이후를
명명하는 것이고 기가 아니면 행해질 수 없기 때문에, 역시 기라고 여겼다. 내[퇴계]
생각에 사단이 비록 기를 타기는 하지만, 맹자가 가리킨 바는 기를 타는 데 있지 않
고, 다만 순수한 리의 발함이라는 데 있다. 그러므로 [맹자는] 인의 단초와 의의 단
초를 말하였고, 후대의 현인들도 "떼어내어 선한 측면만을 말하였을 뿐이다."라고
하였다. 기를 겸해 말한 것이라면 순수하지 못하고 잡박한 것이 되어 이런 말을 모
두 붙일 수가 없다. 옛사람[주자]은 사람이 말을 타고 출입하는 것으로 리가 기를
탄 것을 비유하였던 것은 적절하다. 사람은 말이 아니면 출입하지 못하고, 말은 사
람이 아니면 길을 잃게 되니, 사람과 말이 서로 따라 떨어질 수 없다. 사람들은 이
를 가리켜 말하기를 a) "가는 것을 가리켜 말하면, 사람과 말이 모두 그 가운데 있
으니 사단과 칠정을 섞어 말하는 것이 이것이다." b) "사람이 가는 것을 가리켜 말
하면, 말(馬)을 함께 말하지 않더라도 말이 가는 것이 그 가운데 있으니 사단이 이것
이다." c) "말이 가는 것을 가리켜 말하면, 사람을 함께 말하지 않더라도 사람이 가
는 것이 그 가운데 있으니 칠정이 이것이다."라고 하였다. 그대[고봉]는 내[퇴계]가
사단과 칠정을 나누어 말하는 것을 보고는 늘 섞어 말한 것을 인용하여 공격하는데,
이것은 어떤 사람이 "사람이 간다." 또는 "말이 간다."라고 말한 것을 보고 사람과
말은 하나이니 나누어 말할 수 없다고 역설하는 것이다. 내[퇴계]가 기의 발함으로
칠정을 말하는 것을 보고 리의 발함을 역설하니, 이것은 어떤 사람이 "말이 간다."

而各以其分言之, 七情之於氣, 猶四端之於理也. 其發各有血脈, 其名皆有所指, 故可隨其所主
而分屬之耳. 雖滉亦非謂七情不干於理, 外物偶相湊著而感動也. 且四端感物而動, 固不異於
七情, 但四則理發而氣隨之, 七則氣發而理乘之耳.

라고 한 말을 듣고 반드시 "사람도 간다."라고 말해야 한다는 것이다. 내[퇴계]가 리
의 발함으로 사단을 말하는 것을 보고 기의 발함도 역설하니, 이것은 어떤 사람이
"사람이 간다."라고 말하는 것을 듣고는 반드시 "말도 간다."라고 말해야 한다는 것
이다. 이것은 바로 주자가 말한 숨바꼭질과 비슷하다.[471]

〈퇴계 3-3-본문 7〉 "위로 근원을 거슬러 미루어보면 두 가지 뜻이 있는
것이 아니다."란 말에 대하여(고봉 2-6).

→ 같은 곳에 대해 논하면 "두 가지가 있는 것이 아니다."라는 말은 그럴 듯하다. [하지
만] 만약 두 가지를 상대시켜 위로 근원을 거슬러 미루어보면 리와 기로 나눔이 있
는데 어찌 다른 뜻이 없겠는가?[472]

〈퇴계 3-3-본문 8〉 "성이란 것은 한쪽에 치우쳐 기만을 가리킨 것이 아
닌데, 내[퇴계]가 한쪽에 치우쳐 기만을 가리켜 말한다고 하니 그것은 그렇
지 않다. 또한 중화에 대한 자사의 논의는 섞어 말한 것이라 하니, 그렇다
면 칠정은 리와 기를 겸한 것이다."란 말에 대하여(고봉 2-7).

---

471) 「退溪答高峰非四端七情分理氣辯第二書」, 辯誨曰. 既發便乘氣以行云云, 四端亦氣也. 滉謂.
四端亦氣, 前後屢言之, 此又引朱子弟子問之說, 固甚分曉. 然則公於孟子說四端處, 亦作氣之
發看耶. 如作氣之發看, 則所謂仁之端, 義之端, 仁義禮智四字, 當如何看耶. 如以些兒氣參看,
則非純天理之本然. 若作純天理看, 則其所發之端, 定非和泥帶水底物事, 公意以仁義禮智是
未發時名, 故爲純理, 四端是已發後名, 非氣不行, 故亦爲氣耳. 愚謂四端雖云乘氣. 然孟子所
指, 不在乘氣處, 只在純理發處. 故曰, 仁之端, 義之端, 而後賢亦曰, 剔撥而言善一邊爾. 必
若道兼氣言時, 已涉於泥水, 此等語言, 皆著不得矣. 古人以人乘馬出入, 比理乘氣而行, 正好.
蓋人非馬不出入, 馬非人失軌途, 人馬相須不相離. 人有指說此者, 或泛指而言其行, 則人馬皆
在其中, 四七渾淪而言者, 是也. 或指言人行, 則不須幷言馬, 而馬行在其中, 四端是也. 或指
言馬行, 則不須幷言人, 而人行在其中, 七情是也. 公見滉分別而言四七, 則每引渾淪言者以攻
之, 是見人說人行馬行, 而力言人馬一也, 不可分說也. 見滉以氣發言七情, 則力言理發, 是見
人說馬行, 而必曰人行也. 見滉以理發言四端, 則又力言氣發, 是見人說人行, 而必曰馬行也.
此正朱子所謂與迷藏之戲相似. 如何如何.
472) 「退溪答高峰非四端七情分理氣辯第二書」, 辯誨曰. 推其向上根源, 元非有兩箇意思. 滉謂.
就同處論, 則非有兩箇者似矣. 若二者對擧, 而推其向上根源, 則實有理氣之分, 安得謂非有
異義耶.

→ 성을 말하는데 기를 가리켜 말하는 경우가 없지는 않지만, 내[퇴계]가 말한 '편'과 '독'이란 두 글자가 과연 병폐가 있는 듯해서 그대[고봉]의 가르침에 따라 이미 고쳤다. 그러나 칠정이 리와 기를 겸하여 섞어 말하는 것은 가리킨 바와 같지 않다. 지금 내 말이 이랬다저랬다 한다고 하지만 그것은 다만 가리킨 바가 같지 않기 때문에 말도 다르지 않을 수 없었을 뿐이다.[473)]

〈퇴계 3-3-본문 9〉 "실체는 같지만 이름이 다르니 칠정 밖에 다시 사단이 있는 것이 아니며, 사단과 칠정의 뜻에 다름이 있는 것은 아니다."란 말에 대하여(고봉 2-1-3).

→ 같음 가운데도 실제로는 리의 발함과 기의 발함의 나뉨을 알 수 있으므로 다른 이름으로 부를 뿐이다. 만약 본래 다른 바가 없다면 어찌 다른 이름이 있겠는가? 그러므로 비록 칠정 밖에 다시 사단이 있다고 할 수는 없지만, 만약 다른 뜻이 없다고 한다면 옳지 않다.[474)]

〈퇴계 3-3-본문 10〉 "사단은 리에서 발하고 칠정은 기에서 발한다고 할 수는 있겠지만, 그림을 그려 사단을 리의 영역에 배치하고 칠정을 기의 영역에 배치한 것은 지나친 분석이므로 사람들을 지나치게 오해하게 만드는 것이다."란 말에 대하여(고봉 2-2-1).

→ 옳다면 모두 옳고 옳지 않다면 모두 옳지 않은 것이지, 어찌 두 가지 발함을 나누는 것은 옳고, 그림을 만들어 두 곳으로 나누는 것만이 옳지 않겠는가? 하물며 그림 가운데 사단과 칠정은 실제로 같은 영역에 있으나 약간의 다름이 있으므로 나누어 주석을 옆에 달았을 뿐이고, 처음부터 영역을 나누어 놓았던 것은 아니다.[475)]

---

473) 「退溪答高峰非四端七情分理氣辯第二書」, 辯誨曰. 凡言性者, 不偏指氣。 今謂偏指而獨言氣。 恐未然. 且辯曰, 子思之論中和, 渾淪言之, 則七情豈非兼理氣乎. 滉謂. 言性非無指氣而言者, 但鄙說偏獨二字, 果似有病, 故依諭已改之矣. 然與七情兼理氣渾淪言者, 所指本自不同. 今以是爲鄙說之不能無出入, 其實非出入也, 指旣不同, 言不得不異耳.

474) 「退溪答高峰非四端七情分理氣辯第二書」, 辯誨曰. 同實異名, 非七情外復有四端, 四七非有異義. 滉謂. 就同中而知實有理發氣發之分, 是以異名之耳. 若本無所異, 則安有異名乎. 故雖不可謂七情之外復有四端, 若遂以爲非有異義. 則恐不可也.

〈퇴계 3-3-본문 11〉"어떤 경우에는 선하지 않음이 없다고 말하고, 어떤 경우에는 선함과 악함이 있다고 말하면, 사람들이 마치 두 가지 정이 있고 [또한] 두 가지 선함이 있는 것처럼 생각할까 두렵다."란 말에 대하여 (고봉 2-2-2).

→ 순수한 리이기 때문에 선하지 않음이 없고, 기를 겸했기 때문에 선함과 악함이 있다는 말은 본래 이치에 어긋난 말이 아니다. 아는 사람은 같은 것 가운데서 다른 것을 알고, 또한 다른 것에서 같은 것을 알 수 있으니, 알지 못하는 사람이 잘못 인식할 것을 걱정하여 이치에 맞는 말을 없애는 것은 적절하지 않다. 그러나 지금 그림에서는 단지 주자의 말만을 인용했으므로 이 말은 이미 없앴다.476)

〈퇴계 3-3-본문 12〉"보내온 변론과 같다면 사단과 칠정이 각각 발원처(소종래)가 있는 것이니 다만 말한 것만이 같지 않은 것은 아니다."란 말에 대하여(고봉 2-3-1).

→ 비록 같은 정이라 할지라도 근원이 다를 수 있으며, 그러므로 옛말에도 다른 것이 있다. 만약 근원이 본래 다르지 않다면 [옛말도] 다르지 않을 것이다. 공자의 문하에서는 갖추어 말하지 않았고 자사는 그 전체를 말하였기 때문에 근원에 대해 이야기할 필요가 없었으나, 맹자가 한쪽을 떼어내어 사단을 설명할 때는 리가 발한다는 한쪽만을 가리켜 말한 것이다. 사단의 근원을 리라고 한다면, 칠정의 근원은 기라고 할 수밖에 없다.477)

---

475) 「退溪答高峰非四端七情分理氣辯第二書」, 辯誨曰. 泛論曰, 四端發於理, 七情發於氣. 固無不可, 著圖而置四於理圈, 置七於氣圈, 離析太甚, 懼人甚矣. 滉謂. 可則皆可, 不可則皆不可, 安有泛論則分二發而無不可, 著圖則分二置而獨爲不可乎. 況圖中四端七情, 實在同圈, 略有表裏, 而分註其旁云耳, 初非分置各圈也.

476) 「退溪答高峰非四端七情分理氣辯第二書」, 辯誨曰. 或云無不善, 或云有善惡, 恐人疑若有兩情有二善. 滉謂. 純理故無不善, 兼氣故有善惡, 此語本非舛理也. 知者就同而知異, 亦能因異而知同, 何患於不知者錯認, 而廢當理之言乎. 但今於圖上, 只用朱子說, 故此語已去之耳.

477) 「退溪答高峰非四端七情分理氣辯第二書」, 辯誨曰. 如來辯, 則四七各有所從來, 非但言之者不同也. 滉謂. 雖同是情而不無所從來之異, 故昔之言之者有不同矣. 若所從來本無異, 則言之者何取而有不同耶. 孔門未備言, 子思道其全, 於此固不用所從來之說, 至孟子剔撥而說四端時, 何可不謂指理發一邊而言之乎. 四之所從來旣是理, 七之所從來非氣而何.

〈퇴계 3-3-본문 13〉 "맹자는 떼어내어 말하였고, 이천은 기질을 겸해서 말하였으니, 요지는 서로 떨어질 수 없다는 것이다."란 말에 대하여(고봉 2-4-1-d).

→ 그대[고봉]의 인용문에서는 성이 떨어질 수 없음을 말함으로써 정을 구분할 수 없음을 밝혔다. 그러나 위 인용문에 주자의 말에 "성이 비록 기 가운데 있는 듯하지만, 기는 스스로 기이고 성은 스스로 성이므로, 또한 서로 끼어들거나 섞이지 않는다." 라고 하였다. 내가 생각하기에 맹자의 한쪽만을 떼어내어 말한 것과 이천이 겸하여 말한 것에 대해 주자가 "요지는 서로 떨어질 수 없다는 것이다."라고 말한 것은 내가 "다름 가운데 같음이 있음을 본다."라고 말한 것[과 같고], 성이 기 가운데 있다는 데 대해 "기는 기이고 성은 성이므로 서로 끼어들거나 섞이지 않는다."라고 말한 것은 내가 "같음 가운데 다름이 있음을 안다.'라고 말한 것[과 같다].[478]

〈퇴계 3-3-본문 14〉 "칠정은 외부의 형기에 감응되어 리의 본체가 아니다. 만약 그렇다면 칠정은 성 외부의 사물이 될 것이다. 리의 본체가 아니라는 말은 옳지 않다."란 말에 대하여(고봉 2-5-3-e).

→ 처음에 잘못 말하였던 "외부에 감응했으면 형기인데, 그 발하는 것이 어찌 리의 본체가 되겠는가?"라는 말은 감응할 때 기였던 것이 발할 때 어떻게 리가 되느냐는 것이었다. 그러나 말이 분명하지 않다고 깨달았기 때문에 이미 고쳤다. 지금 보내온 편지에 그 글을 바꿔 직접 "외부에 감응한 것은 리의 본체가 아니다."라고 하면 [이것은] 이미 내 본래의 뜻과 거리가 멀다. 또한 그 아래에 "만약 그렇다면 칠정은 바로 성 외부의 것이다."라고 하였는데, 그렇다면 주자가 "칠정은 기의 발함이다."라고 한 것도 칠정을 성 외부의 것으로 여긴 것이란 말인가? 대체로 리가 발할 때 기의 따름이 있는 것은 리를 위주로 하여 말하였을 뿐이고, 리가 기 외부에 있음을 일컬은 것이 아니니 사단이 이것이다. 기가 발할 때 리의 타는 것이 있는 것은 기를

---

478) 「退溪答高峰非四端七情分理氣辯第二書」, 辯誨引朱子說, 孟子剔而言之, 伊川兼氣質而言, 要不可離. 滉謂. 公之引此, 蓋言性之不離, 以明情之不可分耳. 然上文所引朱子說, 不曰, 性雖其方在氣中, 然氣自是氣性自是性, 亦不相夾雜云乎. 妄意朱子就孟子剔伊川兼言處而言, 則曰, 要不可離. 卽滉所謂異中見其有同也, 就性在氣中而言, 則曰, 氣自氣, 性自性, 不相夾雜. 卽滉所謂同中知其有異也.

위주로 하여 말하였을 뿐이고, 기가 리 외부에 있음을 일컬은 것이 아니니 칠정이 이것이다. 맹자의 기쁨·순 임금의 노여움·공자의 슬픔과 즐거움은 기가 리를 따라 발하여 조금의 장애도 없는 것이다. 그러므로 리의 본체는 섞여있으면서도 온전하다. 일반 사람들이 친한 사람을 보면 기뻐하고 상을 당하면 슬퍼하는 것도 기가 리를 따라 발하는 것이지만, 단지 그 기가 가지런할 수 없기 때문에 리의 본체도 순수하게 온전할 수 없는 것이다. 이렇게 보자면 비록 칠정이 기의 발함이라 할지라도 리의 본체에 아무런 해가 없을 것이다. 또한 어찌 형기와 성정이 서로 관여하지 않으리라고 걱정할 필요가 없다.[479)

〈퇴계 3-3-본문 15〉 [내가 보냈던 편지에서] "하나라도 잘 살피지 않으면 마음이 그 올바름을 얻을 수 없고, 반드시 발해서 절도에 맞은 뒤에야 화라고 일컫는다."라고 했는데, 이렇게 되면 칠정이 번잡하고 아주 쓸모없는 것이 되므로 도리어 마음에 해가 될 것이다."란 말에 대하여(고봉 2-5-3-g).

→ 이 앞의 설명은 말의 뜻이 앞뒤를 잃어 병폐가 있으므로 이미 고쳤으니, 가르침이 매우 많았기 때문이다. 그러나 보내온 편지에 "하나라도 있는데 잘 살피지 못하면"이라는 말을 배척하고는 이 말을 바른 마음의 일이라 여기고, 이를 인용하여 칠정을 증명하는 것은 아주 적절하지 않다. 이는 그럴 듯해 보이지만 실제로는 그렇지 않다. 이 말이 비록 「정심장」의 말이지만, 이 구절은 기쁨·노여움·걱정스러움·두려움을 마음에 두어서는 안 된다는 마음의 병을 설명함으로써, 사람들로 하여금 병

---

479) 「退溪答高峰非四端七情分理氣辯第二書」, 辯誨曰. 來辯謂七情外感於形氣. 而非理之本體, 則甚不可. 若然者, 七情是性外之物云云, …… 豈非理之本體耶. 滉謂. 當初謬說謂安有外感則形氣, 而其發爲理之本體耶云者, 言當其感則是氣. 而至其發則是理, 安有此理耶. 但覺語有未瑩, 故已改之矣. 今來誨, 變其文 直曰, 外感於形氣. 而非理之本體, 則旣與滉本意遠矣. 而其下託之曰, 若然者, 七情是性外之物, 然則朱子謂七情是氣之發者, 亦以七情爲性外之物耶. 大抵有理發而氣隨之者, 則可主理而言耳, 非謂理外於氣. 四端是也；有氣發而理乘之者, 則可主氣而言耳, 非謂氣外於理, 七情是也. 孟子之喜, 舜之怒, 孔子之哀與樂, 氣之順理而發, 無一毫有碍, 故理之本體渾全. 常人之見親而喜, 臨喪而哀, 亦是氣順理之發, 但因其氣不能齊, 故理之本體亦不能純全. 以此論之, 雖以七情爲氣之發, 亦何害於理之本體耶. 又焉有形氣性情不相干之患乎.

을 알게 하고 약을 처방했을 뿐, 정심의 일을 직접 설명했던 것은 아니다. 그 네 가지가 마음의 병이 되기 쉬운 까닭은 기의 발함이 본래 선하더라도 악으로 쉽게 흐르기 때문이다. 만약 사단의 리가 발함과 같은 경우에는 이러한 병이 없을 것이다. 또한 마음에 측은한 바가 있으면 올바름을 얻지 못하고, 마음에 수오한 바가 있으면 올바름을 얻지 못한다고도 말할 수 없을 것이다. 「정성서」에 "사람의 마음이 쉽게 발하여 제어하기 어려운 것으로는 노여움이 가장 심하다. 노여울 때 서둘러 그 노여움을 잊어버리고 이치의 옳고 그름을 살펴볼 수 있다면 역시 외부의 유혹을 미워할 것이 못됨을 알 수 있다."라고 했으니, 쉽게 발하고 억제하기 어렵다는 것은 리인가 또는 기인가? 리라면 어찌 억제하기 어렵겠는가? 오직 기이기 때문에 넘쳐 흐르고 내달려 제어하기 어려울 것이다. 또한 하물며 노여움이 리의 발함이라면 어찌 노여움을 잊어버리고 이치를 본다고 했겠는가? 오직 기의 발함이기 때문에 노여움을 잊어버리고 이치를 보라고 한 것이니, 이것은 리로써 기를 제어하는 것을 일컬은 것이다. 그렇다면 내[퇴계]가 이 말을 인용하여 칠정이 기에 속한다는 것을 증명하는 것이 어찌 적절하지 않겠는가?480)

〈퇴계 3-3-본문 16〉 "그 소종래에 따라 각각 주장하는 바를 가리켰다." 와 "명목상으로 말하는 것이 가능하지 않을 뿐만 아니라 성과 정의 실제와 존양과 성찰의 공부도 가능하지 않다."란 말에 대하여(고봉 2-5-4).

→ 소종래[근원]와 주된 바에 대한 이야기는 앞뒤의 변론을 통해 분명해졌을 것이니 여기에 다시 논할 필요가 없다. 그러나 이름을 말할 때 성과 정의 실제가 조금이라도

480) 「退溪答高峰非四端七情分理氣辯第二書」, 辯誨曰. 來諭謂一有之而不能察, 則心不得其正, 而必發而中節, 然後乃謂之和, 則是七情者冗長, 無用甚矣, 而反爲心害矣. 滉謂. 此處前說語意, 失其先後, 故有病, 今謹已改之, 爲賜甚厚. 但來誨又斥一有之而不能察之語, 以爲此乃正心之事, 引之以證七情, 殊不相似. 此則似然而實不然也. 蓋此雖正心章, 而此一節則以喜怒憂懼之不可諸心下, 說心之病, 使人知病而下藥耳, 非直說正心事也. 夫四者之所以易爲心病者, 正緣氣之所發雖本善而易流於惡故然耳. 若四端之理發, 則何遽有此病乎. 又何得謂心有所惻隱則不得其正, 心有所羞惡則不得其正云爾耶. 定性書曰, 人之心易發而難制者, 惟怒爲甚. 第能於怒時遽忘其怒, 而觀理之是非, 亦可見外誘之不足惡云云, 夫所謂易發而難制者, 是爲理耶, 爲氣耶. 爲理, 則安有難制. 惟是氣故決驟而難馭耳. 又況怒是理發, 則安有忘怒而觀理. 惟其氣發故云忘怒而觀理, 是乃以理御氣之謂也. 然則滉之引此語, 以證七情之屬氣, 何爲而不相似乎.

마땅치 않은 곳은 때로는 가르침을 받고 때로는 스스로 깨달아 이미 고쳤다. 마땅치 않은 곳을 제거하니, 뜻과 이치가 밝아지고 배열된 말이 분명하며 뚜렷하게 눈에 들어와 모호한 부분이 거의 없는 것 같다. 존양과 성찰의 공부가 크게 잘못되지는 않은 것으로 보인다.[481]

〈퇴계 3-3-본문 17〉"주자는 심이 이발이라는 말을 오해했다가 나중에 깨달았다. 리의 발함과 기의 발함이란 말은 우발적으로 한쪽만을 가리킨 것이다."란 말에 대하여(고봉 2-10-1).

→ 이 단락에 대해 그대[고봉]가 말한 뜻을 살펴보니, 마치 주자의 설이 만족스럽지 않다는 듯이 말하는데 이는 아주 적절하지 않다. 정자와 주자의 어록이 때로 착오가 있지만, 이는 사설을 늘어놓고 부연하거나 뜻과 이치의 긴요한 곳을 기록한 사람의 식견이 미치지 못해 간혹 본래의 뜻을 잃었기 때문이다. 이 단락의 문장은 몇 구절의 간략하면서 한 사람에게 은밀히 전해진 것으로 그것을 기록한 사람은 보한경이다. 실로 [그는] 주자 문하에서 제일인 사람인데 이것을 잘못 기록했다면 보한경이라 할 수 없을 것이다. 만약 나의 벗이 평소『주자어류』를 보다가 이 말을 발견했다면 결코 이것을 의심하지 않았을 것이다. 이미 나[퇴계]의 이론이 옳지 않다고 하면서 힘써 변론했으나, 주자의 이 말은 내가 근간으로 여기는 것으로 어쩔 수 없이 가까이 드러내서야 나의 이론이 잘못된 것을 판단할 수 있고, 또한 다른 사람들에게도 믿음을 줄 수 있으므로, [주자의 말을] 연루시킨 것이다. 이는 내[퇴계]가 이전의 말을 부적절하게 받아들인 죄이다. …… 이렇게 하다보면 성현의 말을 끌어 자기 생각에 맞추는 폐단에 이를 수도 있을 것이다.[482]

---

481) 「退溪答高峰非四端七情分理氣辯第二書」, 同上節末段, 論因其所從來, 各指其所主之說之非, 又云 所辯非但名言之際有所不可, 抑恐於性情之實, 存省之功, 皆有所不可. 滉謂. 所從來及所主之說, 因前後辯論而可明, 不必更論於此. 若其名言之際, 性情之實, 毫忽未安處, 或因於承誨, 或得於自覺, 已謹而改之矣. 已而看得未安處旣去, 則義理昭徹, 分明歷落, 八窓玲瓏, 庶無有含糊鶻圇之病矣. 其於存省之功, 雖未敢僭云, 恐未至大不可也.

482) 「退溪答高峰非四端七情分理氣辯第二書」, 辯誨謂 朱子錯認心爲已發之語, 久而乃悟. 仍論理之發氣之發一語, 爲偶發而偏指. 滉謂. 觀公此段語意, 若以朱子此說爲未滿足, 此尤未安也. 夫程朱語錄, 固未免時有差誤, 乃在於辭說鋪演, 義理肯綮處, 記者識見有未到, 或失其本旨者有之矣. 今此一段, 則數句簡約之語, 單傳密付之旨, 其記者, 輔漢卿也. 實朱門第一等人, 於

〈퇴계 3-4-후론〉

〈퇴계 3-4-후론 1〉리와 기를 '허'와 '령'이란 글자 밑에 [각각] 나누어 주를 단 것은 내[퇴계]가 정이[추만 정지운]의 글을 보존했던 것이나 그에게 말하고 제거할 것이다. …… 주자가 호광중과 호백봉에게 답한 글들과 「성도」에 관한 세 조목의 인용문은 모두 사단과 칠정이 두 가지 뜻이 아님을 밝힌 데 불과하다. 이것은 앞에서 이른바 섞어 말한다고 했던 것이다. 나[퇴계]도 그것을 알지만, 다만 칠정과 사단을 상대시키기 위해 나누어 말할 수밖에 없었을 뿐이다. 앞에서 이미 모두 설명했으니 다시 논의하지 않을 것이다. 허와 령에 대한 논의에서 허를 리라고 말한 것도 근거가 있으니, [허와 령] 두 글자를 나누어 주를 단 것이 잘못이라는 이유에서 이것도 아니라고 생각해서는 안 된다.483)

〈퇴계 3-4-후론 2〉

지금 또 인용한 몇 마디 말로 논하자면, 주자는 "지극히 허한 가운데 지극히 실한 것이 있다."라고 말하였는데 이는 허하고도 실하다는 점을 말한 것일 뿐이지 허가 없다고 말한 것이 아니며, "지극히 무한 가운데 지극히 유한 것이 있다."라고 말하였는데 이는 무하고도 유하다는 점을 말한 것일 뿐이지 무가 없다고 말한 것은 아니다. 정자가 어떤 사람에게 답하면서

此而失記, 則何足爲輔漢卿哉. 使吾友平時看語類見此語, 則必不置疑於其間. 今旣以鄙說爲非而力辯之, 而朱子此語, 乃滉所宗本, 則不得不倂加指斥而後, 可以判鄙語之非, 而取信於人, 故連累至此 此固滉僭援前言之罪. …… 如此不已, 無乃或至於驅率聖賢之言以從己意之弊乎. ……

483) 「退溪答高峰非四端七情分理氣辯第二書」, 「後論」, 其中以理氣二字, 分註虛靈字下, 滉雖存靜而本說, 亦固疑其析之太瑣, 每看到此句, 濡毫欲抹者數矣, 尙喜其創新而止. 今得垂曉, 釋然於心, 亦當告靜而抹去矣. …… 其所引朱先生答胡廣仲胡伯逢書及性圖三條, 皆不過明四端七情非有二之義. 此卽前所謂渾淪言之者. 滉非不知此, 惟以七情對四端, 則不得不分而言之耳. 前說已盡, 不煩重論. 至其論虛靈處以虛爲理之說, 則亦有所本, 恐未可以分註二字之非, 倂與此非之也.

"역시 태허는 없다."라고 말하고, 허를 가리켜 리라고 한 것은 또한 허가
실재라는 것을 알게 하려 한 것일 뿐이지 본래 허는 없고 단지 실만이 있
다고 말한 것이 아니다. 그러므로 정자와 장자 이래로 허로써 리를 말한
사람이 적지 않다. 정자는 "도는 태허이며 형이상이다."라고 말하고, 장자
는 "허와 기를 합하여 성의 이름이 있다."라고 말하고, 주자는 "형이상의
허가 혼연한 도리이다."라고 말하고, 또한 "태허란 곧 「태극도」 위쪽에 있
는 하나의 둥근 권역이다."라고 말하였다. 이런 것들을 하나하나 모두 들
수는 없다. 주자는 "무극이면서 태극이다."라고 논하면서 "무극을 말하지
않으면 태극이 일물과 같게 되어 모든 변화의 근본이 될 수 없고, 태극을
말하지 않으면 무극이 비어버리게 되어 모든 변화의 근본이 될 수 없다."
라고 말하였다. 오호라, 이런 말은 가히 사방에 두루 갖추어져 치우치거나
기울지 않으며 두들겨도 깨지지 않는다.[484]

〈퇴계 3-4-후론 3〉

또한 사단도 절도에 맞지 않는 것이 있다는 논의는 비록 매우 새로운 것
같지만 역시 맹자의 본뜻이 아니다. 맹자의 뜻은 단지 인·의·예·지로부
터 발하는 것을 가리켜 말함으로써 성이 본래 선하기 때문에 정도 선하다
는 것을 보게 하려 했을 뿐입니다. 지금 이처럼 정당한 본뜻을 버리고 아
래로 끌어내려 보통 사람의 정이 발하여 절도에 맞지 않는 곳에 나아가 함

---

484) 「退溪答高峰非四端七情分理氣辯第二書」, 「後論」, 今且就所引數說而論之, 朱子謂至虛之中,
有至實者存, 則是謂虛而實耳, 非謂無虛也, 謂至無之中, 有至有者存, 則是謂無而有耳, 非謂
無無也. 程子之答或人曰 亦無太虛. 而遂指虛爲理者, 是亦欲其就虛而認實耳, 非謂本無虛而
但有實也. 故程張以來, 以虛言理者, 故自不少. 如程子曰 道太虛也, 形而上也. 張子曰 合虛
與氣, 有性之名. 朱子曰 形而上底虛, 渾是道理, 又曰 太虛便是太極圖上面一圓圈. 如此之類,
不勝枚擧. 至於朱子論無極而太極處, 亦曰 不言無極, 則太極同於一物, 而不足爲萬化之根,
不言太極, 則無極淪於空寂, 而不能爲萬化之根. 嗚呼若此之言, 可謂四方八面周徧不倚, 攧撲
不破矣.

께 말하려 한다. 사람들이 부당한 수오를 수오하고, 부당한 시비를 시비하는 것은 모두 기질이 어두워 그렇게 하는 것이다. 이처럼 어지러운 말을 지적하여 멀리서 발하는 사단을 어찌 어지럽히겠는가? 이와 같은 논의는 단지 도리를 밝히는 데 무익하고, 오히려 해로움이 되지 않을까 두렵다. 내[퇴계]가 이전에 그대[고봉]의 견해가 "리와 기가 두 가지 것이 아니다."라는 나정암의 말과 비슷하다고 말하였는데, 이는 잘못된 말이었다. 지금 그대[고봉]의 뜻을 헤아려보니 나정암의 오류와 같지 않고 …… 유독 이른바 사단과 칠정을 리와 기에 분속하는 설은 보지 못했다. 지금 그림 안에서 분속한 것은 본래 정지운에게서 나온 것인데 그것을 어디에서 받았는지 알지 못하여, 처음에는 의심하였고 사색이 마음속에 오간 지 수년이 흐른 뒤에 정해졌으나, 오히려 선유의 설을 얻지 못하여 마음에 차지 않았다. 그 후 주자의 설을 얻어 증명한 연후에 더욱 자신하게 되었으나 옛 것을 그대로 따르는 설에서 얻은 것이 아니다.485)

6. 고봉 3서(신유년, 1561. 04. 10) : 「高峯答退溪再論四端七情書」

〈고봉 3-1〉

답서를 자세히 살펴보니, 모두 삼십여 조 가운데 의견이 같은 것이 열여덟 조이고 같지 않은 것이 열일곱 조이다.486)

485) 「退溪答高峰非四端七情分理氣辯第二書」, 「後論」, 且四端亦有不中節之論, 雖甚新, 然亦非孟子本旨也. 孟子之意, 但指其粹然從仁義禮智上發出底說來, 以見性本善, 故情亦善之意而已. 今必欲舍此正當底本旨, 而拖拽下來, 就尋常人情發不中節處滚合說去. 夫人羞惡其所不當羞惡, 是非其所不當是非, 皆其氣昏使然. 何可指此儳說以亂於四端粹然天理之發乎. 如此議論, 非徒無益於發明斯道, 反恐有害於傳示後來也. 滉前謂公所見, 有似於羅整菴理氣非二物之說, 此則滉妄說也. 今竊瞯公意, 非如整菴之誤 …… 獨未見所謂四端七情分屬理氣之說. 今圖中分屬, 本出於靜而, 亦不知其所從受者, 其初頗亦以爲疑, 思索往來於心者數年, 而後乃定, 猶以未得先儒之說爲慊. 其後得朱子說爲證, 然後益以自信而已, 非得於相襲之說也.

486) 「高峯答退溪再論四端七情書」, 竊詳辯答條欵, 凡三十有幾, 而所已同者十八條, 所未同者十

〈고봉 3-2-제일서개본〉
〈고봉 3-2-제일서개본 1〉

변론 중에 논한 것을 자세히 보니 과연 [퇴계가] 가르쳐준 말과 같다. 성과 정을 논하며 "리가 없는 기는 없고, 또한 기가 없는 리도 없다."라고 말한 것, 사단을 논하며 "심은 진실로 리와 기가 합한 것이다."라고 말한 것, 칠정을 논하며 "리가 없는 것이 아니다."라고 말한 것 등이 어찌 선유의 논리와 부합되지 않는 것이 있겠는가? 진실로 내[고봉]의 생각과 동일한 곳도 이 단락보다 많은 곳이 없다. 다만 그 아래에서 사단과 칠정을 리와 기로 나누어 대구시키고 두 갈래로 설파하여, 어세에 편중됨이 없지 않아 자못 충돌하여 자리가 뒤집힌 곳이 있음을 깨달았다. 그러므로 내가 일찍이 의심하였는데, 지금 그 편치 않았던 곳을 고쳤으니 그 분명하고 뛰어난 것이 전날에 비할 바가 아니다. 감히 다시 정밀하게 생각하여 자득[스스로 얻음, 스스로 깨달음]을 구하지 않겠는가?487)

〈고봉 3-2-제일서개본 2〉

다만 "외물[바깥의 사물]이 오면 쉽게 감응하여 먼저 움직이는 것으로 형기보다 더한 것이 없다."라고 쓴 글과 "외부[바깥]에 감응한 것은 형기이다."라고 한 말 등은 아마도 치우친 곳이 없지 않으므로, 감히 다시 물어 공정하게 해줄 것을 청하려 하는데 어떠한가? 또 "사단과 칠정에 다른 뜻이 있는 것이 아니다."는 말과 "도리어 사단과 칠정이 다른 것을 가리킨 것이 아

七條.

487) 「高峯答退溪再論四端七情書」, 「第一書改本」, 謹詳辭中所論, 果如誨諭之云, 如統論性情, 則曰, 未有無理之氣, 亦未有無氣之理, 如論四端, 則曰, 心固理氣之合, 論七情, 則曰, 非無理也等語, 豈有不合於先儒之論者哉. 而眞所謂鄙意所同, 未有多於此段者也. 但於其下, 乃以四端七情, 分理氣作對句子, 兩下說破, 則語勢似不能無偏重, 頗覺有撞翻了這坐子者. 故鄙意曾以爲疑, 今乃改其未安處, 則其分明歷落者, 又非前日之比也. 敢不更加精思, 以求自得之乎.

니다."는 말 등은 대승의 본뜻이 아니다. 내[고봉]가 말한 것은 다만 "사단과 칠정에 애당초 두 가지 뜻이 있는 것이 아니다."라는 것뿐인데, 지금 [퇴계]는 내[고봉]가 "다른 뜻이 있는 것이 아니다."라고 했다 하고, 또한 "다른 것을 가리킨 것이 아니다."라고 했다 하니, 말뜻이 내[고봉]의 본뜻과는 상당히 먼 것 같다. 또 "사단과 칠정의 소종래는 궁구하지 않고 일률적으로 리와 기를 겸하고 선과 악이 있다고 한다."라고 말한 것도 내[고봉]의 본뜻이 아니다. 대개 내가 말한 것은 "사단은 칠정 중에서 발하여 절도에 맞는 것의 싹이다."라는 것이며, 이전 편지에서도 "사단은 칠정 중에서 발하여 절도에 맞는 것이니, 실체는 같지만 이름은 다르다."라고 하였으니, 일률적으로 리와 기를 겸하고 선과 악이 있다고 한 것은 진실로 아니다. 지금 [퇴계]는 자세히 살피지 않고 깨우쳐주며 "사단과 칠정이 모두 리와 기를 겸하고 선과 악이 있어 실체는 같지만 이름은 다르다고 하여 [그것들을 리와 기에] 분속할 수 없다는 것이 그대의 생각이다."라고 하였다. 이것은 내[고봉]의 뜻을 선생[퇴계]이 듣도록 펼 수 없게 되는 것이니 어떠한가?[488]

〈고봉 3-2-제일서개본 3〉

또 내[고봉]는 이전 글에서 "칠정은 리와 기를 겸하고 선과 악이 있다. 그러므로 그것이 발하여 절도에 맞는 것은 곧 리에 근본하여 일찍이 선하지 않음이 없고, 그것이 발하여 절도에 맞지 않는 것은 기에 섞여 혹 악으

---

488) 「高峯答退溪再論四端七情書」,「第一書改本」, 獨外物之來, 易感而先動者, 莫如形氣, 及外感, 則形氣等語, 尙恐不能無偏, 敢用再稟, 幸乞秤停何如. 且四端七情, 非有異義, 及反以四端七情爲無異指等語, 似非大升本意.盖鄙說, 只作四端七情, 初非有二義, 而今曰, 非有異義, 又曰, 爲無異指, 則語意頗轉走了鄙說本意矣. 又不究四端七情之所從來, 槩以爲兼理氣有善惡之語, 亦非大升本意. 盖鄙說, 以爲四端乃七情中, 發而中節者之苗脉, 而前書, 亦以爲四端與七情中, 發以中節者, 同實而異名, 則固非槩以爲兼理氣有善惡也. 今乃不蒙細察, 而誨諭又曰, 公意以爲四端七情, 皆兼理氣有善惡, 同實異名, 不可以分屬云云, 則是大升之意, 終不能自伸於先生之崇聽也, 如之何如之何.

로 흐른 것이다. 사단은 리이고 선하기 때문에 칠정 중에서 발하여 절도에
맞는 것과 실체는 같지만 이름이 다르다."라는 등의 말을 하였는데, 그 전
후에 누누이 한 말이 모두 그에서 벗어나지 않는다. 그리고 그 사이에 또
한 "사단 역시 기이다."라고 말한 것은, 보내온 변론에서 "어찌 마음속에
있을 때는 순리[순수한 리]이던 것이 발하자 기와 섞이는가?"라는 말에 대해
사단에도 기가 없지 않다는 실상을 밝힌 것이다.[489]

〈고봉 3-2-제일서개본 4〉

또 "사단도 절도에 맞지 않는다."라고 말한 것은, 대개 보통 사람들의 정
에는 기품과 물욕의 얽매임이 있으니, 때로는 천리가 발하자마자 기품과 물
욕에 구애되고 가려지면 역시 절도에 맞지 않는다는 것일 뿐이고, 진실로
사단 또한 리와 기를 겸하고 선과 악이 있다는 것은 아니다. 또 "분속할 수
없다."라고 말한 것은, 내[고봉] 생각에는 칠정이 리와 기를 겸하고 선과 악
이 있다는 것에 대해서는 이미 전현[과거의 현인, 성인에는 못 미치지만 어질고
현명한 사람]들의 정론이 있는데, 지금 사단과 칠정을 대거하여 사단은 리라
하시고 칠정은 기라 하니, 이것은 칠정의 리 한쪽을 도리어 사단이 점유하
여, 선과 악이 있는 것이 기에서만 나오는 것 같다. 이것은 도해에 상을 세
운 뜻이 미진하다고 여긴 것일 뿐이며, 전적으로 잘못이라고 한 것은 아니
다. 그렇지 않고서 다만 대강 말하여 이것은 리의 발이고 저것은 기의 발이
라고 하여, 이른바 천지지성과 기질지성을 말하였다면 어찌 잘못이 있겠는
가? 바라건대 밝게 증명해주면 어떠한가?[490]

---

489) 「高峯答退溪再論四端七情書」, 「第一書改本」, 抑大升前書, 以爲七情, 兼理氣有善惡, 故其
發而中節者, 乃根於理而未嘗不善者也, 其發不中節者, 則乃雜於氣而或流於惡矣, 而四端, 自
是理也善也, 故以爲與七情中, 發而中節者, 同實而異名云云, 前後縷縷, 皆不出是意. 而其間
又有四端亦氣之說者, 乃爲來辯, 安有在中爲純理, 而才發爲雜氣之語, 而發以明四端非無氣
之實也.

⟨고봉 3-3-조열⟩
⟨고봉 3-3-조열 1⟩

답서의 조열을 상세히 살펴보면 모두 35조인데, 이른바 '착오가 있는 것'이 1조이고, '사리를 잃었다고 생각한 것'이 4조이고, '근본은 같으나 다름이 없는 것'이 13조이고, '근본은 같으나 다른 데로 나아간 것'이 8조이며, '견해가 달라 끝내 따를 수 없는 것'이 9조, 이처럼 다섯 부류로 구별하였다. 그리고 말하길 "착오가 있었던 한 가지를 제외하면 4절이 되고, 또 그 4절을 요약해 말하면 2절에 불과하니, 형평을 잃었다고 느낀 곳은 진실로 모두 근본적으로 동일한 부류에 속하며, 근본은 같으나 다른 데로 나아간 것들은 또한 끝내 따를 수 없는 것으로 돌아간다." 등을 말하였다.491)

⟨고봉 3-3-조열 2⟩

…… "두 가지로 나아가 말하면 주리[리를 주로 한다]와 주기[기를 주로 한다]의 같지 않음이 있다."라는 말에 대해서는 의심이 간다. 맹자가 떼어내어 리 한쪽만을 가리킨 것은 진실로 주리라고 일컬을 수 있지만, 자사가 혼돈하여 리와 기를 겸하여 말한 것도 주기라 말할 수 있는가? 이것을 내[고봉]가 명확히 이해하지 못하니 다시 가르침을 주면 어떻겠는가?492)

---

490) 「高峯答退溪再論四端七情書」, 「第一書改本」, 又有四端不中節之說者, 盖常人之情, 不無氣稟物欲之累, 或天理纔發, 而旋爲氣稟物欲之所拘蔽, 則亦有不中節者爾, 非固以四端, 亦兼理氣有善惡也. 其曰不可分屬云者, 則盖鄙意以爲七情, 兼理氣有善惡者, 前賢已有定論, 而今乃與四端對擧互言, 以四端爲理, 七情爲氣, 則是七情理一邊, 反爲四端所占, 而有善惡云者, 若但出於氣. 此於著圖立象之意, 似未爲盡耳, 非專以爲不可也. 不然, 只以大綱說是理之發, 是氣之發, 如所謂天地之性氣質之性之說, 則亦何有不可者乎. 伏乞明證, 何如.

491) 「高峯答退溪再論四端七情書」, 「條列」, 竊詳辯答條列, 凡三十五條, 而所謂錯看者一條, 覺失秤停者四條, 本同無異者十三條, 本同而趨異者八條, 見異而終不能從者九條, 其別亦有五焉. 論曰, 除錯看一條外, 類成二截, 而四截之中, 又約而言之, 不過爲二截而已, 而覺失秤停者, 固皆本同之類, 而本同趨異者, 卒亦同歸於終不能從云云.

492) 「高峯答退溪再論四端七情書」, 「條列」, …… 其曰二者所就而言, 本自有主理主氣之不同者,

〈고봉 3-3-조열 3〉―제1조, 제3조

〈고봉 3-3-조열 3-1〉지금 이 두 조[제1조, 제3조]를 살펴건대, 깨우쳐준 바가 모두 정밀하고 정교하여 곧바로 궁극에 도달하였으니, 엉성하고 어리석은 소견으로는 다시 말할 수가 없다. 대개 "단지 리만이 있는 것이 아닌데 오로지 리만 가리켜 말할 수 있다면, 기질지성이 비록 리와 기가 섞인 것이라 하더라도 어찌 기만 가리켜 말할 수 없겠는가?"라거나 "천지와 사람과 사물 상에서 보면 리가 기의 밖에 있지 않음에도 그것을 분별하여 말할 수 있다면, 성과 정에 있어 비록 리가 기 안에 있고 성이 기질에 있는 것이라 하더라도 어찌 분별하여 말할 수 없겠는가?"라는 등의 말은 리와 기의 경계를 판별하는 분별의 설을 밝힌 말이 상당히 자세하다고 할 수 있다. 하지만 그럴지라도 내[고봉]의 생각으로 미루어 보건대 역시 약간은 분별의 설을 주장하는 뜻이 있음을 피하지는 못할 것 같다. 그러므로 옛 사람의 말에도 때로는 본의를 잃고 치우침이 있었다.[493]

〈고봉 3-3-조열 3-2〉 …… 주자는 "천지지성은 태극 본연의 오묘함이니 만수[만 가지로 달라지는 것]의 큰 근본이고, 기질지성은 [음양의] 두 기운이 교차 운행하여 생긴 것이니 큰 근본이면서 만수가 된 것이다. 기질지성은 리가 기질 가운데 떨어진 것일 뿐 별도로 하나의 성이 있는 것은 아니다."라고 말하였다. [고봉이 보기에] 천지지성은 천지 상에서 전체적으로

則愚竊惑焉. 盖孟子剔撥而指 理一邊時, 固可謂之主理而言矣. 若子思渾淪而兼理氣言時, 亦可謂之主氣而言乎. 此實大升之所未能曉者, 伏乞更以指教何如.

493)「高峯答退溪再論四端七情書」,「條列」, (首條・第二條) 今按此二條所論, 皆精深微密, 直窮到底, 疎迂之見, 無所復發其喙矣. 盖如曰非只有理, 然猶可以專指理言, 則氣質之性, 雖雜理氣, 寧不可指氣而言乎. 又如曰就天地人物上看, 亦非理在氣外, 猶可以分別言之, 則於性於情, 雖曰理在氣中, 性在氣質, 豈不可分別言之云云者, 判得理氣界分, 以明分別之說, 可謂十分詳盡也, 雖然以愚意推之, 則亦似未免微有主張分別之說之意, 故於古人言句, 或有蹉過實意之偏也.

말한 것이고, 기질지성은 사람과 사물의 품수[타고남] 상에서 말한 것이다. 천지지성은 비유하자면 하늘 위의 달이고 기질지성은 비유하자면 물속의 달과 같으니, 달이 비록 하늘에 있는 것과 물속에 있는 것은 같지 않지만, 달이라는 점에서는 하나일 뿐이다. 지금 하늘 위의 달은 달이라 하고 물속의 달은 물이라고 한다면, 어찌 이른바 "막힘이 없을 수 없다."는 것이 아닌가? 천지[하늘과 땅] 상에서 리와 기를 나눈다면 태극은 리이고 음양은 기이며, 인물[사람과 사물] 상에서 리와 기를 나눈다면 건순[음양]과 오상[오행]은 리이고 혼백과 오장은 기이다. 리와 기가 사물에 있어서는 비록 혼륜하여 나눌 수 없다고 하나, [리와 기라는] 두 가지 '물[物]'이 각자 하나의 '물[物]'이 되는 것을 방해하지 못한다. 그러므로 내[고봉]는 "하늘과 땅과 사람과 사물 상에 나아가서는 리와 기로 나누어도 하나의 물이 스스로 하나의 물이 되는 것을 방해하지 못한다."라고 하였다. 만약 성 상에서 논하면 하늘의 달과 물속의 달이 하나의 달인데, 그 소재에 따라 분별하여 말하는 것일 뿐, 다시 하나의 달이 있는 것은 아니다. 지금 하늘의 달은 달이라 하고 물속의 달은 물이라 한다면 어찌 그 말에 편벽됨이 있지 않겠는가? 하물며 이른바 사단과 칠정이라는 것은 바로 리가 기질에 떨어진 뒤의 일로서 마치 물속의 달빛과 흡사한데, 그 빛이 칠정은 밝고 어두움이 있고 사단은 단지 밝을 뿐이다. 칠정에 밝고 어두움이 있는 것은 진실로 물의 맑음과 탁함 때문이고, 사단이 절도에 맞지 않는 것은 빛이 비록 밝지만 물결의 움직임이 있음을 피하지 못한 것이다. 바라건대 이런 도리를 갖추고 다시 생각해보면 어떻겠는가?494)

---

494) 「高峯答退溪再論四端七情書」, 「條列」, (首條‧第二條) …… 朱子曰, 天地之性, 則太極本然之妙, 萬殊之一本也, 氣質之性, 則二氣交運而生, 一本而萬殊也. 氣質之性, 卽此理墮在氣質之中耳, 非別有一性也. 愚謂天地之性, 是就天地上總說, 氣質之性, 是從人物稟受上說. 天地之性, 譬則天上之月也, 氣質之性, 譬則水中之月也, 月雖若有在天在水之不同, 然其爲月則一而已矣. 今乃以爲天上之月是月, 水中之月是水, 則豈非所謂不能無碍者乎. 至於就天地上

〈고봉 3-3-조열 3-3〉 또 살피건대, 제1조에서 "응당 리의 발과 대거하여 나란히 말하지 않았을 것이다."라고 말하였는데, 나[고봉]의 생각에는 주자가 "사단은 리가 발한 것이고, 칠정은 기가 발한 것이다."라고 한 것은 대설이 아니라 인설이다. 대개 대설이란 왼쪽과 오른쪽을 말하는 것과 같이 대대[상대]하여 말하는 것이고, 인설은 위쪽과 아래쪽을 말하는 것과 같이 이어서 말하는 것이다. 성현의 말에는 진실로 대설과 인설의 같지 않음이 있으니 살피지 않을 수 없다. 다음 조에서 "각각 발하는 바에 나아가 사단과 칠정의 소종래를 나눌 수 없겠는가?"라고 말하였는데, 나[고봉]는 사단과 칠정이 모두 성에서 발한다면, 각각 발하는 곳에 나아가 나누어서는 안 될 것이다. 그런데 [퇴계]는 천지지성과 기질지성을 상대시켜 하나의 도를 만들었고, 또 사단의 정과 칠정의 정을 상대시켜 하나의 도를 만들었다.495)

〈고봉 3-3-조열 4〉-제4조, 제6조

지금 이 두 조[제4조, 제6조]를 살피건대, "보내온 변론에 말이 편중된 곳이 있기 때문에 반복한다. ……"라면서, 사단이 기가 없는 것이 아니라는 실상

分理氣, 則太極理也, 陰陽氣也, 就人物上分理氣, 則健順五常理也, 魂魄五臟氣也. 理氣在物, 雖曰, 混淪, 不可分開, 然不害二物之各爲一物也. 故曰, 就天地人物上分理與氣, 固不害一物之自爲一物也. 若就性上論, 則正如天上之月與水中之月, 乃以一月, 隨其所在而分別言之爾, 非更別有一月也. 今於天上之月, 則屬之月, 水中之月, 則屬之水, 亦無乃其言之有偏乎. 而況所謂四端七情者, 乃理墮氣質以後事, 恰似水中之月光, 而其光也, 七情則有明有暗, 四端則特其明者, 而七情之有明暗者, 固因水之淸濁而四端之不中節者, 則光雖明而未免有波浪之動者也. 伏乞將此道理, 更入思議何如.

495) 「高峯答退溪再論四端七情書」, 「條列」, (首條·第二條) 又按首條曰, 不應與理之發者對擧, 而倂疊言之矣, 大升以爲朱子謂四端是理之發, 七情是氣之發者, 非對說也, 乃因說也. 盖若說者, 如說左右, 便是對待底, 因說者, 如說上下, 便是因仍底. 聖賢言語, 固自有對說因說之不同, 不可不察也. 次條曰, 獨不可各就所發, 而分四端七情之所從來乎, 大升以爲四端七情, 同發於性, 則恐不可各就所發而分之也. 伏惟先生, 以天地之性氣質之性, 對作一圖子, 又以四端之情七情之情, 對作一圖子, 參互秤停看如何.

을 밝혔다. 내[고봉]의 생각에, 맹자가 기를 겸하여 가리킨 것은 아닌 것 같다. 나는 "성이 막 발할 때는 기가 작용하지 않기 때문에 본연의 선이 곧바로 실현될 수 있으니, 이것이 바로 이른바 맹자의 사단이라는 것이다."라고 말하였다. 대개 이른바 사단은 비록 기가 없는 것은 아니라 할지라도 발현할 즈음에 천리의 본체가 순수하게 드러나 조금의 흠도 없으니, 기를 볼 수 없는 것 같다는 뜻이었다. 비유하자면, 달이 고요한 못에 비쳤을 때 물이 맑고 깨끗하면 달이 더욱 밝아 수면과 수중이 환하게 통하여 마치 물이 없는 것과 같기 때문에, 그것을 리에서 발한다고 말할 수 있다. 만약 혹시 기를 섞어 [사단을] 본다면 어찌 맹자의 뜻이라 하겠는가?496) ……

〈고봉 3-3-조열 5〉―제5조, 제7조, 제9조, 제12조, 제14조
〈고봉 3-3-조열 5-1〉 삼가 이 다섯 조[제5조, 제7조, 제9조, 제12조, 제14조]를 살펴보건대, 이것이 바로 깨우침의 가장 중요한 곳이며 논의가 가장 어려운 곳이기도 하다. 그러므로 감히 합하여 논한다. 제5조는 "그 발하는 데는 각각 혈맥이 있고 그 이름에는 각각 모두 가리키는 바가 있다."라고 말하고, 제7조는 "그 위의 근원을 미루어보면 실로 리와 기의 구분이 있다."라고 말하고, 제9조는 "실로 리발과 기발의 구분이 있으므로 다르게 이름 붙였다."라고 말하고, 제12조는 "사단의 소종래가 이미 리라면 칠정의 소종래는 기가 아니고 무엇이겠는가?"라고 말하고, 제14조는 "맹자의 기쁨과 순임금의 노여움, 공자의 슬픔과 즐거움은 기가 리를 따라 발한 것이다."라고

496) 「高峯答退溪再論四端七情書」, 「條列」, (第四條・第六條) 按此二條, 本因來辯下語, 有偏重處, 故聊復云云, 以明四端, 非無氣之實焉. 鄙意亦非以孟子所指者, 爲兼指氣也. 鄙說固曰, 性之乍發, 氣不用事, 本然之善, 得以直遂者也, 正孟子所謂四端者也. 盖所謂四端者, 雖曰非無氣, 而其於發見之際, 天理本體, 粹然呈露, 無少欠闕, 恰似不見氣了. 譬如月映空潭, 水旣淸澈, 月益明朗, 表裏通透, 疑若無水, 故可謂之發於理也. 若或以氣參看, 則豈孟子之旨哉. ……

말하였는데, 이런 말들은 모두가 분별을 주장한 말들이. 내[고봉] 역시 감히 제멋대로 억지 말을 하지 않고 단지 편지 속에 있는 말로써 밝히겠다.497)

〈고봉 3-3-조열 5-2〉 감히 묻건대, 희·로·애·락이 발하여 절도에 맞는 것은 리에서 발한 것인가, 아니면 기에서 발한 것인가? 그리고 발하여 절도에 맞아 가는 곳마다 선하지 않음이 없다는 선과 사단의 선은 같은 것인가, 다른 것인가? 만약 발하여 절도에 맞는 것이 리에서 발한 것이며, 그 선이 같지 않음이 없다고 한다면, 이상의 다섯 조에서 운운한 것은 아마도 모두 적확한 이론이 될 수 없을 듯하다. [반면에] 만약 발하여 절도에 맞는 것이 기에서 발한 것이고, 그 선이 같음이 있다고 한다면, 무릇 『중용장구』나 『혹문』에서 기타 제설에 이르기까지 모두 칠정이 리와 기를 겸한다고 밝힌 말들은 또 어디로 귀착되겠는가? 그리고 칠정은 리와 기를 겸한다고 가르침에서 누누이 말한 것도 빈말이 되고 만다. 이 양쪽을 상세히 보면 옳고 그름이나 찬성과 반대가 반드시 하나로 돌아가는 곳이 있을 것인데, 모르겠으나 [퇴계]는 어떻게 생각하는가? 만약 이에 판단하지 못한다면 이른바 "반드시 후세의 주문공을 기다려야 한다."라는 것이니, 감히 [고봉이] 알 수 있는 바가 아니다. 정밀하게 살펴보는 것이 어떻겠는가? 또 "사단은 리가 발함에 기가 따르고, 칠정은 기가 발함에 리가 탄다."라는 두 구절도 매우 정밀하지만, 내 생각에 이 두 가지는 칠정이 겸유하고 사단이 단지 리발의 한쪽에 지나지 않는다고 여겨진다. 그러므로 나는 이 두 구절을 "정이

497) 「高峯答退溪再論四端七情書」, 「條列」, (第五條·第七條·第九條·第十二條·第十四條) 謹按此五條, 正是誨諭緊要處, 正是議論盤錯處, 故輒敢合而論之. 第五條曰, 其發各有血脈, 其名皆有所指, 第七條曰, 推其向上根原, 則實有理氣之分, 第九條曰, 實有理發氣發之分, 是以異名之, 第十二條曰, 四之所從來, 旣是理, 七之所從來, 非氣而何, 第十四條曰, 孟子之喜, 舜之怒, 孔子之哀與樂, 氣之順理而發, 凡此云云, 皆是主張分別之說者. 大升亦不敢逞氣强說, 只當以誨諭之中之語明之耳.

발함에 때로는 리가 움직여 기가 함께 하기도 하고, 때로는 기가 감응하여 리가 타기도 한다."라고 고치고 싶은데, 이 말이 어떤지 모르겠다.498)

〈고봉 3-3-조열 5-3〉 자사가 그 전체를 말할 때는 진실로 소종래의 설을 사용하지 않았다. [그런데] 맹자가 한쪽만 떼어내 사단을 말할 때는 비록 리발의 한쪽만을 가리켜 말하였다고 할 수 있지만, 칠정은 자사가 이미 리와 기를 겸하여 말하였으니, 어찌 맹자의 말 때문에 갑자기 기의 한쪽이라고 변경할 수 있겠는가? 이런 논의는 급히 결정할 수 없다. 기가 리를 따라 발하여 한 터럭의 장애도 없다면 이것이 바로 '리의 발'이다. 만약 이것을 벗어나 다시 리의 발을 찾고자 한다면, 그 헤아리고 모색하는 것이 심할수록 더 찾을 수 없을 것이라 생각한다. 이것이 바로 리와 기를 지나치게 나누어 말한 병폐이다. 이전 편지에서도 말하였던 바 있지만 다시 운운하였다. 만약 그렇지 않다고 한다면 주자의 이른바 "음양과 오행이 서로 착종하되 단서를 잃지 않는 것이 바로 리이다."라고 말한 것도 따를 수 없을 것이다. 바라건대 상세히 증명해주면 어떻겠는가?499)

---

498) 「高峯答退溪再論四端七情書」,「條列」, (第五條・第七條・第九條・第十二條・第十四條) 敢問喜怒哀樂之發而中節者, 爲發於理耶, 爲發於氣耶. 而發而中節, 無往不善之善, 與四端之善, 同歟異歟. 若以爲發而中節者, 是發於理, 而其善無不同, 則凡五條云云者, 恐皆未可爲的確之論也. 若以爲發而中節者, 是發於氣, 而其善有不同, 則凡中庸章句或問及諸說, 皆明七情兼理氣者, 又何所著落. 而誨諭縷縷以七情爲兼理氣者, 亦虛語也. 詳此兩端, 其是非從違, 必有所歸一者, 未知先生, 果以爲何如也. 若於此而猶有所未判, 則正所謂必待後世之朱文公者, 非大升之所敢知也. 伏幸精察, 如何如何. 且四則理發而氣隨之, 七則氣發而理乘之. 兩句亦甚精密, 然鄙意以爲此二箇意思, 七情則兼有, 而四端則只有理發一邊爾. 抑此兩句, 大升欲改之曰, 情之發也, 或理動而氣俱, 或氣感而理乘. 如此下語, 未知於先生意如何.

499) 「高峯答退溪再論四端七情書」,「條列」, (第五條・第七條・第九條・第十二條・第十四條) 子思道其全時, 固不用所從來之說. 則孟子剔撥而說四端時, 雖可謂之指理發一邊, 而若七情者, 子思固已兼理氣言之矣, 豈以孟子之言, 而遽變爲氣一邊乎. 此等議論, 恐未可遽以爲定也. 氣之順理而發, 無一毫有碍者, 便是理之發矣. 若欲外此而更求理之發, 則吾恐其揣摩摸索, 愈甚而愈不可得矣. 此正太以理氣分說之弊. 前書亦以爲裏, 而猶復云云. 苟曰未然, 則朱子所謂陰陽五行錯綜, 不失端緒, 便是理者, 亦不可從也. 幸乞詳證, 何如.

〈고봉 3-3-조열 6〉―제8조, 제16조

내[고봉]의 편지를 살피건대, "보내온 변론의 설은 출입이 없을 수 없다."
라고 한 것과 "존양과 성찰의 공부에 불가한 바가 있다."라고 한 것은 생
각나는 대로 함부로 한 말이니 참으로 송구하다. 당시에는 준 글에 지적할
것이 있어 그렇게 말하였는데, 지금 여러 조열 가운데 "칠정은 오로지 기
만이 아니다."라는 설과 "선함과 악함이 아직 정해지지 않았다."라는 설을
외람되게도 인정해줬고, 제1서도 이미 수정하여 고쳤으니 지난번 함부로
했던 말도 헛된 말이 되었으니 다시 운운할 것이 없다.500)

〈고봉 3-3-조열 7〉―제10조, 제11조

[고봉이] "범론하자면 안 될 것이 없다."라고 한 것은 인설로써 말한 것
이고, "도로 나타내면 편안치 않은 점이 있다."라고 한 것은 대설로써 말한
것이다. 만약 반드시 대설로써 말한다면, 주자의 본설을 인용한다 하더라
도 잘못 오인한 병폐를 피하지 못할 것이다.501)

〈고봉 3-3-조열 8〉―제13조

"맹자는 떼어내어 말하였고 이천은 겸하여 말하였다." [고봉이] 주자의
설을 인용한 것은 5개조인데, 모두 본성과 기질의 설을 밝히고자 한 것이
니, 이른바 여분의 논의로 서로 밝히려 했던 것이지, 애당초 이것을 끌어들
여 정을 나눌 수 없다는 점을 밝히려 했던 것은 아니었다. 그런데 선생[퇴

---

500) 「高峯答退溪再論四端七情書」, 「條列」, (第八條・第十六條) 按鄙書所稟來辯之說, 不能無出
入, 及存省之功, 有所不可者, 乃率意妄肆之語, 固可恐懼. 然當時下語, 亦有所指而發, 目今
條列中, 七情不專是氣之說, 善惡未定之說, 猥蒙印可, 而第一書, 亦已修改, 則前日狂誕之言,
乃成虛說矣, 不須更以云云也.

501) 「高峯答退溪再論四端七情書」, 「條列」, (第十條・第十一條) 大升謂泛論則無不可者, 以其因
說者而言之也, 著圖則有未安者, 以其對說者而言之也. 若必以對說者而言之, 則雖用朱子本
說, 恐未免錯認之病.

계]은 도리어 분별을 주장하는 뜻으로 이 조를 의심하여 "끝내 따를 수 없는 부류"로 취급하였으니, 내[고봉]의 어리석고 고루한 설이라면 취하지 않아도 되겠지만 주자의 말인데 어찌하겠는가? 이것은 사사로움 없이 도를 밝히는 뜻이 아닌 듯하다. 만약 반드시 이 말을 취하여 궁구하려 한다면, 맹자가 한쪽만을 떼어내 성의 근본을 말한 것은 물속에 나아가 하늘에 있는 달이라고 가리켜 말함과 같고, 이천이 기질을 겸하여 말한 것은 물속의 달을 달이라고 가리킨 것과 같으니, 이것이 분리할 수 없는 까닭이다. 만약 기는 스스로 기이고 성은 스스로 성이라고 한다면, 마치 물은 스스로 물이고 달은 스스로 달이어서 서로 섞일 수 없는 것과 같을 것이다. 내[고봉]의 견해는 이와 같으니 가부를 결정해주면 어떻겠는가?[502)

〈고봉 3-3-조열 9〉－제15조

이 장의 뜻은 본래 사람들의 마음으로 하여금 올바름을 얻어 거울처럼 텅 비고 저울처럼 공평하여 사물과 감응할 즈음에 모두 절도에 맞게 하고자 한 것이다. 만약 측은해서는 안 될 때 먼저 측은한 마음을 갖거나, 수오해서는 안 될 때 먼저 수오한 마음을 갖는다면, 아마도 그 올바름을 얻지 못할 것이다. 「정성서」에서 이른바 "노여움을 잊는다."라는 것은 절도에 들어맞지 않는 경우를 가리켜 말한 것인데, 이것을 인용하여 운운하니 역시 이해하지 못하겠다. 만약 그렇지 않다고 여긴다면, 『어류』에서 이른바 "기쁜 일이 있을 때 노여운 마음으로 인하여 마땅히 기뻐할 곳을 잊어

---

502)「高峯答退溪再論四端七情書」,「條列」, (第十三條) 孟子剔言, 伊川兼言. 大升引朱子說凡五條, 皆欲發明本性氣質之說, 所謂餘論相發者, 初非有意於引此以明情之不可分也. 先生反以主張分別之意, 而乃倂此條疑之, 置之於終不能從之類, 雖大升之愚陋, 在所不取, 而其如朱子之言何哉. 恐非明道無私之旨也. 若必欲就此言而窮究之, 則孟子剔出而言性之本者, 似就水中而指言天上之月也, 伊川兼氣質而言者, 則乃就水中而指其月耳, 此所以爲不可離也. 若氣自是氣, 性自是性之云, 則正如水自是水, 月自是月, 固不相夾雜者也. 鄙見如是, 伏乞批鑿可否, 何如.

서도 안 되고, 노여운 일이 있을 때 기쁜 일로 인하여 노여움을 잊어서도 안 된다."라는 말이 「정성서」에서 말한 것과 과연 어떠한 차이가 있는지 모르겠다.503)

〈고봉 3-4-후론-사단부중절지설〉
〈고봉 3-4-후론-사단부중절지설 1〉

살피건대, 사단이 절도에 맞지 않는 경우도 있다는 말은 언뜻 보면 해괴해서 내[고봉]의 생각에도 [퇴계의] 인가를 받지 못할 것이라 의심하였는데, 지금 과연 그러하다. 그러나 내[고봉]의 말은 애당초 맹자의 본뜻이 이와 같다고 한 것이 아니고, 단지 보통사람들의 정에 이와 같음이 없을 수 없다고 한 것뿐이다. 그리고 그 말 또한 소종래가 있다. 『어류』에서 『맹자』의 사단을 논한 한 조는 "측은과 수오도 절도에 맞거나 절도에 맞지 않는 경우가 있다. 만약 측은해서는 안 될 때 측은해하거나, 수오해서는 안 될 때 수오한다면, 그것이 바로 절도에 맞지 않는 것이다."라고 말하였다. 이 것은 바로 맹자가 이미 말한 것에 대해 그 미비한 바를 밝힌 것으로서 상당히 의의가 있으니 깊이 살피지 않을 수 없다. 대개 맹자는 성선의 이치를 드러내어 밝히면서 사단으로써 그것을 말하였는데, 비록 선하지 않음이 없다고 하였으나 세밀한 곳까지는 말하지 않았다.504)

---

503) 「高峯答退溪再論四端七情書」, 「條列」, (第十五條) 且此章之旨, 本欲使人心得其正, 如鑑之空, 如衡之平, 而感物之際應之, 皆中其節也. 若不當惻隱時先有惻隱之心, 不當羞惡時先有羞惡之心, 亦恐不得其正也. 定性書所謂忘怒云者, 乃指不中節者而言, 引以云云, 亦不敢曉. 若以爲不然, 則語類所謂有件喜事, 不可因忿心來忘了所當喜處, 有件怒事, 不可因喜事來便忘了怒者, 與定性書所云, 未知果何如也.

504) 「高峯答退溪再論四端七情書」, 「四端不中節之說」, 按四端不中節之云, 乍看似可駭, 鄙意亦疑其未蒙印可, 今果然也. 然鄙說, 初亦不謂孟子本旨如是也, 特以常人之情, 不能無如是者耳. 而其說, 亦有所從來也. 語類亦孟子四端處一條曰, 惻隱羞惡, 也有中節不中節, 若不當惻隱而惻隱, 不當羞惡而羞惡, 便是不中節, 此乃就孟子所已言, 發明所未備, 極有意思, 不可不深察也. 蓋孟子發明性善之理, 而以四端言之, 其大槪, 雖曰無不善, 而亦未說到細密處也.

〈고봉 3-4-후론-사단부중절지설 2〉

자고로 성인과 현인은 적으나 어리석고 불초재[못난 사람]는 많으며, 생지재[타고난 재]는 적으나 학지재[배우는 재]와 곤지재[노력하는 재]는 많으니, 진실로 타고난 성인이 아니라면 그 발하는 사단이 어찌 반드시 순수한 천리를 지켜낼 수 있겠는가? 아마도 기품과 물욕의 가림이 없을 수 없을 것이다. 그런데 지금 이에 대해서는 살피지 않고, 사단은 선하지 않음이 없다고 하여 그것을 확충하려고만 한다면, 내[고봉]는 선을 밝히는 것이 극진하지 못하고 힘써 행하는 것이 혹 잘못될까 두렵다. 하물며 내[고봉] 같은 사람은 보통사람 중에서도 가장 낮은 자로서 기질이 잡박하고 물욕이 온 몸을 얽어매어, 일상에서 그 발하는 단서를 자세히 살펴보면 절도에 맞는 것이 적고 절도에 맞지 않는 것이 많다. 그러므로 지난번에 감히 이것을 물어 다행히 선생[퇴계]의 뜻에 부합되길 바랐다. 지금 주신 글을 자세히 보니 진실로 지당한 말이지만, 『어류』의 말로써 본다면 아마 이처럼 단정해서는 안 될 듯하다. 바라건대 정밀하게 살펴주면 어떻겠는가?505)

〈고봉 3-4-후론-건도립설〉
〈고봉 3-4-후론-건도립설 1〉

…… 항상 성과 정에 대한 설에 물음이 생겨서 다른 사람에게 물으면 모두 호씨의 설을 들어 응하였다. 그러나 내[고봉]의 마음에 의심이 있어 "정은 선하지 않음이 없으니, 사단은 본래 그렇지만 칠정은 또 어찌 선하

---

505) 「高峯答退溪再論四端七情書」, 「四端不中節之說」, 自古聖賢者少, 而愚不肖者多, 生知者少, 而學知困知者多. 苟非生知之聖, 其所發之四端, 安能必保其粹然天理乎. 亦恐不能無氣稟物欲之蔽也. 今乃不察乎此, 而徒以四端, 爲無不善, 而欲擴以充之, 則吾恐其明善之未盡, 而力行之或差也. 況如大升者, 在常人尤最下者, 氣質駁雜, 而物欲衰纏, 常於日用之間, 密察其所發之端, 則中節者少, 而不中節者多, 故前者敢以爲稟, 或意其幸有所契也. 今詳所論, 固爲至當, 然以語類觀之, 恐不可如是句斷也. 伏乞精察, 如何.

지 않음이 있는가?"라고 물으니, 응답자는 "칠정은 기에서 발하기 때문이
다."라고 답하였다. 내[고봉]는 더욱 의심이 되어 다른 사람들에게 다시 물
었으나 그들의 말도 모두 그러하여 물을 때마다 매번 그러하였고 다시 다
른 내용은 없었다. 이것이 진실로 믿어야 할 것 같기도 하였지만, 내[고봉]
마음속 깊이에서 그렇다고 여기지 못하여 때때로 성현의 글을 읽으면서
그 설을 궁구해보니 역시 부합하지 않는 바가 많이 있었다.506)

〈고봉 3-4-후론-건도립설 2〉
 …… 깨우쳐준 말을 보건대 편벽되고 치우친 폐단이 없지 않으니, 이것
은 바로 리와 기를 너무 나누어 말하는 잘못에 기인한 것이라 여겨진다.
제2조에서 "사람의 몸은 리와 기가 합하여 생겨난 것이기 때문에, 두 가지
가 호발하고[서로 발하고], 발할 때는 상수한다[서로 따른다]. 서로 발한다면
각각 주로 하는 바가 있음을 알 수 있고, 서로 따른다면 함께 그 안에 있
다는 것을 알 수 있다. ……"라고 한 것이 실로 병통의 근원이니 깊이 살
피지 않을 수 없다. 리와 기의 관계는 진실로 알기도 어렵고 말하기도 어
려워 전현들도 근심으로 여겼는데 하물며 후학[은 어떻겠는가]?507)

---

506) 「高峯答退溪再論四端七情書」, 「建圖立說, 固當爲知者而作, 不當爲不知者而廢」, …… 常
疑性情之說, 而問之於人, 則皆擧胡氏之說以應之. 大升心以爲疑而問之曰, 情無不善, 四端固
然, 若七情, 又何爲有不善耶, 應之者曰, 七情, 乃發於氣耳. 大升尤以爲疑, 又從而再問之他
人, 則其說皆然, 隨問輒然, 無復異趣. 此固若可信也, 而鄙心未敢深以爲然, 時時讀聖賢之書,
以求其說, 則亦多有所未合者.

507) 「高峯答退溪再論四端七情書」, 「建圖立說, 固當爲知者而作, 不當爲不知者而廢」, …… 竊
觀誨諭之說, 不無偏倚之弊, 此正坐太以理氣分說之失, 如第二條所謂人之一身, 理與氣合而
生, 故二者互有發用, 而其發又相須也. 互發則各有所主, 可知, 相須則互在其中, 可知云云
者, 實乃受病之原, 不可不深察也. 夫理氣之際, 知之固難, 而言之亦難, 前賢, 尙以爲患, 況
後學乎.

〈고봉 3-4-후론-건도립설 3〉

주자는 "기는 응결하고 조작할 수 있으나, 리는 정의도 계탁도 조작도 없다. 다만 이 기가 응취한 곳에는 바로 리가 그 속에 있다."라고 말한 것은 바로 이것을 말한 것이다. 그런데 지금 [퇴계는] "호발하고, 발할 때는 상수한다."라고 말하니, 이것은 리에 도리어 정의·계탁·조작이 있다는 것이고, 또한 리와 기의 두 가지가 마치 두 사람이 하나의 마음속에서 한 쪽씩 나누어 차지하고 있으면서 번갈아 나와 작용하여 서로 머리와 끝이 되는 것과 같다. 이것은 도리의 기틀이니 터럭만큼의 오류도 있어서는 안 된다. 만약 이곳에 오류가 있다면 오류가 없는 곳이 없을 것이다. 상세히 증명해주면 어떻겠는가?508)

7. 고봉 4서(병인년, 1566. 07. 15):「高峰答退溪書」(「사단칠정 후설」과 「사단칠정총론」을 포함)

〈고봉 4-1〉

지금까지 사단과 칠정의 설에 대하여 내[고봉]의 말이 막히는 것을 헤아리지도 않고 좁은 소견을 거의 남김없이 토로한 것은 오직 깨우쳐줌을 받아 참된 것을 구하고자 했기 때문이다. …… 한적한 틈에 다시 사색해보니 자못 지난날의 설에 궁구하지 못한 바가 있음을 알게 되었다. 그러므로 감히 「후설」한 편과 「총론」한 편을 적어 전하려 하였으나 인편이 없어 부치지 못했는데, 이번에 아울러 보낸다.509)

---

508) 「高峯答退溪再論四端七情書」,「建圖立說, 固當爲知者而作, 不當爲不知者而廢」, 朱子曰, 氣則能凝結造作, 理却無情意無計度無造作, 只此氣凝聚處, 理便在其中, 正謂此也. 今曰, 互有發用, 而其發又相須, 則理却是有情意有計度有造作矣, 又似理氣二者, 如兩人然, 分據一心之內, 迭出用事, 而互爲首從也. 此是道理築底處, 有不可以豪釐差者, 於此有差, 無所不差矣. 伏乞詳證, 何如.

509) 「高峯答退溪書」, 向來四七之說, 不揆鄙滯, 歷陳管見, 幾於傾倒無餘者, 惟欲仰承提誨, 以求

〈고봉 4-2-사단칠정후설〉
〈고봉 4-2-사단칠정후설 1〉

　사단칠정의 설에 대하여, 이전에는 칠정이 발하여 절도에 맞는 것은 사단과 다름이 없다고 생각했다. 그러므로 사단과 칠정을 각각 리와 기에 분속하는[나누어 귀속시키는] 것에 의심을 품고, 정의 발은 리와 기를 겸하고 선과 악이 있게 되는데, 사단은 오로지 리에서 발하여 선하지 않음이 없는 것만을 가리켜 말하고, 칠정은 진실로 리와 기를 겸하고 선과 악이 있는 것을 가리켜 말한다는 것이다. 만약 사단을 리에 귀속시키고 칠정을 기에 귀속시킨다면, 이것은 칠정의 리 한쪽을 사단이 차지하는 것으로 여기고 선과 악이 있는 것은 단지 기에서만 나오는 것처럼 보는 것이니, 이것은 언어에 의심이 없을 수 없다[고 생각했다]. 그러나 "사단은 리가 발한 것이고, 칠정은 기가 발한 것이다."라는 주자의 말을 반복하여 궁구해 보고서야 끝내 부합하지 않는 곳이 있음을 깨달았다. 다시 생각해 보니 내[고봉]의 지난 주장은 상세히 고찰하지 못하고 철저히 살피지 못한 것이었다.[510]

〈고봉 4-2-사단칠정후설 2〉

　맹자가 사단을 논하면서 "무릇 나에게 사단이 있는 것을 모두 확충할 줄 알아야 한다."라고 하였다. 이러한 사단이 있어 그것을 확충하고자 한다면, 사단은 리가 발한 것이란 말이 진실로 그럴듯하다. 정자가 칠정을 논하

眞是. …… 適因閑寂時, 復思索, 則頗見前日之說, 有所未究者. 故敢述後說一篇總論一篇, 欲以仰稟, 而無便未付, 今倂上呈.

510) 「高峰答退溪書」, 「四端七情後說」, 四端七情之說, 前此認得七情之發而中節者, 與四端不異, 故有疑於理氣之分屬, 以爲情之發也兼理氣有善惡, 而四端, 則專指其發於理而無不善者言之, 七情, 則固指其兼理氣有善惡者言之焉. 若以四端屬之理, 七情屬之氣. 則是七情理一邊, 反爲四端所占, 而有善惡云者, 似但出於氣. 此於語意之間, 不能無可疑者也. 然以朱子所謂四端是理之發, 七情是氣之發者, 參究反覆, 終覺有未合者. 因復思之, 乃知前日之說, 考之有未詳, 而察之有未盡也.

면서 "정이 너무 강하고서 더욱 방탕해지면 그 성에 해를 끼친다. 그러므로 깨달은 자는 그 정을 단속하여 절도에 맞게 하려 한다."라고 하였다. 무릇 칠정이 강성하고 더욱 방탕해지므로 사람들로 하여금 그것을 단속하여 절도에 맞게 하려 하였으니, 그렇다면 칠정은 기가 발한 것이란 말이 또한 그럴듯하지 않겠는가? 이렇게 보면 사단과 칠정이 각각 리와 기에 분속되는 것은 의심의 여지가 없고, 사단과 칠정이라 이름 붙인 뜻도 진실로 그럴만한 까닭이 있으니 살피지 않을 수 없다. 그러나 칠정이 발하여 절도에 맞는 것은 애당초 사단과 다르지 않다. 대개 칠정이 비록 기에 속하더라도 리가 본래 그 가운데 있다. 그것이 발하여 절도에 맞는 것은 천명의 성이고 본연의 체이니, 그렇다면 어찌 이것을 기가 발한 것이라 하여 사단과 다르다고 말할 수 있겠는가? 보내온 글에서 "맹자의 기쁨, 순 임금의 노여움, 공자의 슬픔과 즐거움은 바로 기가 리에 따라 발한 것이어서 터럭만큼의 장애도 없다."라는 말과 "각각 소종래가 있다."라는 등의 말은 모두 편치 않은 듯하다. 무릇 발하여 모두 절도에 맞는 것을 화라 일컬으며, 화는 이른바 '달도[언제 어디서나 두루 통하는 도]'이다. 만약 과연 보내온 말대로라면 달도 역시 기가 발한 것이라고 일컬을 수 있는가? 이 또한 살피지 않을 수 없다.[511]

〈고봉 4-2-사단칠정후설 3〉

주자가 일찍이 "천지지성을 논할 때는 오로지 리만 가리켜 말하고, 기질지성을 논할 때는 리와 기를 섞어서 말하는 것이다."라고 말하였으니, 이것

---

511) 「高峰答退溪書」, 「四端七情後說」, 孟子論四端, 以爲凡有四端於我者, 知皆擴而充之. 夫有是四端, 而欲其擴而充之, 則四端是理之發者, 是固然矣. 程子論七情, 以爲情旣熾而益蕩, 其性鑿矣, 故覺者約其情, 使合於中. 夫以七情之熾而益蕩, 而欲其約之以合於中, 則七情是氣之發者, 不亦然乎. 以是而觀之, 四端七情之分屬理氣, 自不須疑, 而四端七情之名義, 固各有所以然, 不可不察也. 然而七情之發而中節者, 則與四端初不異也, 蓋七情雖屬於氣, 而理固自在其中, 其發而中節者, 乃天命之性本然之體, 則豈可謂是氣之發而異於四端耶. 來書謂孟子之喜舜之怒孔子之哀與樂, 是氣之順理而發, 無一毫有碍, 及各有所從來等語, 皆覺未安. 夫發皆中節, 謂之和, 而和卽所謂達道也. 若果如來說, 則達道亦可謂是氣之發乎. 此又不可不察也.

이 바로 리발과 기발에 대한 논의이다. 내[고봉]가 일찍이 이 말을 인용하여 "리의 발이라는 것은 오로지 리만 가리켜 말한 것이고, 기의 발이라는 것은 리와 기를 섞어서 말한 것이다"라고 하였던 것은 이치에 크게 어긋나지 않는데 [퇴계]가 받아들이지 않았다. …… 보내온 변론에서 이른바 "정에 사단과 칠정의 구분이 있는 것은 마치 성에 본성과 기품의 다름이 있는 것과 같다."라는 것은 내[고봉]의 견해와 다르지 않은 것 같은데, 어찌 살피지 않고 "근본은 같으나 나아간 곳이 다르다."라고 하는지 알 수 없다. 이른바 "기질지성은 리와 기를 섞어서 말한 것이다."라는 것은, 대개 본연지성이 기질 가운데 떨어져 있기 때문에 "섞어서 말한다."라고 하는 것이다. 그러나 기질지성의 선한 것이 바로 본연지성이지 따로 하나의 성이 있는 것이 아니다. 그렇기 때문에 내가 "칠정이 발하여 절도에 맞는 것은 사단과 실체는 같지만 이름이 다른 것이다."라고 말한 것은 아마도 이치에 해가 되지 않을 듯하다. 다만 사단과 칠정이나 리와 기에 대한 변론에 끊고 맺음이 분명하지 못했기 때문에 그 말이 한 편으로 치우쳤고 말하는 사이에 잃음이 없지 않았다.[512]

〈고봉 4-3-사단칠정총론〉
〈고봉 4-3-사단칠정총론 1〉
주자는 "사람은 천지의 중을 받아 태어나므로, [바깥 사물에] 감응하기 전에는 순수하고 지극히 선하여 모든 이치를 갖추고 있으니 이것이 이른

---

512) 「高峰答退溪書」,「四端七情後說」, 朱子嘗曰, 論天地之性, 則專指理言, 論氣質之性, 則以理與氣雜而言之, 此正理發氣發之論也. 大升曾引此語, 以爲是理之發者, 專指理言, 是氣之發者, 以理與氣雜而言之者, 無甚碍理, 而不蒙察納. …… 來辨所謂情之有四端七情之分, 猶性之有本性氣稟之異者, 與鄙見似不異, 未知其何以不察, 以爲同而趨異耶. 夫所謂氣質之性, 以理與氣雜而言之者, 蓋以本然之性, 墮在氣質之中, 故謂雜而言之. 然氣質之性之善者, 乃本然之性, 非別有一性也. 然則鄙說謂七情之發而中節者, 與四端同實而異名云者, 疑亦未害於理也. 第於四端七情理氣之辨, 不能斷置分明, 故其說頗倚於一偏, 而辭氣之間, 亦不能無失.

바 성이다. 그러나 사람에게 이 성이 있으면 곧 이 형체가 있게 되고 이 형체가 있으면 바로 이 마음이 있게 되어 사물에 감응하지 않을 수 없고, 사물에 감응하여 움직이게 되면 성의 욕구가 생겨나 이에 선과 악이 갈라지는데, 성의 욕구가 이른바 정이다."라고 말하였다. 이 몇 마디 말은 사실 『악기』에 나온 동[움직임]과 정[고요함]의 뜻을 해석한 것으로서, 말은 비록 간략하나 이치는 모두 갖추어져 있어서, 성과 정에 대한 설을 철저히 설명하여 풀리지 않고 남은 것이 없다. 그러나 이른바 정이란 희·로·애·구·애·오·욕의 정으로서, 『중용』의 이른바 희·로·애·락과 동일한 정이다. 무릇 이 심[마음]이 있어 사물에 감응함이 없을 수 없으니 정이 리와 기를 겸하였다는 것을 알 수 있으며, 사물에 감응하여 움직이면 선과 악이 여기에서 나누어지니 정에 선과 악이 있다는 것 또한 알 수 있다. 희·로·애·락이 발하여 모두 절도에 맞는 것이 이른바 리이고 선이며, 발하여 절도에 맞지 않는 것은 바로 기품의 치우침으로 말미암아 선하지 않음이 있게 되는 것이다. 맹자의 이른바 사단이라는 것은, 리와 기를 겸하고 선과 악이 있는 정에 나아가 "리에서 발하여 선하지 않음이 없는 것만을 떼어내어 말한 것"이다. 대개 맹자는 성선[성의 선함]의 이치를 밝힘에 있어 사단으로써 말하였으니, 사단은 리에서 발하여 선하지 않음이 없다는 것 또한 알 수 있다.513)

---

513) 「高峰答退溪書」, 「四端七情總論」, 朱子曰, 人受天地之中以生, 其未感也, 純粹至善, 萬理具焉, 所謂性也. 然人有是性則卽有是形, 有是形則卽有是心, 而不能無感於物, 感於物而動, 則性之欲者出焉, 而善惡於是乎分矣, 性之欲, 卽所謂情也. 此數言者, 實釋樂記動靜之義, 語雖約, 而理則該, 其於性情之說, 可謂竭盡無餘蘊矣. 然其所謂情者, 喜怒哀懼愛惡欲之情也, 與中庸所謂喜怒哀樂者同一情也. 夫旣有是心而不能無感於物, 則情之兼理氣者, 可知也, 感於物而動, 而善惡於是乎分, 則情之有善惡者, 亦可知也, 而喜怒哀樂發皆中節者, 卽所謂理也善也. 而其發不中節者, 則乃由於氣稟之偏而有不善者矣. 若孟子之所謂四端者, 則就情之兼理氣有善惡上, 剔出其發於理而無不善者言之也. 蓋孟子發明性善之理, 而以四端爲言, 則其發於理而無不善者, 又可知也.

〈고봉 4-3-사단칠정총론 2〉

주자는 또 "사단은 리가 발한 것이고, 칠정은 기가 발한 것이다."라고 말하였다. 무릇 사단은 리에서 발하여 선하지 않음이 없는 것이며, 그것을 일컬어 '리의 발[리가 발한 것]'이라는 것은 진실로 의심할 수 없다. 칠정은 리와 기를 겸하고 선과 악이 있는 것이므로 그 발하는 것이 비록 기만은 아니지만 기질의 섞임이 없지 않기 때문에 그것을 일컬어 '기의 발[기가 발한 것]'이라고 한 것으로, 이것이 바로 기질지성에 대한 설과 같다. 대개 성이비록 본래 선하다 하더라도 기질에 떨어져 있으면 편벽됨이 없을 수 없기때문에, 그것을 기질지성이라 한 것이다. 칠정이 비록 리와 기를 겸하였다하더라도 리는 약하고 기가 강하므로 리가 기를 통제할 수 없어 쉽게 악으로 빠져들기 때문에, 그것을 기의 발이라고 한 것이다. 그러나 그것이 발하여 절도에 맞는 것은 리에서 발하여 선하지 않음이 없음이니, 이것은 사단과 애당초 다르지 않다. 다만 사단은 단지 리의 발이기 때문에 맹자의 생각은 사람들로 하여금 바로 그것을 확충하려 한 것이었으니, 배우는 자가이[사단]를 [어찌] 체인하고 확충하지 않을 수 있겠는가? 칠정은 리와 기의발을 겸해 갖고 있지만, 리의 발하는 바가 때로는 기를 주재할 수 없거나기의 유행이 도리어 리를 가릴 때도 있으니, 배우는 자가 칠정의 발함에있어 그것을 성찰하여 잘 다스리지 않아서야 되겠는가? 이것이 또 사단과칠정의 이름에 각각 까닭이 있는 것이니, 배우는 자가 진실로 이로 말미암아 그것[체인하고 확장하는 것]을 구할 수 있다면 얻는 바가 많을 것이다.…… 대개 칠정과 사단의 설은 각각 하나의 뜻을 밝힌 것이니, 뒤섞어 하나의 설로 만들어서는 안 될 것이다.514)

514) 「高峰答退溪書」, 「四端七情總論」, 朱子又曰, 四端是理之發, 七情是氣之發. 夫四端發於理而無不善, 謂是理之發者, 固無可疑矣. 七情兼理氣有善惡, 則其所發雖不專是氣, 而亦不無氣質之雜, 故謂是氣之發, 此正如氣質之性之說也. 蓋性雖本善, 而墮於氣質, 則不無偏勝, 故謂之氣質之性. 七情雖兼理氣, 而理弱氣强, 管攝他不得, 而易流於惡, 故謂之氣之發也. 然其發

8. 퇴계 4서(병인년, 1566. 10. 26) : 「退溪答高峰書」

〈퇴계 4〉

「사단칠정총설」과 「사단칠정후설」, 두 편은 의론이 상당히 명쾌하여 트집을 잡아 어지럽게 다투는 병통이 없고, 안목이 지극히 정당하여 밝고 광대한 근원을 보았으며, 또 옛 견해의 오류를 터럭만큼 세밀한 곳까지 분변하고 고치어 새로운 뜻을 따랐다. 이것은 더욱 사람들이 하기 어려운 바이니 참으로 훌륭하다. [고봉이] 논한 나[퇴계]의 설 가운데 "성현의 희 · 로 · 애 · 락"이라는 설과 "각자 소종래가 있다."라는 설 등에는 과연 편치 못함이 있는 듯하니, 감히 그 사이에 다시 생각해보지 않겠는가?515)

9. 퇴계 5서(병인년, 1566. 11. 06) : 「退溪與高峰書」

〈퇴계 5〉

희 · 로 · 애 · 락을 인 · 의 · 예 · 지에 배속하는 것은 진실로 그와 유사한 것 같지만 미진한 점이 있다. 지난 번 도[천명도] 가운데서는 그 유사함 때문에 시험 삼아 나누어 기록한 것뿐이고, 참으로 정해진 나눔이 있어 마치 사덕[원 · 형 · 이 · 정]이 인 · 의 · 예 · 지와 배합된다고 여긴 것은 아니다. [고봉이] "리의 발이란 오로지 리만을 가리켜 말한 것이고, 기의 발이란 리와 기를 섞어서 말한 것이다."라고 말하였는데, 내[퇴계]가 일찍이 이에 대

而中節者, 乃發於理而無不善, 則與四端初不異也. 但四端只是理之發, 孟子之意, 正欲使人擴而充之, 則學者可不體認而擴充之乎. 七情兼有理氣之發, 而理之所發, 或不能以宰乎氣, 氣之所流, 亦反有以蔽乎理, 則學者於七情之發, 可不省察以克治之乎. 此又四端七情之名義各有所以然者, 學者苟能由是以求之, 則亦可以思過半矣. …… 蓋七情四端之說, 各是發明一義, 恐不可滾合爲一說. 此亦不可不知者也.

515)「退溪答高峰書」, 四端七情總說後說兩篇, 議論極明快, 無惹纒紛挈之病. 眼目儘正當, 能獨觀昭曠之原, 亦能辨舊見之差於毫忽之微, 頓改以從新意. 此尤人所難者, 甚善甚善. 所論鄙說中, 聖賢之喜怒哀樂及各有所從來等說, 果似有未安, 敢不三復致思於其間乎.

해 "근본은 같으나 끝은 다르다."라고 한 것은 내[퇴계] 의견이 진실로 이 설과 같으니 이른바 "근본이 같다."라는 것이며, [그렇지만 고봉은] 이 설로 인하여 마침내 사단과 칠정을 결코 리와 기에 분속해서는[나누어 귀속시켜서는] 안 된다고 한 것은 이른바 "끝이 다르다."라는 것이었다.[516]

---

516) 「退溪與高峰書」, …… 其以喜怒哀樂配仁義禮智, 固有相似而未盡然, 向者圖中亦因其近似而聊試分書, 非以爲眞有定分配合, 如四德之與仁義禮智也. 其言是理之發, 專指理言, 是氣之發者, 以理與氣雜而言之. 滉曾以此言爲本同末異者, 鄙見固同於此說, 所謂本同也, 顧高明因此而遂謂四七必不可分屬理氣。所謂末異也.

제11장 이이와 성혼의 편지(1572년)

이황과 기대승의 사단칠정논쟁이 끝나고 6년이 지난 뒤였던 1572년(임신년)에, 이이와 성혼이 사단칠정에 대한 논의를 검토하면서 인심도심에 대해 편지를 통해 논의했던 것을 인심도심논쟁이라 일컫는다. 이이와 성혼은 1572년에 9번의 편지를 주고받았던 것으로 알려져 있으나, 오늘날 성혼의 편지들 가운데 3, 7, 8, 9번째 편지는 분실되어 전해지지 않는다. 여기에서는 인심도심론과 직접 관련된 내용만을 선별적으로 정리한 글이다. 아래에 언급된 편지들이 이 책에 포함되었다.

1. 성혼의 첫 번째 편지(우계 1서)
2. 이이의 첫 번째 편지(율곡 1서)
3. 성혼의 두 번째 편지(우계 2서)
4. 이이의 두 번째 편지(율곡 2서)
5. 성혼의 세 번째 편지(우계 3서) - 분실됨
6. 이이의 세 번째 편지(율곡 3서)
7. 성혼의 네 번째 편지(우계 4서)

8. 이이의 네 번째 편지(율곡 4서)

9. 성혼의 다섯 번째 편지(우계 5서)

10. 이이의 다섯 번째 편지(율곡 5서)

11. 성혼의 여섯 번째 편지(우계 6서)

12. 이이의 여섯 번째 편지(율곡 6서)

13. 성혼의 일곱 번째 편지(우계 7서) – 분실됨

14. 이이의 일곱 번째 편지(율곡 7서)

15. 성혼의 여덟 번째 편지(우계 8서) – 분실됨

16. 이이의 여덟 번째 편지(율곡 8서)

17. 성혼의 아홉 번째 편지(우계 9서) – 분실됨

18. 이이의 아홉 번째 편지(율곡 9서)

1. 우계의 첫 번째 편지(우계 1서)

〈우계 1-1〉

지금 『성학십도』의 「심성정도」를 보니 퇴계 노인이 이론을 세우면서 중간의 한 부분에 말하기를 "사단의 정은 리가 발함에 기가 따르는 것으로서 스스로 전적으로 선하며 악이 없다. 리가 발하였으나 이루어지지 않고 기에 의해 가려지면 선하지 않게 된다. 일곱 가지 정은 기가 발함에 리가 타는 것으로 이 또한 선하지 않음이 없다. 만약 기가 발하여 절도에 맞지 않고 그 리를 없애게 되면 버려져서 악이 된다."라고 주장하였다. 이것을 궁구해보면, 리와 기가 발하는 것이 애당초 모두 선하지 않음이 없지만, 기가 절도에 맞지 않게 되어 악으로 흐를 수 있음을 말하는 것이다.517)

〈우계 1-2-별지〉
〈우계 1-2-별지 1〉

마음의 허령과 지각은 하나일 뿐인데, 인심과 도심의 두 가지 이름이 있는 이유는 어째서인가? 그 이유는 인심은 형기의 사사로움에서 생겨나고 도심은 성명의 올바름에 근원하여 각각 기와 리의 발이 같지 않고, 위태로움과 미미함의 작용이 각각 다르기 때문이다. 그렇다면 [인심과 도심의 관계는] 이른바 사단과 칠정의 관계와 같은가? 지금 도심을 사단이라고 할 수는 있지만, 인심을 칠정이라고 할 수는 없다. 사단과 칠정은 모두 성에서 발한 것으로 발한 것이고 인심과 도심은 모두 심에서 발한 것으로 말한 것으로, 그 명목과 이름 사이에는 같지 않은 것이 있다.518)

---

517) 今看十圖心性情圖, 退翁立論, 則中間一端曰. 四端之情, 理發而氣隨之, 自純善無惡. 必理發未遂而揜於氣, 然後流爲不善. 七者之情, 氣發而理乘之, 亦無有不善. 若氣發不中而滅其理, 則放而爲惡云. 究此議論, 以理氣之發當初皆無不善, 而氣之不中, 乃流於惡云矣.

518) 心之虛靈知覺, 一而已矣, 而有人心道心之二名, 何歟. 以其或生於形氣之私, 或原於性命之正,

〈우계 1-2-별지 2〉

인심의 발과 도심의 발은 본래 기를 주로 하느냐 또는 리를 주로 하느냐에 따라 다르다. …… 지금 사단과 칠정에 대한 그림을 그려 리가 발한다거나 기가 발한다고 말하는 것이 어찌 옳지 않겠는가? 리와 기의 호발은 천하의 정해진 이치이니 퇴계의 견해 역시 정당하다. 그러나 기가 따른다거나 리가 탄다고 말하는 것은 바로 그 자체로 끌어들이는 것이 너무 길어 명분과 이치를 잃었다. 내[우계] 생각으로는 사단과 칠정을 서로 대비시켜 "사단은 리에서 발하고, 칠정은 기에서 발한다."라고 할 수는 있지만, 성과 정에 대한 그림에서 분리시켜 그리는 것은 안 된다. 다만 [그림에서] 사단과 칠정을 모두 정의 영역에 두고 "사단은 칠정 가운데 리의 한쪽이 발한 것을 가리켜 말한 것이고, 칠정이 절도에 맞지 않는 것은 기가 지나치거나 미치지 못해 악으로 흐른 것이다."라고 말한다면, 리의 발과 기의 발을 섞을 염려도 없고 두 갈래로 나눌 염려도 없을 것이다.519)

2. 율곡의 첫 번째 편지(율곡 1서)

〈율곡 1-1〉

마음은 하나인데 도심이라고도 하고 인심이라고도 하는 것은 그것이 성명과 형기로 구별될 수 있기 때문이다. 정은 하나인데 사단이라고도 하고

理氣之發不同, 而危微之用各異, 故名不能不二也. 然則與所謂四端七情者同耶. 今以道心謂之四端可矣, 而以人心謂之七情則不可矣. 且夫四端七情, 以發於性者而言也. 人心道心, 以發於心者而言也, 其名目意味之間, 有些不同焉.

519) 人心道心之發, 其所從來固有主氣主理之不同. …… 則今爲四端七情之圖, 而曰 發於理, 發於氣, 有何不可乎. 理與氣之互發, 乃爲天下之定理, 而退翁所見亦自正當耶. 然氣隨之理乘之之說, 正自拖引太長, 似失於名理也. 愚意以爲四七對擧而言, 則謂之四發於理, 七發於氣, 可也, 爲性情之圖, 則不當分開. 但以四七俱置情圈中而曰 四端指七情中理一邊發者而言也, 七情不中節, 是氣之過不及而流於惡, 云云. 則不混於理氣之發, 而亦無分開二岐之患否耶.

칠정이라고도 하는 것은 리만을 말하는 것과 기를 겸해서 말하는 것이 다르기 때문이다. 그러므로 인심과 도심은 서로 겸하지 못하고 처음과 끝이 되는 반면에, 사단은 칠정을 겸할 수 없지만 칠정은 사단을 겸할 수 있다.520)

〈율곡 1-2〉

인심과 도심이 서로 처음과 끝이 된다는 것은, 도심이 성명의 올바름에서 곧바로 나왔더라도 사사로운 뜻이 섞이는 경우에는 도심으로 시작했으나 인심으로 끝날 수 있으며, 인심이 형기에서 나왔더라도 바른 이치에 맞으면 도심이라 할 수 있고, 또한 바른 이치를 거스르더라도 그릇됨을 알아 욕구를 따르지 않으면 도심으로 끝날 수 있다는 말이다.521)

〈율곡 1-3〉

무릇 인심과 도심은 정만을 가리키는 것이 아니라 정과 의를 겸해서 말한 것이다. [반면에] 칠정은 사람의 마음이 움직이는 가운데 있는 일곱 가지의 정을 통틀어 말한 것이고, 사단은 칠정 가운데에서 선한 것만을 취하여 말한 것으로서, 인심과 도심을 서로 대비하여 말한 것과는 다르다. 또한 정은 [의처럼] 발출하고 헤아리고 비교하기 이전으로서, 인심과 도심이 서로 시작이 되고 끝이 되는 것과는 다르다. 그러므로 양쪽을 말하려면 인심과 도심의 설을 따라야 하고, 선한 측면만을 말하려면 사단의 설을 따라야 하며, 선함과 악함을 겸하려면 칠정의 설을 따라야 한다.522)

---

520) 心一也而謂之道謂之人者, 性命形氣之別也. 情一也而或曰四或曰七者, 專言理兼言氣之不同也. 是故人心道心不能相兼而相爲終始焉, 四端不能兼七情, 而七情則兼四端.

521) 人心道心相爲終始者, 何謂也. 今人之心直出於性命之正, 而或不能順而遂之, 閒之以私意, 則是始以道心, 而終以人心也. 或出於形氣, 而不咈乎正理, 則固不違於道心矣. 或咈乎正理, 而知非制伏, 不從其欲, 則是始以人心, 而終以道心也.

522) 蓋人心道心兼情意而言也, 不但指情也. 七情則統言人心之動, 有此七者四端, 則就七情中擇其善一邊而言也, 固不如人心道心之相對說下矣. 且情是發出惢地, 不及計較, 則又不如人心

〈율곡 1-4〉

사단과 칠정의 관계는 본연지성과 기질지성의 관계와 같다. 본연지성은 기질을 겸한 것이 아닌 반면에, 기질지성은 본연지성을 겸한 것이다. 그러므로 사단은 칠정을 겸할 수 없지만, 칠정은 사단을 겸한다. "[사단은] 리에서 발하고, [칠정은] 기에서 발한다."는 주자의 말은 대강 말한 것이므로, 보이는 대로 받아들여서는 안 된다.523)

〈율곡 1-5〉

퇴계는 선을 사단에 귀속시키면서 "칠정에도 선하지 않은 것이 없다."라고 말하였다. 이것은 사단 외에도 선한 정이 있다는 것인데, 이 정은 어디에서 나왔다는 것인가?524)

〈율곡 1-6〉

사람의 정이 인·의·예·지에 근본하지 않고 어떻게 선한 정이 되겠는가? …… 선한 정에는 이미 사단이 있는데, 사단 밖에도 선한 정이 있다면, 사람의 마음에 두 개의 근본이 있다는 것이니 옳지 않다.525)

道心之相爲終始矣. 烏可强就而相準耶. 今欲兩邊說下, 則當遵人心道心之說, 欲說善一邊, 則當遵四端之說, 欲兼善惡說, 則當遵七情之說, 不必將柄就鑿, 紛紛立論也.

523) 四端七情正如本然之性氣質之性, 本然之性, 則不兼氣質而爲言也. 氣質之性, 則却兼本然之性. 故四端不能兼七情, 七情則兼四端. 朱子所謂發於理發於氣者, 只是大綱說, 豈非後人之分開太甚乎. 學者活看可也.

524) 且退溪先生旣以善歸之四端, 而又曰, 七者之情, 亦無有不善. 若然則四端之外, 亦有善情也, 此情從何而發哉.

525) 人情安有不本於仁義禮智而爲善情者乎. …… 善情旣有四端, 而又於四端之外有善情, 則是人心有二本也, 其可乎.

⟨율곡 1-7⟩

대체로 "미발[아직 발하지 않은 것]"은 성이고, "이발[이미 발한 것]"은 정이며, 발해서 "계교상량[견주어보고 헤아려보다]"하는 것은 의이다. 심은 성·정·의를 주재하는 것이며, 아직 발하지 않은 것과 이미 발한 것, 그리고 헤아리는 것은 모두 심이라 말할 수 있다. 발하는 것은 기이고, 발하게 하는 까닭은 리이다.526)

⟨율곡 1-8⟩

발하여 바른 이치에서 곧게 나와 기가 작용하지 않은 것은 도심이며, 칠정의 선한 측면이다. 발하여 기가 이미 작용하는 것은 인심이고, [인심은] 칠정의 선함과 악함을 겸한 것이다. 기의 작용을 알고 자세히 살펴서 바른 이치로 나아가면 인심은 도심에게 명을 듣게 되며, 자세히 살피지 못해서 그 방향만을 알게 되면 정이 이기고 욕구가 격렬해져 인심은 더욱 위태로워지고 도심은 더욱 은미해진다. 자세히 살피느냐 못하느냐 하는 것은 모두 의가 하는 것이다.527)

⟨율곡 1-9⟩

만약 "사단은 리가 발함에 기가 따르고, 칠정은 기가 발함에 리가 탄다."라고 말한다면, 이것은 리와 기가 두 가지라는 것이다. …… [그러나] 사람의 심에 어찌 두 가지 근본이 있겠는가? 수없이 많은 정들이 있지만, 그것들은 모두 리에서 발한 것이다. 단지 어떤 경우에는 기가 가려져 작용하고

526) 大抵未發則性也, 已發則情也, 發而計較商量則意也. 心爲性情意之主, 故未發已發及其計較, 皆可謂之心也. 發者氣也, 所以發者理也.
527) 其發直出於正理而氣不用事則道心也, 七情之善一邊也. 發之之際, 氣已用事則人心也, 七情之合善惡也. 知其氣之用事, 精察而趣乎正理, 則人心聽命於道心也, 不能精察而惟其所向, 則情勝慾熾, 而人心愈危, 道心愈微矣. 精察與否, 皆是意之所爲.

어떤 경우에는 가려지지 않아 리의 명을 듣기 때문에 선함과 악함의 차이
가 있는 것이다.[528]

〈율곡 1-10〉

별지에서 [우계가] 한 말은 대체로 옳다. 하지만 "사단과 칠정은 성에서
발하고, 인심과 도심은 심에서 발한다."라고 말하는 것은 심과 성을 두 갈
래로 나누는 것이므로 잘못이다. 성은 심 가운데 있는 리이며, 심은 성을
담아두는 그릇이다. 어찌 성에서 발하고 심에서 발한다는 구별이 있겠는
가? 인심과 도심은 모두 성에서 발한 것이지만, 기에 의해 가려지는 것은
인심이고, 기에 의해 가려지지 않는 것은 도심이다.[529]

3. 우계의 두 번째 편지(우계 2서)

〈우계 2-1〉

나[우계]는 퇴계의 이론이 선명치 않다고 늘 생각했던 반면에, 고봉의 논
변을 매번 읽으면서 명백해서 의심의 여지가 없다고 생각했다. 그런데 최
근에 주자의 인심도심설을 읽다보니 "혹생혹원[인심은 형기의 사사로움에서 생
겨나고 도심은 성명의 올바름에 근원한다]"에 대한 논의가 있는데, 이것이 퇴계
의 뜻과 합치되는 것 같았다. 많은 논의가 없던 순 임금 때에 이미 이러한
리기호발설이 있었으니, 퇴계 노인의 견해는 바꿀 수 없다고 여겼다. [그런
데 지금 고봉의 견해를 따르던] 예전을 버리고 [퇴계의 견해]를 따르려 하

---

528) 今若曰, 四端理發而氣隨之, 七情氣發而理乘之, 則是理氣二物, …… 人心豈非二本乎. 情雖
萬般, 夫孰非發於理乎. 惟其氣或揜而用事, 或不揜而聽命於理, 故有善惡之異.

529) 別紙之說, 大槪得之, 但所謂四七發於性, 人心道心發於心者, 似有心性二歧之病, 性則心中之
理也. 心則盛貯性之器也, 安有發於性發於心之別乎. 人心道心皆發於性, 而爲氣所揜者爲人
心, 不爲氣所揜者爲道心.

는데, [이에 대한 율곡의 의견을 묻고 싶다]. …… 내[우계]가 묻는 이유는
사단·칠정의 의미나 뜻이 인심·도심의 의미나 뜻과 같은지 다른지를 파
악함으로써, 리와 기가 호발한다[서로 발한다]는 이론이 과연 적절한가를 알
고 싶기 때문이다.530)

〈우계 2-2〉

사단과 칠정은 인심과 도심과 같지 않지만, 모두 성과 정의 작용을 말한
것이다. 만약 리기호발설이 천하의 정해진 이치가 아니라면, 주자가 어찌
이런 말을 했겠는가?531)

〈우계 2-3〉

인심과 도심이 심에서 발한다고 말하는 것은, 사단-칠정이 성에서 발한
다는 조목과 의미의 차이가 있어 같지 않다고 말할 뿐이지 인심과 도심이
심에서만 발하므로 성과 정에 관여하지 않는다고 말하는 것은 아니다. 편
지에서, 정과 의를 겸해 말한 점이 바로 내 견해와 차이가 있어 같지 않지
만, [내가 그 차이점을] 설명하지 못할 뿐이다.532)

---

530) 渾於退溪之說, 常懷未瑩, 每讀高峯之辨, 以爲明白無疑也. 頃日讀朱子人心道心之說, 有或生
    或原之論, 似與退溪之意合. 故慨然以爲在虞舜無許多議論時, 已有此理氣互發之說, 則退翁
    之見, 不易論也. 反欲棄舊而從之, 故敢發問於高明矣. …… 渾之發問, 乃欲知四七之與人心
    道心意味旨意之同不同, 以爲理氣互發之論, 果合於此否也.

531) 大抵四七之與人心道心, 雖其立言意味之差不同, 皆其說性情之用耳. 然則若非理氣互發之說
    爲天下之定理, 則朱子何以有此言耶.

532) 愚意以爲人心道心, 以其發於心者而言也, 則與四七之發於性之目, 意味差不同云耳, 非謂人
    心道心只發於心而不與性情干涉也. 來喩兼情意而爲言者, 正是鄙見差不同者, 而在渾不能說
    出耳.

〈우계 2-4〉

　고봉의 「사단칠정설」에 "인심과 도심에 대해서는 그렇게 말할 수도 있지만, 사단과 칠정에 대해서는 그렇게 말할 수 없다."라고 했는데, 나[우계]는 "인심과 도심을 논함에 있어서 그렇게 말할 수 있다면, 사단과 칠정을 논함에도 또한 그렇게 말할 수 있다."라고 생각한다. 왜 그렇게 말할 수 없겠는가? 이에 대해 답변해주길 바란다. 또한 성을 주리[리를 주로 한다] 주기[기를 주로 한다]로 구분할 수 있다면, 정의 발함을 왜 주리 주기로 구분하지 못하겠는가?[533]

4. 율곡의 두 번째 편지(율곡 2서)

〈율곡 2-1〉

　심·성·정에 대해 확실한 견해가 없는 것은 아마도 리와 기라는 두 글자에 대해 아직 명쾌하지 않은 바가 있기 때문이다.[534]

〈율곡 2-2〉

　리는 기의 주재자이며, 기는 리가 올라타는 것이다. 리가 아니면 기는 뿌리박을 곳이 없고, 기가 아니면 리는 의지할 곳이 없다. 이것들은 두 가지 [서로 다른] 것이 아니며, 또한 하나의 [동일한] 것도 아니다. 하나의 [동일한] 것이 아니기 때문에 하나이면서 둘이고, 두 가지 [서로 다른] 것이 아니기 때문에 둘이면서 하나이다. 하나의 것이 아니라는 것은 무엇을 말하는 것인가? 리와 기는 비록 서로 섞일 수 없더라도 오묘하게 합쳐진

---

533) 高峯四七說曰, 論人心道心, 則或可如此說, 若四端七情, 則恐不得如此說. 愚意以爲論人心道心, 可如此說, 則論四端七情, 亦可如此說也. 如何而不得如此說耶. 此處願賜解釋歸一之論, 至祝至祝. 愚以爲於性亦有主理主氣之分言, 則於發於情也, 何以無主理主氣之異乎.

534) ……… 而尙於心性情, 無的實之見者, 恐是於理氣二字, 有所未透故也.

가운데 리는 스스로 리이고 기는 스스로 기이므로 서로 섞이지 않기 때문에 하나의 [동일한] 것이 아니다. 두 가지 [서로 다른] 것이 아니라는 것은 무엇을 말하는 것인가? 비록 "리는 스스로 리이고 기는 스스로 기이다."라고 말하더라도, 섞여서 빈 곳이 없고 앞과 뒤도 없고 분리되거나 합쳐지지도 않으며, 두 가지 것으로 보이지 않기 때문에 두 가지 것이 아니다. 그러므로 움직임과 고요함에 실마리가 없고 음양에 시작이 없으며, 리에 시작이 없기 때문에 기에도 역시 시작이 없다.535)

〈율곡 2-3〉

리는 하나일 뿐이며, 본래 치우침과 바름, 통함과 막힘, 맑음과 흐림, 순수함과 뒤섞임의 차이가 없다. 그러나 리에 올라탄 기는 올라가고 내려가고, 날고 날리고, 일찍이 그치거나 쉰 적도 없고 뒤섞여 가지런하지도 않으며, 이것이 천지와 만물을 낳아, 때로는 바르거나 치우치며, 때로는 통하거나 막히며, 때로는 맑거나 탁하며, 때로는 순수하거나 섞인다. 그러므로 리는 비록 하나이지만 기에 태워지면 그 나뉨이 만 가지로 다르다. 따라서 [그 리가] 천지에 있으면 천지의 리가 되고 만물에 있으면 만물의 리가 되며, 우리 사람에게 있으면 우리 사람의 리가 된다. 그러므로 만 가지로 달라 가지런하지 않은 것은 기가 하는 것이다. 비록 기가 하는 것이라 하지만 [그것에는] 반드시 그것의 주재자 되는 리가 있으니, 만 가지로 달라 가지런하지 않은 까닭도 역시 리가 마땅히 그와 같기 때문이니, 리가 그와 같지 않은데 기만이 홀로 그와 같은 것은 아니다.536)

---

535) 夫理者氣之主宰也, 氣者理之所乘也. 非理則氣無所根柢, 非氣則理無所依著. 旣非二物, 又非一物. 非一物, 故一而二, 非二物, 故二而一也. 非一物者, 何謂也. 理氣雖相雜不得, 而妙合之中, 理自理, 氣自氣, 不相挾雜, 故非一物也. 非二物者, 何謂也. 雖曰, 理自理, 氣自氣, 而渾淪無間, 無先後, 無離合, 不見其爲二物, 故非二物也. 是故, 動靜無端, 陰陽無始, 理無始, 故氣亦無始也.

〈율곡 2-4〉

천지와 만물이 비록 각자 [하나씩의] 리를 갖지만, 천지의 리는 곧 만물의 리이며, 만물의 리는 곧 우리 사람의 리이다. 이것이 이른바 '통체일태극[전체가 하나의 태극이다]'이라는 것이다. 비록 리가 하나일지라도 사람의 성은 사물의 성이 아니고 개의 성은 소의 성이 아니며, 이것이 이른바 '각일기성[각자 하나의 성을 갖는다]'이라는 것이다.[537]

〈율곡 2-5〉

리와 기는 천지의 부모이며 천지는 또한 사람과 사물의 부모이다. 천지는 지극히 바르고 지극히 통한 기를 얻었기 때문에 일정한 성이 있고 변함이 없으며, 만물은 치우치고 막힌 기를 얻었기 때문에 역시 일정한 성이 있고 변함이 없다. …… 오직 사람만은 바르고 통한 것을 얻었지만, 맑거나 탁하며 순수하거나 뒤섞이기도 하고 만 가지로 같지 않아 천지의 순일함과는 같지 않다. 다만 심이라는 것은 허령하고[텅 비어 신묘하고] 통철하여 [환히 통하여] 모든 리가 갖추어져 있어, 탁한 것도 변하여 맑아지고 뒤섞인 것도 변하여 순수해질 수 있다. 그러므로 수행하여 공을 이루는 것은 오직 사람에게만 있고, 수행하여 극에 도달하면 천지를 제자리 잡게 하고 만물을 기르는 데 이르며, 그런 뒤에야 우리가 할 수 있는 일들이 마쳐진다.[538]

536) 夫理一而已矣, 本無偏正通塞淸濁粹駁之異. 而所乘之氣, 昇降飛揚, 未嘗止息, 雜糅參差, 是生天地萬物, 而或正或偏, 或通或塞, 或淸或濁, 或粹或駁焉. 理雖一而旣乘於氣, 則其分萬殊. 故在天地而爲天地之理, 在萬物而爲萬物之理, 在吾人而爲吾人之理, 然則參差不齊者, 氣之所爲也. 雖曰氣之所爲, 而必有理爲之主宰, 則其所以參差不齊者, 亦是理當如此, 非理不如此而氣獨如此也.

537) 天地人物, 雖各有其理, 而天地之理, 卽萬物之理, 萬物之理, 卽吾人之理也, 此所謂統體一太極也. 雖曰一理, 而人之性, 非物之性, 犬之性, 非牛之性, 此所謂各一其性者也.

538) 推本則理氣爲天地之父母, 而天地又爲人物之父母矣. 天地, 得氣之至正至通者, 故有定性而無變焉. 萬物, 得氣之偏且塞者, 故亦有定性而無變焉. …… 惟人也得氣之正且通者, 而淸濁粹駁, 有萬不同, 非若天地之純一矣. 但心之爲物, 虛靈洞徹, 萬理具備, 濁者可變而之淸,

〈율곡 2-6〉

사람 가운데 성인이 있어, 성인만이 지극히 통하고 지극히 바르고 지극히 맑고 지극히 순수한 기를 얻어 천지와 덕이 합치하므로, 성인은 또한 일정한 성이 있고 변함이 없다. …… 그렇다면 천지는 성인이 본받는 법칙이고, 성인은 여러 사람들이 본받는 법칙으로, 이른바 '수위지술[수양하고 공부하는 방법]이란 성인이 이미 이뤄놓은 법도를 잣대로 삼는다는 것에 불과하다. 그런데 만물은 그 성이 온전한 덕을 부여받지 못하며 그 심이 여러 이치에 통하지 못한다. 풀과 나무가 완전히 막힘은 본디 말할 것도 없다. 새와 짐승 중에 혹 하나의 길이 통한 경우가 있는데 [이것들의 예를 들자면], 호랑이에게는 아비와 자식의 친애[부자유친]가 있고, 벌과 개미에게는 임금과 신하의 의리[군신유의]가 있고, 기러기에게는 형제의 순서가 있고, [새의 일종인] 저구에게는 부부의 구별이 있으며, 둥지나 굴에서 사는 것은 지혜가 있으며, 때를 맞춰 나오는 벌레는 믿음이 있다. 그러나 이것들은 모두 자기를 변화시켜 통하게 할 수 없으니, 각자 그 성을 이루는 것은 다만 사람들이 참여하여 도와 기르는 공로에 있을 뿐이다.[539]

〈율곡 2-7〉

무릇 사람은 천지가 이끄는 것을 부여받아 성을 이루고 천지에 가득한 것을 나누어 받아 형태를 이룬다. 따라서 심의 작용은 곧 천지의 조화이고 천지의 조화에는 두 개의 근본이 없기 때문에, 심의 발함에도 두 개의 근

駁者可變而之粹. 故修爲之功, 獨在於人, 而修爲之極, 至於位天地育萬物, 然後吾人之能事畢矣.

539) 於人之中, 有聖人者, 獨得至通至正至淸至粹之氣, 而與天地合德, 故聖人亦有定性而無變. …… 然則天地聖人之準則, 而聖人衆人之準則也. 其所謂修爲之術, 不過按聖人已成之規矩而已. 若萬物則性不能稟全德, 心不能通衆理, 草木之全塞, 固不足道矣. 禽獸之或通一路者, 有虎狼之父子, 蜂蟻之君臣, 雁行有兄弟之序, 雎鳩有夫婦之別, 巢穴有預知之智, 候蟲有俟時之信. 而皆不可變而通之, 其得各遂其性者, 只在吾人參贊化育之功而已.

원이 없다. 사람이 태어나 고요한 것은 하늘의 성이고, 바깥 사물에 감응하여 움직인 것은 그 성의 욕구이다. 바깥 사물에 감응하여 움직일 때 인에 안주하길 원하고, 의로 말미암길 원하고, 예로 돌아가길 원하고, 이치를 연구하길 원하고, 충성스럽고 믿길 원하고, 부모에게 효도하길 원하고, 군주에게 충성하길 원하고, 집을 바르게 하길 원하고, 형을 공경하길 원하고, 친구에게 착한 일을 할 것을 권하길 원하니, 이런 것들을 도심이라 한다. 감응하여 움직이게 하는 것은 본디 형기이지만, 그것들이 발할 때 인·의·예·지의 바름에서 곧게 나와 형기가 가리지 못하기 때문에, 리에 의해 주재되는 것을 도심이라고 말한다. 그러나 만약 때로 배고프면 먹길 원하고, 추우면 옷을 입길 원하고, 목마르면 마시길 원하고, 가려우면 긁길 원하고, 눈은 색을 원하고, 귀는 소리를 원하고, 팔다리는 편안함을 원하니, 이런 것들을 인심이라고 합니다. 그 근원이 비록 천성에 바탕을 두었을지라도 그것들이 발할 때 귀와 눈과 팔다리의 사사로움으로 말미암고 천리의 본연이 아니니, 기에 의해서 주관되는 것을 인심이라 말한다.[540]

〈율곡 2-8〉

도심이 발하는 것은 불이 타오르기 시작하는 것과 같고 샘물이 솟아 나오기 시작하는 것과 같아서, 순간적으로 보기가 어렵기 때문에 은미하다고 말한다. [한편] 인심이 발하는 것은 매가 가죽 띠에서 풀려난 것과도 같고 말이 굴레에서 벗어난 것과도 같아서, 날아오르고 뛰어오르면 억제하기가

---

540) 夫人也, 稟天地之帥以爲性, 分天地之塞以爲形. 故吾心之用, 卽天地之化也, 天地之化無二本, 故吾心之發無二原矣. 人生而靜, 天之性也, 感於物而動, 性之欲也. 感動之際, 欲居仁, 欲由義, 欲復禮, 欲窮理, 欲忠信, 欲孝於其親, 欲忠於其君, 欲正家, 欲敬兄, 欲切偲於朋友, 則如此之類, 謂之道心. 感動者, 固是形氣, 而其發也, 直出於仁義禮智之正, 而形氣不爲之掩蔽, 故主乎理而目之以道心也. 如或飢欲食, 寒欲衣, 渴欲飮, 癢欲搔, 目欲色, 耳欲聲, 四肢之欲安佚, 則如此之類, 謂之人心. 其原雖本乎天性, 而其發也, 由乎耳目四肢之私, 而非天理之本然, 故主乎氣而目之以人心也.

어렵기 때문에 위태롭다고 말한다. 인심과 도심은 비록 두 개의 이름이지만, 그 근원은 단지 하나의 심이다. 심이 발할 때에는 때로는 도리와 의리 때문이거나 때로는 식욕과 색욕 때문이며, 그 발함에 따라 이름이 달라진다. …… 이른바 "[리와 기가 호발한다는] 리기호발"[이 옳다면] 리와 기가 각자 심속에 뿌리를 두고 미발의 경우에도 이미 인심과 도심의 싹이 있어서, 리가 발하면 도심이 되고 기가 발하면 인심이 될 것이다. 그렇게 되면 심에 두 개의 근본이 있다는 것이니, 어찌 큰 잘못이 아닌가?541)

〈율곡 2-9〉

주자는 "심의 허령과 지각은 하나일 뿐이다."라고 말하였는데, 형[우계]은 어디에서 리기호발[리와 기가 서로 발한다]의 설을 얻었는가? 이른바 "혹원혹생[때로는 성명에 근원하고 때로는 형기에서 생겨난다]"이라는 것은 심이 이미 발한 것을 보고 이론을 정립한 것이다. 심이 발한 것이 리와 의 때문이라면, 어떻게 그러한 리와 의의 심이 있게 된 것인가? 이것은 성명이 심에 있기 때문으로, 그렇기 때문에 이 도심이 있게 된 것이다. [한편] 심이 발한 것이 식욕과 색욕 때문이라면, 어떻게 그러한 식욕과 색욕이 있게 된 것인가? 이것은 혈기가 형태를 이루었기 때문으로, 그렇기 때문에 이 인심이 있게 된 것일 뿐이다. [리기]호발설처럼 때로는 리가 발하고 때로는 기가 발하여 큰 근본이 하나가 아닌 그런 것이 아니다.542)

---

541) 道心之發, 如火始燃, 如泉始達, 造次難見, 故曰微. 人心之發, 如應解轉, 如馬脫羈, 飛騰難制, 故曰危. 人心道心雖二名, 而其原則只是一心. 其發也或爲理義, 或爲食色, 故隨其發而異其名. 若來書所謂理氣互發, 則是理氣二物, 各terms根柢於方寸之中, 未發之時, 已有人心道心之苗脈, 理發則爲道心, 氣發則爲人心矣. 然則吾心有二本矣, 豈不大錯乎.

542) 朱子曰, 心之虛靈知覺, 一而已矣, 吾兄何從而得此理氣互發之說乎. 其所謂或原或生者, 見其旣發而立論矣. 其發也爲理義, 則推究其故, 何從而有此理義之心乎. 此由於性命在心, 故有此道心也, 其發也爲食色, 則推究其故, 何從而有此食色之念乎. 此由於血氣成形, 故有此人心也云爾. 非若互發之說或理發或氣發而大本不一也.

〈율곡 2-10〉

대체로 발지자[발하는 것]는 기이며, 소이발자[발하게 하는 것]는 리이다. 기가 아니면 발할 수 없고 리가 아니면 발할 근거가 없다. '발지[발하는]'라는 글자 이하의 스물 세 글자는 성인이 다시 일어나도 바꾸지 않을 것이다. [리와 기는 시간적으로] 앞과 뒤가 없으며 [공간적으로] 떨어지고 합해지는 것도 없기에, 호발한다고 할 수 없다. 다만 인심과 도심은 때로는 형기 때문이고 때로는 도의 때문으로서, 그것들의 근원은 비록 하나이지만 그 흐름은 이미 갈라지니 두 측면으로 나누어 말할 수밖에 없다. 그러나 사단과 칠정은 그렇지 않은 것이 있어서, 사단은 칠정 가운데 선한 한 가지 측면이며, 칠정은 사단의 총체적 모임이다. …… 주자의 뜻 역시 "사단은 오로지 리만을 말한 것이고, 칠정은 기를 겸해서 말한 것이다."라고 말한 것일 뿐이며, "사단은 리가 먼저 발하고, 칠정은 기가 먼저 발한다."라고 말한 것이 아니다.543)

〈율곡 2-11〉

주자가 "리에서 발하고, 기에서 발한다."라고 말한 것은 …… "사단은 오로지 리만을 말한 것이고, 칠정은 기를 겸해서 말한 것이다."라고 말한 것에 불과하며, "사단은 리가 먼저 발하고, 칠정은 기가 먼저 발한다."라고 말한 것은 아니다. 퇴계가 이것으로 이론을 세워 "사단은 리가 발함에 기가 따르고, 칠정은 기가 발함에 리가 탄다."라고 말하였다. 이른바 "기가 발함에 리가 탄다."라는 것은 옳지만, 단지 칠정만이 그런 것은 아니며 사

---

543) 大抵發之者氣也, 所以發者理也. 非氣則不能發, 非理則無所發. 發之以下二十三字, 聖人復起, 不易斯言.無先後, 無離合, 不可謂互發也, 但人心道心, 則或爲形氣. 或爲道義. 其原雖一, 而其流旣歧, 固不可分兩邊說下矣. 若四端七情, 則有不然者, 四端是七情之善一邊也, 七情是四端之摠會者也. …… 朱子之意, 亦不過曰, 四端專言理, 七情兼言氣云爾, 非曰, 四端則理先發, 七情則氣先發也.

단도 역시 기가 발함에 리가 탄 것이다. 왜냐하면 어린애가 우물에 빠진 것을 본 뒤에야 측은지심이 발하는데, 보고서 측은하게 여기는 것은 기이기 때문이다. 이것이 이른바 '기발'이다. 측은하게 여기게 하는 근본은 인이다. 이것이 이른바 '리가 탄다'는 것이다. 인심만이 그런 것이 아니라 천지의 조화도 기의 작용에 리가 타지 않은 것이 없다. 그렇기 때문에 음과 양이 움직이고 고요하며 태극이 그것에 타는 것이니, 이것은 [시간적인] 앞과 뒤를 말할 수 있는 것이 아니다. 리가 발함에 기가 따른다는 설은 분명히 앞과 뒤를 주장하는 것이니, 이것이 어찌 리를 해치는 것이 아니겠는가? 이른바 "리에서 발한다."라고 하는 것은 "성이 발해서 정이 된다."라고 말하는 것과 같지만, 만약 "리가 발함에 기가 따른다."라고 말하면 이것은 처음에는 기의 간섭이 없다가 [리가] 이미 발한 뒤에야 [기가] 따라 발한다는 것이니, 이것이 어찌 이치에 맞겠는가?[544]

〈율곡 2-12〉

퇴계와 고봉이 논한 사단칠정설이 무려 일만 자 정도가 되는데, 고봉의 논리는 분명하고 재단한 것처럼 그 기세가 대나무를 쪼개는 듯한 반면에, 퇴계는 비록 주장이 상세하나 의미가 분명치 않아 반복하여 음미해보면 결국 확실한 맛이 없다. 퇴계는 사단이 안으로부터 발한 것이고 칠정이 바깥 사물에 감응하여 발한 것으로 생각하여, 이를 바탕으로 주자의 "리에서 발하고, 기에서 발한다."라는 설을 주장하고 확대하여 많은 갈등을 만들어

---

544) 朱子發於理發於氣之說 …… 四端專言理, 七情兼言氣云爾, 非曰, 四端則理先發, 七情則氣先發也. 退溪因此而立論曰, 四端, 理發而氣隨之, 七情, 氣發而理乘之. 所謂氣發而理乘之者, 可也, 非特七情爲然, 四端亦是氣發而理乘之也. 何則見孺子入井, 然後乃發惻隱之心, 見之而惻隱者, 氣也. 此所謂氣發也. 惻隱之本, 則仁也. 此所謂理乘之也. 非特人心爲然, 天地之化, 無非氣化而理乘之也. 是故, 陰陽動靜, 而太極乘之, 此則非有先後之可言也. 若理發氣隨之說, 則分明有先後矣. 此豈非害理乎. 此豈非害理乎. …… 且所謂發於理者, 猶曰, 性發爲情也, 若曰, 理發氣隨, 則是纔發之初, 氣無干涉, 而旣發之後, 乃隨而發也, 此豈理耶.

냈던 것이다. ……『주역』에서 "고요하게 움직이지 않고 있다가, 감응하여 마침내 통한다."라고 했는데, 일찍이 성인의 마음이라 할지라도 감응하지 않고 저절로 움직이는 일이 있던 적은 없다. 반드시 감응해야 움직이니, 감응하는 까닭은 모두 바깥의 사물 때문이다. 어째서 그렇게 말하는가? 아버지에게 감응하면 효[의 마음이] 움직이고, 군주에게 감응하면 충[성된 마음]이 움직이며, 형에게 감응하면 공경[한 마음이] 움직인다. 아버지나 군주나 형은 안에 있는 리가 [아니다.] 천하에 어찌 감응하지 않는데 안으로부터 저절로 발하는 정이 있겠는가? 다만 감응하는 것에는 올바름이 있고 사악함이 있고, 움직임에는 지나침이 있고 미치지 못함이 있으니, 여기에서 선과 악의 나뉨이 있을 뿐이다.545)

〈율곡 2-13〉

사람의 성에는 인·의·예·지·신의 다섯 가지가 있을 뿐이며, 다섯 가지 이외에 다른 성은 없다. 정에는 희·로·애·구·애·오·욕의 일곱 가지가 있을 뿐이며, 일곱 가지 이외에 다른 정은 없다. 사단은 단지 선한 정의 다른 이름일 뿐이며 칠정을 말하면 사단이 그 안에 있으니, 인심과 도심을 상대하여 이름 붙이는 것과는 같지 않다. 대개 인심과 도심은 상대하여 이름을 붙인 것이다. 이미 도심이라 말하면 인심이 아니며, 이미 인심이라 말하면 도심이 아니다. 그러므로 두 측면을 만들어 말할 수도 있다. [하지만] 칠정이 이미 사단을 그 안에 포함하고 있다면, 사단을 칠정이 아

---

545) 退溪與奇明彦論四七之說, 無慮萬餘言, 明彦之論, 則分明直截, 勢如破竹, 退溪則辨說雖詳, 而義理不明, 反覆詛嚼, 卒無的實之滋味. …… 竊詳退溪之意, 以四端爲由中而發, 七情爲感外而發, 以此爲先入之見而以朱子發於理發於氣之說, 主張而伸長之, 做出許多葛藤. …… 易曰, 寂然不動, 感而遂通, 雖聖人之心, 未嘗有無感而自動者也. 必有感而動, 而所感皆外物也. 何以言之. 感於父則孝動焉, 感於君則忠動焉 ; 感於兄則敬動焉. 父也君也兄也者, 豈是在中之理乎. 天下安有無感而由中自發之情乎. 特所感有正有邪, 其動有過不及, 斯有善惡之分耳.

니라거나 칠정을 사단이 아니라고 말할 수 없으니, 두 측면으로 나눌 수
없다.546)

〈율곡 2-14〉

　칠정이 사단을 포함하는 것을 형[우계]은 아직 보지 못했는가? 사람의 감
정은 마땅히 기뻐해야 할 때 기뻐하고, 상을 당해서는 슬퍼하고, 가까운 사
람을 보고서는 사랑하고, 이치를 보고서는 궁리하길 원하고, 어진 사람을
보고서는 그와 같아지길 원하는 것이 이상은 희·애(哀)·애(愛)·욕의 네 가지
정이다. 인의 실마리이다. 마땅히 노여워해야 할 때 노여워하고, 마땅히 미
위해야 할 때 미워하는 것이 로·오의 두 가지 정이다. 의의 실마리이다. 존귀
한 사람을 보고서 두려워하는 것이 구의 정이다. 예의 실마리이다. 희·로·
애·구의 때를 맞아, 마땅히 기뻐해야 할 줄 알고, 마땅히 노여워해야 할
줄 알고, 마땅히 슬퍼해야 할 줄 알고, 마땅히 두려워해야 할 줄 알고, 이것
은 옳음에 속한다. 또한 마땅히 기뻐해서는 안 되는 것을 알고, 마땅히 노여
위해서는 안 되는 것을 알고, 마땅히 슬퍼해서는 안 되는 것을 알고, 마땅
히 두려워해서는 안 되는 것을 아는 것이 이것은 그름에 속한다. 이것은 칠정
모두이며 옳고 그름을 아는 정이다. 지의 실마리이다. 선한 정의 발함의 예를
모두 들 수는 없으나, 대개 이와 같다.547)

---

546) 夫人之性, 有仁義禮智信五者而已, 五者之外, 無他性. 情有喜怒哀懼愛惡欲七者而已, 七者之
　　外, 無他情. 四端只是善情之別名, 言七情則四端在其中矣, 非若人心道心之相對立名也.
　　…… 蓋人心道心, 相對立名. 旣曰道心, 則非人心, 旣曰人心, 則非道心. 故可作兩邊說下矣.
　　若七情則已包四端在其中, 不可謂四端非七情, 七情非四端也, 烏可分兩邊乎.

547) 七情之包四端, 吾兄猶未見得乎. 夫人之情, 當喜而喜, 臨喪而哀, 見所親而慈愛, 見理而欲窮
　　之, 見賢而欲齊之者, 已上喜哀愛欲四情, 仁之端也. 當怒而怒, 當惡而惡者, 怒惡二情, 義之端
　　也. 見尊貴而畏懼者, 懼情, 禮之端也. 當喜怒哀懼之際, 知其所當喜所當怒所當哀所當懼, 此
　　屬是, 又知其所不當喜所不當怒所不當哀所不當懼者, 此屬非, 此合七情而知其是非之情也. 智之
　　端也. 善情之發, 不可枚擧, 大槪如此

〈율곡 2-15〉

만약 사단을 칠정에 적용한다면, 측은[지심]은 애에 속하고, 수오[지심]은 오에 속하고, 공경[지심]은 구에 속하고, 시비[지심]은 마땅히 기뻐하고 노여워하느냐 또는 그렇지 않느냐를 아는 정에 해당한다. 칠정의 밖에 또 다른 사단은 없다. 그러므로 사단은 오로지 도심만을 말한 것이고, 칠정은 인심과 도심을 합하여서 말한 것이니, 인심과 도심이 스스로 두 측면으로 나누어진 것과 확연히 다르다.548)

〈율곡 2-16〉

성이 주리[리를 주로 한다]고 말하거나 주기[를 주로 한다]라고 말하는 것이 해가 없는 듯이 보이더라도 그 안에 병의 뿌리가 감춰져 있을 수도 있다. 본연지성은 리만을 전적으로 말하고 기에는 미치지 않은 것이다. 기질지성은 기를 겸해서 말하되 리를 그 안에 포함하니, 또한 주리나 주기라는 설로 대충 나눌 수가 없다. 본연지성과 기질지성으로 나누면 모르는 사람들은 두 개의 성이라고 생각할 것이다. 또한 사단을 주리라 하면 옳지만 칠정을 주기라 하면 옳지 않다. 칠정은 리와 기를 포함하여 말하므로 주기가 아니다. 인심과 도심은 주리와 주기의 설로 말할 수 있으나 사단과 칠정은 이 설로 말할 수가 없으니, 사단은 칠정 안에 있고 칠정은 리와 기를 겸하기 때문이다.549)

---

548) 若以四端, 準于七情, 則惻隱屬愛, 羞惡屬惡, 恭敬屬懼, 是非屬于知其當喜怒與否之情也. 七情之外, 更無四端矣. 然則四端專言道心, 七情合人心道心而言之也. 與人心道心之自分兩邊者, 豈不逈然不同乎.

549) …… 性有主理主氣之說, 雖似無害, 恐是病根藏於此中也. 本然之性, 則專理理而不及乎氣矣. 氣質之性, 則兼言氣而包理在其中, 亦不可以主理主氣之說, 泛然分兩邊也. 本然之性與氣質之性分兩邊, 則不知者, 豈不以爲二性乎. 且四端謂之主理, 可也, 七情謂之主氣, 則不可也. 七情包理氣而言, 非主氣也. 人心道心可作主理主氣之說, 四端七情, 則不可如此說, 以四端在七情中, 而七情兼理氣故也.

〈율곡 2-17〉

자사가 성과 정의 덕을 논하면서 "희·로·애·락이 아직 발하지 않은 것을 중이라 하고, 발하여 모두 절도에 맞는 것을 화라고 한다."라고 말하여 단지 칠정만을 들고 사단을 들지 않았다. 만약 형[우계]이 말하듯이 칠정이 주기라면, 자사는 큰 근본과 두루 통하는 도를 논하면서 리의 한 측면을 버리고 물린 것이 되니, 어찌 큰 흠이 아니겠는가?[550]

〈율곡 2-18〉

정자는 "기가 또한 도이며, 도가 또한 기이다."라고 말하였는데, 이것은 리와 기가 서로 분리될 수 없다는 것을 말한 것인데도, 보는 사람들이 마침내 리와 기를 하나의 것으로 생각했던 것이다. 주자는 "리와 기는 확실히 두 가지 것이다."라고 하였는데, 이것은 리와 기가 서로 섞이지 않는다는 것을 말한 것인데, 보는 사람들이 마침내 리와 기에 [시간적인] 앞과 뒤가 있다고 생각했던 것이다. 근래에 이른바 "성이 먼저 움직인다."거나 "심이 먼저 움직인다."라는 설은 본디 말할 것이 못된다. 나정암도 …… "리와 기는 하나의 것이다."라고 말하는 문제가 있었으며, 퇴계가 …… "리가 발하고 기가 따른다."라고 말한 것에도 리와 기에 [시간적인] 앞과 뒤가 있다고 말하는 병폐가 있다.[551]

---

550) 子思論性情之德曰, 喜怒愛樂之未發, 謂之中, 發而皆中節, 謂之和, 只擧七情而不擧四端. 若如兄言七情爲主氣, 則子思論大本達道, 而遺却理一邊矣, 豈不爲大欠乎.

551) 程子曰, 器亦道, 道亦氣. 此言理氣之不能相雜, 而見者遂以理氣爲一物. 朱子曰, 理氣決是二物. 此言理 氣之不相挾雜, 而見者遂以理氣爲有先後. 近來所謂性先動心先動之說, 固不足道矣. 至如羅整菴以高明超卓之見, 亦微有理氣一物之病, 退溪之精詳謹密, 近代所無, 而理發氣隨之說, 亦微有理氣先後之病.

〈율곡 2-19〉

노선생[퇴계]이 아직 세상을 떠나지 않았을 때, 내[율곡]는 이 말을 듣고 마음속으로 그것이 옳지 않다는 것을 알았지만, 단지 나이가 어리고 배움이 얕아 감히 질문하여 하나로 귀결하려 하지 못하였다. …… 포기하지 못하고 반드시 인심과 도심으로 구실을 삼아 "리와 기가 호발한다."라고 주장하고자 한다면, 어찌 나정암과 같이 인심과 도심을 체와 용으로 보지 않는가? [그렇게 하면] 비록 그 명의를 잃을지라도 도리어 큰 근본에 있어서는 큰 착오에 이르지 않을 것이다.[552]

5. 우계의 세 번째 편지(우계 3서)

文失不錄(글이 분실되어 실리지 않음)

6. 율곡의 세 번째 편지(율곡 3서)

〈율곡 3-1〉

미발 상태에도 선과 악이 있다고 말하는 것은 큰 잘못이다. 희·로·애·락이 미발한[발하지 않은] 것을 일러 중이라 하는데, 중이란 큰 근본이니 어찌 선함과 악함이 있다고 말할 수 있는가? 보통사람들의 마음은 어둡지 않으면 반드시 어지러이 흩어져, 큰 근본이 세워지지 않기 때문에 중이라 할 수 없다. 다행히 한 순간 때로 미발의 때가 있으면, 이 미발의 때는 전체가 담연하여 성인과 다르지 않다. 오직 눈 깜작할 사이에 그 본체를 잃어, 어둡거나 혼란한 것이 따르기 때문에 중을 얻지 못할 뿐이다. 그 [마

---

552) 老先生未捐館舍時, 珥聞此言, 心知其非, 第以年少學淺, 未敢問難歸一. …… 無已, 而必以人心道心爲辭, 欲主理氣互發之說, 則寧如整菴以人心道心作體用看. 雖失其名義, 而却於大本上, 未至甚錯也.

음이] 어둡고 혼란한 까닭은 기질에 구애받기 때문이다. 만약 "기질에 구애받아 큰 근본을 세울 수 없다."라고 말한다면 옳지만, 만약 "미발의 때에도 악의 조짐이 있다."라고 말한다면 아주 옳지 않다. 왜냐하면 때때로 어두워지거나 때때로 혼란스럽게 흩어진 것을 미발이라고 말할 수는 없기 때문이다.553)

〈율곡 3-2-퇴계의 심성정도〉

선과 악이란 정은 사물에 감응하여 움직이는 것이 아님이 없다. 다만 감응하는 바에는 올바름이 있고 사악함이 있으며, 그 움직임에는 중절함이 있고 지나침이나 미치지 못함이 있어, 이에 선함과 악함의 구분이 있을 따름이다.554)

성은 곧 리이다. 미발할 때에 본래 선하지 않음이 없다. 기질은 깨끗함과 혼탁함, 순수함과 뒤섞임이 있어 만 가지로 다르다.555)

심이 발하여 정이 되는데, 정에는 선한 정과 악한 정이 있다.556)

이것은 정이 발하여 형기에 가려지지 않고 성의 본연을 이루어 선하고

---

553) 未發之體, 亦有善惡之可言者, 甚誤. 喜怒哀樂之未發, 謂之中, 中也者, 大本也, 安有善惡之可言耶. 衆人之心, 不昏昧則必散亂, 大本不立, 故不可謂之中也. 幸於一瞬之間, 或有未發之時, 則卽此未發之時, 全體湛然與聖人不異矣. 惟其瞥然之際, 還失其體, 昏亂隨之, 故不得其中耳. 其所以昏且亂者, 由其拘於氣質故也. 若曰, 拘於氣質, 而不能立其大本, 則可也, 若曰, 未發之時, 亦有惡之萌兆, 則大不可. 蓋其或昏昧, 或散亂者, 不可謂之未發也.

554) 善惡之情, 無非感物而動. 特所感有正有邪, 其動有中有過不及, 斯有善惡之分耳.

555) 性卽理. 未發之時, 本無不善. 氣質則淸濁粹駁, 有萬不同.

556) 이 부분은 문장으로 명확히 언급되어 있지 않고, 그림에 언급된 내용을 통해 파악된다.

절도에 맞으니, 인·의·예·지의 단서가 됨을 볼 수 있다.[557]

이것은 정이 발하여 형기에 가려져 성의 본연을 잃어 악하고 절도에 맞지 않으니, 인·의·예·지의 단서가 됨을 볼 수 없다.[558]

〈율곡 3-3〉
정자가 말하기를 "사람이 태어나면서 기를 받았으므로, 리에는 선함과 악함이 있다."라고 하였다. …… 그 이른바 '리'라는 것은 기를 타고 흐르는 리를 가리킨 것이지, 리의 본연을 가리킨 것이 아니다. 본연의 리는 본디 순선이지만 기를 타고 흘러서 그 나눔이 만 가지로 달라지니, 기품에 선함과 악함이 있기 때문에 리에도 역시 선함과 악함이 있다. 리의 본연은 순선할 뿐이지만, 기를 탈 때에는 가지런하지 않아 깨끗하고 지극히 귀한 사물이나 더럽고 지극히 천한 곳에도 리가 존재하지 않는 곳이 없으니, 맑고 깨끗한 곳에 있으면 리 역시 맑고 깨끗하며, 더러운 곳에 있으면 리 역시 더러워진다. 만약 더러운 것을 리의 본연이 아니라고 한다면 옳지만, 더러운 사물에는 리가 없다고 생각한다면 옳지 않다.[559]

〈율곡 3-4〉
본연이라는 것은 리가 하나이고, 흐르는 것은 나뉘어 달라지는 것이다. 흐르는 리를 버리고 본연의 리를 따로 구하는 것은 본디 옳지 않다. 만약

---

557) 此情之發, 而不爲形氣所揜, 直遂其性之本然, 故善而中節, 可見其爲仁義禮智之端也.
558) 此情之發, 而爲形氣所揜, 失其性之本然, 故善而不中節, 不見其爲仁義禮智之端也.
559) 程子曰, 人生氣稟, 理有善惡. …… 其所謂理者, 指其乘氣流行之理, 而非指理之本然也. 本然之理固純善, 而乘氣流行, 其分萬殊, 氣稟有善惡, 故理亦有善惡也. 夫理之本然, 則純善而已, 乘氣之際, 參差不齊, 淸淨至貴之物及汚穢至賤之處, 理無所不在, 而在淸淨, 則理亦淸淨, 在汚穢. 則理亦汚穢. 若以汚穢者爲非理之本然, 則可, 遂以爲汚穢之物無理, 則不可也.

리에 선함과 악함이 있는 것을 리의 본연으로 삼는다면, 이 또한 옳지 않다. '리일분수'라는 네 글자는 가장 체인하고 연구해야만 하는 것이다. 단지 리가 하나라는 것만 알고 그것이 나뉘어 달라진다는 것을 알지 못하면, 이는 불교에서 작용을 성이라 하여 미쳐 날뛰며 제멋대로 방자하게 되었던 것과 같으며, 단지 나뉘어 달라진다는 것만을 알고 리가 하나라는 것을 모르면 순자와 양웅이 성을 악하다고 여기거나 선함과 악함이 뒤섞여 있다고 여긴 것과 같다.560)

〈율곡 3-5〉

지난번 편지에 "미발의 때에도 선하지 않음의 싹이 있다."라고 여긴 것을 다시 생각해 보니, 그것이 크게 잘못되었음이 더욱 분명하다. 형[우계]이 큰 근본을 아시지 못하시는 병폐의 뿌리가 바로 여기에 있다. 미발이 성의 본연이며, 태극의 오묘함이고, 중이고, 큰 근본이다. 여기에도 선하지 않음의 싹이 있다면, 이것은 성인만이 큰 근본을 갖고 보통사람들에게는 큰 근본이 없는 것이다. 맹자의 성선설은 허공에서 수레를 모는 헛된 이야기가 되고, 사람들이 요임금이나 순임금 같이 될 수 없을 것이다. 자사가 왜 "군자의 희·로·애·락이 발하지 않은 것을 중이라 한다."라고 말하지 않고, 범범하게 "희·로·애·락이 발하지 않은 것을 중이라 한다."라고 말하였을까? [우계의 견해는] 결코 옳지 않으니, 속히 고치는 것이 마땅하다.561)

---

560) 夫本然者, 理之一也, 流行者, 分之殊也. 捨流行之理, 而別求本然之理, 固不可. 若以理之有善惡者, 爲理之本然則亦不可. 理一分殊四字, 最宜體究. 徒知理之一而不知分之殊, 則釋氏之以作用爲性而猖狂自恣是也, 徒知分之殊而不知理之一, 則荀揚以性爲惡, 或以爲善惡混者, 是也.

561) 昨書以爲未發之時, 亦有不善之萌者, 更思之, 尤見其大錯. 吾兄之不識大本, 病根正在於此 未發者, 性之本然也. 太極之妙也, 中也, 大本也. 於此亦有不善之萌, 則是聖人獨有大本, 而常人無大本也. 孟子性善之說, 爲駕虛之高談, 而人不可以爲堯舜矣. 子思何不曰, 君子之喜怒哀樂之未發, 謂之中, 而乃泛言, 喜怒哀樂之未發, 謂之中也. 千萬不是, 切宜速改.

7. 우계의 네 번째 편지(우계 3서)

〈우계 4-1〉

나[우계]는 퇴계[를 너무도 존경하기 때문에 그의] 리기호발설에 대해 그렇지 않다고 여기면서도 미련이 남아 버리지 못했다. 그런데 인심과 도심에 대한 설을 읽고, 이른바 "때로는 형기에서 생겨나고 때로는 성명에 근원한다."라는 이론을 보고, 퇴계의 말과 은연중에 합치하였다. 그러므로 옛 생각을 버리고 이[퇴계의 설]를 따르려 한 것이다. 호발설은 내가 새롭게 만든 것이 아니라 바로 노선생[퇴계]의 설이다.562)

〈우계 4-2〉

인심도심설에 이르러서는 의심이 없을 수가 없다. 옛사람은 사람이 말을 타고 드나드는 것으로 리가 기를 타고 다닌다고 비유했는데 참으로 적절하다. 사람은 말이 아니면 드나들지 않으며 말은 사람이 아니면 궤적을 잃게 되니 사람과 말은 서로 의지하여 서로 분리될 수 없다. 사람과 말이 문을 나설 때, 반드시 사람이 말을 원해야 말이 사람을 태우니, 이것이 바로 리가 기의 주재이며 기가 그 리를 태우는 것과 같다. 문을 나설 때 사람과 말이 궤적을 따르는 것은, 기가 리를 따라 발하는 것과 같다. 사람이 비록 말을 타더라도 말이 제멋대로 달려 궤적을 따르지 않는 것은, 기가 날뛰어 때로는 지나치고 때로는 미치지 못하는 것과 같다. 이로써 리와 기가 흘러다녀 성실함과 악함의 조짐이 나뉘는 까닭을 찾아본다면 어찌 명백하고 분명하지 않겠는가? 그러면 성과 정이 본체가 되고 작용이 되는 이치가 분명해져 다른 의혹이 없게 될 것이다.563)

---

562) 渾於退溪先生, 有金注之惑, 每於理氣互發之說, 不以爲然, 而猶戀著不能舍. 及其讀人心道心之說, 而看所謂或生或原之論, 則與退溪之言暗合. 故慨然向之, 欲棄舊而從之, 此其所以改思之端也. 互發之說, 非我創新, 乃老先生之說也.

〈우계 4-3〉

리를 살피는 사람들은 이미 발한 뒤에 선과 악이 나뉨을 말미암아, "이 것은 성이 발하여 불선함이 없고, 이것은 기가 고르지 못해 악으로 흐른 것이다."라고 말한다. 이로써 음미해보면, 다만 막 움직일 때 곧 주리와 주 기의 차이가 있는 것이지, 원래부터 리와 기가 호발하여 각자의 일을 수행 하는 것이 아니라는 것이다. 사람이 리로 보고 기로 보는 것은, 각자 중요 한 면에 대해 말하는 것이다. 이렇게 보면, 형[율곡]의 가르침에 어긋나지 않는다.564)

〈우계 4-4〉

주자는 "때로는 형기의 사사로움에서 생겨나고, 때로는 성명의 올바름에 근원한다."라고 하였고, 진북계는 "이 지각은 리로부터 발한 것도 있고 기 로부터 발한 것도 있다."라고 하였는데, 이것이 퇴계의 호발설과 같은 이유 는 무엇인가? 사단과 칠정을 대거하고 분속하는 것은 진실로 그렇다. [그 런데] 인심과 도심도 정인데, 도심을 리의 발함이라 하고 인심을 기의 발 함이라 하는 이유는 무엇인가?565)

---

563) 至於人心道心之說, 猶不能無疑焉. 古人以人乘馬出入, 譬理乘氣而行, 正好. 蓋人非馬不出入, 馬非人失軌途, 人馬相須, 不相離也. 然則人馬之出門, 必人欲之而馬載之也, 正如理爲氣之主 宰, 而氣乘其理也. 及其出門之際, 人馬由軌途者, 氣之順理而發者也. 人雖乘馬, 而馬之橫騖, 不由其軌者, 氣之翩騰決驟, 而或過或不及者也. 以此求理氣之流行, 誠幾惡幾之所以分, 則豈 不明白直截. 而性情體用之理, 可以昭晰, 而無他歧之惑矣.

564) 人之察理者, 由夫已發之後, 善惡之所由分者, 而名之曰, 如此, 性之發而無不善也, 如此, 氣 之不齊而流於惡也. 以此玩之, 則只於纔動之際, 而便有主理主氣之不同, 非元爲互發而各用 事也. 人之見理見氣, 各以其重而爲言也. 如是求之, 與吾兄之誨, 不背焉矣, 奈何.

565) 朱子之說曰, 或生於形氣之私, 或原於性命之正, 陳北溪之說曰, 這知覺, 有從理而發者, 有從 氣而發者, 正如退溪互發之說, 何耶. 四七之對擧而分屬, 固然矣, 人心道心亦情也, 奈何以道 心爲理發而人心爲氣發乎.

〈우계 4-5〉

사람이 이러한 형기를 가짐에 있어서 크게는 몸과 마음이고 작게는 온갖 뼈에 이르기까지, 사물의 법칙을 갖지 않는 것이 없다. 소리·색깔·냄새·맛에 대한 욕구도 어찌할 수가 없는 하늘의 이치에서 나온 것들이다. 이제 그 지나침을 경계하여 그 정을 절제하라고만 말해도 가르침이 될 수 있는데, 어째서 귀·눈·입·코의 욕구만을 기에 귀속시켜 그것을 인심이라고 하는 이유는 무엇인가? 사람이 말을 타면 서로 의지하며 가는 것인데, 이제 사람을 가리켜 도심이라 하고 말을 가리켜 인심이라고 하는 것은 말이 되지 않는 것 같다. 그리고 인심과 도심을 나누어 말하는 이유도 무엇인지 모르겠다.[566]

〈우계 4-6-퇴계의 원론〉

내[퇴계]가 생각하건대, 천지와 인물로 보자면 리가 기 밖에 있는 것이 아니지만 나누어 말할 수 있으니, 성과 정에 대하여도 비록 리가 기 안에 있고 성이 기질에 있을지라도 분별하여 말할 수 있다. 대개 사람의 몸은 리와 기가 합하여 생겨난 것이며, 따라서 두 가지가 호발하여 작용하게 되고, 그것들이 발할 때에는 또한 서로 의지하는 것이다. 호발한다면 각각 주가 되는 바가 있음을 알 수 있고, 서로 의지한다면 함께 그 가운데 있음을 알 수 있다. 서로 그 가운데 있기 때문에 혼륜하여 말하는 것이 본래 있으며, 각각 주가 되는 바가 있기 때문에 분별하여 말한다고 해도 안 될 것이 없다. 성을 논하자면 리가 기 안에 있는 것이지만, 자사와 맹자는 오히려 본연지성을 가리키고 정자와 장자는 오히려 기질지성을 가리켜 논하였다.

---

566) 人之有是形氣, 大而身心, 小而百骸, 無非有物則者矣. 聲色臭味之欲, 亦發於天理之不可已者矣. 今言, 戒其過, 而節其情, 亦可以爲訓矣, 奈何獨以耳目口鼻之欲屬之氣, 而謂之人心耶. 人之乘馬, 相須以行, 而今也指其人爲道心, 指其馬爲人心, 似不成說話. 而人心道心之分言, 亦不知端的之所在矣.

정을 논하자면 성이 기질 안에 있는 것으로 유독 각각 발하는 바에 따라 사단과 칠정의 소종래를 분별하면 안 되는 것인가? 리와 기를 겸하고 선과 악이 있는 것은 정만이 아니라 성도 역시 그렇다. 그러나 어찌 이것이 [사단과 칠정을] 나눌 수 없는 증거가 되는가? 리가 기 안에 있다는 점으로 말하였기 때문에 성도 그렇다고 한 것이다.567)

〈우계 4-7-별지〉
〈우계 4-7-별지-1〉

사람이 형체를 받은 이후를 말하자면, 미발의 성에도 기질까지도 합쳐서 말한 것이다. 또한 마땅히 선악의 일정함이 있어야 한다. 그러나 그것을 '미발의 중'이라고 말할 수는 없다. 내[우계]가 이른바 '미발의 체'라 하는 것은, '기품이 일정한 것'을 가리켜 말하는 것이지 '미발의 중'을 말하는 것이 아니다. "정 뿐만이 아니라, 성도 역시 그렇다."라는 두 구절은 내[우계]가 지적한 바와 같다. 보내온 글에 "미발의 중에는 악이 있다고 말할 수 없다."라는 말은 매우 옳다. 내[우계] 말은 [다른 사람의 견해를] 모방하지 않고 처음 만들어낸 견해이다.568)

---

567) 渾謂, 就天地人物上看, 亦非理在氣外, 猶可以分別言之, 則於性於情, 雖曰, 理在氣中, 性在氣質, 豈不可分別言之. 蓋人之一身, 理與氣合而生, 故二者互有發用, 而其發又相須也. 互發則各有所主可知, 相須則互在其中可知. 互在其中, 故渾淪言之者固有之, 各有所主, 故分別言之而無不可. 論性而理在氣中, 思孟猶指出本然之性, 程張猶指論氣質之性. 論情而性在氣質, 獨不可各就所發而分四端七情之所從來乎. 兼理氣有善惡, 非但情爾, 性亦然矣. 然安得以是爲不可分之驗耶. 從理在氣中處言, 故云, 性亦然矣.

568) 從人生受形以後而言, 則未發之性, 并氣質言, 亦應有善惡之一定者矣. 然未可謂之未發之中也. 愚所謂未發之體者, 指氣稟一定而言也, 非言未發之中也. 非但情也, 性亦然矣, 二句, 亦如鄙言之所指者矣. 來喩未發之中, 未可以惡言者極是. 鄙言無所因襲, 臆度創造之見也.

〈우계 4-7-별지-2〉

어제 버드나무 물가에 나가서 손으로 물을 치면서 "물이 아래로 흘러가는 것은 리이며, 물을 쳐서 손에 튀어 오르게 한 것은 기가 하는 바이다. 그렇다면 기에는 작용할 때가 있고, 호발할 때가 있는 것인가? ……"라고 생각하였다. 또한 "만약 기의 작용하는 바가 정해진 것이 없어 리가 주재함이 없다면, 오늘날 해와 달의 빛이 없어지고 천지가 추락한지 이미 오래되었을 것이니, 어찌 그릇된 것이 아닌가?"라고 생각하였다.569)

8. 율곡의 네 번째 편지(율곡 4서)

〈율곡 4-1〉

리기설과 인심도심설은 모두 일관성이 있으며, 만약 인심과 도심을 아직 명확하게 깨닫지 못했다면 리와 기에 대해서도 아직 명확하게 깨닫지 못한 것이다. 만약 리와 기가 서로 분리되지 않는다는 것을 이미 잘 안다면, 인심과 도심이 두 개의 근원을 갖지 않는다는 것도 미루어 알 수 있다. 오직 리와 기에 대해 아직 깨닫지 못하고, [그것들이] 때로는 서로 분리되어 각자 다른 곳에 있을 수 있다고 여기기 때문에, 인심과 도심도 두 개의 근원을 갖는다고 의심하는 것일 뿐이다. 리와 기가 서로 분리될 수 있다면, 정자가 이른바 "음과 양은 시작이 없는 것이다."라고 말한 것이 빈 말이 될 것이다. 이 설은 내[율곡]가 임의적으로 지어낸 것이 아니다.570)

---

569) 昨出柳磯, 以手激水而思之曰, 水之就下, 理也, 至於激而在手, 氣所爲也. 然則氣有作用時, 有互發時耶. …… 旣而又思曰, 如以氣之所作無底定, 而無理以爲主宰, 則到今日月無光, 天地墜落, 已久矣, 豈不誤耶.

570) 理氣之說與人心道心之說, 皆是一貫, 若人心心未透, 則是於理氣未透也. 理氣之不相離者, 若己灼見, 則人心道心之無二原, 可以推此而知之耳. 惟於理氣有未透, 以爲或可相離, 各在一處, 故亦於人心道心, 疑其有二原耳. 理氣可以相離, 則程子所謂陰陽無始者, 爲虛語也. 此說豈珥杜撰乎.

〈율곡 4-2-장서〉

〈율곡 4-2-장서-1〉

리는 형이상자요, 기는 형이하자이다. 이 둘은 서로 분리될 수 없으며, 이미 서로 분리될 수 없다면 그 발용도 하나이므로, 서로 발하여 작용한다고 말할 수 없을 것이다. 만약 서로 발하여 작용한다고 말한다면, 이것은 리가 발하여 작용할 때 기가 때로 미치지 못하는 바가 있거나, 기가 발하여 작용할 때 리가 때로 미치지 못하는 바가 있을 것이다. 그렇다면 리와 기에는 떨어짐과 합해짐이 있고, [시간적인] 앞과 뒤가 있으며, 움직임과 고요함의 단초가 있고, 음과 양에 시작이 있게 되는 것이니, 그 착오가 적지 않을 것이다.571)

〈율곡 4-2-장서-2〉

다만 리는 움직이지 않고 기는 움직이기 때문에, 정이 본연지성에서 나와 형기에 의해 가려지지 않는 것은 리에 속하는 것이고, 정이 처음에 본연[지성]에서 나왔을지라도 형기에 의해 가려진 것은 기에 속하는 것이니, 이 또한 부득이한 이론이다. 사람의 성이 본래 선한 것은 리이지만, 기가 아니면 리는 발하지 않으니, 인심과 도심은 모두가 리에서 근원한 것이다. 미발의 때에도 인심의 싹이 마음속에서 리와 상대하여 있는 것이 아니다. 근원은 하나이지만 흐름은 둘인 것을 주자가 어찌 몰랐겠는가? 다만 말로써 사람을 가르칠 때 각각 중시하는 것이 있었을 뿐이다. 정자는 "선과 악이란 성 속에서 두 가지 [서로 다른] 것으로 상대적으로 있다가 각자 나오는 것이 아니다."라고 말하였다. 선과 악은 판연히 다른 두 가지 것임에도

---

571) 理形而上者也, 氣形而下者也, 二者不能相離. 旣不能相離, 則其發用一也, 不可謂互有發用也. 若曰互有發用, 則是理發用時, 氣或有所不及, 氣發用時, 理或有所不及也. 如是則理氣有離合, 有先後, 動靜有端, 陰陽有始矣, 其錯不小矣.

오히려 상대적으로 각자 나오게 되는 이치가 없는데, 하물며 뒤섞여 떨어지지 않는 리와 기가 상대적으로 서로 발하는 이치가 있겠는가? 만약 주자가 진실로 리와 기가 서로 발하여 작용함이 있어서 상대적으로 각자 나온다고 생각하였다면, 이것은 주자도 역시 잘못한 것이니 어찌 주자라 하겠는가?572)

〈율곡 4-2-장서-3〉

　인심과 도심이라는 이름을 내세운 것은 성인도 어쩔 수 없었기 때문이다. 리의 본연은 본래 전적으로 선하지만 [그 리가] 기를 타고 발하여 작용할 때 선과 악이 나누어지는 것이니, 다만 기를 타고 발하여 작용할 때 선과 악이 있다는 것만을 보고 리의 본연을 알지 못하면, 이것은 큰 근본을 알지 못하는 것이다. 리의 본연만을 보고 [그 리가] 기를 타고서 발하여 작용할 때 때로 흘러 악이 되는 것을 모른다면 도적을 아들로 아는 것과 같다. 성인이 이것을 염려하여, 정이 성명의 본연을 곧바로 따르는 것을 도심이라 이름하고, 사람들로 하여금 이 도심을 보존하고 기르고 가득 채우고 넓히게 했다. [반면에] 정이 형기에 의해 가려져 성명의 본연을 곧바로 따를 수 없는 것을 인심이라 이름하고, 사람들로 하여금 지나침이나 미치지 못함을 살펴 절제토록 하였으니, 절제하게 하는 것은 도심이 하는 것이다. [사람의] 형색은 천성[하늘의 본성]이니, 어찌 인심도 선하지 않겠는가? 그러나 그것이 지나침이 있고 미치지 못함이 있기 때문에 악으로 흐를 따름이다. 만약 도

---

572) 但理無爲而氣有爲, 故以情之出乎本然之性, 而不揜於形氣者, 屬之理, 當初雖出於本然, 而形氣揜之者, 屬之氣. 此亦不得已之論也. 人性之本善者, 理也, 而非氣則理不發, 人心道心, 夫孰非原於理乎. 未發之時, 亦有人心苗脈, 與理相對于方寸中也. 源一而流二, 朱子豈不知之乎. 特言曉人, 各有所主耳. 程子曰, 不是善與惡, 在性中爲兩物相對, 各自出來. 夫善惡判然二物, 而尙無相對, 各自出來之理, 況理氣之混淪不離者, 乃有相對互發之理乎? 若朱子眞以爲理氣互有發用, 相對各出, 則是朱子亦誤也, 何以爲朱子乎.

심을 가득 채워 넓히고 인심을 절제하여, 형색으로 하여금 각자 법칙을 따르게 할 수 있다면, 움직임과 고요함과 말과 행동 가운데 어느 하나도 성명의 본연이 아닌 것이 없을 것이다. 이것은 옛날부터 성현의 심법에서 핵심적인 것인데, 이러한 [인심도심설]과 리기호발설은 무슨 관계가 있는가? 퇴계의 잘못은 오직 '호발'이라는 두 글자에 있으니, 애석하다. 노선생[퇴계]의 정밀함에도 큰 근본에 있어서는 한 겹의 막이 있었던 것이다.573)

〈율곡 4-2-장서-4〉

…… 주자의 "혹원혹생설[인심은 형기의 사사로움에서 생겨나고 도심은 성명의 올바름에 근원한다는 설]"도 마땅히 그 뜻을 찾아 알아야 하는 것이지, 말에 얽매여 호발설을 중시해서는 안 된다. 나정암은 근래에 빼어나고 식견이 고명한 선비이다. 큰 근본에 대해 [자신의] 견해를 갖고 있었음에도, 주자가 [리와 기를] 둘로 나누는 견해를 가졌던 것이 아닐까 하는 의문을 품었다. 이것은 주자를 알지 못했어도, 오히려 큰 근본에 대해서는 견해를 가졌던 것이다. 다만 인심과 도심을 본체와 작용으로 여겨 그 뜻을 잃었으니, 역시 애석하다. 비록 나정암이 잃은 것은 명목에 대한 것이며, 퇴계가 잃은 것은 성리에 대한 것이니, 퇴계가 잃은 것이 더 중대하다. ……574)

---

573) 人心道心之立名, 聖人豈得已乎. 理之本然者, 固是純善, 而乘氣發用, 善惡斯分, 徒見其乘氣發用有善有惡, 而不知理之本然, 則是不識大本也. 徒見其理之本然, 而不知其乘氣發用, 或流而爲惡, 則認賊爲子矣. 是故聖人有憂焉, 乃以情之直遂其性命之本然者, 目之以道心, 使人存養而充廣之. 情之拚乎形氣而不能直遂其性命之本然者, 目之以人心, 使人審其過不及而節制之, 節制之者, 道心之所爲也. 夫形色, 天性也, 人心, 亦豈不善乎. 由其有過有不及而流於惡耳. 若能充廣道心, 節制人心, 使形色各循其則, 則動靜云爲, 莫非性命之本然矣. 此從古聖賢心法之宗旨, 此與理氣互發之說, 有何交涉. 退溪之病, 專在於互發二字, 惜哉. 以老先生之精密, 於大本上, 猶有一重膜子也.

574) …… 朱子或原或生之說, 亦當求其意而得之, 不當泥於言而欲主互發之說也. 羅整菴識見高明, 近代傑然之儒也, 有見於大本, 而反疑朱子有二歧之見. 此則雖不識朱子, 而却於大本上有見矣. 但以人心道心爲體用, 失其名義, 亦可惜也. 雖然整菴之失, 在於名目上, 退溪之失, 在於性理上, 退溪之失較重矣. ……

〈율곡 4-2-장서-5〉

사물 중에 그릇을 떠나지 못하고 쉼없이 흘러가는 것은 오직 물이며, 따라서 물만을 리에 비유할 수 있다. 물이 본래 맑은 것은 성이 본래 선한 것과 같고, 그릇의 깨끗함과 더러움이 같지 않은 것은 기질이 서로 다른 것과 같다. 그릇이 움직이면 물이 움직이는 것은 기가 발하면 리가 타는 것과 같다. 그릇과 물이 함께 움직여 그릇의 움직임과 물의 움직임에 다름이 없는 것은 리와 기가 서로 발하는 것에 차이가 없는 것과 같다. 그릇이 움직이면 물은 반드시 움직이지만 물이 스스로 움직인 적이 없는 것은, 리는 작용하지 않고 기는 작용하는 것과 같다.[575]

〈율곡 4-2-장서-6〉

'성인'은 기질이 맑고 순수하여 성이 그 체를 온전하게 하여 터럭만큼도 인욕의 사사로움이 없으므로, 발할 때 마음이 하고자 하는 바를 따르더라도 법도를 넘지 않으니, 인심은 또한 도심이다. 이를 비유하면 깨끗한 그릇에 물을 담으면 한 점의 먼지도 없으므로, 그릇이 움직일 때 본래의 맑은 물이 기울어서 쏟아져 나와 흘러가는 물도 모두 맑은 것과 같다. '현자[어진 사람]'는 기질이 맑고 순수할지라도 약간의 탁한 것이 섞이는 것을 피할 수 없으므로, 반드시 수양하는 공부를 한 뒤에야 본연지성[본연의 성]을 회복할 수 있다. 발할 때 본연지성을 곧게 따라 형기에 가려지지 않는 것도 있고, 성에서 발하였을지라도 형기가 작용한 것도 있다. 형기가 작용할지라도 인심이 도심의 명을 듣기 때문에, 음식이나 색을 탐하는 마음도 규범을 따른다. 이를 비유하면, 물을 담는 그릇이 깨끗할지라도 작은 먼지를 피

---

575) 物之不能離器而流行不息者, 惟水也, 故惟水可以喩理. 水之本淸, 性之本善也, 器之淸淨汚穢之不同者, 氣質之殊也. 器動而水動者, 氣發而理乘也. 器水俱動, 無有器動水動之異者, 無理氣互發之殊也. 器動則水必動, 水未嘗自動者, 理無爲而氣有爲也.

할 수 없어서 반드시 맑게 하는 공을 들여야 하며, 그런 뒤에야 물이 본연의 맑음을 얻을 수 있기 때문에, 그릇이 움직일 때 때로 맑은 물이 기울어져 나오더라도 먼지가 움직이지 않는 것도 있고 때로 맑은 물이 흘러나올지라도 먼지가 이미 움직인 것도 있어, 반드시 그 먼지를 가라앉혀 섞이지 않게 한 뒤에야 물의 흐름이 맑음을 얻을 수 있는 것과 같다. '불초재[못난 사람]'는 기질에 탁함이 많고 맑음이 적으며 섞임이 많고 순수함이 적어서 [그의] 성은 이미 본연을 잃었을 뿐만 아니라 수양하는 공부도 없는데, 발할 때 형기에 부림을 당하는 경우가 많은 것은 인심이 주가 되기 때문이다. 때때로 인심 사이에 도심이 섞이기도 하지만 그것을 살피고 지킬 줄 모르기 때문에, 형기의 사사로움에만 의존하여 정이 이기고 욕구가 강해지면 도심도 인심이 된다. 이를 비유하면, 물그릇이 더럽고 깨끗하지 않고 진흙 찌꺼기가 그 안에 가득하여 물이 본연의 맑음을 잃고 또 그것을 깨끗이 하려는 노력도 하지 않아서, [그릇이] 움직일 때 진흙 찌꺼기가 물을 흐리게 해서 맑은 물을 보지 못하며, 간혹 진흙 찌꺼기가 혼탁하게 하지 않았을 때에는 문득 맑은 물이 잠시 흘러나오다가 진흙 찌꺼기가 다시 탁해지게 하기 때문에, 맑은 것이 곧바로 탁해져서, 흐르는 것이 모두 탁한 물인 것과 같다.576)

---

576) 聖人氣質淸粹, 性全其體, 無一毫人欲之私, 故其發也, 從心所欲, 不踰矩, 而人心亦道心也. 譬如淸淨之器儲水, 無一點塵滓, 故其動也, 水之本淸者傾瀉而出, 流行者皆淸水也. 賢者則氣質雖淸粹, 未免有少許濁駁雜之故, 必資進修之功, 然後能復其本然之性. 其發也, 有直遂其本然之性, 而不爲形氣所揜者, 有雖發於性而形氣用事者. 形氣雖用事而人心聽命於道心, 故食色之心, 亦循軌轍. 譬如儲水之器雖淸淨, 而未免有少許塵滓在裏, 必加澄淨之功, 然後水得其本然之淸, 故其動也, 或有淸水傾出, 塵滓未動者, 或有淸水雖出, 而塵滓已動者, 必止其塵滓, 使不混淆, 然後水之流行者, 乃得其淸也. 不肖者, 氣質多濁少淸, 多駁少粹, 性旣汨其本然, 而又無進修之功. 其發也, 多爲形氣所使, 是人心爲主也. 間有道心雜出於人心之間, 而不知所以察之守之, 故一任形氣之私, 至於情勝欲熾, 而道心亦爲人心也. 譬如儲水之器, 汚穢不淨, 泥滓滿中, 水失其本然之淸, 又無澄淨之功, 其動也, 泥滓汨水而出, 不見其爲淸水也. 間有泥滓未及汨亂之際, 忽有淸水暫出, 而瞥然之頃, 泥滓還汨, 故淸者旋濁, 流行者皆濁水也.

〈율곡 4-2-장서-7〉

성은 본래 선하지만 기질에 구애되어 때로는 흘러 악이 되니, 악이 성의 본연이 아니라고 생각하는 것은 옳지만 성에 근본을 두지 않았다는 것은 옳지 않다. 물은 본래 맑지만 진흙 찌꺼기가 흐려놓아 마침내 탁한 흐름을 이루니, 탁한 것을 물의 본연이 아니라고 하는 것은 옳지만 물의 흐름이 아니라고 하는 것은 옳지 않다. 중인[보통 사람]의 성은 현자와 불초자의 사이에 있으니, 이를 미루어 그 성을 알 수 있다. 리가 기를 떠나지 못하는 것은 참으로 물이 그릇을 떠나지 못하는 것과 같다. 그런데 이제 "[리와 기가] 서로 발하여 작용함이 있다."라고 하는 것은 때로는 그릇이 먼저 움직이자 물이 따라 움직이기도 하고, 때로는 물이 먼저 움직이자 그릇이 따라 움직이기도 한다는 것이니, 천하에 어찌 이런 이치가 있겠는가? 또한 사람이 말을 타는 것에 비유하자면, 사람은 성이고 말은 기질이다. 말의 성질이 때로는 양순하고 때로는 양순하지 않은 것은 기품이 맑은가 탁한가, 순수한가 뒤섞였는가의 차이 때문이다. [사람이] 문을 나설 때 때로는 말이 사람의 뜻을 따라 나서며, 때로는 사람이 말의 다리를 믿고서 '신'이라는 글자는 '임'이라는 글자와 같은 뜻이지만 약간 다르다. 대개 '임'이라는 글자는 알기 때문에 맡기는 것이고, '신'이라는 글자는 알지 못하면서 맡기는 것이다. 나서는 경우도 있는데, 말이 사람의 뜻을 따라 나서는 것은 사람에게 속하는 것이기에 바로 도심이며, 사람이 말의 다리만을 믿고 나서는 것은 말에게 속하는 것이기에 바로 인심이다. 문 앞의 길은 사물이 마땅히 다녀야 하는 길인데, 사람이 말을 타고도 아직 문을 나서지 않았을 때에는, 사람이 말의 다리를 믿을지 말이 사람의 뜻을 따를지에 대한 어떤 단서도 없으니, 이것이 인심과 도심은 본래 상대적인 묘맥이 없다는 것이다.[577]

---

577) 性本善而氣質之拘, 或流而爲惡, 以惡爲非性之本然則可, 謂之不本於性, 不可也. 水本淸而泥
　　滓之汩, 遂成濁流, 以濁爲非水之本然則可, 謂之非水之流則不可也. 中人之性, 在賢不肖之

〈율곡 4-2-장서-8〉

성인의 혈기도 다른 사람과 같을 뿐이니, 배고프면 먹길 원하고 목마르면 마시길 원하고 추우면 옷을 원하고 가려우면 긁길 원하는 것을 역시 피할 수 없기 때문에, 성인에게도 인심이 없을 수 없다. 비유하자면, 말의 성질이 극히 양순하기는 해야겠지만, 때로는 사람이 말의 다리만을 믿고 문을 나설 때도 있다는 것이다. 다만 말이 사람의 뜻을 따라 견제하지 않아도 스스로 바른 길을 가니, 이것이 성인은 마음이 하고자 하는 바를 따르더라도 [법도를 넘지 않는다는 경우], 즉 인심이 도심이 [되는 경우]이다. 다른 사람들은 기품이 불순하여, 인심이 발할 때 도심으로 그것을 주재하지 못하여 흘러서 악이 된다. 비유하자면, 사람이 말의 다리만을 믿고 문을 나서면서도 견제하지 않으면, 말이 제멋대로 걸어 바른 길을 따르지 않는 것과 같다. 그 가운데 가장 양순하지 않은 말은 사람이 견제하더라도 계속 날뛰어 반드시 가시밭 사이로 달려가니, 이것은 기품이 탁하고 뒤섞여 인심이 주가 되고 도심이 가려지는 것과 같다. 말의 성질이 이와 같이 온순하지 않으면 항상 날뛰어 잠시도 조용히 서있을 때가 없으니, 이것은 마음이 혼매하고 어지러워 큰 근본이 서지 않는 것과 같다. 비록 양순하지 않은 말이라 하더라도 다행히 조용히 서있으면 조용히 서있을 때만은 양순한 말과 차이가 없으니, 이것은 중인[보통 사람]의 마음이 혼매하고 어지러워 중절의 상태가 되지 않았더라도 다행히 미발인 경우가 있으면 이 순간만큼은 담연한 본체가 성인과 다름이 없는 것과 같다는 것이다.578)

間, 推此而可知之矣. 理不離氣, 眞如水不離器也. 今曰, 互有發用, 則是或器先動而水隨而動, 或水先動而器隨而動, 天下寧有此理乎. 且以人乘馬喩之, 則人則性也, 馬則氣質. 馬之性, 或馴良或不順者, 氣稟淸濁粹駁之殊也. 出門之時, 或有馬從人意而出者, 或有人信, 信字與壬字, 同意而微不同. 蓋壬字知之而故任之也, 信字, 不知而任之也. 馬足而出者, 馬從人意而出者, 屬之人, 乃道心也, 人信馬足而出者, 屬之馬, 乃人心也. 門前之路, 事物當行之路也, 人乘馬而未出門之時, 人信馬足, 馬從人意, 俱無端倪, 此則人心道心, 本無相對之苗脈也.

578) 聖人之血氣, 與人同耳, 飢欲食, 渴欲飮, 寒欲衣, 癢欲搔, 亦所不免, 故聖人不能無人心. 譬如

〈율곡 4-2-장서-9〉

이처럼 비유하자면, 인심도심설이나 주리주기설이 어찌 명백하고 알기 쉽지 않겠는가? 만약 호발설로 비유하자면, 이것은 아직 문을 나서지 않았을 때는 사람과 말이 서로 다른 곳에 있다가 문을 나선 뒤에 사람이 말을 타는데, 때로는 사람이 나서자 말이 따르기도 하고 때로는 말이 나서자 사람이 따르기도 하는 것이니, 명분과 이치를 모두 잃어 말이 되지 않는다. 비록 그렇지만 사람과 말이 때로는 서로 분리될 수 있어서, 그릇과 물에 비유한 것만큼 절실하지는 않다. 그러나 물도 역시 형체가 있으니 형체가 없는 리에 대한 비유도 [적절하지] 않다. 비유는 활용해 볼 수는 있는 것이지만 비유에 얽매여서는 안 된다. 사람이 타고난 기질지성에는 본디 선과 악의 일정함이 있다. 따라서 공자는 "본성은 서로 가깝지만 습관은 서로 멀다."라고 말하였고, 또한 "높은 지혜로움과 낮은 어리석음은 바꿀 수 없다."라고 말하였다. 이것은 다만 성의 본연이 아니라서 혼매하고 어지럽기 때문에 미발의 중이라고 말할 수는 없다는 것이다. 미발은 성의 본연이며, 혼매하고 어지러운 것은 기가 이미 성을 가렸기 때문에 성의 본체라고 말할 수 없다.579)

馬性雖極馴, 豈無或有人信馬足而出門之時乎. 但馬順人意, 不待牽制, 而自由正路, 此則聖人之從心所欲, 而人心亦道心者也. 他人則氣稟不純, 人心之發而不以道心主之, 則流而爲惡矣. 譬如人信馬足出門, 而又不牽制, 則馬任意而行, 不由正路矣. 其中最不馴之馬, 人雖牽制, 而騰躍不已, 必奔走于荒榛莉棘之間, 此則氣稟濁駁, 而人心爲主, 道心爲所掩蔽者也. 馬性如是不馴, 則每每騰躍, 未嘗少有靜立之時, 此則心中昏昧雜擾, 而大本不立者也. 雖不馴之馬, 幸而靜立, 則當其靜立之時, 與馴良之馬無異, 此則衆人之心, 昏昧雜擾, 中體雖不立, 幸有未發之時, 則此刻之間, 湛然之體, 與聖人不異者也.

579) 如此取喩, 則人心道心主理主氣之說, 豈不明白易知乎. 若以互發之說譬之, 則是未出門之時, 人馬異處, 出門之後, 人乃乘馬, 而或有人出而馬隨之者, 或有馬出而人隨之者矣. 名理俱失, 不成說話矣. 雖然人馬或可相離, 不如譬以器水之親切也. 水亦有形, 又非理無形之比. 譬喩可以活看, 不可泥著於譬喩也. 人生氣質之性, 固有善惡之一定者也. 故夫子曰, 性相近也, 習相遠也, 又曰, 上智與下愚不移. 但非其性之本然, 而昏昧雜擾, 故不可謂未發之中也. 未發者, 性之本然也. 昏昧雜擾, 則氣已揜性, 故不可謂性之體也.

〈율곡 4-2-장서-10〉

  …… 버드나무 물가에서 물을 쳤다는 말은 사물을 보고서 도를 생각한 것이라고 말할 수는 있으나 아직 미진한 데가 있다. 물이 아래로 흐르는 것은 리이며, 물을 쳐서 손에 튀어 오르게 하는 것 역시 리이다. 만약 물이 아래로만 흘러가고 치더라도 튀어 오르지 않는다면 리가 없는 것이다. 물을 쳐서 손에 튀어 오르게 한 것은 기라 할지라도, 물을 쳐서 손에 튀어 오르게 하는 소이는 리이니, 어찌 기가 홀로 작용한다고 할 수는 없다. 물이 아래로 흘러가는 것은 본연의 리이며, 쳐서 손에 튀어 오르게 한 것은 기를 탄 리이다. 기를 탄 것의 밖에서 본연을 구하는 것은 옳지 않고, 만약 기를 타고서 정상적이지 않은 것을 본연이라고 하는 것도 옳지 않으며, 만약 정상적이지 않은 것을 보고 기가 홀로 작용하는 것이지 리가 있는 것은 아니라고 생각하는 것도 또한 옳지 않다. 어떤 이가 집에서 늙어 죽은 것은 진실로 정상적이지 않지만, [나라를] 다스리는 도가 바르지 않아 상과 벌의 법도가 없으면, 악한 사람이 뜻을 얻고 선한 사람이 곤궁해지는 것이 진실로 그 이치이다. 맹자는 "작은 것이 큰 것의 부림을 당하고 약한 것이 강한 것의 부림을 당하는 것이 하늘의 이치이다."라고 말하였다.[580]

〈율곡 4-2-장서-11〉

  덕의 크고 작음을 논하지 않고 오직 작고 큼이나 강하고 약함을 승부 삼는 것이 어찌 하늘의 본연인가? 다만 형세로써 말하였을 뿐이다. 형세가

---

[580] …… 柳磯激水之說, 可謂見物思道矣, 猶有所未盡也. 夫水之就下, 理也, 激之則在手者, 此亦理也. 水若一於就下, 雖激而不上, 則爲無理也. 激之而在手者雖氣, 而所以激之而在手者, 理也, 烏可謂氣獨作用乎. 水之就下, 本然之理也, 激之在手, 乘氣之理也. 求本然於乘氣之外, 固不可, 若以乘氣而反常者, 謂之本然, 亦不可, 若見其反常, 而遂以爲氣獨作用, 而非理所在, 亦不可也. 某也之老死牖下, 固是反常, 但治道不升, 賞罰無章, 則惡人得志, 善人困窮, 固其理也. 孟子曰, 小役大弱役强者, 天也.

그러면 리 또한 그렇기 때문에 하늘의 이치라 하는 것이다. 그러므로 어떤 이가 머리를 보존할 수 있었던 것을 리의 본연이 아니라고 하면 옳지만, 기가 홀로 한 것이고 리는 없다고 하면 옳지 않다. 천하에 어찌 리의 밖에 기가 있겠는가? 이 부분을 가장 깊이 연구해야 할 것이니, 여기에서 얻음이 있으면 리와 기가 서로 분리되지 않는 오묘함을 알 수 있을 것이다. '리기지묘[리와 기의 오묘함]'는 알기도 어렵고 말하기도 어렵다. 리의 근원은 하나일 뿐이며, 기의 근원도 하나일 뿐이다. 기는 흘러서 가지런하지 않고, 리도 또한 흘러서 가지런하지 않다. 기는 리를 떠나지 않고, 리도 기를 떠나지 않는다. 이와 같이, 리와 기는 하나인데, 그것들의 차이가 있음을 어디에서 볼 수 있는가? 이른바 "리는 스스로 리이고, 기는 스스로 기이다."라는 것을, "리가 스스로 리이고, 기가 스스로 기이다."라는 것을 어디에서 볼 수 있는가?[581]

9. 우계의 다섯 번째 편지(우계 5서)

〈우계 5-1〉

…… 보내온 편지에 "성과 정에는 본래 리와 기가 호발하는 이치가 없다", "성이 발하여 정이 된다", "다만 기가 발하여 리가 여기에 탈 뿐이다."라고 하였는데, 감히 고명한 [율곡]에게 재삼 상세히 설명해주시기를 청하니 이 이치가 진실로 이와 같아서 천지에 세우고 후세의 성인을 기다려도 어그러지지 않고 의심이 없을까요? 다시 생각해보는 것이 어떤가요? 과연

---

581) 夫不論德之大小, 而惟以小大强弱爲勝負者, 此豈天之本然哉. 特以勢言之耳. 勢旣如此, 則理亦如此, 故謂之天也. 然則某人之得保首領, 謂之非理之本然, 則可, 謂之氣獨爲之而無理, 則不可也. 天下安有理外之氣耶. 此段最可深究, 於此有得, 則可見理氣不相離之妙矣. 理氣之妙, 難見亦難說. 夫理之源, 一而已矣. 氣之源, 亦一而已矣. 氣流行而參差不齊, 理亦流行而參差不齊. 氣不離理, 理不離氣. 夫如是, 則理氣一也, 何處見其有異耶. 所謂理自理, 氣自氣者, 何處見其理自理, 氣自氣耶.

이와 같다면, 주자가 어찌하여 "혹생혹원"을 말하였고, 북계가 어찌하여 "지각은 리에서 발하는 것도 있고, 기에서 발하는 것도 있다."라고 했겠는가? 무엇 때문에 옛날부터 인과 의를 모두 리발의 탓으로 돌리고, 지각·운동·식색·형기를 모두 기의 탓으로 돌렸겠는가? 사람의 오장과 모든 뼈는 모두 리가 있으며 형체를 갖추지 않은 것이 없다. 사물마다 법칙이 있다는 점에서 보면 성과 정의 발은 리를 위주로 하여 그 선·악의 기미를 말하는 것이 옳은데, 하필이면 "인심과 도심은 리로부터 발하기도 하고 기로부터 발하기도 한다."라고 말하는 것인가? 이것은 기가 형기를 주장하여 지나칠 수도 있고 미치지 못할 수도 있어서 그 스스로 하는 것을 맡음으로써, 리가 간섭할 수 없게 되기 때문이 아닌가?582)

〈우계 5-2〉

보내온 편지에 "인심과 도심이 비록 주리와 주기의 다름은 있을지라도 그 근원은 모두 리이고 발하는 것은 모두 기이다", "이른바 "혹생혹원"이라는 말은 이미 발한 뒤의 것을 보고 다만 그 주된 것을 취해 이름을 지은 것이다", "이렇게 이론을 정립하면 어찌 간편하고도 알기 쉽지 않겠는가?"라고 하였다. 그러나 주자의 뜻이 과연 이와 같았다면 마땅히 글을 고쳐서 이론을 정립하여 그것이 이와 같다는 것을 밝혀서 대략 『성기도』의 뜻과 같게 하였을 것이고, "혹생혹원"이라고 말하지 않았을 것이다. "혹생혹원"이라는 설과 "리를 따라 나오기도 하고 기를 따라 나오기도 한다."라는 설

---

582) …… 來喩性情本無理氣互發之理, 凡性發爲情, 只是氣發而理乘之也, 敢請再三詳證于高明, 此理眞是如此, 建天地俟後聖而不悖不惑耶. 竊願更入容思量如何. 果如此也, 朱子何以曰或生或原, 北溪何以曰這知覺, 有從理而發, 有從氣而發. 從古議論, 何以仁義, 皆歸之理發, 而知覺運動食色形氣, 皆歸之氣乎. 人之五臟百骸, 無非有是理而具是形矣. 今於物之地, 性情之發, 主理而言其善惡之幾, 可矣, 何必曰人心道心, 從理從氣而發乎. 得非斯氣也能主張於形氣, 而能過能不及, 任其所自爲而理不能管攝也耶.

은 내[우계]가 어리석고 둔하여 과연 [율곡의] 편지와 같이 보아야 할지 모르겠다. 이른바 "이것에서 생기고 이것에서 근원한다"라는 설과 "리를 따라 나오기도 하고 기를 따라 나오기도 한다."라는 설은 리와 기라는 두 가지가 먼저 여기에 있는데, 인심과 도심이 "이것에서 생기고 이것에서 근원"하며, "리를 따라 나오기도 하고 기를 따라 나오기도 한다."라는 말과 같다. ……583)

10. 율곡의 다섯 번째 편지(율곡 5서)

〈율곡 5-1〉

형[우계]은 리와 기가 한 순간도 서로 분리될 수 없다는 것을 알면서 오히려 호발설에 연연하니 아무리 생각해도 그 이유를 알지 못하겠지만, 어쩌면 '혹생혹원'이라는 설에 얽매여 움직이지 못하는 것은 아닌가? …… 도심을 발하는 것은 기이지만 성명이 아니면 도심이 발하지 못하고, 인심의 근원은 성이지만 형기가 아니면 인심이 발하지 못하니, 도심을 성명에 근원하였다고 말하며, 인심을 형기에서 생겨났다고 말하면 어찌 순조롭지 않겠는가?584)

---

583) 來喩, 人心道心, 雖有主理主氣之異, 其原皆理, 而發之者, 皆氣也. 所謂或生或原, 見其旣發之後, 而特取其所重者而立名也. 如此立說, 豈不簡便而易曉耶. 然朱子之意果如此, 則當變文立說, 明其如此, 略如誠幾圖之意也, 不曰, 或生或原也. 或生或原, 從理從氣之說, 鄙人駭鈍不知果如來喩看否也. 所謂生於此, 原於此, 從理從氣等語, 似是理氣二物, 先在於此, 而人心道心, 生於此原於此, 從此而發也. ……

584) 但兄旣知理氣之不能一瞬相離, 而猶戀著互發之說, 反覆思之, 未喩其故, 無乃爲或原或生之說所縛, 轉動不得乎. …… 發道心者氣也, 而非性命則道心不發, 原人心者性也, 而非形氣則人心不發, 以道心謂原於性命, 以人心謂生於形氣, 豈不順乎.

〈율곡 5-2〉

성이란 리와 기가 합한 것이다. 리가 기 가운데 있은 뒤에 성이 되니, 만약 형질 가운데 있지 않으면 당연히 리라고 말하고 성이라고 해서는 안 된다. 다만 형질 가운데서 저 리만을 홀로 가리켜 말한다면 본연지성이니, 본연지성은 기와 섞일 수 없다. 자사와 맹자는 본연지성을 말하였고 정자와 장자는 기질지성을 말하였는데, 실상은 하나의 성이지만 주안점을 둔 바가 다르니, 이제 그 주안점을 두어 말한 뜻을 알지 못하고 마침내 두 가지 성이 있다고 여기면 리를 안다고 말할 수 있겠는가? 성이 이미 하나인데, 정이 리발과 기발의 다름이 있다고 여긴다면, 성을 안다고 말할 수 있겠는가?[585]

11. 우계의 여섯 번째 편지(우계 6서)

〈우계 6-1〉

보내온 편지에서 언급했던 퇴계의 호발이라는 것이 어찌 진실로 "리와 기가 각각 다른 곳에 있으면서 서로 발용한다."라는 것과 같겠는가? 다만 하나의 것으로 뭉쳐져 있으나 리를 주로 하고 기를 주로 하고, 안에서 나오고 밖에서 감응됨에 먼저 두 가지 뜻이 있다는 것이다. "성과 정 사이에 본래 리와 기라는 두 가지 것이 있어서 각각 나온다."라고 내[우계]가 말한 것 또한 이와 같으니 어찌 이른바 "사람과 말이 각각 서 있다가 문을 나선 뒤에 서로 따라간다."라는 것이겠는가? 내[우계]는 필력이 부족하여 말을 어렵게 하니 그것이 죄일 뿐이다. 형[율곡]이 전후로 부지런히 깨우쳐주며

---

585) 性者, 理氣之合也. 蓋理在氣中, 然後爲性, 若不在形質之中, 則當謂之理, 不當謂之性也. 但就形質中, 單指其理而言之, 則本然之性也, 本然之性, 不可雜以氣也. 子思孟子言其本然之性, 程子張子言其氣質之性, 其實一性, 而所主而言者不同, 今不知其所主之意, 遂以爲二性, 則可謂知理乎. 性旣一而乃以爲情有理發氣發之殊, 則可謂知性乎.

다만 "성과 정 사이에는 "기가 발하고 리가 탄다."라는 한 길만 있을 뿐이요, 그 외에는 다른 길이 없다."라고 하였으니 …… 성현들의 옛 말을 참고해 보면 모두 '양변설'을 내세워 형[율곡]의 고견과 같지 않아 감히 따르지 못하는 것이다. 지난번 「장서」에서 "문을 나설 때 때로는 말이 사람의 뜻을 따라 나서는 경우도 있고, 때로는 사람이 말의 다리를 믿고 따라 나서는 경우도 있는데, 말이 사람의 뜻을 따라 나서는 것은 사람에 속하니, 곧 도심이요, 사람이 말의 다리를 믿고 나서는 것은 말에 속하니, 곧 인심이다."라고 하였고, 또 "성인도 인심이 없을 수 없으니, 비유하자면 말이 비록 지극히 양순하더라도 어찌 간혹 사람이 말의 다리만 믿고 문을 나서는 때가 없겠는가?"라고 하였다.586)

〈우계 6-2〉

　내[우계]가 몇 단락을 궁구해보니, 그것들은 모두 '양변설'을 말한 것이고 '기발리승' 하나만 있다는 말과는 조금 달라, [율곡의 견해가] 점점 옛 사람의 이론에 가까워지는 것은 아닌가 하고 의아해했다. 또 이번 편지를 읽어보니 "도심을 발하는 것은 기이지만 성명이 아니면 도심은 발하지 못하며, 인심은 성이지만 형기가 아니면 인심이 발하지 못하니, 도심은 성명에 근원하고 인심은 형기에서 생겨난다는 것이 어찌 적절하지 않겠는가?"라고 말하였는데, 내[우계]는 이 단락을 보고 뜻이 합치되어 그 말이 정밀하고 타당한 점에 탄복하였다. 그렇지만 이것에도 끝까지 연구하지 못한 점

---

586) 退溪之所云互發者, 豈眞如來喩所謂理氣各在一處, 互相發用耶. 只是滾在一物, 而主理主氣, 內出外感, 先有兩箇意思也. 渾之所謂性情之間, 元有理氣兩物, 各自出來云者, 亦看如此也, 豈所謂人馬各立, 出門之後, 相隨追到耶. 渾則筆力未足, 下語太重, 是爲罪耳. 吾兄前後勸諭, 只曰性情之間, 有氣發理乘一途而已, 此外非有他事也, 渾承是語 …… 而參以聖賢前言, 皆立兩邊說, 無有如高論者, 故不敢從也. 昨賜長書中有曰, 出門之時, 或有馬從人意而出者, 或有人信馬足而出者, 馬從人意而出者, 屬之人, 乃道心也, 人信馬足而出者, 屬之馬, 乃人心也. 又曰, 聖人不能無人心. 譬如馬雖極馴, 豈無或有人信馬足而出門之時乎.

이 있다. 형[율곡]은 반드시 "기가 발하여 리가 타며, 다른 길은 없다."라고 하였는데, 내[우계]는 반드시 미발[발하지 않음]의 때에는 리와 기가 각각 발용하는 싹이 없더라도 발할 즈음에 의욕이 움직이면 마땅히 주리[리를 주로 함]와 주기[기를 주로 함]라고 말할 수 있으니, 이는 각각 나온다는 것이 아니라 한 가지 길에서 중요한 쪽을 취하여 말한 것으로 이것이 바로 퇴계가 말한 '호발'의 뜻이요, 또한 "말이 사람의 뜻을 따르고 사람이 말의 다리를 믿는다."라는 형[율곡]의 설입니다. 이것이 바로 "성명이 아니면 도심이 발하지 못하고, 형기가 아니면 인심이 발하지 못한다."라는 것이다. [율곡이] 어떻게 생각할지 모르겠다.587)

〈우계 6-3〉

그렇지만 퇴계의 '호발설'은 도를 아는 사람이 보아도 오히려 착오가 있을 것이 우려되는데, 모르는 사람이 읽으면 사람을 잘못 되게 함이 적지 않을 것이다. 더욱이 사단칠정과 리기의 자리를 나누고 "[사단은] 리가 발함에 기가 따르고 [칠정은] 기가 발함에 리가 탄다."라는 단계를 나눈 것은 말의 뜻이 순조롭지 않고 명리가 온당치 않으니, 이것이 내[우계]가 기뻐하지 않는 까닭이다. 보내온 편지에서 "서로 합해야 한다."라거나 "서로 같아야 한다."라고 하여 자신의 고독함을 민망히 여기는데, 반드시 그럴 필요는 없다. …… 다만 한 번 읽을 즈음에 갑자기 스스로 마음속에서 "리와 기가 같지 않은 것은, 기가 형적에 관계되면 곧 지나침과 미치지 못함이 있는

---

587) 渾究此數段, 皆下兩邊說, 頗訝其與只有一邊氣發理乘之語稍異, 而漸近於古說也. 又讀今書, 有曰發道心者氣也, 而非性命則道心不發, 原人心者性也, 而非形氣則人心不發, 以道心原於性命, 以人心生於形氣. 豈不順乎, 渾見此一段, 與之意合, 而嘆其下語之精當也. 雖然, 於此亦有究極之未竟者焉. 吾兄必曰, 氣發理乘, 無他途也. 渾則必曰, 其未發也, 雖無理氣各用之苗脈, 纔發之際, 意欲之動, 當有主理主氣之可言也, 非各出也, 就一途而取其重而言也, 此卽退溪互發之意也, 卽吾兄馬隨人意, 人信馬足之說也. 卽非性命則道心不發, 非形氣則人心不發之言也. 未知以爲如何如何.

것이니, 그 같지 않음은 다만 여기에 있을 뿐이다."라고 말하였다. 이런 생각이 어떤지 모르겠다. ……588)

〈우계 6-4〉

정이 발하는 곳에 주리와 주기의 두 가지 뜻이 있으니, 분명 이와 같다면 이것은 말이 사람의 뜻을 따르고 사람이 말의 다리를 믿는다는 설이지, 미발에 앞서 두 가지 뜻이 있다는 것이 아니다. 막 발할 즈음에 리에 근원함이나 기에서 생겨남이 있다는 것일 뿐이다. 리가 발함에 기가 그 뒤를 따르고 기가 발함에 리가 그 다음에 탄다는 것이 아니라, 리와 기는 하나로 발하지만 사람이 중요한 부분을 취하여 '주리' 또는 '주기'라고 말하는 것이다.589)

12. 율곡의 여섯 번째 편지(율곡 6서)

〈율곡 6-1〉

'리통기국'이라는 네 글자는 스스로 발견하여 터득한 것이라 생각하는데, 내[율곡]가 독서를 많이 하지 않아 이미 그런 말이 있었음에도 보지 못했던 것은 아닌지 두렵다. 도심을 본연지기로 여기는 것도 새로운 말 같은데, 비록 성현의 뜻이라 할지라도 아직 문자에 나타난 것은 없으니 형[우계]이 만약 이 말을 의심하고 괴이하다고 물리치지 않는다면 합치하지 못할

---

588) 雖然退溪互發之說, 知道者見之, 猶憂其錯會, 不知者讀之, 則其誤人不少矣. 況四七理氣之分位, 兩發隨乘之分段, 言意不順, 名理未穩, 此渾之所以不喜者也. 示喩相合相同, 憫其孤單之意, 竊以爲不必如此也. …… 只於一讀之際, 忽自心語曰, 理氣之不同, 氣纔涉形迹, 便有過不及, 其爲不同, 只在此處而已. 未知此意如何. ……

589) 且情之發處, 有主理主氣兩箇意思, 分明是如此, 則馬隨人意, 人信馬足之說也, 非未發之前有兩箇意思也. 於纔發之際, 有原於理生於氣者耳. 非理發而氣隨其後, 氣發而理乘其第二也, 乃理氣一發, 而人就其重處言之, 謂之主理主氣也.

것이 없을 것이다.590)

〈율곡 6-2-장서〉
〈율곡 6-2-장서-1〉

리와 기는 원래 서로 분리되지 않아 마치 하나의 것 같으면서도 다른 이
유는, 리가 무형이지만[형체가 없지만] 기는 유형이고[형체가 있고], 리는 무위
하지만[하는 것이 없지만] 기는 유위하기[하는 것이 있기] 때문이다. 무형이고
무위하여 유형과 유위의 주가 되는 것은 리요, 유형이고 유위하여 무형과
무위의 그릇이 되는 것은 기이다. 리는 형체가 없지만 기는 형체가 있기
때문에 리는 통하고 기는 국한되며, 리는 무위이지만 기는 유위이기 때문
에 기가 발하면 리가 타는 것이다. "리통[리가 통한다]"이란 무슨 뜻인가? 리
는 [공간적인] 본말[시작이나 끝]이 없고 [시간적인] 선후[먼저와 나중, 앞섬과
뒤섬]도 없다. 본말도 없고 선후도 없기 때문에 아직 감응하지 않았다 하더
라도 앞선 것이 아니며, 이미 감응하였다 하더라도 뒤선 것이 아니다. 정자
가 "그렇기 때문에 기를 타고 흘러가 뒤섞여 가지런하지 않으나 그 본연의
오묘함은 없는 데가 없다."라고 말하였다. 기가 치우치면 리도 치우치지만
그 치우친 바는 리가 아니라 기이며, 기가 온전하면 리도 온전하지만 온전
한 것은 리가 아니라 기이다. 맑은 것·탁한 것·순수한 것·뒤섞인 것·찌
꺼기·재·거름·오물 가운데도 리가 있지 않은 곳이 없어 각각 그 성이
되지만, 그 본연의 오묘함은 손상됨이 없이 그대로이니, 이것을 '리통'이라
고 말한다.591)

<hr/>

590) 理通氣局四字, 自謂見得, 而又恐珥讀書不多, 先有此等言而未之見也. 以道心爲本然之氣者,
亦似新語, 雖是聖賢之意, 而未見於文字, 兄若於此言, 不疑怪而斥之, 則無所不合矣.

591) 理氣元不相離, 似是一物, 而其所以異者, 理無形也, 氣有形也, 理無爲也, 氣有爲也. 無形無
爲而爲有形有爲之主者, 理也, 有形有爲而爲無形無爲之器者, 氣也. 理無形而氣有形, 故理通
而氣局, 理無爲而氣有爲, 故氣發而理乘. 理通者, 何謂也. 理者, 本無本末也, 無先後也. 無

〈율곡 6-2-장서-2〉

"기국[기가 국한한다]"이란 무슨 뜻인가? 기가 이미 형적에 관계했기 때문에, 본말이 있고 선후가 있다. 기의 본체는 담일청허할 뿐이니, 어찌 일찍이 찌꺼기·재·거름·오물 등의 기가 있었겠는가? 오직 그것이 오르고 내리고 날리고 펼치고 일찍이 그치거나 쉬지 않으므로 뒤섞여서 가지런하지 않아 많은 변화가 생겼다. 이에 기가 흘러갈 때 그 본연의 것을 잃지 않는 경우도 있고 그 본연을 잃어버리는 경우도 있으니, 이미 그 본연을 잃어버리면 기의 본연은 이미 있는 곳이 없다. 치우친 것은 치우친 기이지 온전한 기가 아니고, 맑은 것은 맑은 기이지 탁한 기가 아니며, 찌꺼기와 재는 찌꺼기와 재의 기이지 담일청허의 기가 아니며, 리가 만물에게 [있다는 것은] 본연의 오묘함이 있지 않은 곳이 없다는 것과는 같지 않으니, 이것이 이른바 "기국"이다.592)

〈율곡 6-2-장서-3〉

"기발리승[기가 발하여 리가 탄다]"이란 무슨 뜻인가? 음이 정하고[고요하고] 양이 동하는[움직이는] 것은 "기자이[기틀이 스스로 그러한 것이다]"이지 그렇게 시키는 것이 있는 것이 아니다. 양이 움직이면 리가 움직임에 타는 것이지 리가 움직인 것이 아니며, 음이 고요하면 리가 고요함에 타는 것이지 리가

本末無先後, 故未應不是先, 已應不是後. 程子說, 是故, 乘氣流行, 參差不齊, 而其本然之妙, 無乎不在. 氣之偏則理亦偏, 而所偏非理也, 氣也. 氣之全則理亦全, 而所全非理也, 氣也. 至於淸濁粹駁, 糟粕煨燼, 糞壤汚穢之中, 理無所不在, 各爲其性, 而其本然之妙, 則不害其自若也, 此之謂理之通也.

592) 氣局者, 何謂也. 氣已涉形迹, 故有本末也, 有先後也. 氣之本, 則湛一淸虛而已, 曷嘗有糟粕煨燼糞壤汚穢之氣哉. 惟其昇降飛揚, 未嘗止息, 故參差不齊而萬變生焉. 於是氣之流行也, 有不失其本然者, 有失其本然者. 旣失其本然, 則氣之本然者, 已無所在, 偏者, 偏氣也, 非全氣也 ; 淸者, 淸氣也, 非濁氣也, 糟粕煨燼, 糟粕煨燼之氣也, 非湛一淸虛之氣也, 非若理之於萬物, 本然之妙, 無乎不在也, 此所謂氣之局也.

고요한 것은 아니다. 그러므로 주자(朱子)는 "태극이란 본연의 오묘함이고 동정이란 타는 것의 기틀이다."라고 말하였다. 음이 고요하고 양이 움직이는 것은 그 기틀이 스스로 그러한 것이며, 음이 고요하고 양이 움직이는 까닭은 리이다. 그러므로 주자(周子)는 "태극이 동하여[움직여] 양을 낳고 정하여[고요하여] 음을 낳는다."라고 말하였다. 이른바 "동하여 양을 낳고 정하여 음을 낳는다." 는 말은 그 미연[아직 드러나지 않은 현상]에 근거하여 말한 것이다. "동과 정은 타는 것의 기틀이다." 라는 말은 그 이연[이미 드러난 현상]을 보고 말한 것이다. 동과 정에 끝이 없고 음과 양에 처음이 없으니, 리와 기의 흘러나감은 모두 이연일 뿐이니, 어찌 미연의 시기가 있었겠는가? 이렇기 때문에, 천지의 조화와 심의 발은 모두 "기가 발하여 리가 타는" 것이 아닌 경우가 없다. 이른바 "기발리승"이라는 것은 기가 리보다 앞선다는 말이 아니다. 기는 유위하고 리는 무위하므로 그렇게 말할 수밖에 없을 뿐이다.593)

〈율곡 6-2-장서-4〉

리에는 한 글자도 보탤 수 없고, 한 터럭만큼의 수양하는 힘도 더할 수 없다. 리는 본래 선한 것이니 무슨 수양이 필요하겠는가? 성현의 천 마디 만 마디 말은 다만 사람들로 하여금 그 기를 단속하여 기의 본연을 회복토록 하려는 것일 뿐이다. 기의 본연은 '호연지기'이다. 호연지기가 천지에 가득하면 본래 선한 리가 조금도 가려짐이 없으니, 이것은 맹자의 '양기론'

---

593) 氣發而理乘者, 何謂也. 陰靜陽動, 機自爾也, 非有使之者也. 陽之動則理乘於動, 非理動也, 陰之靜則理乘於靜, 非理靜也. 故朱子曰, 太極者, 本然之妙也, 動靜者, 所乘之機也, 陰靜陽動, 其機自爾而其所以陰靜陽動者, 理也. 故周子曰, 太極動而生陽, 靜而生陰. 夫所謂動而生陽, 靜而生陰者, 原其未然而言也. 動靜所乘之機者, 見其已然而言也. 動靜無端, 陰陽無始, 則理氣之流行, 皆已然而已, 安有未然之時乎. 是故, 天地之化, 吾心之發, 無非氣發而理乘之也. 所謂氣發理乘者, 非氣先於理也. 氣有爲而理無爲, 則其言不得不爾也.

이 성인의 학문에 공이 있는 이유이다. 만약 "기발리승일도[기가 발하여 리가 타는 하나의 길]"이 아니고 리가 또 별도로 작용하는 경우가 있다면 리가 무위라고 말할 수 없다. 공자가 어찌하여 "사람이 능히 도를 넓히는 것이지 도가 사람을 넓히는 것이 아니다."라고 말하였겠는가? 이렇게 간파한다면 '기발리승일도'가 분명하고 확연하여 "혹원혹생"이라는 설과 "사람이 말의 다리를 믿고 말이 사람의 뜻을 따른다."라는 설도 역시 널리 통하여 각각 그 뜻을 끝까지 알 수 있다. 자세히 음미하고 상세히 살펴서 사람이 천박하다고 그의 말까지 가볍게 여기지는 말기를 바란다.594)

〈율곡 6-2-장서-5〉

"기발리승일도"의 설은 "혹원혹생[때로는 성명의 올바름에 근원하고 때로는 형기(形氣)의 사사로움에서 생겨난다]"의 설은 물론이고 "사람이 말의 다리를 믿고 말이 사람의 뜻을 따른다."라는 설과도 모두 일관성이 있다. 형[우계]이 아직 여기에 대해 분명하지 않기 때문에 오히려 "리와 기가 서로 발하여 안에서 나오고 밖에서 감응되어 먼저 두 가지 뜻이 있다."는 퇴계의 말을 모두 버리지 못하고, 도리어 퇴계의 이 설을 끌어다가 내[율곡]의 설과 결부시키려 한다. 별지에 쓴 의론이 상세하거늘 오히려 형[우계]의 의심은 얼음이 녹듯이 확 풀리지 않은 것 같다. '기발리승일도'의 설은 근본을 추구한 이론이요, "혹원혹생"의 설과 "사람이 말의 다리를 믿고 말이 사람의 뜻을 따른다."라는 설은 흐름을 따라 본 이론이다. 이제 형[우계]가 "미발에

---

594) 夫理上, 不可加一字, 不可加一毫修爲之力, 理本善也, 何可修爲乎. 聖賢之千言萬言, 只使人撿束其氣, 使復其氣之本然而已. 氣之本然者, 浩然之氣也. 浩然之氣, 充塞天地, 則本善之理, 無少掩蔽, 此孟子養氣之論, 所以有功於聖門也. 若非氣發理乘一途, 而理亦別有作用, 則不可謂理無爲也. 孔子何以曰, 人能弘道, 非道弘人乎. 如是看破, 則氣發理乘一途, 明白坦然, 而或原或生, 人信馬足馬順人意之說, 亦得旁通而各極其趣. 試細玩詳, 思勿以其人之淺淺而輕輕其言也.

는 리와 기가 각각 발용하는 싹이 없다."라고 하였으니, 이는 내율곡의 견
해와 합치한다. 다만 "성과 정의 사이에 원래 리와 기의 두 가지 것이 있
어 각각 나온다."라고 말하였으니, 이는 언어상의 잘못일 뿐만 아니라 진실
로 그릇된 견해이다. 또한 "한 길로 나아가 중요한 것을 취하여 말한 것이
다."라고 말하였는데, 이것 또한 내율곡의 견해와 합치한다. …… 지금 만
약 "기가 발하여 리가 탄다."는 설과 "사람이 말의 다리를 믿고 말이 사람
의 뜻을 따른다."라는 설이 하나의 설이 된다는 것을 안다면, 똑같이 하나
로 돌아간다는 것을 또 어찌 의심하겠는가?595)

〈율곡 6-2-장서-6〉

도심이 성명에 근원하였더라도 발하는 것은 기이니, 이것을 리의 발이라
고 할 수는 없다. 인심과 도심은 모두 기의 발이지만 기가 본연의 리에 따
르면 기도 본연의 기이므로, 리가 그 본연의 기를 타서 도심이 된다. 기가
본연의 리에서 변하면 본연의 기도 변하므로, 리도 그 변한 기를 타서 인
심이 되어 때로는 지나치고 때로는 미치지 못한다. 때때로 처음 발할 때
이미 도심을 제재하는 것이 있어 기로 하여금 지나침이나 미치지 못함이
없도록 하며, 때로는 지나침이나 미치지 못함이 있은 뒤에 도심이 역시 제
재하여 가운데로 나아가게 하기도 한다. 기가 본연의 리에 따르는 것은 본
디 기의 발이지만, 기가 리의 명령을 듣기 때문에 리에 중점이 있어 '주리'
라고 말한다. 기가 본연의 리에서 변한 것은 본래 리에 근원하지만 이미

---

595) 氣發理乘一途之說, 與或原或生, 人信馬足馬從人意之說, 皆可通貫. 吾兄尙於此處未透, 故猶
於退溪理氣互發, 內出外感, 先有兩箇意思之說, 未能盡捨, 而反欲援退溪此說, 附于珥說也.
別幅義論頗詳, 猶恐兄未能渙然釋然也. 蓋氣發理乘一途之說, 推本之論也, 或原或生, 人信馬
足馬從人意之說, 沿流之論也. 今兄曰, 其未發也, 無理氣各用之苗脈, 此則合於鄙見矣. 但謂
性情之間, 元有理氣兩物, 各自出來, 則此非但言語之失, 實是所見差誤也. 又曰, 就一途而取
其重而言, 此則又合於鄙見. …… 今若知氣發理乘與人信馬足, 馬從人意, 滾爲一說, 則同歸
于一, 又何疑哉.

기의 본연이 아니니 리의 명령을 듣는다고 할 수 없기 때문에 기에 중점이 있어 '주기'라고 말한다. 기가 명령을 듣거나 듣지 않는 것은 모두 기가 하는 것이고 리는 무위이니, 서로 발용함이 있다고 말할 수 없다. 다만 성인은 형기가 리의 명령을 듣지 않음이 없어 인심도 역시 도심이니, 마땅히 따로 의논해야지 뒤섞어서 하나의 설로 말해서는 안 될 것이다.596)

〈율곡 6-2-장서-7〉

또 주자는 "심의 허령지각은 하나일 뿐이나 때로는 성명의 올바름에 근원하고 때로는 형기의 사사로움에서 생겨난다."라고 말하며 먼저 '심'이라는 글자 하나를 앞에 두었는데, 심은 바로 기이니 때로는 근원하기도 하고 때로는 생겨나기도 하지만 심의 발이 아님이 없으니 어찌 기의 발이 아니겠는가? 심 가운데 리가 있는 것이 성이요, 심이 발하는데 성이 발하지 않는 이치는 없으니 어찌 리가 탄 것이 아니겠는가? '혹원[때로는 근원한다]'이라는 것은 리의 중요한 바를 가지고 말한 것이요, '혹생[때로는 생겨난다]'는 것은 기의 중요한 바를 가지고 말한 것이니, 당초에 리와 기의 두 싹이 있었던 것은 아니다. 말을 정립하여 사람을 깨우치기 위해 부득이 이렇게 말한 것이니, 배우는 사람의 잘못이 있고 없고는 또한 주자가 예측한 바가 아니다. 이렇게 본다면 "기발리승[기가 발하여 리가 탄다]"이라는 설이 "혹원 혹생[때로는 성명의 올바름에 근원하고 때로는 형기의 사사로움에서 생겨난다]"이라

---

596) 道心原於性命, 而發者氣也, 則謂之理發不可也. 人心道心, 俱是氣發, 而氣有順乎本然之理者, 則氣亦是本然之氣也, 故理乘其本然之氣而爲道心焉. 氣有變乎本然之理者, 則亦變乎本然之氣也, 故理亦乘其所變之氣而爲人心, 而或過或不及焉. 或於纔發之初, 已有道心宰制, 而不使之過不及者焉, 或於有過有不及之後, 道心亦宰制而使趨於中者焉. 氣順乎本然之理者, 固是氣發, 而氣聽命於理, 故所重在理而以主理言. 氣變乎本然之理者, 固是原於理, 而已非氣之本然, 則不可謂聽命於理也, 故所重在氣而以主氣言. 氣之聽命與否, 皆氣之所爲也, 理則無爲也, 不可謂互有發用也. 但聖人形氣, 無非聽命於理, 而人心亦道心, 則當別作議論, 不可滾爲一說也.

는 설과 과연 서로 어긋나는 것이 있는가? 이렇게 설명하여도 의견이 합치하지 않는다면 아마도 서로 합치할 수 없을 것이다.[597]

〈율곡 6-2-장서-8〉

퇴계의 호발이라는 두 글자는 말의 실수가 아니고 아마도 리와 기가 서로 분리되지 않는 오묘함을 깊이 보지 못했기 때문일 것이다. 또 안에서 나오는 것과 밖에서 감응하는 것의 차이가 있다는 것은 내[율곡]의 견해와 서로 크게 다른데, 형[우계]이 그것을 끌어다 취하려 하니 이것은 내[율곡] 뜻의 소재를 알지 못하고 또한 퇴계의 뜻도 분명하게 알지 못하는 것이다. 퇴계는 안에서 나오는 것을 도심이라 하고 밖에서 감응하는 것을 인심이라고 하였으나, 내[율곡]는 인심과 도심이 모두 안에서 나오고 그 움직이는 것은 모두 밖에서 감응하는 것에 말미암는다고 생각하는데, 이것이 과연 서로 합치하고 끌어다 취할 수 있는 것인가? 모름지기 퇴계의 원론과 내[율곡]의 이전과 이후의 편지들을 다시 보고 그 뜻을 구하는 것이 어떻겠는가?[598]

〈율곡 6-2-장서-9〉

"성과 정은 본래 리와 기가 서로 발하는 이치가 없다", "무릇 성이 발하

---

597) 且朱子曰, 心之虛靈知覺, 一而已矣, 或原於性命之正, 或生於形氣之私. 先下一心字在前, 則心是氣也, 或原或生而無非心之發, 則豈非氣發耶. 心中所有之理, 乃性也, 未有心發而性不發之理, 則豈非理乘乎. 或原者, 以其理之所重而言也, 或生者, 以其氣之所重而言也, 非當初有理氣二苗脈也. 立言曉人, 不得已如此, 而學者之誤見與否, 亦非朱子所預料也. 如是觀之, 則氣發理乘與或原或生之說, 果相違忤乎. 如是辨說而猶不合, 則恐其終不能相合也.

598) 若退溪互發二字, 則似非下語之失, 恐不能深見理氣不相離之妙也. 又有內出外感之異, 與鄙見大相不同, 而吾兄欲援而就之, 此不特不知鄙意之所在也, 又不能灼見退溪之意也. 蓋退溪則以內出爲道心, 以外感爲人心, 珥則以爲人心道心皆內出, 而其動也皆由於外感也. 是果相合而可援而就之耶. 須將退溪元論, 及珥前後之書, 更觀而求其意, 何如.

여 정이 된다", "다만 기가 발하여 리가 탄다."라는 등의 말은 내[율곡]가 함부로 지어낸 것이 아니라 선유의 뜻이다. 다만 선유가 상세히 말하지 않은 것을 내[율곡]가 그 뜻을 부연하였을 뿐이니, 천지에 세워도 어긋나지 않고 후세에 성인이 나와도 의혹이 없으리라는 것이 분명하다. 선유의 뜻을 어디에서 볼 수 있을까? 주자는 "기질지성은 다만 이 성이 이 성은 본연지성이다 기질 가운데 떨어져 있으므로 기질을 따라 스스로 하나의 성이 된다. 이 성은 기질지성이다."라고 말하였다. 또한 정자도 "성이 곧 기요, 기가 곧 성이니 타고난 것을 말하는 것이다."라고 하였다. 이렇게 본다면 기질지성과 본연지성은 결코 두 개의 성이 아니고, 다만 기질 상에 나아가 그 리만 가리킬 때는 본연지성이라 하고, 리와 기를 합하여 명명할 때는 기질지성이라고 말할 뿐이다. 성은 이미 하나인데, 어찌 정에 두 근원이 있겠는가? 두 가지 성이 있은 연후에야 바야흐로 두 가지 정이 있을 뿐이다. 만약 퇴계의 설에 따르면 본연지성은 동쪽에 있고 기질지성은 서쪽에 있어서, 동쪽으로부터 나오는 것을 도심이라 하고, 서쪽에서 나오는 것을 인심이라 말하는 것이니, 이것이 어찌 이치이겠는가? 만약 성이 하나라면, 또 성에서 나오는 것을 도심이라 이르고, 성이 없이 스스로 나오는 것을 인심이라 이르는 것이니, 이 또한 이치이겠는가? 말이 따르지 않으면 일이 이루어지지 않으니, 이 점을 반복하여 살피길 간절히 바란다.[599]

---

599) 性情本無理氣互發之理, 凡性發爲情, 只是氣發而理乘等之言, 非珥杜撰得出, 乃先儒之意也. 特未詳言之, 而珥但敷衍其旨耳, 建天地而不悖, 竢後聖而不惑者, 決然無疑. 何處見得先儒之意乎. 朱子不云乎, 氣質之性, 只是此性, 此性字, 本然之性也, 墮在氣質之中, 故隨氣質而自爲一性. 此性字, 氣質之性. 程子曰, 性卽氣, 氣卽性, 生之謂也. 以此觀之, 氣質之性, 本然之性, 決非二性, 特就氣質上, 單指其理曰本然之性, 合理氣而命之曰氣質之性耳, 性旣一則情豈二源乎. 除是, 有二性然後, 方有二情耳. 若如退溪之說, 則本然之性在東, 氣質之性在西, 自東而出者, 謂之道心, 自西而出者, 謂之人心, 此豈理耶. 若曰性一, 則又將以爲自性而出者, 謂之道心, 無性而自出者, 謂之人心, 此亦理耶. 言不順則事不成, 此處切望反覆商量.

13. 우계의 일곱 번째 편지(우계 7서)

文失不錄(글이 분실되어 실리지 않음)

14. 율곡의 일곱 번째 편지(율곡 7서)

〈율곡 7〉

마른 나무에는 마른 나무의 기가 있고 식은 재에는 식은 재의 기가 있으니, 천하에 어찌 형체만 있고 기가 없는 물건이 있겠는가? 다만 이미 마른 나무와 식은 재의 기 되면 다시는 살아있는 나무와 살아있는 불의 기가 아니니, 살아있는 기는 이미 끊어져 흘러갈 수 없다. 리가 기를 타는 것으로 말하면, 리가 마른 나무와 식은 재에 있는 것은 기에 국한되어 각자 하나의 리가 되는 것이며, 리의 본체로 말하면, 비록 마른 나무와 식은 재에 있을지라도 그 본체의 혼연함은 그대로이다. 그러므로 마른 나무와 식은 재의 기는 살아있는 나무와 살아있는 불의 기가 아니지만, 마른 나무와 식은 재의 리는 살아있는 나무와 살아있는 불의 리이다. 오직 리가 기를 타서 하나의 사물에 국한되기 때문에 주자는 "리는 절대로 같지 않다."라고 말하였고, 오직 리가 기에 국한된다 할지라도 본체는 스스로 같기 때문에 주자는 "리는 스스로 리이고 기는 스스로 기이어서 서로 뒤섞이지 않는다."라고 하였다. 사물에 국한된 것은 '기의 국'이요, 리가 스스로 리이어서 서로 뒤섞이지 않는 것은 '리의 통'이다.600)

---

600) 枯木有枯木之氣。死灰有死灰之氣。天下安有有形無氣之物乎. 只是旣爲枯木死灰之氣, 則非復生木活火之氣. 生氣已斷, 不能流行爾. 以理之乘氣而言, 則理之在枯木死灰者, 固局於氣而各爲一理, 以理之本體言, 則雖在枯木死灰, 而其本體之渾然者, 固自若也. 是故, 枯木死灰之氣, 非生木活火之氣. 而枯木死灰之理, 卽生木活火之理也. 惟其理之乘氣而局於一物, 故朱子曰, 理絶不同, 惟其理之雖局於氣, 而本體自如, 故朱子曰, 理自理, 氣自氣, 不相挾雜. 局於物者, 氣之局也, 理自理, 不相挾雜者, 理之通也.

15. 우계의 여덟 번째 편지(우계 8서)

文失不錄(글이 분실되어 실리지 않음)

16. 율곡의 여덟 번째 편지(율곡 8서)

〈율곡 8-1〉

최근에 나정암·퇴계·화담의 설을 보니, 정암이 최고요 퇴계가 다음이며 화담이 또 그 다음인데, 그 가운데 정암과 화담은 자득지미[스스로 얻는 맛]가 많고, 퇴계는 의양지미[양식을 본뜨는 맛, 즉 모방하는 맛]가 많았다. 정암은 전체를 바라보았으나 철저하지 못한 점이 조금 있고, 또 주자를 깊이 믿어 뜻을 [제대로] 보지는 못했지만 기질이 영리하고 비범하며 탁월하기 때문에 말이 때때로 지나친 점이 있어 리와 기를 하나의 것으로 보는 병통에 약간 빠졌으나, 사실 리와 기를 하나의 것으로 여겼던 것은 아니다. 본바가 철저하진 못했기 때문에 말이 때로 지나쳤을 뿐이다. 퇴계는 주자를 깊이 믿어 그 뜻을 깊이 연구했고, 기질이 정밀하고 상세하며 신중하고 빈틈이 없을 뿐만 아니라 공부도 깊어 주자의 뜻에 부합되지 않는다고 말할 수 없고, 전체를 보지 않았다고 할 수는 없지만 '활연관통[환하게 통하여 도에 이르는]'의 경지에는 아직 이르지 못한 점이 있다. 그러므로 견해가 밝지 못함이 있고 말이 때때로 약간 오차가 있어, "리와 기가 서로 발한다", "리가 발함에 기가 따른다."라는 설은 오히려 지식의 결함이다.601)

---

601) 近觀整菴退溪花潭三先生之說, 整菴最高, 退溪次之, 花潭又次之, 就中整菴花潭, 多自得之味, 退溪多依樣之味. 整菴則望見全體, 而微有未盡瑩者, 且不能深信朱子, 的見其意, 而氣質英邁超卓, 故言或有過當者, 微涉於理氣一物之病, 而實非以理氣爲一物也. 所見未盡瑩, 故言或過差耳. 退溪則深信朱子, 深求其意, 而氣質精詳愼密, 用功亦深, 其於朱子之意, 不可謂不契, 其於全體, 不可謂無見, 而若豁然貫通處, 則猶有所未至. 故見有未瑩, 言或微差, 理氣互發, 理發氣隨之說, 反爲知見之累耳.

〈율곡 8-2〉

화담의 총명함은 다른 사람보다 뛰어났으나 두터움이 부족하여 책을 읽고 이치를 궁리함에 있어서 문자에 구애되지 않고 자신의 생각을 많이 사용하였다. 총명함이 다른 사람보다 뛰어났기 때문에 보는 것이 어렵지는 않았으나 두터움이 부족하여 적은 것을 얻음에 만족하였다. 리와 기가 서로 분리되지 않는 오묘함을 명료하게 보았으나, 다른 사람의 글을 읽고 모방하는 것에는 비할 바가 아니었기 때문에 그것을 지극한 즐거움으로 삼았다. "담일청허의 기는 어떤 사물에나 있지 않은 데가 없다."라고 여겨 스스로 "많은 성인이 모두 전하지 못한 오묘함을 얻었다."라고 생각했지만, 그 위에 다시 "리통기국"의 한 구절이 있음을 알지 못하였다. "계선성성[잇는 것이 선이고, 이루는 것이 성이다]"의 이치는 어떤 사물에나 있지 않은 데가 없지만, 담일청허의 기는 있지 않은 데가 많이 있다. 리는 변화가 없고 기는 변화가 있으니, 타고난 기운은 쉼 없이 계속 생겨나고 가는 것은 지나가버리고 오는 것은 뒤를 이어 이미 지나간 기는 이미 있는 곳이 없다. 그러나 화담은 "하나의 기가 오래 존속되어, 가는 것도 지나가버리지 않고 오는 것도 뒤를 잇지 않는다."라고 여겼는데, 이것이 화담이 기를 리라고 오인하는 병통이 있는 까닭이다. 그렇지만 부분이든 전체든, 이것은 화담이 스스로 얻은 견해이다. 오늘날 배우는 사람들은 입을 열면 "리는 무형이고 기는 유형이다", "리와 기는 결코 하나의 것이 아니다."라고 말하지만 이것은 자신의 말이 아니고 다른 사람의 말을 전하는 것이니, 어찌 화담과 대적하여 화담의 마음을 복종시킬 수 있겠는가? 오직 퇴계가 공격하여 깨뜨린 이론만이 그 병통에 깊이 적중하여 후학의 잘못된 견해를 구할 수 있다. 대개 퇴계는 '의양지미[양식을 본뜨는 맛]'가 많았기 때문에 그 말이 구애되고 조심스러웠고, 화담은 '자득지미[스스로 얻는 맛]'가 많았기 때문에 그 말이 즐겁고 자유로웠다. 조심스러웠기 때문에 잘못이 적었고 자유로웠기 때문에 잘못이 많았으니, 차라리 퇴계의 '의양'을 배울지언정 반드시 화담의 '자득'을 본받을 것은 아니다.[602]

17. 우계의 아홉 번째 편지(우계 9서)

文失不錄(글이 분실되어 실리지 않음)

18. 율곡의 아홉 번째 편지(율곡 9서)

〈율곡 9-1〉

리와 기에는 시작이 없으니 사실 [시간적인] 선후를 말할 수 없다. 다만 그 까닭을 추구해보면, 리는 중심이요 바탕이므로 리가 먼저라고 하지 아니할 수 없다. 성현의 말이 수없이 많을지라도 그 큰 뜻은 이와 같을 뿐이다. 만약 사물에 나아가 보면, 분명히 리가 먼저 있은 뒤에 기가 있다. 대개 천지가 아직 생기기 전이라도 천지의 리가 없다고 말할 수 없으니, 이로 미루어 보면 모든 사물이 다 그러하다. 지금 형[우계]은 도리어 본원을

---

602) 花潭則聰明過人, 而厚重不足, 其讀書窮理, 不拘文字, 而多用意思. 聰明過人, 故見之不難, 厚重不足, 故得少爲足. 其於理氣不相離之妙處, 瞭然目見, 非他人讀書依樣之比, 故便爲至樂. 以爲湛一淸虛之氣. 無物不在, 自以爲得千聖不盡傳之妙, 而殊不知向上更有理通氣局一節. 繼善成性之理, 則無物不在, 而湛一淸虛之氣. 則多有不在者也. 理無變而氣有變, 元氣生生不息, 往者過來者續, 而已往之氣, 已無所在. 而花潭則以爲一氣長存, 往者不過, 來者不續, 此花潭所以有認氣爲理之病也. 雖然, 偏全間, 花潭是自得之見也. 今之學者, 開口便說理無形而氣有形, 理氣決非一物, 此非自言也, 傳人之言也, 何足以敵花潭之口而服花潭之心哉. 惟退溪攻破之說, 深中其病, 可以救後學之誤見也. 蓋退溪多依樣之味, 故其言拘而謹, 花潭多自得之味, 故其言樂而放. 謹故少失, 放故多失, 寧爲退溪之依樣, 不必效花潭之自得也. 而花潭則以爲一氣長存, 往者不過, 來者不續, 此花潭所以有認氣爲理之病也. 雖然, 偏全間, 花潭是自得之見也. 今之學者, 開口便說理無形而氣有形, 理氣決非一物, 此非自言也, 傳人之言也, 何足以敵花潭之口而服花潭之心哉. 惟退溪攻破之說, 深中其病, 可以救後學之誤見也. 蓋退溪多依樣之味, 故其言拘而謹, 花潭多自得之味, 故其言樂而放. 謹故少失, 放故多失, 寧爲退溪之依樣, 不必效花潭之自得也.

궁구하는 데는 선후가 있고, 사물에 나아가 보면 선후가 없다고 여겨 모순[사실들이 서로 이치에 맞지 않음]과 예조[사물들이 서로 들어맞지 않음]가 극에 이르렀으니, 감히 그것이 하나로 돌아오길 바랄 수 없다. 다만 정자는 "음양에는 시작이 없다."라고 말하였는데, 이 말을 '가탁하여[무관한 대상과 관련지어] 깨우치려는 비유'라고 하겠는가 또는 '명백한 직설'이라고 하겠는가? 이 말이 만약 '가탁하여 깨우치려는 비유'라면 형[우계]의 설이 옳겠지만, 그렇지 않다면 어찌 음양에 시작이 있다고 말할 수 있겠는가? 형[우계]의 설은 사정이 같지 않으니, "태일에 처음이 있다."라고 말한 것이 바로 [우계의] 견해의 근본이다. 이 말에 병통이 없으면 내[율곡]의 설이 잘못일 것이다. 리와 기는 본래 스스로 혼합되어 모두 본래 있는 것이요, 처음 생겨나는 때가 있는 것이 아니다. 그러므로 선유가 추구한 것은 일원의 처음이라는 점에서 시작이라 하거나 때로는 한 해의 처음이라는 점에서 시작이라 한 것에 불과하며, 형[우계]처럼 본래적인 근원을 궁구하여 반드시 태일에 처음이 있다고 주장하는 설은 들어보지 못하였다. 또 형[우계]은 선후가 있다는 것을 정말로 그렇다고 여기고 내[율곡]의 견해를 헛된 견해라 비웃으니, 형[우계]이 선후가 없다는 것도 역시 가탁하는[무관한 대상과 관련짓는] 것으로 여길지 알 수 없다.603)

---

603) 理氣無始, 實無先後之可言. 但推本其所以然, 則理是樞紐根柢, 故不得不以理爲先. 聖賢之言, 雖積千萬, 大要不過如此而已. 若於物上觀, 則分明先有理而後有氣. 蓋天地未生之前, 不可謂無天地之理也, 推之物物皆然. 今吾兄反以極本窮源者, 爲有先後, 而以物上看者, 爲無先後, 矛盾枘鑿, 至於此極, 不敢望其歸一也. 但程子之言曰, 陰陽無始, 且道此言是假託曉譬耶, 是明白直說耶. 此言若是假託曉譬, 則吾兄之說是矣, 不然則安可謂之陰陽有始乎. 吾兄之說, 曲折不同, 大槩謂有太一之初者, 此是所見之根本也. 此言無病, 則珥說非矣. 理氣本自混合, 皆本有也, 非有始生之時. 故先儒推求, 不過以一元之初爲始, 或以一歲之初爲始, 未聞極本窮源而必有太一之初, 如吾兄之說者也. 且吾兄以有先後者爲實然, 而嘲珥妄見, 未知吾兄亦以無先後者, 爲假託乎.

〈율곡 9-2〉

옛날에 노자는 "유는 무에서 생겨났다."라고 말하였고, 장자는 "있다고
하는 사람도 있고, 없다고 하는 사람도 있고, 처음에는 있음과 없음이 있지
않았다고 하는 사람도 있고, 처음에는 있음과 없음이 있지 않았다는 것이
처음부터 있지 않았다는 사람도 있다."라고 말하였는데, 이런 것들은 모두
태일의 처음에 대한 말이다. 대저 모든 사물은 시작이 있으면 반드시 끝이
있으니, 천지가 지극히 크지만 오직 시작이 있기 때문에 변하고 소멸하는
것을 피하지 못하는 것이다. 만약 리와 기의 근원이 실제로 시작하는 바가
있다면 반드시 변하고 소멸하여 기가 없는 때가 있을 것이니, 그 형상은
어떤가? 오직 시작이 없기 때문에 또한 끝이 없고, 시작도 없고 끝도 없기
때문에 다함이 없고 바깥도 없다. 일찍이 형[우계]과 더불어 "태극이 동하
여 양(陽)이 생겨난다."라는 것을 논하다가 내[율곡]가 "이것은 중심과 바탕
이 있는 설로서, 음양이 무로부터 생겨난다는 것이 아니다."라고 하니, 형
[우계]도 역시 곧 그렇다고 하기에 내[율곡] 마음에서는 스스로 다행이라 여
겼다. [그런데] 뜻밖에도 지금 형[우계]은 '태일의 처음'이라는 말을 만들어
음양이 무에서 나왔다고 여겨 노장[노자와 장자]의 설을 피하지 못하니, 사
람을 무척이나 놀라게 하여 침식이 편하지 않다. 도리를 쉽게 말할 수는
없으니, 간절히 바라건대 글의 깊은 뜻을 오래 생각하기 바란다.[604]

---

604) 昔者老子之言曰, 有生於無, 莊子之言曰, 有有也者, 有無也者, 有未始有無也者, 有未始有夫
未始有無也者., 此等皆是太一之初之說也. 大抵凡物有始, 則必有終, 天地至大, 而惟其有始,
故不免變滅. 若使此氣之源, 實有所始, 則其必變滅而有無氣之時矣, 其形狀何如耶. 惟其無始
也, 故又無終, 無始無終, 故無窮無外也. 曾與吾兄論太極動而生陽, 余曰, 此是樞紐根柢之說,
非謂陰陽自無而生也. 兄亦卽可, 余心自幸矣. 不意今者吾兄做出太一之初之說, 以爲陰陽自
無而生, 不免老莊之說, 極令人駭嘆, 寢食不安也. 道理不可容易言之, 深願積久玩索也.

〈율곡 9-3〉

리기설에 대해서는 이미 강령이 합해졌으니, 소소한 동이점을 반드시 깊이 분별하고 급하게 합할 필요는 없다. 오랜 세월이 흐르면 반드시 융합될 때가 있을 것이기 때문이다. 지난번에 분분했던 논의는 서로 뜻을 이해하지 못한 데서 나온 것이니 지금 생각해보면 우스운 일이다. '리통기국[리는 통하고 기는 국한한다]'이라는 것은 요컨대 본체상에서 말한 것이니 본체에서 분리하여 따로 흘러가는 것을 구해서는 안 된다. 사람의 성이 사물의 성이 아닌 것은 '기국[기의 국한됨]'이요, 사람의 리가 곧 사물의 리인 것은 '리통[리의 통함]'이다. 모나고 둥근 그릇은 같지 않지만 그릇 속의 물은 한 가지요, 크고 작은 병은 같지 않지만 병 속의 공간은 한 가지이다. 기의 근본이 하나인 것은 리의 통함 때문이요, 리가 만 가지로 나뉘는 것은 기의 국한됨 때문이다. 본체 가운데 흘러가는 것이 갖추어져 있고, 흘러가는 것 가운데 본체가 존재하니, 이로 미루어 보면 "리통기국"의 설이 과연 한쪽에만 적용되는 것인가? "사랑을 인이라 한다", "마땅함을 의라 한다." 등의 것은 하나가 아니고 많으니 선유가 어찌 일찍이 한 글자로 리를 논하지 않았겠는가? 이것은 깊이 생각하고 자세히 연구해야 할 것이요, 역시 억지로 합쳐서는 안 될 것이다.605)

〈율곡 9-4〉

이전 편지에서 내[율곡]의 말이 자못 기세가 맹렬하였다고 지적하신, 보

---

605) 理氣之說, 綱領已合, 小小同異, 不必深辨汲汲求合. 久久必有融會之時. 向者紛紛之辨, 大抵出於不相會意, 追思可笑. 理通氣局, 要自本體上說出, 亦不可離了本體, 別求流行也. 人之性非物之性者, 氣之局也, 人之理卽物之理者, 理之通也. 方圓之器不同, 而器中之水一也, 大小之甁不同, 而甁中之空一也. 氣之一本者, 理之通故也, 理之萬殊者, 氣之局故也. 本體之中, 流行具焉, 流行之中, 本體存焉, 由是推之, 理通氣局之說, 果落一邊乎. 愛曰仁宜曰義之類不一而多, 先儒何嘗不以一字論理耶. 此在深思細究, 亦不可强合也.

내온 편지의 말이 과연 마땅하니 깊이 사과한다. 다만 "기가 끊겨도 리는 통한다", "형체는 있어도 기는 없다", "인심은 본연의 기를 잃은 것이다." 와 같은 말은 모두 내[율곡]의 말이 아니니, [내가 전에 보냈던] 편지를 다시 보는 것이 어떻겠는가? …… 치우치고 막힌 것으로써 그 본연의 기를 잃었다는 것이 비록 부당한 것 같을지라도 맹자의 "그 본심을 잃었다."라는 말로 구해보면 아마도 이치에 어긋나지 않을 것이며, 오히려 본심은 잃을 수 없는 것인데 잃었다고 하였으니 하물며 담일한[맑은] 기가 변하여 더러운 것이 된 것을 잃었다고 말할 수는 없겠는가? 다시 생각해보는 것이 어떻겠는가?606)

---

606) 前書珥說, 頗傷陵厲, 來示果當, 深謝深謝. 但氣斷理通, 有形無氣, 人心失本然之氣等說, 皆非珥語, 試取前書而更觀之, 何如. …… 以偏塞爲失其本然之氣者, 雖似不當, 但以孟子失其本心之語求之, 則恐不悖理, 本心不可失, 而猶謂之失, 則況湛一之氣變爲汙穢者, 不可謂之失乎. 更思之何如.

참고문헌

『高峯集』 　　　　『南塘集』 　　　　『大學集註』 　　　　『孟子集註』
『四書或問』 　　　『禮記』 　　　　　『巍巖遺稿』 　　　　『牛溪集』
『栗谷全書』 　　　『朱子全書』 　　　『朱熹集』 　　　　　『中庸集註』
『退溪全書』

Ayer, A. J. (1952) *Language, Truth and Logic*. New York : Dover Publications.

Barnes, J. (ed.) (1984) *The Complete Works of Aristotle*. The Revised Oxford Translation. 2 vols., Princeton : Princeton University Press.

Barnes, J. (1982) *Aristotle*. Oxford University Press.

Chan, Wing-tsit (1963) *A Sourcebook in Chinese Philosophy*. Princeton : Princeton University Press.

Charles, D. (1988) 'Aristotle on Hypothetical Necessity and Irreducibility', *Pacific Philosophical Quarterly* 69, pp.1-53.

Charlton, W. (1991) *The Analytic Ambition*. Blackwell.

Chung, Edward Y. J. (1995) *Korean Neo-Confucianism of Yi T'oegye and Yi Yulgok : a reappraisal of the "Four-Seven Thesis" and its practical implications for self-cultivation*. Albany : State University of New York Press.

Defoort, C. (2001), 'Is There Such a Thing as Chinese Philosophy? Arguments of an Implicit Debate', *Philosophy East and West* vol. 51 : 3, pp.393-413.

_____ (2006), 'Is "Chinese Philosophy" a Proper Name?', *Philosophy East and West* vol. 56 : 4, pp.625-660.

Fu, Charles Wei-hsun (1985) 'T'oegye's Thesis on the Four Beginnings and Seven Feelings', *Korea Journal* 25 : 7, pp.16-24.

Fung, Yu-Lan (1952-3) *A History of Chinese Philosophy*. Vols. I-II, D. Bodde (tr.), Princeton : Princeton University Press.

Jin, Xi-de. (1987) 'The "Four-Seven Debate' and the School of Principle in Korea',

Philosophy East and West vol. 37 : 4, pp.347-360.

Kalton, M. C. *et. al.* tr. (1984) *The Four-Seven Debate*. Albany : State University of New York Press.

Ross, W. D. *Aristotle*. 5th ed., Methuen & Co. Ltd., 1949.

Ryle G. (1949) *The Concept of Mind*. Penguin Books.

Santangelo, P. (1990) 'A Neo-Confucian Debate in 16th Century Korea : Its Ethical and Social Implications', *T'oung Pao* vol. 76, pp.234-270.

Solomon, R. C. (1997) *Introducing Philosophy*. 6th ed. Harcourt Brace & Company.

Swinburne, R. (1997) *The Evolution of the Soul*. Clarendon Press.

Tan, M. (2006) 'An Investigation and Assessment of Yi T'oegye's *Li-Qi* Dualism', *Korea Journal* 46 : 2, pp.155-183.

Tu, Wei-ming (1978) 'Yi Hwang's Perception of the Mind', *Korea Journal* 18 : 9, pp.30-34.

Ward, K. (2010) *More than Matter*. Oxford : Lion Hudson.

Wolff, R. P. *About Philosophy*. 4th ed. Prentice-Hall, 1989.

Yoo, Weon-Ki (2012) "A Philosophical Analysis of the Concept "*Bal/Fa*" in the Four-Seven Debate Between T'oegye and Kobong," *Korea Journal* vol. 52 : 2, pp.92-111.

_____ (2012) "Is Yulgok's Theory of Mind Consistent?" *Acta Koreana*, vol. 15 : 1, pp.147-162.

_____ (2013) "A Research Methodology for Korean Neo-Confucianism," *Acta Koreana*, vol. 16 : 1, pp.177-197.

_____ (2014) "A Reconsideration of T'oegye's Four-Seven Debate," 國際版『유교문화연구』, vol. 21, pp.1-18.

_____ (2016) "The Problem of Sadanpujungjŏl 四端不中節 in the Four-Seven Debate," *Philosophy East & West*, vol. 66. no.3, pp.805-917.

강영안(2002), 『우리에게 철학은 무엇인가』, 서울 : 궁리.

곽강제 옮김(1982), 『논리학』, 웨즈리 C. 새먼 지음, 서울 : 박영사.

권인호(1995), 「도덕심과 욕망 그리고 하늘의 도리는 같은가 다른가」, 한국철학사상연구회편, 『논쟁으로 보는 한국철학』, pp.181-204.

금장태(1990), 「퇴계학 연구의 회고와 전망─철학적 영역」, 『퇴계학과 유교문화』 제18집, 경북대 퇴계학연구소, pp.13-26.

김경호(2000), 「도설을 통해 본 이황과 이이의 심성에 대한 이해 방식」, 『율곡학보』 17

집, pp.203-243.

김광수(1990), 『논리와 비판적 사고』, 서울 : 철학과현실사.

김광순(2004), 「退溪學 研究動向과 退溪의 處世觀」, 『퇴계학과 유교문화』 제34집, pp.5-50.

김기주(2005), 「다카하시 도루 朝鮮儒學觀의 의의와 특징」, 『동양철학연구』 제43집, pp.83-110.

김기현(1992), 「퇴계의 사단칠정론」, 민족과 사상연구회편, 『사단칠정론』, 서울 : 서광사, pp.49-68.

_____(1996), 「사단칠정논변 발생의 원인에 관한 연구」, 『동양철학』 제7집, pp.3-20.

_____(2000a), 「牛溪의 四端七情說에 대한 再照明」, 『우계학보』 제19집, pp.7-43.

_____(2000b), 『조선조를 뒤흔든 논쟁-사단칠정논변』 vol.2, 서울 : 길출판사.

김낙진(2007), 「李滉과 奇大升의 理氣 心性論에 나타난 문제의식 검토」, 『퇴계학과한국문화』 제41집, pp.163-193.

_____(2008), 「退溪 李滉의 성리철학 연구 현황과 과제」, 『퇴계학논집』 제3호, pp.109-154.

김문용(2001), 「퇴계와 퇴계학 그리고 퇴계학 연구」, 『오늘의동양사상』 제4집, pp.32-41.

김영건(2005), 「보편철학과 한국 성리학-퇴계와 율곡을 중심으로」, 『동양철학연구』 제43집, pp.111-150.

김영민(2005), 「한국철학사 방법론-한국철학사 연구와 인문학 교육」, 『오늘의동양사상』 제12집, pp.207-230.

김영식(2005), 『주희의 자연철학』, 서울 : 예문서원.

김영정·선후환 옮김(1995), 『기호 논리학』, 벤슨 메이츠 지음, 서울 : 문예출판사.

김용헌(1992), 「사단칠정(四端七情)에 대한 고봉(高峰) 기대승(奇大升)의 입장」, 『중국철학』 제3집, pp.121-144.

김용헌 옮김(1994) 『중국의 철학적 기초』, F. W. 모트 지음, 서울 : 서광사.

김종문(1976), 「율곡의 리기 철학 체계에 대한 연구」, 황의동 외, 『율곡 이이』, 서울 : 예문출판사, pp.191-234.

김종석(1995), 「退溪哲學 研究의 현황과 과제」, 『퇴계학과 유교문화』 제23집, pp.101-122.

김태년(2007), 「16-17세기 율곡학파의 사단칠정론」, 『동양철학』 제28집, pp.31-63.

김형찬(1995), 「인간과 만물의 차별성에 대한 검토」, 한국철학사상연구회편, 『논쟁으로 보는 한국철학』, pp.205-225.

남지만(2007), 「高峰 奇大升의 四七說 중 '氣發'의 의미변화-理氣의 氣에서 氣質의 氣로」, 『공자학』 제14집, pp.5-24.

_____(2009), 『高峯 奇大升의 性理說 研究』, 박사학위논문, 고려대학교.

노상오(2002), 「栗谷의 心性論」, 『도덕교육연구』 제14집, pp.21-44.

두유명(1982), 「朱熹의 理哲學에 대한 퇴계의 독창적 해석」, 『퇴계학보』 제35권, pp.16-57.

류승국(1974), 『한국의 유교』, 서울 : 세종대왕기념사업회.

_____(2005), 「율곡철학의 특성」, 『율곡사상연구』 제11집, pp.5-16.

_____(2008), 『한국사상의 연원과 역사적 전망』, 서울 : 성균관대학교 출판부.

류인희・안종수・이기용(1999), 「국외의 한국철학 연구동향」, 『동방학지』 제103집, pp.1-20.

류인희・임원빈・이기용(1999), 「남북한 유학관의 비교 연구」, 『동방학지』 제103집, pp.153-218.

박상리(2004), 「해방이후 30여년의 한국 유학연구(1)―근대화과정에서 유학의 역할」, 『동양철학연구』 제37집, pp.79-109.

박성규 옮김(1999), 『중국철학사(상)』, 풍우란 지음, 서울 : 까치글방.

박영태 옮김(1997), 『현대분석철학』, M. K. 뮤니츠 지음, 서울 : 서광사.

박종홍(1982), 『박종홍 전집』 IV, 서울 : 민음사.

박홍식(1999), 「퇴계 성리학의 독자성 문제」, 『퇴계학보』 제103집, pp.7-34.

배종호(1974), 『한국유학사』, 서울 : 연세대학교출판부.

석봉래 옮김(1992), 『물질과 의식』, P. M. 처치랜드 지음, 서울 : 서광사.

성교진(1992), 「율곡(栗谷)과 우계(牛溪)의 성리학 논변」, 『중국철학』 제3집, pp.145-180.

성태용(1995), 「고봉(高峯) 기대승(奇大升)의 사단칠정론(四端七情論)」, 『철학과현실』 제26집, pp.132-151.

소흥렬(1979), 『논리와 사고』, 서울 : 이화여자대학교 출판부.

손영식(2004), 「존재 물음에 내몰린 '퇴계학', 겨우 존재하는 리」, 『오늘의동양사상』 제11집, pp.16-45.

송석구(1985), 『한국의 유불사상』, 서울 : 사사연.

송정숙(2009), 「퇴계 이황 연구의 현황과 과제―석・박사 학위논문을 중심으로」, 『퇴계학논집』 제15집, pp.45-78.

송항룡(1987), 『동양철학의 문제들』, 서울 : 여강출판사.

신동호(1989), 「南北韓에 있어서의 朝鮮朝 儒學思想의 解釋에 대한 比較 檢討(一)―氣學思想을 中心으로」, 『인문학연구』 제16집, No.1, 충남대학교 인문과학연구소, pp.83-111.

안은수(1999), 「성혼(成渾)의 이기일발설(理氣一發說)」, 『우계학보』 제18집, pp.24-50.

안재호 옮김(1997), 『송명 성리학』, 진래 지음, 서울 : 예문서원.

양승무(1999), 「栗谷과 牛溪의 四端七情論辨 연구」, 『동양철학』 제11집, pp.1-40.

_____(2005), 「退溪와 栗谷의 理氣心性論 비교연구」, 『유교사상연구』 제22집, pp.249-278.

오경후(2009), 「이이의 불교인식에 대한 연구성과와 과제」, 『율곡사상연구』 제18집, pp.111-144.

오종일(2004), 「사칠 논변의 배경과 전개로 본 조선조 도통」, 『범한철학』 제34집, pp.33-58.

유권종(2008), 「퇴계 사상 연구의 현황과 과제-예학사상」, 『퇴계학논집』 제3호, pp.23-60.

유원기 역주(2001), 『영혼에 관하여』, 서울 : 궁리.

유원기 옮김(2015), 『어느 물질론자의 마음 이야기』, 데이비드 암스트롱 지음, 서울 : 지
    만지.

유원기(1999), 「아리스토텔레스의 심신론은 기능주의인가?」, 『철학연구』 47집, 철학연
    구회, pp.245-264.

_____(2002), 「본성에 관한 동서양의 이론」, 『철학사상』 2집, 서경대학교, pp.40-59.

_____(2003), 「아리스토텔레스의 심신이론과 현대 심리철학」, 『철학』, 76집, pp.105-127.

_____(2005a), 「The Hylomorphism of Aristotle and T'oegye」, 『동양사회사상』 제11집,
    pp.207-233.

_____(2005b), 「아리스토텔레스의 아이티온(Aition)」, 『서양고전학연구』 제24집, pp.303-
    329.

_____(2006a), 「율곡의 리기론에 대한 현대적 고찰」, 『철학논총』 제46집, pp.223-245.

_____(2006b), 「영혼의 불멸성에 관한 폼포나치의 견해」, 『중세철학』 제12집, pp.139-172.

_____(2008), 「아리스토텔레스의 철학적 인간학」, 『가톨릭 신학과 사상』 제62집, pp.56-84.

_____(2009a), 「동서양의 인물성동이론」, 『동서철학연구』 제52집, pp.301-324.

_____(2009b), 「조선 성리학의 논리적 특성」, 『동서철학연구』 제53집, pp.45-68.

_____(2009c), 「주희 미발론에 있어서 미발의 '주체'와 '성격'」, 『철학논총』 제56집,
    pp.255-275.

_____(2009d), 『자연은 헛된 일을 하지 않는다 : 아리스토텔레스의 자연철학』, 파주 : 서
    광사.

_____(2009e), 『아리스토텔레스의 정치학-행복의 조건을 묻다』, 파주 : 사계절 출판사.

_____(2011a), 『16세기 조선 성리학 논변의 분석적 검토-퇴·고의 사단칠정논변과
    우·율의 인심도심논변을 중심으로』, 박사학위논문, 서울 : 성균관대학교.

_____(2011b), 「율곡의 심성론에 대한 새로운 분석」, 『양명학』 제28집, pp.301-328.

_____(2011c), 「이황과 기대승의 사칠논변에 대한 분석적 검토-'소취이언(所就以言)'
    과 '소종래(所從來)'의 함의를 중심으로」, 『유교사상연구』 제44집, pp.129-156.

_____(2013), 「퇴·율 사상 연구의 현황과 과제」, 『한국학논집』 제50집, pp.127-155.

_____(2015), 「율곡 리기론의 서양철학적 조명」, 『율곡학연구』 제31집, pp.67-92.

유정동(1975), 『退溪의 哲學思想硏究』, 박사학위논문, 서울 : 성균관대학교.

유초하(1994), 『한국사상사의 인식』, 서울 : 한길사.

윤사순 편저(2002), 『한국의 사상가 10인-퇴계 이황』, 서울 : 예문서원.

윤사순(1971), 「退溪의 心性觀에 관한 研究－사단칠정론을 중심으로」, 『아세아연구』 제
　　　41집, pp.1-35.

_____(1973), 「고봉 심성설의 리기론적 특색」, 『아세아연구』 제16권 1호 (통권 49호),
　　　pp.173-197.

_____(1985) 「퇴계의 성선관」, 『퇴계학보』 제45집, pp.27-46.

_____(1992), 『한국의 性理學과 實學』, 개정증보판, 서울 : 열음사.

_____(1993), 「한국유학에 대한 철학적 이해의 문제－그 회고와 전망」, 『철학』 제39집,
　　　pp.6-35.

_____(1996), 「퇴계 이황」, 『한국인물유학사』 2, 서울 : 한길사, pp.545-586.

_____(2001), 「退溪의 理氣哲學에 대한 現代的 解釋」, 『퇴계학보』 제110집, pp.119-144.

_____(2002), 「퇴계학 연구－한국학의 발전과 함께 한 발자취」, 『오늘의동양사상』 제6
　　　호, pp.219-234.

_____(2003), 「조선 성리학이 지닌 특수성에 대한 연구」, 『서강인문논총』 제17집, pp.1-23.

_____, 「퇴계 이황」, 『한국인물유학사』 2, 서울 : 한길사, 1996, pp.545-586.

윤용남(1997), 「朱子 理氣說의 整合的 構造」, 『퇴계학논집』 제93집, pp.102-125.

_____(2005), 「朱子 心說의 體用理論的 分析」, 『동양철학연구』 제41집, pp.283-320

이강대(2000), 『주자학의 인간학적 이해』, 서울 : 예문서원.

이광률(2004), 「주자에 있어 '도덕적 인간'에 관한 문제」, 『범한철학』 제35집, pp.5-27.

이광호(1993a), 「退溪哲學에 있어서 道의 認識과 實踐」, 『퇴계학보』 제73집, pp.7-26.

_____(1993b), 『李退溪 學問論의 體用的 構造에 관한 研究』, 박사학위논문, 서울대학교.

이광호 옮김(2001), 『성학십도』, 이황 지음, 서울 : 홍익출판사.

이기용(1995), 『栗谷 李珥의 人心道心論 研究』, 박사학위논문, 연세대학교.

_____(1997), 「조선 성리학에서 주자학의 수용과 정립－退溪와 栗谷의 理氣心性의 問題
　　　를 중심으로」, 『동방학지』 제98집, pp.143-189.

_____(2002), 「남북한 유학사상 연구현황과 전망」, 『강원문화연구』 제21집, pp.33-53.

_____(2009), 「'사칠리기논변' 논고」, 『동서철학연구』 제53집, pp.355-379.

이동준(1979), 「成牛溪와의 論辯을 中心으로 한 栗谷의 性理學說」, 『대동문화연구』 제13
　　　집, pp.34-40.

_____(1997), 『유교의 인도주의와 한국사상』, 서울 : 한울아카데미.

_____(2007), 『16세기 한국 성리학파의 철학사상과 역사의식』, 서울 : 심산.

이동희(1988), 「東洋哲學에 있어서 哲學的 槪念의 多義性에 대한 研究」, 『유교사상연구』
　　　제 3집, pp.417-456.

_____(1989), 「羅欽順의 理氣渾一의 哲學과 李栗谷의 理氣之妙 哲學과의 비교 연구」, 『한

국학논집』 제16집, pp.85-132.

_____(1997), 「牛溪 性理說의 특성과 사상사적 의의」, 『한국학논집』 제24집, pp.257-291.

_____(1999), 『한국의 철학적 사유의 전통』, 대구 : 계명대학교 출판부.

_____(2002), 「율곡은 '主氣的'이 아니면서 '主氣的'이다」, 『동양철학연구』 29집, pp.173-200.

_____(2003), 「율곡 연구의 성과와 반성－철학 사상을 중심으로」, 『동양철학연구』 제34집, pp.5-32.

_____(2004a), 「조선전기 성리학자・퇴계학파연구의 현황과 과제」, 『한국인물사연구』 제1호, pp.443-479.

_____(2004b), 「한국 전통 사상의 주체성 탐색과 미래 전망」, 『동양철학연구』 제40집, pp.7-34.

_____(2005), 『동아시아 주자학 비교연구』, 대구 : 계명대학교 출판부.

이두찬(2003), 「栗谷 心論性 硏究－心의 主宰性에 대하여」, 『율곡사상연구』 7집, pp.73-101.

이병덕 옮김(1990), 『심리철학』, J. 쉐퍼, D. 데네트, D. 암스트롱 지음, 서울 : 소나무.

이상은(1973), 「四七論辯과 對說・因說의 意義－退高論爭의 焦點을 찾아서」, 『아세아연구』 제16집, pp.1-33.

이상호(2001), 「조선조성리학 연구방법론 시고」, 『동양철학연구』 제25집, pp.189-215.

이애희(1992), 「주희의 인물성론」, 『중국철학』 제3집, pp.97-119.

_____(2004), 『조선후기 인성・물성 논쟁의 연구』, 서울 : 고려대학교 민족문화연구원.

이재훈・곽강제 옮김(1997), 『철학적 분석 입문』, 존 호스퍼스 지음, 서울 : 담론사.

이종란 外 옮김(2002), 『주희의 철학』, 진래 지음, 서울 : 예문서원.

이종우(2004), 「한국유학사 분류방식으로서 주리, 주기에 관한 비판과 대안」, 『철학연구』 제64집, pp.5-32.

이종태(1997), 「栗谷 李珥의 心性論」, 『율곡학보』 제5집, pp.461-481.

이찬(2010), 「우리는 지금 어떻게 전통철학을 연구할 것인가?」, 『동양철학』 제34집, pp.55-89.

이해영(1984), 「栗谷 理氣論의 氣重視的 特性」, 『동양철학연구』 5집, pp.39-58.

_____(1988), 「退溪 四端七情論의 論據에 關한 檢討」, 『유교사상연구』 제3집, pp.291-314.

이현중(1998), 「한국 성리학과 중국 성리학의 비교연구」, 『범한철학』 제18집, pp.141-169.

이형성 옮김(1997), 『범주로 보는 주자학』, 오하마 아키라 지음, 서울 : 예문서원.

임헌규(1999), 「유가의 인성론과 심성론」, 『동방학』 제5집, pp.417-450.

장숙필(2000), 「栗谷 李珥의 理通氣局說과 人物性論」, 『율곡학보』 제14집, pp.48-80.

_____(2004), 「율곡과 율곡학파 연구의 현황과 과제」, 『한국인물사연구 1』 pp.481-498.

전호근(1995), 「주희 심성론의 한국적 전개를 위한 최초의 갈등」, 한국철학사상연구회 편, 『논쟁으로 보는 한국철학』, pp.149-179.

정병석 옮김(2001), 『동양철학과 아리스토텔레스』, 모종삼 지음, 서울 : 소강.

정병훈·최종덕 옮김(1999), 『과학철학의 역사』, 존 로지 지음, 서울 : 동연출판사.

정상봉(2003), 「주희철학과 한국사칠논변」, 『동서철학연구』 제29집, pp.207-223.

조남호(1999), 「퇴계학파와 율곡학파의 인심도심논변」, 『퇴계학보』 제1집, pp.7-53.

_____(2001), 「율곡학파의 리기론과 리의 주재성」, 『철학사상』 제13집, pp.55-79.

조장연(1998), 「牛溪와 栗谷의 心性論 硏究—왕복 서신을 중심으로」, 『동양철학연구』 제
      18집, pp.185-218.

_____(2006), 「율곡의 인성론 연구—사단칠정과 인심도심의 관계를 중심으로」, 『한문
      고전연구』 제12집, pp.269-293.

조호현(2001), 「조선 성리학 연구에 대한 일고찰—사칠논쟁과 호락논쟁을 중심으로」,
      『한국사상과 문화』 제12집, pp.225-256.

지준호(2006), 「중국에서의 율곡 사상 연구의 현황과 전망」, 『한국철학논집』 제18집,
      pp.145-172.

최영성(2000), 「東洋哲學 硏究 五十年史」, 『韓國思想과文化』 제10집, pp.175-295.

최영진(1981), 「退溪에 있어서 理의 能動性에 關한 論理的 接近」, 『玄潭 柳正東博士 華甲
      紀念論叢』, pp.87-108.

_____(1985), 「栗谷 理氣論에 있어서의 依樣과 自得」, 『동서철학연구』 제2집, pp.1-17.

_____(1993), 「율곡사상의 구조적 이해」, 『사상』 제18집, pp.264-291.

_____(1997), 「朝鮮朝 儒學思想史의 分類方式과 그 문제점—'主理'·'主氣'의 問題를 中
      心으로」, 『한국사상사학』 제8집, pp.31-53.

_____(2005a), 「한국유학의 특성에 대한 한 가지 단상」, 『철학과현실』 제66집, pp.168-174.

_____(2005b), 『조선조 유학사상사의 양상』, 서울 : 성균관대학교 출판부.

_____(2009), 「18-19세기 朝鮮性理學의 心學化 傾向에 대한 考察」, 『한국민족문화』 제
      33집, 부산대학교 한국민족문화연구소, pp.339-368.

_____(1998), 「인물성동이론의 생태학적 해석」, 『유교사상연구』 제10집, pp.57-68.

최영진 外(2009), 『한국철학사』, 서울 : 새문사.

최영진·안유경(2008), 「牛溪 成渾 性理說의 構造的 理解—牛/栗 '四七論辨 往復書' 분석
      을 중심으로」, 『우계학보』 제27집, pp.7-28.

최일범(2010), 「栗谷 李珥의 心性論에 대한 연구」, 『퇴계학보』 제128집, pp.61-88.

한국유학 삼대논쟁자료 수집·정리 및 역주단 사단칠정논쟁연구팀(2008), 『퇴계·고봉,
      율곡·우계 : 사단칠정논변』, 파주 : 한국학술정보

하종호·김선희 옮김(1997), 『심리철학』, 김재권 지음, 서울 : 철학과 현실사.

하종호 옮김(2002), 『마음과 몸』, D. M. 암스트롱 지음, 서울 : 철학과 현실사.

한자경(2005), 「사단칠정론에서 인간의 性과 情－퇴계의 對說과 고봉의 因說의 차이를 논함」, 『철학연구』 제68집, pp.169-197.

현상윤(1986), 『朝鮮儒學史』, 서울 : 현음사.

홍정근·박학래(2008), 「한국철학 분야 연구 동향 및 평가」, 『유교문화연구』 제11권, pp.287-308.

홍원식 外 옮김(2008), 『성리학의 개념들』, 몽배원 지음, 서울 : 예문서원.

황의동(1987), 『율곡철학연구』, 서울 : 경문사.

_____(1988), 「율곡의 리기론」, 황의동 외, 『한국의 사상가 10人』, 서울 : 예문서원, pp.141-168.

_____(1998), 『율곡사상의 체계적 이해』, 1. 성리학 편, 서울 : 서광사.

_____(1999), 「고봉의 인간관」, 『한국사상과 문화』 제5집, pp.221-242.

_____(2002a), 「율곡학 연구의 어제와 오늘」, 『오늘의 동양사상』 제6집, pp.251-267.

_____(2002b), 「율곡 사상의 현대적 조명」, 『율곡사상연구』 제5집, pp.187-207.

_____(2002c), 「율곡학 연구의 어제와 오늘」, 예문동양사상연구원·황의동 편저, 『한국의 사상가 10人－율곡 이이』, 서울 : 예문서원, pp.17-69.

_____(2007), 「栗谷 理氣論의 現代的 意味」, 『동서철학연구』 제46집, pp.289-310.

황준연(1987), 「栗谷哲學에 있어서 太極의 問題와 四七論의 理氣論的 解釋」, 『범한철학』 2집, pp.35-51.

_____(1995), 『율곡 철학의 이해』, 서울 : 서광사.

찾아보기

인명 찾아보기

지은이

유원기

유원기는 서강대학교 철학과를 마치고 영국의 글라스고우대학교와 브리스톨대학교에서 고대 그리스의 철학자 아리스토텔레스를 전공하여 각각 석사학위(1994)와 박사학위(1999)를 취득했다. 고대 그리스철학과 한국철학의 비교철학에 관심을 가졌던 유원기는 귀국 후 성균관대학교 한국철학과 박사과정에 입학하여 석사과정 선수과목으로 요구된 24학점과 박사과정의 36학점을 포함한 60학점을 이수하고, 퇴계와 율곡의 철학으로 두 번째 박사학위(2011)를 취득하여 비교철학의 토대를 마련했다. 현재 계명대학교 철학윤리학과 교수로 재직 중이다. 주요 저서로『아리스토텔레스의 정치학』, 『자연은 헛된 일을 하지 않는다―아리스토텔레스의 자연철학』 등이 있고, 『영혼에 관하여』, 『목적론』, 『어느 물질론자의 마음 이야기』를 비롯한 10여 편의 번역서와 동서양 철학에 관한 50여 편의 논문이 있다.

계명인문역량강화사업단 한국학 우수 총서 ④

조선 성리학 논쟁의 분석적 탐구
사단칠정론과 인심도심론

초판 1쇄 인쇄 2018년 2월 20일
초판 1쇄 발행 2018년 2월 28일
지은이 유원기
펴낸이 이대현
편 집 추다영
디자인 안혜진
펴낸곳 도서출판 역락
　　　서울시 서초구 동광로 46길 6-6 문창빌딩 2층
　　　전화 02-3409-2058(영업부), 2060(편집부)
　　　팩시밀리 02-3409-2059
　　　이메일 youkrack@hanmail.net
　　　역락 블로그 http://blog.naver.com/youkrack3888
　　　등록 1999년 4월 19일 제303-2002-000014호
ISBN 979-11-6244-165-7 93150

* 책값은 표지에 있습니다.
* 파본은 교환해 드립니다.